Sotto l'Alto Patronato del Presidente della Repubblica Italiana

Gli impressionisti

e la neve

La Francia e l'Europa

a cura di Marco Goldin

linead'**ombra**libri

In copertina
Paul Gauguin, *Parigi d'inverno*
particolare, 1894
Van Gogh Museum
(Vincent van Gogh Foundation)
Amsterdam

© 2004 Linea d'ombra Libri
Conegliano
Tutti i diritti riservati
ISBN 88-87582-85-8

Gli impressionisti e la neve

La Francia e l'Europa

Torino, Palazzina della Promotrice
delle Belle Arti
27 novembre 2004 - 25 aprile 2005

CITTÀ DI TORINO

REGIONE PIEMONTE

FONDAZIONE
TORINO MUSEI

COMPAGNIA
di San Paolo

Linea d'**ombra**

torino 2006

In collaborazione con

Fondazione Palazzo Bricherasio

Consulta per la valorizzazione
dei Beni Artistici e Culturali di Torino

Società Promotrice delle Belle Arti

LA STAMPA

Comitato scientifico
Valentina Anker
Edgar Peters Bowron
Marco Goldin
Ian Kennedy
Jean-Patrice Marandel

Musei prestatori

Austria
Innsbruck, Tiroler Landesmuseum
Ferdinandeum
St. Pölten, Niederösterreichisches
Landesmuseum
Vienna, Österreichische Galerie Belvedere

Belgio
Anversa, Koninklijk Museum voor Schone
Kunsten
Bruxelles, Musée d'Ixelles
Gand, Museum voor Schone Kunsten

Canada
Ottawa, National Gallery of Canada

Danimarca
Copenaghen, Statens Museum for Kunst

Finlandia
Helsinki, Ateneum Art Museum

Francia
Flers, Musée du Château de Flers
Lille, Palais des Beaux-Arts
Lione, Musée des Beaux-Arts
Ornans, Musée Départemental Gustave
Courbet
Parigi, Musée d'Orsay
Saint-Germain-en-Laye, Musée
départemental Maurice Denis "Le Prieuré"
Troyes, Musée d'Art Moderne

Germania
Amburgo, Hamburger Kunsthalle
Chemnitz, Kunstsammlungen Chemnitz
Darmstadt, Städtische Kunstsammlung
Darmstadt
Dresda, Galerie Neue Meister, Staatliche
Kunstsammlungen Dresden
Francoforte, Städelsches Kunstinstitut
Hagen, Karl Ernst Osthaus - Museum
der Stadt Hagen
Kiel, Kunsthalle zu Kiel
Stoccarda, Staatsgalerie Stuttgart
Weimar, Stiftung Weimarer Klassik und
Kunstsammlungen

Italia
Barletta, Museo Pinacoteca Comunale
"G. De Nittis"
Belluno, Museo Civico
Bergamo, Accademia Carrara
Ferrara, Museo Giovanni Boldini
Piacenza, Galleria d'Arte Moderna Ricci
Oddi
Torino, Fondazione Torino Musei - Galleria
d'Arte Moderna e Contemporanea

Lituania
Riga, Ārzemju Mākslas Muzejs

Norvegia
Lillehammer, Lillehammer Art Museum
Oslo, Nasjonalmuseet for kunst, arkitektur
og design - Nasjonalgalleriet
Oslo, Næringslivets Hovedorganisasjon,
NHO

Paesi Bassi
Amsterdam, Rijksmuseum
Amsterdam, Van Gogh Museum
(Vincent van Gogh Foundation)
Dordrecht, Dordrechts Museum
L'Aia, Gemeentemuseum Den Haag
Otterlo, Kröller-Müller Museum

Polonia
Cracovia, Muzeum Narodowe w Krakowie
Varsavia, Muzeum Narodowe w Warszawie

Portogallo
Lisbona, Museu Nacional de Arte Antiga

Regno Unito
Cardiff, National Museums & Galleries
of Wales
Edimburgo, National Gallery of Scotland
Kirkcaldy, Fife Council Museums,
Kirkcaldy Museum and Art Gallery
Londra, The Fleming-Wyfold Art Foundation
Oldham, Gallery Oldham
Perth, Perth Museum & Art Gallery

Repubblica Ceca
Praga, Národní galerie v Praze
Roudnice, Galerie moderního umění

Russia
San Pietroburgo, The State Russian
Museum

Slovenia
Lubiana, National Gallery of Slovenia

Stati Uniti
Kansas City, The Nelson-Atkins Museum
of Art
Los Angeles, UCLA Hammer Museum

Svezia
Stoccolma, Nationalmuseum

Svizzera
Baden, Museum Langmatt Stiftung
Langmatt Sidney und Jenny Brown
Berna, Kunstmuseum Bern
Berna, Confédération suisse, Office fédéral
de la culture
Ginevra, Musée d'art et d'histoire
Ginevra, Musée du Petit Palais - Modern
Art Foundation
Ligornetto, Museo Vela
Losanna, Banque Cantonale Vaudoise
Solothurn, Kunstmuseum

Ungheria
Budapest, Magyar Nemzeti Galéria
Budapest, Szépművészeti Múzeum
Mosonmagyaróvár, Hansági Múzeum

Ringraziamenti

Grazie ai direttori e conservatori dei musei di tutto il mondo che hanno concesso il prestito delle opere da loro conservate. Così come ai collezionisti privati e a tutti coloro che nei diversi modi si sono prodigati per i prestiti e per le attività connesse al miglior esito della mostra: Mitsuhiko Amakata, Gert Amman, Christoph Andreas, Morten Andresen, Valentina Anker, Carlo Antiga, Franco Antiga, Marianna Antiga, Mario Antiga, Silvio Antiga, Matteo Bagnasco, Manuel Bairrão Oleiro, Fred Bancroft, Grethe Bardalen, Katrin Bäsig, Herbert Beck, Loránd Bereczky, Martina Bertl, Maryse Bertrand, Loris Binotto, Ulrich Bischoff, Frédéric Bigo, Linda Brizzolara, Hans-Jakob Brun, Torill Bjordal, Anne Buddle, Christian Bührle, Cynthia Burlingham, Andrea Buzzoni, Leonardo Carrer, Pier Giovanni Castagnoli, Michael Clarke, Christofer Conrad, Emmanuel Coquery, Iwona Danielewicz, Piet de Jonge, Annie de Wambrechies, Yolande Deckers, Agnès Delannoy, Piero De Luca, Franco Di Mare, Marc D'Hondt, Nicole d'Huart, Aurora Di Mauro, Concetta Di Vincenzo, Julie Dickover, Cristiana Donadel, Judith Durrer, Tim Egan, Jenö Eisenberger, Signe M. Endresen, Franco Enrico, Ann E. Erbacher, Anne Esnault, Oliver Fairclough, Vincenzo Farinella, Michael Fehr, Jean Jacques Fernier, Umberto Ferri, Frances Fowle, Angela Francabandiera, Matthias Frehner, Gerbert Frodl, Stefano Fugazza, Giovanna Galasso, Gianni Gallo, Marina Geneletti, Silvana Gennuso, Claude Ghez, Tiziana Giuberti, Zofia Golubiew, Melania Granzo, Bardalen Grethe, Torsten Gunnarsson, Suzanne Haddad, Suzanne Harleman, Gabriel Harnist, Allis Helleland, Sidsel Helliesen, Sariola Helmiritta, Susanna Hiegesberger, Miroslava Hlaváčková, Alan Hobart, Danielle Hodel, Svein Olaf Hoff, Ton Hoofwijk, Robert Hoozee, Jenns Howoldt, Paul Huvenne, Alessandro Isaia, Lillie Johansson, Carine Joly, G. Ian Kennedy, Milan Knížák, Piotr Kopszak, Anna Krul, Katalin Lakos, Cornelia Lamprechter, Paul Lang, Sylvie Lecoq-Ramond, Fred Leeman, John Leighton, Serge Lemoine, Pierre-André Lienhard, Maria Lilja, Peter Loorij, Ulrich Luckhardt, Dirk Luckow, Jean-Patrice Marandel, Pietro Marzotto, Caroline Mathieu, Julie Mattsson, Elizabeth May, Gisela Mehnert, Cäsar Menz, Ivana Mezzetta, Dominic Milmo-Penny, Gianna A. Mina, Koji Miura, Miklós Mojzer, Hanne Møller, Alberto Montrasio, Ruggero Montrasio, Ingrid Mossinger, Cinzia Mozer, Christian Müller, Paul Müller, Moniek Nagels, Helly Nahmad, Paul Nicholls, Angelika Nitsch, Aly Noordermeer, William Nygaard, Valentina Opala, Margrith Oppliger, Caroline Paffrath te Neues, Matteo Pantaleoni, Roberto Papis, Alice Pearson, Marco Perale, Marilia Pereira, Eugenjia Petrova, Moniek Peters, Frans Deterse, Evgenia Petrova, Ann Philibin, Eva-Maria Preiswerk-Lösel, Viola Radlach, Emanuela Rampazzo, Robin H Rodger, Roberto Rossetti, Jean-Daniel Roulin, Ferdynand B. Ruszczyc, Kevin Salatino, Enzo Savoia, Isabella Schiavone, Uwe Schneede, Peter J. Schoon, Liesbeth Schotsman, Birgit Schulte, Sabine Schulze, André Schwarz, Hellmut Th. Seemann, Adi Semedo, J.P. Sigmond, Raffaella Silbernagl, Volker Silbernagl, Soili Sinisalo, Isabelle Six, Selina Skipwith, Janice Slater, Helen Smailes, Andrej Smrekar, Solfrid Söderlind, Mauro Sonnessa, Elizabeth Stevens, André Straatman, Károly Szentkúti, Anna Szinyei Merse, Mayumi Takahashi, Alain Tapié, Alain Tarica, The Dowager Countess of Jersey, Pierre Théberge, Joern Thewalt, Belinda Thomson, Richard Thomson, Anniken Thue, Peter Thurmann, Michael Tooby, Maurizio Torcellan, James Townsend, Patricia Truffin, Slawomir Tychmanowicz, Elena Tyun, Daiga Upeniece, Peter Usvari, Giovanni Valagussa, Sjraar van Heugten, Wim van Krimpen, Evert van Straaten, Luca Matteo Vernoli, Helen Vincenzi, Simona Vodlan, Christoph Vögele, Gunilla Vogt, Christian von Holst, Meike Wenck, Ute Wenzel-Förster, Dina Winch, Klaus Wolbert, Marilena Zanella, Giorgia Zerboni, Henry Zimet, Ruth Zimmerman.

Si ringraziano le Divisioni Commercio, Grandi Opere ed Edilizia per i Servizi Educativi, Sportivi ed Olimpici, Residenziali, Servizi Culturali, Risorse Finanziarie, Comunicazione - Olimpiadi - Promozione, Servizi Tributari - Catasto, Infrastrutture - Mobilità, Ambiente - Verde della Città di Torino.

Una mostra per la città olimpica

Ogni città che si candidi ad organizzare una Olimpiade, sia essa invernale o estiva, si impegna contestualmente ad offrire un'ampia gamma di iniziative culturali capaci di sintonizzarsi in vario modo con i contenuti e i valori dell'evento sportivo. Questo secondo programma si chiama Olimpiade della Cultura *anche se non prevede in alcun modo gare o giochi di carattere competitivo. Dal punto di vista temporale, poi, l'*Olimpiade della Cultura *non si limita al periodo della manifestazione sportiva ma al contrario lo deve preparare negli anni precedenti e seguire nei mesi successivi, allo scopo di tenere alto l'interesse per la città olimpica anche dopo l'evento.*

*Per organizzare l'*Olimpiade della Cultura *connessa a Torino 2006 gli enti territoriali e il TOROC (il comitato organizzatore dei giochi) invitarono ormai molto tempo fa i principali attori culturali della città a progettare in modo coordinato manifestazioni di grande richiamo da realizzare sia durante i giochi sia negli anni precedenti. La Fondazione Palazzo Bricherasio, che faceva parte di quel "tavolo", pensò di confrontarsi con Linea d'ombra che, all'epoca, sapeva attirare sulla città di Treviso l'attenzione del grande pubblico attraverso mostre d'arte di forte richiamo. Marco Goldin, l'artefice di quella esperienza, propose una mostra su un tema che si rapportava in modo immediato alle Olimpiadi invernali del 2006 e cioè la rappresentazione della neve negli Impressionisti e nella pittura di paesaggio della seconda metà dell'Ottocento. Il titolo* Gli Impressionisti e la neve. La Francia e l'Europa *portato all'attenzione del Comune, della Regione e del TOROC, raccolse subito il consenso di tutti.*

Dato il grande richiamo che la mostra certamente avrebbe avuto, si ritenne opportuno non realizzarla nel periodo olimpico, già molto congestionato di iniziative, ma nel cosiddetto - 1, cioè nell'inverno precedente ai giochi, durante il quale si svolgeranno molte attività che avranno nella mostra l'elemento trascinatore.

Entrata in piena attività la Fondazione Torino Musei, che ha lo scopo primario di gestire i musei civici di Torino, le fu chiesto di seguire insieme a Linea d'ombra l'organizzazione della mostra e fu chiesto anche alla Compagnia di San Paolo di contribuire in modo significativo al considerevole impegno finanziario richiesto da un'iniziativa di così forte

consistenza. La Fondazione Torino Musei iniziò subito il suo lavoro e la Compagnia di San Paolo mise a disposizione un contribuito del tutto inusuale per iniziative di questo genere.

La Città colse l'occasione per concertare con la Società Promotrice di Belle Arti, proprietaria di una splendida struttura espositiva su un terreno appartenente alla Città stessa, una nuova convenzione per i prossimi trent'anni e il completo restyling dell'edificio. A questo scopo la Promotrice ricevette un contributo economico da parte della Città per le opere di climatizzazione e messa a norma dei locali interni, al quale si aggiunse il provvidenziale intervento della Consulta per la Valorizzazione dei Beni Artistici e Culturali di Torino che restaurò le parti esterne.

Dopo la mostra Gli impressionisti e la neve. La Francia e l'Europa *la Promotrice potrà finalmente ospitare mostre che nella precedente situazione non sarebbero state realizzabili. Sono già programmate due mostre tra il settembre 2005 e il giugno 2006 e si sta lavorando per quelle successive.*

La mostra Gli impressionisti e la neve. La Francia e l'Europa *costituirà un'occasione preziosa per mettere a punto la nostra capacità di accogliere pubblici provenienti da lontano e di farli innamorare di Torino. La città si presenterà ai visitatori ancora in profonda trasformazione ma anche questa sua comprensibile condizione transitoria potrà rappresentare un elemento di interesse in più per chi verrà da fuori.*

La mostra, collocata in una struttura ideale restituita finalmente ai cittadini torinesi, non presenterà soltanto opere dei ben noti pittori francesi ma offrirà la possibilità di conoscere tanti altri grandi artisti europei purtroppo poco noti da noi a causa di una tradizione non sufficientemente attenta alla cultura internazionale. Il filo conduttore della neve e dell'inverno, che potrebbe apparire un po' troppo ad hoc, *dato il suo nesso con un evento specifico come le Olimpiadi del 2006, fungerà invece da occasione imperdibile per esplorare luoghi e momenti culturali da noi molto poco frequentati.*

Auguriamo un grande successo a questa iniziativa, che ha saputo collegare tra loro tanti diversi soggetti, significati e desideri.

Il Sindaco di Torino
Sergio Chiamparino

*L'Assessore alle Risorse
e allo Sviluppo della Cultura*
Fiorenzo Alfieri

*Il Presidente
della Fondazione Torino Musei*
Giovanna Cattaneo Incisa

*La realizzazione della straordinaria mostra Gli impressionisti
e la neve. La Francia e l'Europa rappresenta l'ennesima conferma
della eccezionale vitalità culturale che ormai da diversi anni interessa
tutto il Piemonte.
L'evento, allestito all'interno dell'appena restaurata palazzina liberty
della Promotrice delle Belle Arti, costituisce un momento privilegiato,
un passo suggestivo per introdurci alle Olimpiadi del 2006.
Lo sguardo dei grandi artisti le cui opere sono raccolte in questa
rassegna costituisce il pretesto per accompagnarci nel cuore dei Giochi,
e inoltre è un'occasione davvero unica per lasciarsi sorprendere
dall'intensità con cui alcuni maestri europei della pittura hanno saputo
"raccontare" la neve.
Da Van Gogh a Monet, da Gauguin a Pissarro, passando per Munch,
Segantini, Giacometti sono tanti i capolavori che ci indicano
la possibilità di un'esperienza di profonda bellezza. Una bellezza
dal respiro inconfondibilmente europeo che consolida la posizione
di eccellenza del Piemonte quale uno dei più innovativi distretti
dell'arte moderna.*

Giampiero Leo
*Assessore alla Cultura
Regione Piemonte*

On. Enzo Ghigo
Presidente Regione Piemonte

*La Fondazione Torino Musei che è stata istituita dal Comune
di Torino con le due Fondazioni di origine bancaria ha lo scopo
precipuo di divulgare la conoscenza dei nostri tesori storici ed artistici
pubblici e privati nella rete europea.
La Compagnia di San Paolo ha voluto investire, organicamente,
significative risorse per raggiungere questo scopo.
Nel quadro delle varie manifestazioni ed eventi suggestivi
ha un posto di rilievo questa mostra Gli impressionisti
e la neve. La Francia e l'Europa dove l'interpretazione figurativa
del tema da parte di grandi artisti descrive – come diceva taluno –
«l'armonia con il linguaggio che non s'ode.»
Questa mostra ha anche il pregio di restituire, dopo un accurato
restauro, alla comunità torinese il luogo della Promotrice delle Belle
Arti storica e gloriosa istituzione torinese.*

Franzo Grande Stevens
*Presidente Compagnia
di San Paolo*

Ricercare e percorrere nuove strade, creare una comunità virtuosa, capace di abbattere barriere e differenze di ogni tipo, secondo lo spirito Olimpico: è la principale finalità delle Olimpiadi della Cultura. Ricercare e percorrere nuove strade nella direzione che hanno saputo percorrere coraggiosamente i protagonisti di questa straordinaria mostra, da Monet a Gauguin a Van Gogh, che oggi ci portano verso i Giochi del 2006, così come più di un secolo fa hanno portato l'arte occidentale dal periodo classico a quello moderno e contemporaneo. In questa direzione, dal grande respiro internazionale, si colloca Gli Impressionisti e la neve. La Francia e l'Europa, l'evento culturale più importante a un anno dai XX Giochi Olimpici Invernali.

Il tema della neve, affrontato più volte dai pittori impressionisti, assume un ruolo particolarmente rilevante in questa sublime esperienza artistica, collegandosi con coerenza all'Olimpiade bianca. I nomi più prestigiosi del grande movimento del XIX secolo tracciano una storia dell'Impressionismo raccontata attraverso il bianco della neve depositato sulle tele, per farci riflettere e apprezzare tutta la bellezza e la poesia della materia prima sulla quale si sfideranno gli atleti Olimpici. Ma la mostra ci fa riflettere anche su valori che hanno una sorprendente affinità con il mondo sportivo: l'attimo fuggente della pittura impressionista ha affinità elettive con l'attimo in cui l'atleta raccoglie le energie, si concentra per la vittoria.

Anche l'atleta infatti, come l'artista, coglie una immagine della realtà in una frazione di secondo. E da questa osservazione gli impressionisti non solo prendono la velocità della sensazione, ma anche le particolari inquadrature che danno alle loro immagini uno straordinario sapore di modernità e di contemporaneità. Una grande lezione, non solo artistica, ma di metodo per noi di Torino 2006, che, insieme agli Enti locali e alle Istituzioni culturali, in vista del grande appuntamento delle Olimpiadi della Cultura, facciamo nostra ogni giorno, con la consapevolezza che le sfide si vincono, come per i grandi movimenti artistici, e come nello sport, attraverso un lavoro di squadra: arti visive, danza, teatro, cinema, letteratura, per unire l'arte allo sport, per unire valori e mondi di riferimento apparentemente distanti; per offrire al mondo un'esperienza indimenticabile che nel 2006 vedrà insieme i fuoriclasse della cultura italiana e internazionale: di ieri, di oggi, di domani.

Evelina Christillin
Vice Presidente Vicario
Torino 2006

Sommario

Dedico questa mostra a Paolo. L'ultimo inverno è caduta
così tante volte la neve, adagiandosi. E mentre venivo
componendo, giorno dopo giorno, questa mostra, continuava
a cadere la neve. Sui boschi verdi, sulle rocce più alte delle
montagne. Pensavo ai boschi di Munch, soprattutto.
A quel cielo affondato nel gorgo di un mare su cui
specchiavano le stelle. E sotto, il verde diventato nero di una
notte chiara. Così, mi sembrava possibile che la luce e il buio
fossero miracolosamente insieme in una sola immagine.
Continuo a pensare molto a questa cosa, che la profondità
e le altezze si sommino, generando una realtà che nessuno
è ancora riuscito a descrivere. O talvolta la pittura pare farsi
vicina. Abbiamo tanto sciato insieme nella neve nuova,
alta, tra i boschi verdi. Lontani dal chiasso. O risalito certe
montagne prima di discenderle, immaginando quell'altro
verde, dell'estate negli stessi luoghi. Un poco diverso,
e fiorito. E poi è disceso fino a scomparire, affondare, in un
giorno di festa. Tutta questa neve, bianca di tutti i colori
del bianco, la voglio dunque dedicare a Paolo. Da ogni luogo
giungente, verso ogni spazio sparente.

m. g.

Il bianco, il vuoto, l'assenza

Marco Goldin

Sia per te la grande neve il tutto, il nulla,
bambino dai primi passi incerti nell'erba,
gli occhi ancora pieni dell'origine,
le mani aggrappate solo alla luce.
Yves Bonnefoy

Da lungo tempo avevo desiderato occuparmi, componendo una mostra – e di quale privilegio effettivamente si tratti –, dell'idea del bianco, della neve soprattutto, e di certi altri temi che a me paiono a essa collegati, come il vuoto e l'assenza. E non solo il vuoto e l'assenza di persone, ma il vuoto e l'assenza che un paesaggio, un paesaggio bianco di neve, può produrre, rovesciando così il concetto di un luogo solo abitato. Adesso è venuta questa occasione, e ne sono felice. Una mostra che intenzionalmente è quasi del tutto lontana dal racconto di quanto accade sulla neve e che invece si concentra molto di più sul senso della neve, il suo essere dipinta, nell'arte europea del secondo Ottocento. Senza alcuna pretesa di vera unitarietà, perché l'idea è invece quella di proporre una diversità, un'assonanza per mancate sintonie, che talvolta si riassociano in evidenti contiguità. Una grande storia del bianco nella pittura, che ha quale punto di riferimento quanto Courbet prima, e gli impressionisti poi, hanno realizzato in Francia nella seconda metà del XIX secolo. E accanto a loro, nella distesa e ampia prima parte dell'esposizione, quella che sarà assolutamente una straordinaria scoperta per tutto il pubblico italiano. Il confronto con ciò che i più importanti pittori europei, nello stesso periodo, hanno ugualmente realizzato sul tema della neve e del bianco. Ne risulta una larghissima tessitura, che da Courbet si tende fino a Munch. E anche già solo avendo nominato questi due sublimi pittori, si comprende benissimo la distanza che intercorre tra il punto d'avvio e quello conclusivo, Courbet e Munch essendo tra l'altro due tra i più alti pittori di neve che tutta la storia dell'arte possa vantare. Ma quanto il primo giunge ad anticipare l'impressionismo, dando la definitiva spallata all'invenzione accademica del paesaggio, tanto il secondo apre il suo sguardo su un luogo che è profondamente e intimamente legato all'inaugurarsi del nuovo secolo. Nel mezzo, nei quasi cinquant'anni che corrono tra i primi paesaggi di Courbet e la visione notturna di Munch accesa di bianchi fuochi pesanti posati, sta una grande storia della pittura in Europa, che in questo modo si narra per la prima volta in una mostra.

Sono infinite le diversità che vengono proposte, nella molteplicità delle ricerche e nello scandaglio che è stato condotto in ogni contrada del nostro Continente. Per porre accanto, nella medesima condizione di visibilità, autori notissimi al grande pubblico come Monet, Gauguin, Van Gogh, Manet, Sisley, Pissarro ma anche Segantini, Munch, Hodler, Fattori e tanti altri ancora, a pittori che sotto ogni cielo in Europa, all'insegna di una strepitosa qualità, hanno dipinto la neve nel secondo Ottocento. Ne sono nate scoperte importanti, che

non mancheranno di suscitare entusiasmi, grazie all'apporto qualificato di studiosi, direttori e curatori di musei in ogni nazione. Mi piaceva questo sentimento del viaggio. Poter essere in anticipo viandante lungo ogni strada. In anticipo rispetto al visitatore, che adesso in mostra è ugualmente viandante, viaggiatore curioso di quanto abitualmente non viene, appunto, mostrato. Mi piaceva tornare, e mi si perdonerà spero questa nota forse troppo personale, a un'esposizione costruita sul rapporto tra il visto e il non visto, che sarebbe un po' dire tra i pittori persino troppo celebri e quelli che nessuno ricorda e che quasi nessuno pensa mai di mettere in mostra. Mi piaceva questo rapporto, perché è molto spesso da esperienze simili che nasce una vera, nuova conoscenza. Quello per cui, in fondo, si ama questo lavoro. E per cui, credo, valga la pena di continuare a farlo.

Perché la mostra mi è cresciuta tra le mani, nella consapevolezza che poco per volta stavo compiendo un viaggio ancor più bello e colmo di fascino di quello che potevo immaginare in principio. Mi dilungo ancora un momento, e chiedo scusa. Ma vorrei dire come sia naturalmente fondamentale l'idea da cui una mostra nasce, e tuttavia ancor più toccante e vero il cammino che presiede alla sua preparazione. La possibilità, ed è una gioia quando accade, di incontrare ciò che non era atteso, non era in alcun modo previsto. Già, proprio l'inatteso è alla base di alcune tra le scelte qui comprese, perché non c'è niente di più necessitato, di più avvinghiato e abbarbicato alla vita vera di quanto, improvvisamente, ci si presenti davanti imponendosi da solo per la sua semplice bellezza. Tanti dei quadri di questa esposizione vivono nella luce, davvero, di questa semplicità della bellezza. Sono pittura allo stato puro, ne sentono sulla pelle il clamore, il profumo, il silenzio complice e immisurato, il vento lieve e profondo. Perché in definitiva, un'altra volta ancora per me, questa è una mostra sulla pittura, sulla sua scia di luce, di notti, di stelle e chiari sorgenti. Attraversa tante strade e paesi, e pianure e montagne e laghi ghiacciati. Ci mette davanti alla diversità dei paesaggi, alla specificità della loro bellezza, al loro essere l'uno e il tutto, il presente e la storia, il giorno e la notte. Dalle regioni scandinave, in cui il bianco è più abbacinante che in qualsiasi altro luogo, collegato com'è alla sua eternità, al suo persistere come una condizione che è della natura e del cuore insieme. O l'epicità del bianco sulle grandi pianure della Russia, foreste distese verso l'orizzonte inconcluso. Ancora la neve istoriata del colore anche della terra nell'Europa centrale, oppure il salire maestoso delle grandi vette alpine nella pittura svizzera, dove agisce fortissimo il senso del sublime romantico. O il rivivere di una grande tradizione in Belgio e Olanda, da cui nasce l'esperienza prima di Vincent Van Gogh. Infine, la molteplicità dell'esperienza in Italia, che dal guardare che Caffi fa verso i canali a Venezia, paesaggio classico ancora, giunge fino alla densità simbolista di Pellizza da Volpedo. È tutto un mondo, l'evoluzione di un tempo, la scoperta di una natura che i pit-

M. Ferat, *Il nuovo aspetto di Parigi: la Senna tra il Louvre e l'Institute* da «Le Monde Illustré», 20 dicembre 1879, 396-397, The New York Public Library

M. Kauffmann, *Parigi nella neve: rottura del ghiaccio con la dinamite al Pont des Invalides* da «Le Monde Illustré» 3 gennaio 1880, The New York Public Library

Utagawa Hiroschige
Due donne conversano nella neve, 1853
Fondation Claude Monet - Academie
des Beaux-Arts, Giverny

Utagawa Kunisada
Abbondante nevicata di fine anno
Fondation Claude Monet - Academie
des Beaux-Arts, Giverny

tori sigillano come paesaggio dipinto. Con quella caratteristica che offre la neve come un unicum assoluto e quasi impronunciabile.

La neve è un paesaggio di breve durata, è un tempo diverso, è la precarietà dello spazio altrimenti descritto. Non ha apparentemente a che fare con l'eternità del tempo né con l'eternità della natura, perché la neve copre quell'eternità e la cancella, modifica le misure del vedere e dei luoghi. Ma la neve è anche il desiderio, comunque, di non perdere, e confondere, i luoghi e le persone a essa legati, connessi, poiché la neve cancella le tracce di un precedente passaggio umano. La pittura, invece, vuole preservarle. Per cui, se da un lato la pittura della neve copre l'eternità cancellando una possibile memoria di lunga durata, dall'altro cerca con i suoi mezzi di riprodurre quella stessa eternità, trattenendo dalla parte di una evitata scomparsa i segni che hanno composto, e ancora comporranno, il paesaggio. Perché il tempo della neve è questo tempo frutto dell'alternanza, del susseguirsi delle stagioni, dell'intermittenza senza sosta. Alla neve colma di bianco succede il suo disciogliersi, la terra bruna trasformata in un verde lisciato dal vento estivo. I segni di un passaggio adesso si vedono con chiarezza, sono presenti nella natura, nel mondo. Poi di nuovo scompaiono, cancellati ancora dal bianco della neve nuova. Da questo nasce il senso della nostalgia legato ai paesaggi di neve, per ciò che c'era ed è andato perduto, che non si vede più. È la sofferenza per una sottrazione, che non è solo di cose ma anche di un paesaggio che non appare più lo stesso e si crede scomparso per sempre. Sofferenza di colui che è lontano rispetto a ciò che gli era prossimo e autorizza dunque la nascita di un paesaggio della memoria. Ecco perché il bianco della neve è tanto spesso legato proprio alla memoria, al suo essere il centro di uno spazio che vive entro questa funzione. E tante volte, allora, il paesaggio di neve è il paesaggio dell'infanzia, sottratto al trascorrere del tempo che ha cancellato le tracce.

E subito si fa avanti un altro concetto, quello della neve come assenza. Un'assenza però determinata, che è anche un vuoto determinato. Non il vuoto per il vuoto, il nulla, ma un vuoto che, al contrario, designa qualcosa, altro non può essere se non il paesaggio. Dunque, da un'apparente negazione dello spazio nasce invece la natura diventata paesaggio. E poiché in quel vuoto abitato dalla neve è contenuta l'origine delle cose, dal bianco dipinto sorge l'essere delle cose, che sfavilla nell'alternanza di pieno e vuoto. Abituati come siamo a considerare il paesaggio di neve, soprattutto quello dipinto dagli impressionisti, un ricamo, uno svolazzo, qualcosa di "carino" e "gradevole", abbiamo dimenticato quanto il bianco sia invece collegato proprio all'origine, al mondo delle forme prime; che stanno sotto, eterne, quelle della natura sfuggente e riflessa. Dunque la neve, il suo bianco dalle mille forme dipinte, vive nella duplicazione continua di consistente e sparente, ciò che si fissa e rimane e ciò che svanisce al passare di ogni stagione. Tanto che questa è anche duplicità del tempo, il suo sfarinarsi e sciogliersi al venire del sole primaverile, come il consistere nei freddi mattini di gennaio, quando una prima luce azzurra tocca le cose e le rende forse invincibili al tempo. Forse.

Il vuoto è il campo dei fenomeni, ciò che è il bianco in pittura. La neve è il luogo in cui tutto può accadere, dove si saldano il tempo passato e il tempo futuro, ciò che è avvenuto e ciò che potrebbe avvenire. La neve è quindi il luogo del tutto possibile, dove niente ci è negato proprio perché il bianco copre ogni traccia e ogni segno del mondo manifestatosi. Il pittore lavora al di sopra del bianco, dopo avere creato il bianco. Allora può essere l'incisione della luce o dell'ombra sul bianco o un racconto sopra quello stesso bianco. Per cui il vuoto, fattosi campo dell'esperienza sensibile, si manifesta anche come trascendente, agendo allo stesso modo come universale e particolare. Non c'è nella pittura altra esperienza come quella connaturata al bianco, che introduce così anche l'idea del tempo dentro il vuoto e il bianco. Il taoismo classico, nello *Zhuangzy*, esprime benissimo questa realtà: «Esaminando i pieni e i vuoti di questo mondo, la misura degli esseri è infinita; il loro tempo non ha termine; la loro condizione non ha permanenza; il loro principio e la loro fine non hanno durata.» Ugualmente, ciò che è dipinto sotto il segno del bianco e della neve non ha durata. E non ha durata perché è già scomparso. Ma allo stesso modo, perché pur essendo scomparso continua a vivere per manifestarsi ancora dopo la scomparsa del bianco. E dunque anche il vuoto spaziale non esiste, in sé e per sé, ma solo vive nella sua alternanza con il pieno. Il bianco-vuoto produce le distanze, autorizza la profondità, e in questa distanza nasce la pittura che è fatta anche di peso, di contorni, di forme formate. Comprendiamo bene adesso come non sia possibile separare le diverse realtà e solo dalla loro unione e combinazione possa nascere la vera armonia. In un passo significativo di *Souffle-Esprit*, uno studioso come Cheng lo ricorda molto bene: «Il vuoto non è dunque affatto esterno al pieno, e ancor meno vi si oppone. L'arte suprema consiste nell'introdurre del vuoto nel cuore stesso del pieno, sia che si tratti di un semplice segno o dell'insieme. In un dipinto mosso dal vero vuoto, all'interno di ciascun – tratto, tra i tratti, e perfino nel pieno centro dell'insieme più denso, il soffio – spirito può e deve circolare.»

Il bianco consente quindi di passare da una prospettiva all'altra, dando sempre il senso non di immagini in se stesse compiute ma dell'allusione a tutte le forme possibili, poiché la neve rende più incompiuta la natura ritratta. Rende la natura vista nell'atto stesso del suo farsi, essendo il prima e il dopo, la presenza e l'assenza. Era stato Bergson, in alcune sue pagine illuminanti, a dire come l'assenza di una cosa non sia che la presenza di un'altra, là dove ci si attendeva la prima. Da questa dialettica e da questa bipolarità si capisce come l'assenza della natura, nel paesaggio innevato, sia invece la sua presenza colta appunto per assenza, e meglio ancora per temporanea sospensione. Il paesaggio non si mostra ma si lascia intuire, sotto la cenere bianca di una nevicata appena accaduta. Non si può leggere questa neve senza che la memoria compia il suo percorso, non rivada a come la natura era prima della neve e così associ il visibile e l'invisibile della natura. E ponendosi nell'assenza, il bianco-neve, il pittore, a partire da esso, cerca di esprimere il reale. Perché c'è un tempo inerente la natura, le cose, e ci abbraccia nella misura in cui partecipiamo alle cose e prendiamo parte al divenire della natura. Così è del pittore, che mentre incontra il mondo nel bianco della neve se ne lascia anche allontanare, per toccare con lo sguardo la profondità di quel bianco. Il paesaggio di neve, ancor più della natura, passa con il passare del tempo. La natura, quando non è colta nella sua forma prima e assoluta, nel suo radicamento dentro l'eterno, è sempre e solo passaggio. La si percepisce nelle sue manifestazioni e difficilmente nel suo assoluto, senza che queste manifestazioni la esauriscano mai. La natura è uno scavalcamento del tempo e la neve che vi si deposita sopra mette in contatto il tempo passato e il tempo futuro. Così il paesaggio di neve è l'esistenza-origine, ciò che non era ancora stato percepito perché coperto, nascosto. E la pittura vuole togliere il velo a questo mondo nascosto, rivelarlo, perché la si possa leggere in questa doppia dimensione, che è l'attributo più vero del bianco della neve.

E nell'ottica del doppio, la durata è durata perché conserva qualcosa del divenire della natura, velare e svelare. Tutte le misure del tempo, dunque anche il nostro tempo interiore davanti alla natura, emergono dal suo divenire, quel tesoro prezioso al quale ogni nostra percezione attinge. Trascorrere dal passato al presente al futuro, fa parte della nostra essenza come dell'essenza dell'universo. La natura è ciò in cui siamo, cui siamo mescolati e uniti. Secondo Merleau-Ponty, se contempliamo la natura è per entrarci dentro, per il senso di un'esperienza che è sensoriale e della visione insieme. E questo, meglio di sempre, appare il modo in cui guardare un paesaggio di neve, perché guardare è scoprire il bianco che tutto ha ricoperto, il lato fuggevole e sbiadente a ogni cambio di stagione; l'entrare dentro la natura è scoprire il suo lato stretto all'eterno, ciò che apparentemente non muta e si perpetua come forma sorgente dall'origine, anzi origine essa stessa.

Camille Pissarro
Neve a L'Hermitage, Pontoise, 1874
collezione privata

Henri Meye
Treni fermi nella neve, 1879
Collection Viollet, Parigi

Claude Monet
Disgelo a Lavacourt, 1880
collezione privata

Per continuare con Merleau-Ponty, si potrebbe dire che la neve è il visibile dell'invisibile e il pittore che decide di dipingerla colui che si incarica di trasferire le cose dal regno del non visto a quello del visibile. È così che la pittura diventa il raggio che illumina il mondo, fendendo la coltre bianca della neve per far vivere insieme apparenza e mistero, aderenza delle cose alla superficie, al suo ricamo, e loro profondità. Perché la percezione degli elementi del mondo avviene per mezzo di questi raggi, che sono essi stessi mondi, dimensioni, microcosmi. Nella brevità del bianco della neve, tutto sta raccolto e contenuto, nulla manca. Vive solo l'assenza.

È un pomeriggio di febbraio, ha nevicato tutta la notte precedente, adesso il cielo si è illuminato di una luce chiara e vivida, toccata dal sole che non si vede. La neve ha coperto tutte le cose. La grande strada larga, i tetti, perfino l'aria uniforme in quel giallo del cielo che si riflette sul bianco della strada. Monet ha dipinto questo in un pomeriggio del 1875 a Argenteuil. La solitudine e il silenzio di poche persone che sulla neve vanno, camminando lentamente come esili figure sul punto di scomparire, chi per la distanza chi per troppa luce dentro la luce di neve e sole. Nient'altro che neve e luce, a malapena l'esile slanciarsi di qualche tronco, le case appena tatuate nella luce, ombre illuminate in una sequenza che si direbbe senza fine. Nient'altro e solo questo, neve e luce. Il bianco è uno stato dell'atmosfera, un affondare del mondo dentro la luce. Il mondo anzi già affondato, dentro tutto quel bianco dove s'imprime il cielo come una sepoltura di nuvole assenti. Non ci sono storie da raccontare, personaggi da scoprire, eventi da considerare. Ciò che importa, e ciò che conta, è questo grado assoluto del bianco che non è nebbia, non vapore sul fiume, ma soltanto neve fredda che non si scioglie al sole. Monet coglie la sospensione di quest'ora, l'assoluto del tempo e dello spazio, ciò che si forma e ciò che resta per sempre. Coglie di questo pomeriggio in un villaggio francese lo stupore davanti all'immenso, che pur tuttavia si mostra breve, usurato, semplice e forse addirittura inutile nella sua immagine protratta. Capisce che dentro questo bianco, sopra cui è cresciuta la tessitura del sole, c'è tutto quanto della vita. Fino al grido strozzato, o agli occhi che sorridono, quando viene la radura della fine. Bianco ancora una volta. Luce o neve chissà.

Russia

L'impressionismo in Russia

Evgenija Petrova

Il destino dell'impressionismo russo è stato caratterizzato da peculiarità sconosciute a questo movimento artistico in altri paesi. Innanzitutto, fino a non molto tempo fa questo movimento, nella sua variante russa, non era studiato né percepito dall'opinione pubblica, in patria e all'estero, come un fenomeno indipendente.[1]

I motivi di un oblio tanto prolungato sono da ritrovarsi nelle restrizioni di carattere ideologico e nei divieti di altra natura che inquadrarono la Russia (allora Unione Sovietica) tra gli anni trenta e gli anni sessanta del XX secolo. In quel periodo tutto ciò che non si conformava ai principi del cosiddetto realismo socialista veniva occultato, se non addirittura distrutto.

E così pittori eccezionali che negli anni 1870-1890 realizzarono opere in stile impressionista (Valentin Serov, Konstantin Korovin) furono annoverati tra i formalisti, i "decadenti", termini che, nella traduzione dalla lingua russa dell'epoca in una qualsiasi lingua straniera, stavano ad indicare qualcosa di estraneo, di diverso dal punto di vista ideologico. Le loro tele non dovevano essere mostrate agli spettatori per non corromperli, per non distoglierli dall'arte con contenuti seri. A causa di tutto ciò i meravigliosi paesaggi e le nature morte di studio di Konstantin Korovin, con la loro bellezza ammirevole, i ritratti trafitti dalla luce non furono praticamente esibiti in musei e mostre fino agli anni sessanta, perché considerati opere leggere.

Anche le opere del pittore impressionista russo Valentin Serov, oggi riconosciute come capolavori, quali il *Ritratto di Adelaide Simonovich, cugina dell'artista*, apparvero sulla scena artistica russa negli anni sessanta. Proprio in questo periodo, nell'allora Unione Sovietica, si cominciò a parlare per la prima volta e in maniera attiva di impressionismo. Non senza fatica i rappresentanti dell'intellighenzia riuscirono a procurarsi il libro di John Rewald *Impressionism*, che scambiavano tra loro per poterlo leggere tutti. Erano tutti entusiasti di questo strabiliante fenomeno dell'arte pittorica francese e facevano dei paragoni spontanei e inconsci con le opere dei maestri russi, di recente diventate accessibili alla visione.

All'epoca non solo i conoscitori d'arte, ma anche gli esperti non possedevano cognizioni sufficienti sul panorama generale delle opere d'arte nazionali. I musei esponevano le tele dei pochi pittori più noti. Una parte significativa dell'eredità artistica nazionale era conservata nei depositi, non era accessibile al pubblico. Quindi né negli anni sessanta, né nei quarant'anni successivi si procedette all'individuazione del ventaglio di opere che esprimeva chiaramente i segni dell'impressionismo.

Già all'inizio del decennio 1870 i pittori russi che viaggiavano in Europa avevano conosciuto bene l'arte degli impressionisti francesi. In quegli anni Ilja Repin, Aleksej Bogoljubov, Mikhail Villie ed altri dipinsero delle tele con animo impressionista. I pittori non le esibivano in pubblico, consapevoli dell'atteggiamento ironico di quest'ultimo verso gli

Valentin Serov
*Ritratto di Adelaide Simonovich,
cugina dell'artista*, 1889
The State Russian Museum
San Pietroburgo

23

Konstantin Korovin
In riva al mare, 1910
The State Russian Museum
San Pietroburgo

Konstantin Korovin
*Ritratto dell'artista Tatjana
Ljubatovich*, 1880
The State Russian Museum
San Pietroburgo

impressionisti. Ad esempio, l'imperatore Alessandro III li chiamava «monelli», cosa che, peraltro, non impediva allo zar russo di collezionare opere degli impressionisti francesi. Non era complicato, per i pittori russi del 1870 e dintorni, comprendere il fascino racchiuso nella leggerezza pittorica e nell'immediatezza dell'impressionismo occidentale. Già all'inizio del XIX secolo si erano distinte, per la loro atmosfera satura di luminosità, le opere di Silvestr Scedrin (1791-1830) e di Aleksandr Ivanov (1806-1858). Alcuni anni più tardi, l'accento sulla freschezza e sull'espressività delle impressioni legate alla vita quotidiana diventerà caratteristico dell'opera del prematuramente scomparso Fedor Vasil'ev (1850-1873).

Negli anni 1870-1880 i pittori che avevano assimilato l'esperienza impressionista realizzarono ritratti, nature morte, paesaggi, come schizzi o opere complete, schiarendo la propria tavolozza, sfruttando i profondi riflessi colorati, i «motivi fortuiti». In quegli anni, l'impressionismo si espresse in Russia con svariate modalità e, a parte alcune somiglianze con i francesi, si differenziò sostanzialmente da questi ultimi.

La tendenziosità sociale e la ricchezza di problemi tipiche dell'arte russa nella seconda metà del XIX secolo lasciarono un segno profondo che si rispecchiò, soprattutto, nella scelta dei motivi. I pittori russi restarono a lungo fedeli al realismo. I loro paesaggi, le scene e i ritratti di genere, ispirati di norma a situazioni reali, non erano privi tuttavia della sensibilità per esprimere svariati stati d'animo. Queste opere non venivano realizzate solo ed esclusivamente per amore della bellezza pittorica: i pittori russi del momento subivano in particolare il fascino della vita semplice, quasi rallentata, celata. Da qui la pittura russa trasse tanti paesaggi e vedute malinconici, ritratti di personaggi dai tratti tristi.

A differenza degli impressionisti francesi, i loro colleghi russi trattarono non di rado temi storici e storico-sociali (Vasilij Surikov, *La boiarina Morozova*, 1887, Mosca, Galleria Tretjakov; *La presa della città di neve*, 1891, Museo di Stato Russo).

I fautori russi dell'impressionismo non si unirono mai a costituire alcuna società, non stesero programmi né manifesti. In Russia l'impressionismo non si distinse come una fase a sé stante del processo pittorico, piuttosto si diffuse in diverse correnti e direzioni dell'arte russa, apparendo sotto svariate forme nelle opere di numerose personalità.

Si venne a creare una situazione oltremodo insolita. Non c'era dubbio che l'impressionismo, in Russia, esistesse: era lo stile con cui venivano composte le opere di molti pittori. Ma nel contempo, non essendosi cristallizzato, esso non si manifestò come fenomeno indipendente.

I pittori stessi non erano ansiosi di annoverarsi tra gli impressionisti, pur lasciando delle tracce pittoriche e narrative proprie della loro devozione impressionista. E così Surikov

Wassily Kandinsky
Il fiume in autunno, inizio 1900
The State Russian Museum
San Pietroburgo

Michel Larionov
Pesci al tramonto, 1904
The State Russian Museum
San Pietroburgo

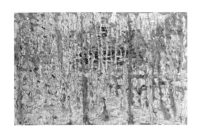

Casimir Malevič
*Paesaggio con casa gialla
(Paesaggio invernale)*, 1906-1908
The State Russian Museum
San Pietroburgo

era convinto che «la caraffa di Manet è superiore a qualsiasi idea.»[2] Korovin scrisse: «Serve la luce – una maggiore luminosità consolante», e apprezzava l'attività creativa vicina a ciò che «lascia un'impressione.»[3] Questo giudizio fu condiviso a lungo ma, ciononostante, i pittori russi dei decenni 1870-1890 interpretarono le proprie opere non in termini di impressionismo ma in forma poetica, ragionando «del tremolio e del rumore delle foglie», «delle note – suoni della natura, della luce e del sole.»[4]

Verso la fine del XIX secolo l'impressionismo era penetrato così profondamente nella mentalità artistica di diverse generazioni, che il suo metodo cominciò a essere insegnato all'Accademia delle Belle Arti e in altre scuole. Questa apertura segnò, a suo modo, la creazione di un nuovo alfabeto artistico che tutti dovevano assolutamente imparare.

Praticamente tutti i pittori dell'inizio del XX secolo passarono attraverso il prisma dell'impressionismo e molti di loro ne elaborarono una variante personale. Michel Larionov, che verso la metà del primo decennio del Novecento dipinse non poche tele impressioniste, da questo stile si spostò verso una forma vicina all'astrattismo. Indubbiamente Wassily Kandinsky, che dipinse dei paesaggi di gusto impressionista quando ancora frequentava la scuola Kostandi a Odessa e, in seguito, ritrasse la natura dei dintorni di Mosca in estate e in autunno, prese coscienza proprio alla fine del primo decennio del Novecento della possibilità di comunicare solo attraverso il colore e la forma le sensazioni, i «suoni dell'anima», e quindi non riprodusse concretamente il mondo circostante. Anche Casimir Malevič, nel 1906-1908, provò la strada impressionista come suggerisce il quadro *Paesaggio con casa gialla (Paesaggio invernale)*. In seguito, come fondatore del suprematismo, Malevič assegnò un ruolo di rilievo all'impressionismo in tutte le sue opere teoriche sui sistemi pittorici.

Non è un caso se già alla fine degli anni venti e all'inizio del decennio successivo Malevič, lasciate in Germania le sue giovanili opere "impressionistiche", dipinse una serie completa di quadri il cui significato ci è ignoto ancora oggi. Si ritiene che il pittore desiderasse illustrare agli studenti, con il suo esempio, il metodo impressionista, e che avesse riprodotto il periodo oramai perduto della propria arte, che egli riteneva estremamente importante per la propria biografia artistica.

L'impressionismo, i cui germogli spuntarono in Russia verso la metà del decennio 1860, si sviluppò e mutò nell'arco di un secolo circa. Come qualsiasi scoperta globale che influisce sul pensiero, l'impressionismo fu un fenomeno duraturo, in particolar modo in Russia. È possibile, quindi, che questo influsso fosse particolarmente congeniale alla mentalità artistica russa. La poeticità e la melanconia, l'espressività e la pittoricità, così tipiche dell'impressionismo, sono vicine alla poetica artistica della Russia. Per questo

Abram Arkhipov
In visita, 1915
The State Russian Museum
San Pietroburgo

Abram Arkhipov
Lavandaie, 1898 circa
The State Russian Museum
San Pietroburgo

Nikolay Dubovskoy
Sul canale Ekaterininskij in estate
1905, The State Russian Museum
San Pietroburgo

motivo nell'arco di oltre un secolo l'impressionismo si espresse, in Russia, con numerose varianti. Il suo metodo fu adottato dai pittori dell'associazione Rosa azzurra (Viktor Borisov-Musatov, *Ragazzo nudo in giardino*, 1898), che usavano una tavolozza estremamente luminosa. In contrasto con questo movimento simbolistico, i realisti dell'inizio del XX secolo si concentrarono sull'ampiezza delle pennellate, sulla ricchezza dei toni, qualsiasi colore applicassero. Così, ad esempio, nel periodo iniziale della propria attività Abram Arkhipov lavorò, soprattutto, con i toni del marrone e del nero (*Lavandaie*). In seguito la luce dei suoi quadri cambiò in maniera repentina: diverse sfumature di rosso dal tratto vivido, pittoresco e gioioso fanno mostra di sé nelle sue tele sulla Russia rurale come nell'opera *In visita*.

Uno dei temi peculiari degli impressionisti russi è l'inverno. Il contrasto tra il colore bianco e le ombre di un qualsiasi oggetto, la ricchezza stessa del colore bianco esercitavano il loro fascino su molti pittori russi.

L'aria di San Pietroburgo, umida e satura di nubi, si riflette nelle rappresentazioni di questa città ad opera di Aleksandr Beggrov (*Il lungoneva*, cat. n. 1), Nikolay Dubovskoy (*Sul canale Ekaterininskij in estate*). Gli orizzonti lontani, freddi, innevati e quasi nascosti alla vista, immersi in un'aria tersa erano il soggetto preferito da Yuly Klever (*Inverno*, cat. n. 3). Gli stati d'animo di solitudine malinconica e di vacuità, di smarrimento dell'uomo nella vastità dell'inverno russo sono tipici dei paesaggi di Alexey Savrasov (*Inverno*, cat. n. 9) e di Valentin Serov (*Inverno*).

Il lento risveglio della natura in primavera, quando le nevi cominciano a sciogliersi e riempiono fiumi e ruscelli di acqua fresca, fu uno dei motivi prediletti da Isaak Levitan (*Primavera, ultima neve*, cat. n. 7, *Inizio di primavera*, cat. n. 8) e Stanislav Zhukovsky (*Acqua di primavera*, cat. n. 10).

Tutte queste opere, come molti altri dipinti, costituiscono un'esperienza basilare per l'impressionismo.

Nella storia dell'impressionismo russo una pagina speciale spetta ai quadri di Arkhip Kuindzhi. I suoi tramonti (*Effetto di tramonto*, cat. n. 5, e gli scorci dei boschi in inverno (*Luce lunare nel bosco, inverno*, cat. n. 6), sempre sintetici, ritratti in grandi masse, sono originali e, che si sappia, non hanno analogie nella pittura mondiale. Tuttavia proprio la scoperta degli impressionisti francesi ci consegna la chiave per comprendere l'originalità delle idee di Kuindzhi.

Questo pittore fu sempre attratto dalla luce e dal colore che essa assume sulla neve bianca. Egli dipinse numerosi quadri che rappresentavano alberi innevati e macchie di luce

Valentin Serov
Inverno, 1898, The State Russian
Museum, San Pietroburgo

Isaac Levitan
La vallata del fiume, autunno
The State Russian Museum
San Pietroburgo

sulla neve. Il contrasto tra luce e ombre sugli alberi crea una drammaturgia, un gioco, una coesistenza tra luce e ombra, tra felicità e tristezza, che sono tipiche della vita come della natura.

Traduzione dal russo a cura della "Scuola Interpreti e Traduttori", Treviso

[1] Nel 2000 il Museo di Stato Russo (San Pietroburgo) ha organizzato una mostra e pubblicato un libro, *Russkij impressionism*, Palace Editions 2000. Nel periodo 2001-2004 Spagna, Austria e altri paesi hanno ospitato delle mostre aventi come tema l'impressionismo in Russia.
[2] Sakharov E. V. D. Polenov, *E. D. Polenov. Khronika semi khudozhnikov* (Cronaca di sette pittori), Mosca 1964, p. 338.
[3] *Korovin K. Pis'ma i zametki 1880 – nachala 1890. Konstantin Korovin. Zhizn' i tvorchestvo* (Lettere e note dal decennio 1880 e dall'inizio del 1890. Konstantin Korovin. Vita e opere), a cura di N. Molev, Mosca 1963, pp. 214, 221.
[4] Ivi.

1. Alexander Beggrov, *Il lungoneva*, 1876
olio su tela, cm 53,5 x 93
The State Russian Museum, San Pietroburgo

2. Fyodor Bucholtz, *Pietroburgo, inverno*, 1887
olio su tela applicata su cartone, cm 19,6 x 22,4
The State Russian Museum, San Pietroburgo

3. Yuly Klever, *Inverno*, 1870-1880
olio su tela, cm 37 x 70
The State Russian Museum, San Pietroburgo

4. Yuly Klever, *Il cimitero dimenticato*, 1890
olio su tela, cm 178,5 x 153,7
The State Russian Museum, San Pietroburgo

31

5. Arkhip Kuindzhi, *Effetto di tramonto*, 1885-1890
olio su carta applicata su tela, cm 39 x 53
The State Russian Museum, San Pietroburgo

6. Arkhip Kuindzhi, *Luce lunare nel bosco, inverno*, 1898-1908
olio su carta applicata su tela, cm 40,3 x 53,5
The State Russian Museum, San Pietroburgo

7. Isaak Levitan, *Primavera, ultima neve*, 1895
olio su tela, cm 25,5 x 33,3
The State Russian Museum, San Pietroburgo

8. Isaak Levitan, *Inizio di primavera*, 1898-1899
olio su tela, cm 41,5 x 66,3
The State Russian Museum, San Pietroburgo

9. Alexey Savrasov, *Inverno*, 1870
olio su tela, cm 53,5 x 71,5
The State Russian Museum, San Pietroburgo

10. Stanislav Zhukovsky, *Acqua di primavera*, 1898
olio su tela, cm 79,3 x 121
The State Russian Museum, San Pietroburgo

Est Europa

Chittussi 1889.

Pittura di neve nella Mitteleuropa

Anna Szinyei Merse

Sebbene la situazione artistica ottocentesca non fu uniforme nemmeno nei paesi dell'Europa centro-orientale, negli ultimi tre decenni del secolo furono riconoscibili anche qui delle tendenze pittoriche più o meno affini a quelle occidentali.[1] Sempre più artisti si recavano non solo a Monaco, ma anche a Parigi, da dove ritornavano quasi tutti con il desiderio di poter contribuire al rinnovamento dell'arte nel loro paese. Fu così non solo per i pittori dei diversi popoli ambiziosi di uscire dall'oppressione plurisecolare dell'impero degli Asburgo (o nel caso dei polacchi degli zar russi), ma anche per alcuni artisti austriaci. La centralizzazione culturale forzata, che lungamente ostacolò persino la fondazione o l'attività delle Accademie di Belle Arti nelle singole capitali (come Praga, Budapest, Varsavia, Cracovia o Lubiana), costrinse i giovani patrioti d'ingegno a lasciare l'Accademia di Vienna prima possibile e di proseguire gli studi altrove. In un primo momento scelsero l'Italia, poi, a partire dagli anni sessanta, molti – specialmente gli ungheresi e i polacchi[2] – s'iscrissero all'Accademia di Belle Arti di Monaco, dove, oltre a professori tedeschi, ce n'erano anche alcuni di origine ungherese. La capitale bavarese, aperta alle innovazioni, svolgeva un ruolo di mediatore tra le tendenze pittoriche francesi e quelle mitteleuropee.[3] Dal 1869, qui si organizzavano grandi mostre internazionali che mettevano gli artisti a contatto con la parte moderna dell'arte francese:[4] dapprima con i barbizonisti e con Courbet, dagli anni ottanta con Bastien-Lepage e solo alla fine del secolo con gli stessi impressionisti. A Monaco c'era un mercato d'arte assai vivace, capace di attirare anche i commercianti americani che vi si recavano volentieri, dopo essere stati a Parigi. Così risulta comprensibile il motivo per cui tanti artisti dell'Est europeo decisero di trascorrere lunghi anni nella capitale bavarese. Non solo l'avversione per gli Asburgo li spinse ad allontanarsi da Vienna, ma c'era anche un altro motivo: nella loro patria non c'era vitalità artistico-culturale capace di soddisfare le esigenze di tutti coloro che decidevano di dedicarsi alla pittura. E così, quando le notizie sulle nuove tendenze pittoriche parigine si diffusero anche oltralpe e oltre i Carpazi, i più avventurosi si recarono finalmente a Parigi o proprio a Barbizon. Negli anni tra il 1870 e 1890 alcuni avevano alle spalle una buona carriera: esponevano regolarmente ai *Salon*, riuscivano a vendere i loro quadri e si distraevano frequentando le piccole cerchie dei connazionali. Dagli anni settanta, gli austriaci, poi gli ungheresi in maggior numero, boemi, alcuni rumeni, e sempre più polacchi vennero a cercare fortuna nell'enorme capitale dell'arte, fortemente internazionalizzata. Ciò non significa però che i pittori venuti dalla Mitteleuropa fossero diventati impressionisti; anzi, la maggior parte rimase vicino alla linea tradizionale del gusto ufficiale regnante persino a Parigi. In compenso, i pittori paesaggisti che cercavano di proseguire la loro ricerca di rappresentazione intima e realistica della natura, rafforzati dalle esperienze parigine, erano ovunque. Quasi tutti stimavano i maestri di Barbizon conosciuti, anche prima del loro soggiorno parigino, alle mostre di Vienna (1868, 1869, 1870, 1873), di Monaco (1863, 1869, 1879, 1883), di Praga (1870), o di Budapest (1877, 1878, 1880). Solo pochi, però, scelsero di "oltrepassare" l'aspetto oggettivo e contenutistico di questa pittura per giungere fino all'impressionismo.

La "pittura di neve" era molto diffusa durante l'Ottocento nei territori delle grandi montagne e

Antonín Chittussi
Veduta di Jihlava, 1894
Národní galerie v Praze, Praga

delle pianure settentrionali dell'Europa centrale e orientale, dove l'inverno dura molto più a lungo che non nel resto d'Europa. Nei paesi dell'Est Europa, le grandi nevicate non costituivano uno spettacolo eccezionale o raro, e dunque gli artisti non vi prestavano un'attenzione particolare, come invece accadde in Francia quando enormi e abbondanti nevicate fecero notizia, e furono argomento principale dei giornali e tema scelto dai pittori.[5] I polacchi e i russi preferivano la pittura di genere con delle scene invernali popolari o di caccia; anche le rappresentazioni di battaglie venivano spesso rappresentate in un ambiente ricoperto dalla neve. Al contrario, né i boemi, né i rumeni, e neppure gli ungheresi si occuparono molto della "pittura di neve", tranne qualche maestro di cui parleremo più oltre.

Eugen Jettel
Sentiero d'inverno, 1895
Österreichische Galerie Belvedere
Vienna

In Austria, invece, le vedute alpestri con le cime ricoperte di neve furono un tema popolarissimo per tutto il secolo.[6] Persino i corsi estivi dell'Accademia di Belle Arti di Vienna si svolgevano tra le montagne, specialmente nel decennio 1861-1871, quando Albert Zimmermann (1808-1888) diresse la classe del paesaggio.[7] Sebbene Zimmermann prediligesse, per la sua pittura, le rappresentazioni grandiose di paesaggi eroici, di stampo tradizionale, in questo suo periodo – lavorando all'aperto insieme agli allievi nella regione di Berchtesgaden e di Ramsau – cercò di rendere più sciolta e meno aulica la sua pittura. Gli mancava soprattutto una certa luminosità della tavolozza, cosa che, invece, tentarono di ottenere subito i suoi migliori discepoli austriaci e ungheresi. Eugen Jettel (1845-1901) fu il primo tra loro che attirò l'attenzione con i paesaggi intimi tanto differenti dalle vedute panoramiche, ma anche dalla narrativa minuziosa del Biedermeier.[8] Per il suo sviluppo ulteriore furono decisive le esperienze raccolte all'estero. Nel 1870 fece un viaggio di studio in Olanda nella compagnia del condiscepolo ungherese László Paál (1846-1879) e l'anno seguente – consigliato da August von Pettenkofen (1822-1889), suo connazionale attivo ugualmente a Vienna, a Parigi e nella cittadina di Szolnok, alla grande pianura ungherese – Jettel lavorò anche in Ungheria. Come prima Pettenkofen, poi la pittrice austriaca Tina Blau (1845-1916), anche Jettel (e naturalmente Paál) approfittarono molto della progressiva padronanza nel rendere l'atmosfera speciale del paesaggio piatto di due paesi d'altronde tanto diversi: qui riuscirono a liberarsi da un approccio basato sui dettagli.[9] Alla fine del suo lunghissimo e proficuo soggiorno francese (1874-1897) Jettel dipinse anche dei paesaggi con la neve nei quali, attraverso una perfetta comprensione dell'importanza del colore, s'avvicinò persino agli impressionisti.[10] Sia l'appartamento-studio sul Montmartre di Jettel, sia la galleria di Charles Sedelmeyer, rinomato mercante d'arte d'origine viennese, furono luoghi d'incontro per i pittori austriaci residenti a Parigi. Sedelmeyer tenne stretti contatti anche con il celebre realista ungherese, Mihály Munkácsy (1844-1900) e con László Paál, con i quali Jettel lavorò a Barbizon. Di Paál non conosciamo dipinti invernali, come neppure dell'altro discepolo di Zimmermann, Géza Mészöly (1844-1887), sensibile pittore *en plein air* del paesaggio ungherese.[11] La neve non fu interessante neanche per Rudolf Ribarz (1848-1909), sempre della classe di Zimmermann, amico di Jettel anche nei suoi anni parigini, e insieme al quale fu influenzato anche dalla Scuola dell'Aia. Sebbene trascorsero i loro anni migliori a contatto con i francesi, tanto inventivi in questo particolare momento dell'arte, non vollero allontanarsi dall'approccio realista sempre caro agli austriaci (e anche a molti altri pittori della Mitteleuropa). Da questo punto di vista è proprio sintomatica l'opinione di Daubigny, indirizzata a Ribarz: «Mio caro, Lei disegna in modo eccellente, ma cerca troppo di rappresentare l'oggetto invece di fissarne l'impressione!»[12]

Tra gli artisti austriaci rimasti a lavorare in patria, è da ricordare soprattutto Emil Jacob Schindler (1842-1892), figura-chiave del cosiddetto *Stimmungsimpressionismus*. Su questo termine adottato nel 1948 da Fritz Novotny, poi utilizzato da Klaus Demus nel 1959 proprio per la serie dei mesi di Schindler,[13] e dopo generalmente accettata, nell'ultimo decennio si discute molto. La parola *Stimmung* è difficilmente traducibile in italiano: «atmosfera», «umore», «stato d'animo», «temperamento», eventualmente carattere di una cosa, o di un fenomeno. Dobbiamo dare ragione a Otmar Rychlik che discute la correttezza di questo termine: «Mentre "Stimmung" sta per conte-

Emil Jacob Schindler
Atmosfera di febbraio, 1879-1884
Österreichische Galerie Belvedere
Vienna

nuto sentimentale raccontabile del dipinto, "impressionismo" significa un principio antiletterario, concentrato completamente sulla correttezza visiva o "ottica" della natura che a differenza dell'atmosfera soggettiva mira al contenuto oggettivo dell'impressione.»[14] Schindler stesso definì la propria tendenza come «poetischer Realismus», ma nemmeno questa definizione è sufficiente per racchiudere in modo esauriente lo stile personale del maestro, perché in alcuni casi egli veramente si avvicinò all'impressionismo. Le sue reazioni emotive alle cose viste tra le mutevoli condizioni climatiche gli offrirono molte possibilità nella rappresentazione della natura devotamente venerata. I suoi motivi poco spettacolari vennero osservati in varie situazioni, con innumerevoli variazioni luministiche e cromatiche, così nacquero anche le sue serie di quadri dove, talora, rappresentava viali di pioppi, altre volte le diverse atmosfere dei mesi, tra cui anche quelli invernali con la neve.[15] L'influenza di Schindler fu avvertibile soprattutto nei suoi alunni – tra i quali Olga Wisinger-Florian –, ma anche, per un certo periodo, in Theodor von Hörmann (1840-1895). Questo pittore, considerato il più "impressionista" tra gli austriaci, fu influenzato non tanto dal realismo sentimentale,[16] ma piuttosto dalla libertà espressiva, grazie alla quale, durante i suoi quattro anni parigini, riuscì ad avvicinarsi all'immagine ottica del puro impressionismo. Hörmann non ebbe mai paura dall'inverno, nemmeno nel dicembre del 1887, quando dipinse all'aperto la costruzione della Torre Eiffel,[17] e poi in seguito a Znaim. Nelle immagini campestri dell'estate 1893, invece, l'audacia dei colori complementari e la pennellata pastosa e irrequieta sono più affini all'espressività segnica di Van Gogh. Giunto così al vertice, quasi spaventato dal proprio modernismo (e dalle forti critiche), Hörmann concluse la sua carriera con un improvviso ritorno al realismo.

In Ungheria, invece, in questo periodo in cui le tendenze innovatrici iniziavano a far vacillare quelle più tradizionali, la situazione del panorama artistico eraa piuttosto diversa da quello austriaco. E di questo non c'è da meravigliarsi: gli ungheresi si ribellavano agli austriaci ormai da secoli. Nell'arte, colpisce soprattutto la grande varietà, una varietà che si rivela non solo nell'insieme della pittura nazionale,[18] ma anche nell'opera dei singoli maestri d'altronde assai numerosi. Essi lavoravano persino nell'ambito delle tendenze impressionistiche con molteplici variazioni della pittura *en plein air* praticata già negli anni settanta, poi continuata non solo fino alla fine dell'Ottocento, ma anche oltre: al punto che essa rimase la tendenza più duratura della pittura nazionale.[19] I pittori estremamente diversi fra loro – come scrisse poi un critico – «erano uniti solo dall'apprezzamento per la realtà, nella grande lotta tra la pittura intellettuale e quella sensuale rimasero realisti. Sensualisti, che giurarono sulle emozioni sensuali. Essi colsero ed elaborarono queste emozioni.»[20] Siccome il colore è veramente l'elemento sensuale cd cmotivo della pittura, non è un caso, che gli ungheresi, isolati tra i vicini germanici e slavi, eccellessero nel cromatismo acceso, che corrispondeva bene al loro carattere focoso. Ciò vale anche per le personalità più differenti. Nell'opera di Mihály Munkácsy per esempio, nella quale domina la forza robusta del realismo drammatico, dai fondi di un caldo bruno balzano i colori compatti, quasi fossero pietre dure. Lo scontro delle macchie chiare e scure, tracciate sulla tela con pennellate appassionate, non è comunque un segno di esagerazione: l'insieme mostra un profondo equilibrio tra soggetto, visione e tecnica.

Nelle opere migliori di Pál Szinyei Merse (1845-1920) possiamo osservare un altro equilibrio, molto più sereno. Fu quasi l'unico di tutti questi maestri della Mitteleuropa, che, nell'Ottocento, non andò mai in Francia, eppure, malgrado questo, dimostrò, sin dall'inizio, una singolare vicinanza all'impressionismo. Alcuni critici francesi, riguardo alla Prima esposizione impressionista del 1874, avevano sottolineato, nei quadri di questi artisti la capacità di rendere sulla tela la limpidezza della prima impressione e la ricchezza luministica derivante dal lavoro *en plein air*. E sono proprio queste qualità che ci sorprendono anche nelle opere che Szinyei Merse dipinse tra il 1868 e 1873. La brillante ricchezza cromatica e la saturazione di luce attraverso i giusti valori dei colori complementari e contrastanti dimostra una padronanza autonoma dei nuovi mezzi d'espressione.[21] Probabilmente fu la sua predilezione per gli intensi colori soleggiati a far sì che scegliesse raramente di rappresentare paesaggi invernali (*Inverno*, cat. n. 32, *Disgelo*, cat. n. 31).

Ma non è il solo. Anche dell'opera di Munkácsy si conosce un solo paesaggio di neve,[22] mentre dell'eccellente barbizonista ungherese Paál – similmente a molti altri connazionali, tra l'altro anche ai membri della colonia di artisti di Nagybánya (se non dopo il 1900) – nemmeno uno. Per László Mednyánszky, un altro visitatore di Barbizon, invece, che era molto legato sia alle armonie più delicate, sia alla montagna Tatra, il paesaggio invernale ricoperto di neve era uno dei temi preferiti (cat. n. 28, n. 29, n. 30). La prima cosa che lo interessava era il problema relativo agli effetti di luce. Registrava ogni esperienza nel diario: analizzava l'immagine vista come pure le proprie reazioni dinanzi a essa. Superando presto le diverse tendenze presenti a Barbizon, «le sue visioni reinterpretavano gli studi da lui effettuati sulla natura e li rendevano una nebbia di luce di estasi mistica» – scrisse Ernő Kállai, suo biografo.[23] Dopo il secondo soggiorno parigino, affascinato temporaneamente dall'impressionismo, riempì i suoi paesaggi invernali con il gioco dei raggi di sole sulla neve, resi con dei colori prismatici, applicati con un leggero tocco scintillante. In seguito, ampliò ancora più sensibilmente la sua poesia mistica della natura, grazie all'interesse per le filosofie orientali. Mednyánszky lavorava volentieri anche a un altro soggetto: la grande pianura ungherese, dove cercava con passione, anche d'inverno, le possibilità pittoriche per rendere il carattere infinito del paesaggio piatto. Da eterno vagabondo, non volle però stabilirsi a Szolnok, cittadina frequentata decenni prima anche da numerosi pittori austriaci e ungheresi. Qui, a partire dal 1900, quadri con i paesaggi di neve cominciarono a essere più numerosi, grazie anche a Lajos Szlányi (1869-1949) o a Dániel Mihalik (1869-1910), sempre fedeli al motivo della grande pianura. Partendo dall'approccio *en plein air*, entrambi divennero sempre più "naturalistici" nell'esprimere l'atmosfera locale della natura e dei piccoli paesi. Non si dimentichi però che c'era già un pittore che dipingeva, in modo piuttosto essenziale, scorci invernali della pianura: József Rippl-Rónai (1861-1927). Il *Cimitero nella Grande Pianura*[24] è del 1894, quando il pittore divenne membro del gruppo dei Nabis e conobbe Gauguin. Considerando il carattere sintetico e decorativo della tela, risulta comprensibile la simpatia degli amici francesi e il successo con cui fu accolta la sua attività parigina, ormai lontana dall'impressionismo.

Anche se non sempre rintracciabile nei paesaggi invernali, a causa della diversità dei pittori ungheresi qui menzionati, è possibile comunque riconoscere un filo conduttore: la preferenza per i colori accesi. Per i boemi, invece, sarebbe difficile trovare un tale comune denominatore, fatta eccezione per il patriottismo. Questo è rintracciabile non solo nella pittura storica, ma anche in quella paesaggistica: non a caso rimasero entrambi due generi lungamente legati al romanticismo, poi al realismo romanticizzante, spesso patriottico – come d'altronde avvenne nell'arte polacca. I boemi, offesi dal compromesso del 1867 tra austriaci e ungheresi, sopportavano sempre più faticosamente il dominio austriaco e cercarono di sviluppare una loro identità nazionale attraverso la liberalizzazione di tutti gli elementi possibili della vita culturale, il ché risultò poi, alla fine dell'Ottocento, un vero rinnovamento in campo artistico.[25] Per quanto riguarda la pittura pesaggistica fu Antonín Chittussi (1847-1891) a portare in terra boema le sue esperienze raccolte durante il soggiorno francese. Dopo aver studiato e lavorato a Praga, Monaco di Baviera, Vienna e in Ungheria, nel 1879 arrivò a Parigi con l'aiuto dell'Associazione Patriottica Boema. Attorno al pittore storico e di scene di genere, Václav Brožík, genero del mercante d'arte Sedelmeyer già menzionato, esisteva una piccola cerchia di cechi parigini, e sempre più connazionali esposero ai *Salon*, come fece lo stesso Chittussi.[26] Preferiva lavorare a Barbizon, nella Normandia, o lungo i fiumi nelle vicinanze di Parigi, trascrivendo con la più completa sincerità le sensazioni visive provocate in lui da temi e elementi naturali, come pure cittadini. Egli tentò di applicare agli scorci dell'altopiano ceco-moravo, a lui tanto caro, non solo la poesia del paesaggio intimo, ma talvolta anche un nuovo tipo di composizione. Nel 1892 la mostra retrospettiva organizzata dopo la sua morte ebbe un enorme successo a Praga, il ché rinforzò la coscienza nazionale e diede uno spinta sia alla nuova generazione dei giovani paesaggisti, tra cui Slavíček, sia allo sviluppo del collezionismo e del mercato d'arte.

Ladislav Mednyánsky
Alberi coperti di brina, 1892 circa
Magyar Nemzeti Galéria, Budapest

Lajos Szányi
Villaggio d'inverno, 1900
Magyar Nemzeti Galéria, Budapest

József Rippl-Rónai
Cimitero nella Grande Pianura, 1894
collezione privata

Antonin Slaviček
Lungofiume a Praga (fine d'inverno)
1902, Národní galerie v Praze, Praga

Vojtěch Hynais
Studio per l'Inverno, 1901
Národní galerie v Praze, Praga

Attorno al 1880, il maggior compito per architetti, pittori e scultori cechi fu la costruzione e la decorazione del Teatro nazionale di Praga. Molti parteciparono ai lavori, anche Voytěch Hynais (1854-1925), che dipinse il sipario e preparò quattro composizioni allegoriche delle stagioni per il *boudoir* del palco reale. Tre di queste furono terminate in tempo, ma il quarto, l'*Inverno*, fu dipinto solo nel 1901. Sia gli studi preparatori, sia il pannello definitivo possiedono un luminismo trasparente e un colorismo raffinato, testimoni della maestria di Hynais nel rendere le luci e i riflessi tremolanti sulla neve e su tutta la scena.[27] Dopo un lungo periodo di studi a Vienna, in Italia e a Parigi, nel 1893 divenne professore dell'Accademia di Praga, ed esercitò un influsso notevole sui giovani artisti, anche sloveni. Nell'ultimo decennio dell'Ottocento si diffusero in molte parti dell'Europa, e anche in Boemia, diverse tendenze del simbolismo. Uno dei personaggi più interessanti fu Jakub Schikaneder (1855-1924), discendente dalla famiglia del famoso librettista del *Flauto magico* di Mozart. Divenne, poco a poco, il pittore delle atmosfere invernali e nebbiose della vecchia Praga (*Neve*, cat. n. 24). Non è un caso che si paragonino alcune sue tele a quelle di Munch: la malinconia dell'uomo consapevole della propria alienazione regna nelle loro composizioni misteriose. Schikaneder sviluppò un forte senso nordico della luce, intesa come fonte di magia, ma, nello stesso tempo, seguì attentamente anche le attuali ricerche scientifiche riguardanti le onde luminose. Accanto a queste atmosfere quasi fiabesche, negli anni novanta ebbe inizio la carriera alquanto diversa di Antonín Slavíček (1870-1910). Anche lui dipingeva volentieri la Praga invernale (*Bufera invernale*, cat. n. 25), ma i mutamenti atmosferici e luminosi lo costrinsero a dissolvere l'intera scena in tocchi discontinui applicati con grande libertà. Pur utilizzando dei mezzi impressionistici sviluppati autonomamente giunse alle soglie dell'espressionismo.[28]

Dalla varietà dei quattro pittori boemi brevemente presentati risulta evidente come, alla fine del XIX secolo, non mancava affatto, in questa nazione, il coraggio di guardare con modernità al mondo circostante, anche per quanto riguarda i paesaggi innevati. Ciò vale anche per gli artisti polacchi, sebbene la loro situazione era molto più complicata a causa di un maggior travaglio storico. L'antico regno polacco, un tempo tanto ricco, era diviso in tre zone, e fino alla fine della Prima guerra mondiale, non si può parlare affatto di una Polonia indipendente. La più grande parte del paese venne occupata dai russi, che dopo le insurrezioni del 1830 e 1863 assoggettarono con forza la popolazione, che soffrì molto del potere oppressivo anche nelle provincie annesse dalla Prussia. Solo nei territori appartenenti all'Austria c'era una relativa libertà culturale, così nella Galizia divenuta autonoma dopo il 1867 (anno della costituzione della Monarchia austro-ungarica), e soprattutto a Cracovia, dove potevano attivarsi man mano le forze rinnovatrici. In questa situazione di smembramento del paese furono soprattutto gli scrittori e gli artisti a tentare di preservare l'unità etnica, storica e culturale della nazione. Anche se dovettero lavorare spesso all'estero, i loro soggetti rimasero sempre legati al loro paese, sia nella pittura storica, sia in quella di genere e del paesaggio.[29] Con questi temi potevano attirare l'attenzione di altre nazioni sulla situazione problematica della Polonia. La carriera di Józef Chelmoński (1849-1914) è una bella prova delle possibilità brillanti di un valente pittore polacco. Da buon realista già nella classe di Wojciech Gerson (1831-1901) a Varsavia, poi nella cerchia dei polacchi a Monaco, egli fece dei viaggi di studio per raccogliere esperienze pittoriche in Podolia, in Masovia e in Ucraina, rielaborate poi durante il lungo soggiorno parigino (*Notte d'inverno in Ucraina*, 1877, cat. n. 18). Ebbe ovunque successo con le composizioni rappresentanti scene rustiche tra cui molte di ambientazione invernale. Nel 1876, Émil Zola scrisse dei suoi quadri esposti al *Salon*: «Due paesaggi d'una verità e di una presenza straordinarie.»[30] Molto presente nella vita artistica di Parigi, con le sue litografie fu collaboratore di «Le Monde Illustré». Le decorazioni e il "Grand Prix" dell'Esposizione universale di 1889 gli assicurarono molta stima anche in patria. Rientrato nel suo paese nel 1887, si ritirò nella tenuta di Kuklówka, dove si dedicò a rappresentare la vita silenziosa e intima della natura. Lavorava *en plein air* anche nel freddo e nella neve, vicino ai diversi uccelli a lui tanto cari (*Pernici sulla neve*, 1891), che ritrasse con una semplicità paragonabile solo all'arte giapponese,[31] opere nelle quali seppe rendere l'atmosfera solitaria e la quiete invernale. Se all'inizio Chelmoński eccelleva nella sicurezza del tono, ora invece, con lo schiarimento della tavolozza, acquista una freschezza quasi impressionistica, attraverso la quale esprime la gioia piena d'abbandono allo spettacolo del mondo visibile (*Ghiandaia nella foresta*, 1892, cat. n. 19). Questo modo di vedere fu molto attuale dal 1890 a Varsavia, dove furono esposte nel Salone di Krywult i primi quadri impressionisti polacchi, quelli di Wladislaw Podkowiński (1866-1895) e di Józef Pankiewicz (1866-1940), allora ritornati da Parigi.[32] I due pittori, di preparazione accademica di San Pietroburgo, non si occuparono affatto della pittura di neve, mentre Julian Falat (1853-1929), ricco di esperienze internazionali, dal 1886 divenne proprio specialista in rappresentazione di scene di caccia invernale (*Battuta di caccia a Staszów*, cat. n. 21). Il suo approccio *en plein air* gli consentì di creare dei meravigliosi riflessi prismatici del sole sulla neve. Non a caso fu chiamato, nel 1895, a dirigere la Scuola di Belle Arti di Cracovia, dove lui stesso aveva iniziato gli studi: Falat fu capace a trasformarla in Accademia di Belle Arti. Riuscì a rimodernizzare completamente non solo l'insegnamento, ma anche la vita artistica, e Cracovia da allora poté occupare un posto centrale nell'arte polacca moderna.[33] Al principio del XX secolo, è avvertibile un cambiamento nell'atteggiamento pittorico di Falat. Anche se rimase sempre fedele alla sua terra e alla pittura di neve, i suoi grandiosi paesaggi di lungofiumi sotto la neve diventano sempre più sintetici e esibiscono un carattere decorativo. Un altro aspetto della natura invernale, il crudo paesaggio nordico, si rivelò nei paesaggi di taglio insolito di Ferdynand Ruszczyc (1870-1936), come *Ultima neve*, 1898-1899.[34] Studiò all'Accademia di Belle Arti di Pietroburgo con Schischkin, poi con Kuindzhi. Insegnò in diverse accademie polacche e organizzò la Facoltà artistica dell'università di Vilna. Anche il suo conterraneo, Stanislaw Witkiewicz (1851-1915) fu – vent'anni prima – allievo dell'Accademia di Pietroburgo; in seguito cambiò sede di studi, andò a Monaco, e fu in seguito teorico del realismo e del naturalismo polacchi. Dal 1890, stabilitosi a Zakopane, divenne il maggior pittore specialista delle montagne Tatra (cat. n. 22), soggetto sempre molto amato dal movimento patriottico. A parte l'approccio realistico, i suoi paesaggi con la neve tendevano ad avvicinarsi al simbolismo, una corrente artistica che, di lì a poco, sarebbe stata molto importante nella pittura polacca.

In molti territori dell'Europa ottocentesca l'arte costituì un legame che manteneva vivo e unito il sentimento nazionale; questo è valido per i polacchi, ma anche per gli sloveni. Lo sviluppo nazionale cominciò a farsi valere solo alla fine dell'Ottocento, quando i prominenti personaggi culturali cercarono di liberare la loro patria. Prima credettero nel panslavismo e i pittori mantennero stretti contatti specialmente con i cechi. La scuola privata di pittura di Anton Ažbè (1862-1905), fondata nel 1891 a Monaco di Baviera, fu un ottimo luogo d'incontro con russi, serbi, croati, boemi, ma anche con altre nazioni. Da qui partirono anche i quattro pittori ambiziosi di creare un'arte slovena nuova e autonoma, i cosiddetti "impressionisti sloveni": Rihard Jakopič (1869-1943), Ivan Grohar (1867-1911), Matej Sternen (1870-1949) e Matija Jama (1872-1947). Le circostanze piuttosto retrograde del loro paese non li aiutarono, ma il debutto collettivo nel 1904 al Salone Miethke di Vienna fu positivo. La critica aveva sottolineato che «con questa mostra si era affermata la forza artistica di uno dei paesi trascurati dall'impero.»[35] In seguito anche i letterati connazionali li accolsero calorosamente. Per quanto riguarda la "pittura di neve", furono due loro maestri ad addentrarsi nello spettacolo invernale: Jakopič e Grohar. Entrambi erano incantati dalla luce tremolante, riflessa dalla neve, e dalla vibrazione quasi irreale della danza dei fiocchi di neve nella tormenta.[36] Si creò una vera pittura di "sensazione", che spinse il pittore a una libertà di trattamento, che non aveva più nulla in comune con il carattere teorico del neo-impressionismo.

Dopo questo panorama riassuntivo della pittura di neve nei diversi paesi della Mitteleuropa, tratteremo ora una nazione che non apparteneva alla Monarchia austro-ungarica. La Romania

Józef Chelmoński
Pernici sulla neve, 1891
Muzeum Narodowe w Warszawie
Varsavia

Richard Jakopič, *Inverno*, 1904
National Gallery of Slovenia, Lubiana

Nicolae Grigorescu
Studio per l'assalto di Smârdan
1877 circa, Muzeul National de Arta
al Romaniei, Bucarest

infatti faceva parte dell'Est europeo, oppresso lungamente dai turchi e in parte dai russi. Con l'unificazione di Moldavia e Valacchia nel 1862 fu creato il principato della Romania che ottenne la sovranità nel 1878 e dopo tre anni divenne reame sotto gli Hohenzollern. Dominato da una lingua latina, lo sviluppo culturale e artistico fu influenzato soprattutto dall'orientamento francese. Anche il primo grande maestro rumeno, Nicolae Grigorescu (1838-1907), che debuttò come pittore di icone, doveva molto a una carriera brillante svolta durante i suoi soggiorni parigini e agli studi a Barbizon, iniziati nel 1862. Nel 1877 venne richiamato in patria per rappresentare dal vero gli avvenimenti della guerra d'indipendenza. Tra le opere eseguite durante quell'inverno, lo *Studio per l'assalto di Smârdan* fu un esempio eloquente del suo approccio disinvolto, quasi impressionistico. Seguendo le orme di Grigorescu, dal 1879 anche Ioan Andreescu (1850-1882) si recò a Parigi e dipinse il paesaggio di Barbizon in ogni stagione.[37] Queste opere sono chiare trascrizioni obiettive delle apparenze naturali che, senza perdere freschezza, confessano contemporaneamente la reazione emotiva del pittore alle cose viste. Come Grigorescu, anche Andreescu espose le sue opere sia ai *Salon* parigini, sia a Bucarest: questo fu per lui importante per educare il gusto generale e costruirsi una carriera anche in patria. La morte precoce interruppe, però, questo suo progetto. Eppure, il capolavoro di quest'artista incanta con la suggestiva atmosfera invernale e lascia trasparire il fascino irresistibile di quel villaggio al margine della foresta di Fontainebleau; luogo che attirò diverse generazioni di pittori provenienti da tutto il mondo.

Non dobbiamo però credere che solo in Francia fosse possibile cogliere l'essenza della natura nei suoi continui mutamenti stagionali: ormai tutti i pittori lavoravano all'aperto, spesso in colonie nuovamente fondate anche nelle contrade più lontane dell'Europa. Sebbene molti furono costretti a recarsi all'estero, le singole personalità seppero impegnarsi per rinnovare l'arte nel loro paese. E questo non come imitatori o epigoni, ma come artisti indipendenti che, pur elaborando le tendenze con le quali venivano a contatto, giungevano, molto spesso, a risultati diversi e del tutto autonomi. Rappresentare l'unicità del loro paese, dare voce alle peculiarità dei loro paesaggi urbani o rurali, ecco l'obiettivo principali che accomuna tutti questi artisti, non appena rientravano in patria. Per quanto riguarda la resa dei paesaggi invernali, una parte dei pittori dell'Est europeo apprezzava, dell'inverno, la profonda quiete del paesaggio coperto di neve, e utilizzava talvolta degli spazi vuoti e dei colori monotonali. Altri invece preferivano i contrasti coloristici e le ombre ben disegnate sulla neve. Dare rilievo ai riflessi di luce sulla neve, sugli alberi, e naturalmente esprimere il carattere speciale dell'inverno nelle loro regioni: ecco il compito comune a tutti, a qualunque paese appartenessero. L'osservazione dei cambiamenti atmosferici, degli strani effetti di luce e di nebbia, qualche volta arricchiti dall'illuminazione serale, poteva conferire al soggetto invernale un aspetto misterioso o persino mistico. Va infine ricordato che l'assoluta libertà espressiva dell'epoca impressionista non consente di individuare, nella Mitteleuropa, specifiche scuole nazionali simili nel confrontarsi con il tema della neve, anche perché quello della neve era vissuto come un accadimento normale durante l'inverno, e non "straordinario", "eccezionale" come invece, a causa della sua rarità, venne considerato in Francia.

¹ Nelle elaborazioni critiche di questo periodo della storia della pittura universale, sono proprio i capitoli riguardanti l'Europa centrale e orientale ad essere scorretti e lacunosi. Il volume monumentale redatto da Norma Broude, *Impressionismi. Il movimento internazionale 1860-1920*, Milano 1990 (ed. inglese New York 1990; ed. tedesca Colonia 1993; ed. francese Parigi 2000), ad esempio, contiene un capitolo sull'Austria e sulla Germania, dove sono menzionati sporadicamente e in modo erroneo alcuni pittori ungheresi, ma mancano tutte le altre nazioni della monarchia austro-ungarica. Nel capitolo *L'impressionismo in Russia,* si incontrano i "boemi" (chiamati "cecoslovacchi", cosa assurda se si tiene conto che allo stato fu dato il nome "Cecoslovacchia" solo nel 1918), i polacchi, alcuni rumeni (!) e di nuovo gli stessi ungheresi! E gli errori non mancano. Gli impressionisti sloveni proprio interessanti mancano del

tutto. – Nel doppio volume redatto da I. F. Walter (*Impressionismus 1860-1920*, Colonia 1993, edizioni separate in tedesco, inglese, francese, poi riedito senza varianti nel 1996) la situazione è migliore perché contiene un ampio capitolo sull'Europa orientale e sud-orientale, dove tutte queste nazioni sono trattate separatamente, anche se spesso con errori. Purtroppo ci sono delle lacune anche nel catalogo della mostra tenutasi al Wallraf-Richartz-Museum di Colonia e al Kunsthaus di Zurigo, nel 1990, proprio nel capitolo per noi importante: *Landschaft im Licht. Impressionistische Malerei in Europa und Nord-Amerika 1860-1910* (ed. G. Czymmek). Sempre in questo catalogo si vedano M. Haja, *Impressionistische Tendenzen in Slowenien und Kroatien, Ungarn, Polen und Russland*, Mit einem Beitrag von A. Szinyei Merse, *Beispiele der Freilichtmalerei in Ungarn*, pp. 164-171. È simile la situazione per la parte riguardante questi territori nel catalogo *1893. L'Europe des peintres* (a cura di F. Cachin), Parigi, Musée d'Orsay, 1993.

² Si veda per gli ungheresi: Z. Bakó, A. Szinyei Merse (a cura di), *Ungarn und die Münchner Schule. Spitzenwerke aus der Ungarischen Nationalgalerie 1860 bis 1900*, catalogo della mostra, Monaco di Baviera, Palais Preysing, Vereinsbank, 1995. Per i polacchi: A. Apanowicz (a cura di), *W kręgu Brandta (Nella cerchia di Brandt)*, catalogo della mostra, Radom, Muzeum Okręgowe, 1985; H. Stępien, M. Liczbińska, *Artyści polscy w środowisku monachyskim w latach 1828-1914 (Artisti polacchi a Monaco di Baviera negli anni 1828-1914)*, Varsavia 1994 (con riassunto in tedesco).

³ Si veda E. Ruhmer (a cura di), *Die Münchner Schule 1850-1914*, catalogo della mostra, Monaco di Baviera, Haus der Kunst, 1979.

⁴ Si veda S. Wichmann (a cura di), *München 1869-1958. Aufbruch zur modernen Kunst*, catalogo della mostra, Monaco di Baviera, Haus der Kunst, 1958.

⁵ Si veda Ch. S. Moffett (a cura di), *Impressionists in Winter: Effet de Neige*, catalogo della mostra, Washington, Phillips Collection, 1998. Alla fine del catalogo c'è una cronologia sulle grandi nevicate che si verificarono tra il 1864 e il 1893.

⁶ Si veda W. Kos, *Il pittorico e il turistico. Sui motivi classificati degni d'essere rappresentati e sulle mode nella pittura di paesaggi del XIX secolo*, in *Faszination Landschaft. Österreichische Landschaftsmaler des 19. Jahrhunderts auf Reisen*, catalogo della mostra, Salisburgo, Residenzgalerie, 1995, pp. 235-248.

⁷ Si veda ancora A. Winklbauer, in G. Frodl, V. Traeger (a cura di), *Stimmungsimpressionismus*, catalogo della mostra, Vienna, Österreichische Galerie Belvedere, 2004, pp. 43-49, 258.

⁸ H. Fuchs, *Eugen Jettel, Werkkatalog*, Vienna 1975.

⁹ Si veda A. Szinyei Merse, *Episodi dalla storia dei contatti artistici austriaci ed ungheresi*, in *Az áttörés kora. Bécs és Budapest a historizmus és az avantgárd között 1873-1920* (L'epoca dell'apertura. Vienna e Budapest tra storicismo e avanguardia 1873-1920), catalogo della mostra, Budapest, Museo Storico della Capitale, Galleria Nazionale Ungherese, 2004, vol. I. pp. 371-375. L'edizione inglese sarà pubblicata per la fine del 2004.

¹⁰ Nel Musée d'Orsay c'è una buona analogia stilistica e compositiva del quadro: Armand Guillaumin: *Chemin de creux, effet de neige* (1869). E ancora un bell'esempio per la neve nell'opera di Jettel, questa volta piuttosto realistico e non impressionistico, è *Paesaggio invernale presso Auvers* (1895 circa, collezione privata), pubblicato nel catalogo *Faszination Landschaft*, 1995 (cfr. nota 6), pp. 79, 258.

¹¹ Per questi tre pittori ungheresi si veda in lingua italiana: A. Szinyei Merse, *Alla ricerca del colore e della luce. Pittori ungheresi 1832-1914*, catalogo della mostra, Firenze, Galleria d'Arte Moderna di Palazzo Pitti, 2002, pp. 15-18, 64-93.

¹² H. Fischel, R. Ribarz, in *Kunst und Kunsthandwerk, 1905-1910*, p. 501. Nuovamente citato da M. Kausch, *Impressionismo e Stimmungsimpressionismus*. Correlazioni, affinità e differenze tra la pittura paesaggistica francese e austriaca del XIX secolo, in *Faszination Landschaft*, 1995 (cfr. nota 6), p. 258.

¹³ F. Novotny, *Hundert Jahre österreichische Landschaftsmalerei*, Vienna 1948, pp. 10-11; K. Demus, E. J. Schindlers Zyklus *"Die Monate" und der Stimmungsimpressionismus*, in *Mitteilungen der Österreichischen Galerie*, 1959, pp. 35-38.

¹⁴ O. Rychlik, in *Natürlichere Natur. Österreichische Malerei des Stimmungsrealismus*, catalogo della mostra, Mürzzuschlag, Kunsthaus, 1994, p. 9. Martina Haja, specialista di quest'epoca, sempre parlava di «Stimmungsimpressionismus», ma ormai anche lei accetta il termine «Stimmungsrealismus». Si veda M. Haja, *Der österreichische Stimmungsimpressionismus*, in *Landschaft im Licht*, 1990 (cfr. nota 1), pp. 156-163; poi, con la revisione del termine: M. Haja, E. J. Schindlers Zyklus *Die Monate*, in *Belvedere, Zeitschrift für bildende Kunst*, Vienna 2-2002, p. 16.

¹⁵ L'analisi dei due dipinti nominati si leggano nella scheda dell'*Atmosfera di marzo* (cat. n. 13).

¹⁶ Dalla cui schiavitù non poté comunque liberarsi neanche lui in certi casi. Lo testimoniano alcuni suoi dipinti, come ad esempio *Contadinelli nel faggeto d'inverno* (1892, Vienna, Leopoldmuseum), oppure *Il mio paese natio. Motivo nei pressi di Lundenburg*, 1892, presente in questa mostra (cat. n. 15).

¹⁷ Graz, Neue Galerie am Landesmuseum Joanneum. Si vedano ancora gli altri quadri invernali dal catalogo *Hörmann* del Tiroler Landesmuseum Ferdinandeum, Innsbruck, 1995.

¹⁸ In mancanza di una dettagliata elaborazione della pittura ungherese degli ultimi due secoli in lingue straniere, (tranne l'edizione inglese e tedesca dell'albo di Júlia Szabó, *Painting in Nineteenth Century Hungary*, Budapest, 1988; e il vomune in inglese e tedesco *The Hungarian National Gallery* (a cura di A. Szinyei Merse), Budapest, 1994), la Galleria Nazionale Ungherese di Budapest cercò di coprire almeno in parte questa lacuna con numerose mostre allestite in sede e all'estero, con grandi cataloghi.

¹⁹ Si veda A. Szinyei Merse (a cura di), *Pleinair-Malerei in Ungarn. Impressionistische Tendenzen 1870 bis 1910*, catalogo della mostra, Osnabrück, Kulturgeschichtliches Museum, 1994; e inoltre G. Szücs (a cura di), *Lumières magyares*.

Les tendences coloristes de la peinture hongroise entre 1870 et 1914, catalogo della mostra, Parigi, Hôtel de Ville, 2001.

[20] Ödön Gerő, Művészetről, művészekről (Dell'arte, di artisti), Budapest, s. d., ma 1915 circa, pp. 220-221.

[21] Più dettagliatamente nel catalogo *Alla ricerca del colore e della luce* (cfr. nota 11), pp. 19-21, 94-105.

[22] *Strada d'inverno (Paesaggio ungherese; Crepuscolo)*, 1880 circa (venduto nel 1882, olio su tela, cm 45 x 80, collezione privata, New York.) Si veda L. Végvári, Munkácsy Mihály élete és művei (Vita e opere di M. M.), Budapest 1958, p. 336, n. 478.

[23] E. Kállai, *Mednyánszky László*, Budapest 1943, p. 83. Con più dettagli: *Alla ricerca del colore e della luce* (vedi nota 11), pp. 22-24, 114-123. Per il quadro qui riprodotto (Fig. 3) p. 114. La datazione recente è più tardiva: Cs. Markója (a cura di), *Mednyánszky*, catalogo della mostra, Galleria Nazionale Ungherese, Budapest, 2003, n. 220.

[24] Olio su tela, cm 58 x 81,5, collezione privata, riprodotto in A. Delannoy, A. Szinyei Merse (a cura di), *József Rippl-Rónai. Le nabi hongrois*, catalogo della mostra, Saint-Germain-en Laye, Musée Départemental Maurice Denis; Bruxelles, Hotel de Ville, 1998-1899, p. 133, n. 23.

[25] La maggior parte delle pubblicazioni (cataloghi compresi) sull'arte boema in lingue occidentali si occupa dell'*art nouveau*, delle avanguardie e del Novecento in generale. Ci sono poi edizioni monografiche di singoli maestri anche in francese, inglese o tedesco, ma è una rarità trovare dei volumi sull'Ottocento ceco. Tra i cataloghi da consultare: *Dix siècles d'art tschéque et Slovaque*, Parigi, Grand Palais, 1975; *Da Monet a Picasso. Cento capolavori della Galleria Nazionale di Praga*, Firenze, Palazzo Pitti, l981; *Die tschechische Malerei des XIX. Jahrhunderts aus der Nationalgalerie Prag*, Vienna, Österreichische Galerie, 1984; *Tschechische Kunst 1878-1914. Auf dem Weg in die Moderne*, Darmstadt, Mathildenhöhe, 1984-1985; *Vergangene Zukunft. Tschechische Moderne 1890 bis 1918*, Vienna, 1993; *Czech 19th Century Painting. Catalogue of the Permanent Exhibition*, Praga, Convent of St. Agnes of Bohemia, 1998; N. Blažičková-Horová (a cura di), *19th Century Art, Guide to the Collection of the National Gallery in Prag*, Praga, Trade Fair Palace, 2002.

[26] Si veda P. Varejka, *Les artistes tscheques et les Salons offiziels parisiens avant 1914*, in *Umění* (Praga) XXXII. 1984, pp. 155-169; R. Prahl, *Antonín Chittussi*, catalogo della mostra, Praga, Galleria Nazionale, 1996 (con riassunto francese e inglese).

[27] Ci dispiace che i colleghi boemi non abbiano potuto prestare per la mostra presente né quest'opera, parte dell'esposizione permanente di Praga, né uno dei grandi paesaggi invernali di Chittussi, il cui nonno fu d'altrone un commerciante italiano stabilitosi alla fine del Settecento nella Boemia.

[28] Slavíček appartiene al gruppo di quei maestri cechi, ben presenti in molte mostre conosciuti e quindi "tradotti" in lingue estere. Esiste il catalogo critico di tutta la sua opera e l'edizione della sua corrispondenza, anche se solo in ceco.

[29] La bibliografia dell'arte polacca – contrariamente a quella boema o ungherese – è assai ricca di pubblicazioni in lingue occidentali. Oltre ai titoli citati in queste note e nelle schede delle opere, ecco una piccola selezione dei cataloghi di mostre: *Polnische Malerei vom Ausgang des 19. Jahrhunderts bis zur Gegenwart aus Museen und Privatbesitz in Polen*, Essen, Museum Folkwang, 1962; Stoccarda, Württembergischer Kunstverein, 1963; *Mille ans d'art en Pologne*, Parigi, Petit Palais, 1969; *1000 Years of Art in Poland*, Londra, Royal Academy of Art, 1970; *Kunst in Polen von der Gotik bis heute,* Zurigo, Kunsthaus, 1974; J. Ch. Jensen, A. Morawińska (a cura di), *Polnische Malerei von 1830 bis 1914*, Colonia 1978; M. Kunz, A. Morawińska (a cura di), *Ein seltsamer Garten. Polnische Malerei des 19. Jahrhunderts. Romantik, Realismus und Symbolismus*, Kunstmuseum Luzern, 1980; A. Morawińska (a cura di), *Symbolism in Polish Painting 1890-1914*, The Detroit Institute of Arts, 1984; A. Morawińska (a cura di), *Nineteenth Century Polish Painting*, National Museum in Warsaw, National Academy of Design, New York, 1988; *The Naked Soul. Polish fin-de-siècle Paintings from the National Museum*, Posnan (ed. A. Lawniczakowa), Raleight, North Carolina Museum of Art, 1993; E. Charazińska (a cura di), *Polnische Malerei um 1900*, Rapperswil, Polenmuseum, 1996; A. Morawińska (a cura di), *L'avant-printemps: Pologne 1880-1920*, Bruxelles, Palais des Beaux-Arts, 2001-2002.

[30] Citato dopo G. Schurr, *Les petits maîtres de la peinture 1820-1920*, vol. 6. Parigi 1985. Per i contatti franco-polacchi si veda T. F. de Rosset, *Les polonais face à l'impressionnisme et postimpressionnisme français*, in *De Manet à Gauguin*, catalogo della mostra, Musei Nazionali di Varsavia, Posnania, Cracovia, 2001, pp. 57-101. Quest'ultimo scrive anche dello scultore polacco Cyprian Godebski con l'aiuto del quale Chełmoński poté recarsi alla fine del 1875 a Parigi e la cui figlia, Misia, già moglie di Tadeusz Natanson, divenne poi musa dei Nabis.

[31] Si veda J. Eustachiewicz-Zielińska, in D. Folga-Januszewska, K. Murawska-Muthesius (a cura di), *National Museum in Warsaw. Guide*, Varsavia 2001.

[32] Si veda Z. Kępiński, *Impresjonizm polski*, Varsavia 1961, riassunto francese pp. 33-38.

[33] Si veda J. K. Ostrowski, *Die polnische Malerei vom Ende des 18. Jahrhunderts bis zum Beginn der Moderne*, Monaco 1989, pp. 106-108, 113-115, 153. Questo libro è da consultare anche per gli altri pittori polacchi qui menzionati.

[34] Si veda *The Naked Soul*, 1993 (cfr. nota 29), pp. 69-71.

[35] Citato da E. Cevc, in A. e E. Cevc (a cura di), *Impressionisti sloveni della Galleria Nazionale di Lubiana*, catalogo della mostra, Milano, Castello Sforzesco, 1981, p. 17. I pittori stessi parteciparono a molte esposizioni europee. Durante gli ultimi tre decenni fu la Galleria Nazionale di Lubiana che diede importanza alla divulgazione di questo patrimonio nazionale con numerose mostre, anche all'estero, in diverse lingue. La bibliografia si veda nelle schede.

[36] Vedi cat. n. 26 e n. 27.

[37] Si veda V. Varga, *Nicolae Grigorescu*, Bucarest 1973; I. Beldiman, D. Herbay (a cura di), *Au temps des Impressionnistes, la peinture roumaine 1865-1920*, cata logo della mostra, Parigi, Trianon de Bagatelle, 1991; R. Bogdan, *Andreescu*, Bucarest vol. I., 1969, vol. II, 1982.

11. Joseph Engelhart, *Vista dalla mia finestra*, 1892
tempera su cartone, cm 65 x 50
Österreichische Galerie Belvedere, Vienna

12. Anton Romako, *La valle di Gastein con la nebbia*, 1877 circa
olio su tela, cm 42 x 55
Österreichische Galerie Belvedere, Vienna

13. Emil Jacob Schindler, *Atmosfera di marzo*
(Primavera precoce nella foresta di Vienna), 1879-1884
olio su tela, cm 130,5 x 100,5
Österreichische Galerie Belvedere, Vienna

14. Theodor von Hörmann, *Torrente vicino*
Lilienfeld in inverno, 1878
olio su tela applicata su cartone, cm 37 x 53,7
Niederösterreichisches Landesmuseum, St. Pölten

15. Theodor von Hörmann, *Il mio paese natio.*
Motivo nei pressi di Lundenburg, 1892
olio su tela, cm 113 x 155
Tiroler Landesmuseum Ferdinandeum, Innsbruck

16. Theodor von Hörmann, *Pattinatori sul fiume
Thaya presso Lundenburg*, 1893
olio su tela, cm 70,5 x 103
Österreichische Galerie Belvedere, Vienna

17. Olga Wisinger-Florian, *Inverno*, 1890 circa
olio su tela, cm 105 x 82,5
Niederösterreichisches Landesmuseum, St. Pölten

18. Józef Chelmoński, *Notte d'inverno in Ucraina*
1877, olio su tela, cm 68 x 127
Muzeum Narodowe w Warszawie, Varsavia

19. Józef Chelmoński, *Ghiandaia nella foresta*, 1892
olio su tela, cm 173 x 138
Muzeum Narodowe w Warszawie, Varsavia

20. Józef Czajkowski, *Frutteto d'inverno*, 1900
olio su tela, cm 52,6 x 72
Muzeum Narodowe w Krakowie, Cracovia

21. Julian Falat, *Battuta di caccia a Staszów*, 1893
acquarello, gouache su cartoncino, cm 54 x 99,5
Muzeum Narodowe w Warszawie, Varsavia

22. Stanislaw Witkiewicz, *Vento meridionale sulle montagne Tatra*, 1895
olio su tela, cm 93 x 142
Muzeum Narodowe w Krakowie, Cracovia

23. Antonín Chittusi, *Inverno*, 1886
olio su tavola, cm 26,5 x 35
Národní galerie v Praze, Praga

24. Jakub Schikaneder, *Neve*, 1899
olio su tela, cm 116 x 181
Národní galerie v Praze, Praga

25. Antonín Slavíček, *Bufera invernale*, 1902 circa
olio su tavola, cm 26,5 x 35
Galerie moderního umění v Roudnici nad Labem
příspěvková organizace

26. Rihard Jacopič, *Kamnitnik sotto la neve*, 1903
olio su tela, cm 49 x 59,5
National Gallery of Slovenia, Lubiana

27. Ivan Grohar, *Bufera di neve a Škofja Loka*, 1905
olio su tela, cm 87,5 x 99
National Gallery of Slovenia, Lubiana

28. László Mednyánszky, *Disgelo in montagna*
1890 circa, olio su tela, cm 40,5 x 50
Magyar Nemzeti Galéria, Budapest

29. László Mednyánszky, *Paesaggio d'inverno con la luna*, 1900 circa
olio su tela, cm 50 x 70
Hansági Múzeum, Collezione Gyurkovich
Mosonmagyaróvár

30. László Mednyánszky, *Paesaggio montuoso con lago*, 1900 circa, olio su tela, cm 80 x 100
Magyar Nemzeti Galéria, Budapest

31. Pál Szinyei Merse, *Disgelo*, 1884-1895
olio su tela, cm 47,3 x 60,6
Magyar Nemzeti Galéria, Budapest

32. Pál Szinyei Merse, *Inverno*, 1901 circa
olio su tela, cm 91,5 x 119
Magyar Nemzeti Galéria, Budapest

Germania

La neve tedesca: una ricerca
tra Romanticismo ed Espressionismo
(Perché noi tedeschi dipingiamo la neve così malvolentieri?)

Sabine Schulze

Nostalgia

Goethe conosce bene il paese dove fioriscono i limoni. Fugge dalla pioggia di Weimar per riscoprire la vita, l'amore, l'arte e tutto questo gli sembra possibile solo al Sud, sotto il sole italiano. Qui egli trova il paesaggio nella sua pienezza, ama le donne, studia la grande arte del passato e, soprattutto, riscopre se stesso.[1] L'invito retorico di Goethe verso il paese dei limoni è seguito dagli artisti tedeschi che vanno alla ricerca di conoscenza e sensualità. Questo sentimento nostalgico nei confronti dell'Italia contraddistingue l'inizio della società borghese in Germania, per perpetuarsi ancora oggi nel richiamo che incita a valicare le Alpi verso la terra promessa. Le campagne di casa nostra non ci interessano. Quando d'inverno le strade e i fiumi ghiacciano e la natura dorme sotto una coltre bianca, noi preferiamo fuggire. La neve davanti alla porta di casa ci procura nostalgia, sogniamo il cielo blu e i colori rigogliosi della vegetazione mediterranea. Il bianco intenso dell'inverno ci fa paura, e Goethe lo esprime chiaramente: «Non voglio avere nulla a che vedere con un paesaggio invernale!»[2]

Scienza

Ciò nonostante sarà proprio Goethe, all'inizio del XIX secolo, ad attirare l'attenzione verso la meraviglia bianca.[3] In Germania, subito dopo l'Illuminismo, la pittura paesaggistica compie una svolta decisiva grazie al crescente interesse scientifico che, connesso all'esperienza personale, pone fine alla pittura scenografica di stampo classicistico. Contemporaneamente la natura viene chiaramente rivalutata come lo specchio di un ordine superiore. In questo processo Goethe gioca un ruolo decisivo, perché incita gli artisti ad abbandonarsi ai sensi e a vivere la natura con i propri occhi, pretendendo contemporaneamente una motivazione scientifica. Il compito del pittore è di sentire il paesaggio e, allo stesso tempo, di esplorarlo. Grazie alla sua curiosità naturalistica, Goethe introduce la neve nella coscienza di pittori e studiosi che trovano proprio nella scoperta di montagne coperte di bianco un'occupazione comune. Artisti, geologi e cartografi partono insieme verso l'ignoto alla ricerca di temi graditi al sentimento e all'intelletto.

La neve eterna sulle vette delle Alpi diviene un oggetto di studio all'inizio del XIX secolo. Ne è attirato anche Carl Gustav Carus (1789-1869) che, in qualità di medico e pittore, incarna la compenetrazione ideale tra scienza e arte. Su suggerimento di Goethe, egli si dedica ad osservazioni scientifiche della natura, a studi geologici e, nel contempo, alle esercitazioni nell'atelier di Caspar David Friedrich (1774-1840), non tralasciando di partecipare alle mostre dell'Accademia di Dresda. Nel 1831 Carus dà alle stampe le *Nove lettere sulla pittura paesaggistica* che segnano un nuovo orientamento nel rapporto tra arte e natura di fondamentale importanza. Egli promuove inoltre l'osservazione del paesaggio secondo conoscenze geologiche e meteorologiche scientificamente fondate, perché solo chi conosce veramente la sua struttura interiore può coglierne l'apparenza in maniera adeguata. Nel 1821, provvisto di questo bagaglio teorico, Carus intraprende un viaggio attraverso la

Caspar David Friedrich
Il mare di ghiaccio, 1823
Hamburger Kunsthalle, Amburgo

Svizzera con l'intento di scoprire le leggi della montagna. Mentre sale sul Montanvert si dedica anche ad alcuni disegni a gessetto che tre anni più tardi diventeranno il punto di partenza per il quadro monumentale *Il mare di ghiaccio*, un'opera statica e severa che rappresenta la primordiale natura svizzera nella sua solitudine minacciosa. Allo stesso tempo, però, il carattere documentaristico lascia spazio ad una rappresentazione efficace delle masse di ghiaccio, dove la natura esplorata scientificamente è esperibile anche come luogo della solitudine. Le piccole figure ornamentali in lontananza non riescono ad allentare la sconfinata monotonia, conferendo piuttosto al quadro una dimensione paurosamente ostile all'uomo. La gigantesca desolazione apparentemente inavvicinabile emerge con prepotenza dal passato con tutte le sue stratificazioni geologiche. Nel ghiaccio perenne delle Alpi Svizzere, attraverso il congiungimento di conoscenza scientifica e ritrovamento estetico della forma, alla massa bianca e anonima della neve viene data una forma impressionante.[4]

Carl Gustav Carus
Il massiccio del Monte Bianco
1825-1827, collezione privata

Luoghi lontani

Se andiamo alla ricerca delle tracce che la neve ha lasciato nella pittura paesaggistica tedesca, dobbiamo intraprendere, a partire dal XIX secolo, dei viaggi spesso lunghi e faticosi che ci conducono dall'esplorazione scientifica delle Alpi fino alle spedizioni sul Popocatépetl. Gli artisti tedeschi amano viaggiare. Spinti dalla nostalgia incontrano la neve sulle cime delle Ande, sul Chimborazo e sui *Monti della Sierra Velluda*. Il loro mentore è Alexander von Humboldt (1769-1859) il quale, durante i suoi numerosi viaggi in America Latina, promuove un nuovo tipo di pittura paesaggistico-scientifica che va al di là dell'abituale dimensione di documentazione illustrativa. Un'enorme quantità di studi naturalistici diventa la base di una composizione artistica che trasmette l'impressione della naturale pienezza e della maestosità del paese straniero, al di là del dettaglio rappresentato acriticamente. Lo sguardo sul piccolo trova quindi la propria realizzazione nello sguardo sul grande. Nel 1831 Johann Anton Rugendas (1802-1858), originario di Augusta, si imbarca per il Messico. Humboldt vuole studiare l'allineamento delle catene montuose e la loro natura geologica, e Rugendas si prende carico di questo compito con grande serietà scientifica, tralasciando la tradizione del pittoresco banale quando sceglie i temi da rappresentare. Il pittore dà un peso particolare alla forma e alla struttura delle rocce, poiché desidera contrastare l'intenso blu del cielo con il profilo delle cime, facendo risaltare le caratteristiche dettagliate del massiccio innevato. Gli «oggetti pittorici per il pennello di un artista pieno di sentimento»[5] rappresentano secondo Humboldt l'esotica bellezza naturale di questi luoghi lontani.

Johann Moritz Rugendas
I monti della Sierra Velluda, 1835
Staatliche Graphische Sammlung
Monaco

Malinconia

La neve sulle Alpi, la neve sul Popocatépetl… ma quando incontreremo la neve sui prati della Germania? Inizialmente i pittori non se ne accorgono proprio. Secondo loro la neve non ha niente a che vedere con l'inverno di casa, essa non fa parte della quotidianità, ma rappresenta l'inconsueto, i luoghi lontani. I fiocchi effimeri sciolti dal primo raggio di sole non sono per niente interessanti: solo la neve perenne e i ghiacci infiniti sono affascinanti. Anche la bianca icona della pittura paesaggistica tedesca è inaccessibile e seria, come in *Il mare di ghiaccio*, dipinto da Caspar David Friedrich nel 1823. Qui è perfettamente inutile cercare una via di scampo o una prospettiva futura: il bianco eterno significa morte. Le fredde masse si accatastano drammaticamente e si stagliano nitide verso il cielo vuoto, in un'immagine di annientamento, abbandono e irrigidimento. La natura si è frantumata: quattro tronchi di alberi fracassati tra le zolle sovrapposte. Anche l'opera dell'uomo è resa vana: lo scafo della nave affonda inesorabilmente tra il ghiaccio. Questo quadro, che tematizza la sfortunata ricerca del passaggio a nord-ovest di William Edward Perry, verrà chiamato anche «la speranza svanita». Per questa imponente opera Friedrich prepara dei disegni geologicamente attendibili e alcuni studi di colore di lastre di ghiaccio e scheggiature,

Johann Christian Clausen Dahl
Tomba megalitica presso Vordinborg in inverno, 1824-1825
Museum der bildenden Künste
Lipsia, Maximilian Speck
von Sternburg Stiftung

Carl Friedrich Lessing
Il cortile del convento nella neve, 1830
Wallraf-Richartz-Museum, Colonia
Fondo Corboud K.

osservate mentre erano alla deriva sull'Elba nelle vicinanze di Dresda. Questo studio accurato si riflette nei dettagli grafici e nella delicata stesura dei colori del ghiaccio che, in primo piano, muta verso il marrone e i toni dell'ocra, mentre in lontananza sfuma in un blu nebbioso. Ad ogni modo, *Il mare di ghiaccio* mantiene il proprio *pathos* tramite la composizione artistica, e la verosimiglianza naturale del materiale di studio viene trasposta in un sistema estetico. Nella sezione aurea, le masse di ghiaccio minacciosamente informi vengono dominate dal calcolo dell'artista e rivelano, in questa struttura d'ordine, una rappresentazione del mondo delle idee che, pur rimanendo invisibile agli occhi dell'uomo, sta alla base della realtà. In qualità di divulgatore di fede, l'artista apre spazi trascendentali che, con la regia di Friedrich, si sviluppano dalla tensione meditativa tra il profilo terreno in primo piano e lo spazio ultraterreno incredibilmente ampio. In questa interpretazione, il ghiaccio letale non significa solo commiato, visto che l'allegoria della morte apre nella consapevolezza della fede cristiana la strada per la vita eterna in un mondo ultraterreno. Gli artisti del Romanticismo tedesco attribuiscono alla neve numerose associazioni emozionali, ed è così che essa sembra adattarsi all'invito che Caspar David Friedrich formula nelle sue *Riflessioni sulla pittura paesaggistica* redatte nel 1830: «Non la fedele rappresentazione di aria, acqua, rocce e alberi è il compito dell'artista», bensì «la sua anima, il suo sentire» si devono rispecchiare nei suoi quadri. Il paesaggio come mezzo per il ritrovamento di sé conduce verso un'alta carica soggettiva nella quale l'artista e la natura si fondono idealmente. «Mi devo riunire con le nuvole e le rocce per essere quello che sono.»[6]

Patriottismo

L'animo romantico dell'artista aggiunge alla neve dipinta la malinconia e la nostalgia per la morte, la rassegnazione per una condizione politica statica e il lutto per l'incolmabile distanza che persiste tra gli esseri umani. I contemporanei non hanno difficoltà a decifrare il significato sociale racchiuso nell'opera *Tomba megalitica presso Vordinborg in inverno*, alla quale lavorano sia Friedrich sia Johann Christian Clausen Dahl (1788-1857). Dal 1823 i due massimi esponenti della pittura paesaggistica di Dresda vivono nella stessa casa al numero 33 della via "sull'Elba", in stretta collaborazione artistica. Le conoscenze sui complessi tombali del quarto millennio prima di Cristo le ha portate con sé dalla sua patria il norvegese Dahl, mentre la proposta interpretativa simbolica viene dal sostrato intellettuale del Romanticismo di Dresda. Il banchetto tombale pagano nel mezzo della natura irrigidita dal freddo si collega al pensiero del risveglio di derivazione cristiana. Le vecchie querce non sono morte, hanno solo perso le foglie e in primavera riacquisteranno la loro chioma. Le prime tracce di verde già si intravedono sotto la neve, allo stesso modo in cui gli uccelli e l'uomo solitario a passeggio con il cane riescono ad avvertire il pulsare di una nuova vita. Questo contenuto ottimismo può venir preso in considerazione anche per una interpretazione patriottica. Il banchetto funerario di epoca germanico-protostorica e le antiche querce potrebbero infatti simboleggiare un rinnovamento nazionalpatriottico, caratterizzato da un forte spirito antinapoleonico, mentre sul piano storico le querce nodose resistono all'impeto della rivoluzione e alle truppe francesi.

Storia

L'eroe della scuola di pittura di Düsseldorf, Carl Friedrich Lessing (1808-1880), fa confluire parecchi studi spigliati e freschi nel dipinto programmatico *Il cortile del convento nella neve*. La scena si svolge nel Medioevo ed è dipinta così realisticamente, che ci sembra d'essere veramente testimoni di questo triste corteo funebre in un convento fuori mano. La neve, le lapidi, il portale di una chiesa, questi simboli della fugacità vengono rappresentati verosimilmente senza allusioni trascendenti, come se si potessero toccare con un dito. Lessing prende molto sul serio questo quadro: solo così ci si può spiegare perché chieda a Goethe di esprimere un giudizio in proposito. L'Olimpico lo ritiene degno almeno di un giudizio puntuale, che in tutti i suoi dettagli sprezzanti descrive lo scetticismo dei tedeschi nei confronti della neve e dell'inverno: «Perché lasciamo il nostro studiolo o la chiassosa sala della buona società, e fuggiamo via dalla stantio trambusto della città verso l'aria aperta? Cerchiamo riposo, divertimento, vogliamo respirare aria buona. Ma dove ci conduce il pittore? In un paesaggio invernale, dove ghiaccio e neve non sono mai abbastanza.» Lessing tenterebbe dunque di superare l'inverno nella sua crudeltà, «dando vita ad un parossismo dell'inverno e abbondando di dettagli che fanno venire i brividi. Lì c'è la fontana che offre refrigerio d'estate, mentre ora dalla testa di drago l'acqua ghiacciata fa capolino su una lingua intirizzita, in un tutt'uno con il terreno gelato.» Gli stessi abeti scuri che sembrano cedere sotto il peso della neve starebbero meglio addobbati con le candele come un albero di Natale in una stanza calda, secondo Goethe. Ma quello che lo disturba maggiormente sono i monaci, che sullo sfondo trasportano una bara verso la cripta. «Sono tutte negazioni della vita e delle piacevoli abitudini quotidiane!» esclama terrorizzato. Le visioni di Lessing non travalicano la rappresentazione di un avvenimento reale in un luogo reale. Inverno, morte e fugacità trovano espressione solo negli oggetti e nelle azioni senza alcun riferimento simbolico. «Un'immagine di annientamento senza proiezioni verso l'aldilà»,[7] afferma nel 1856 Rudolf Wiegmann, interprete dell'Accademia delle Belle Arti, caratterizzerebbe *Il cortile del convento sotto la neve*, staccando Lessing dalle speranze trascendenti di Caspar David Friedrich grazie alla sua adesione alla realtà. Questo giudizio negativo conferma la reazione polemica di Goethe nei confronti di questo insigne quadro della neve. «Non decreto l'inverno… non decreto la morte.»[8] Non dimentichiamo che egli cerca la vita, l'amore, l'arte e il paese dove fioriscono i limoni…

Adolph von Menzel
Case berlinesi sotto la neve, 1847
Museum Oskar Reinhart
am Stadtgarten, Winterthur

Luoghi vicini

Ma rimaniamo in Germania, abbandoniamo l'ideale del Sud e innamoriamoci della realtà! Menzel, l'osservatore, inizia la sua esplorazione del mondo visibile da quello che gli sta più vicino e che può scorgere dalla propria finestra. Nei suoi quadri il cielo è quasi assente e il nostro sguardo si perde nell'intrico delle case. Rispetto agli interni delle abitazioni dove Menzel immortala un'intima felicità rappresentata dalla madre e dalla sorella, il mondo fuori dalle pareti domestiche appare caotico e minacciato dalla confusione. Menzel trasloca spesso e grazie a questi cambiamenti si ha a disposizione la panoramica di una Berlino che va trasformandosi da villaggio idillico a metropoli industriale. Nel marzo 1847, al 43 della Ritterstrasse, lo sguardo di Adolph Menzel (1815-1905) cattura le *Case berlinesi sotto la neve* in modo lucido e preciso, mostrando come i condomini a più piani della periferia inghiottano le case e i giardini spuntati disordinatamente. A Menzel non interessa tanto la precisione quanto invece la rappresentazione appropriata di una giornata d'inverno. Lo sguardo sentimentale rivolto ad un mondo perduto rimane comunque fisso sul presente. La neve sporca sui tetti che va sciogliendosi caratterizza l'atmosfera sconsolata, mentre sotto l'opprimente coltre di nebbia si sviluppa un magico gioco di colori composto dal giallo, il rosa e il bianco, dove il marrone dominante arretra dal morbido *beige* al rosso mattone. L'aria invernale non si potrebbe catturare più delicatamente: la pennellata spontanea dissolve gli oggetti e tutto è apparenza che si rarefà in una presenza elegante. La superficie del quadro è un fenomeno ottico, non un inventario topografico, una sorta di intreccio tremolante senza effetto di profondità.

Il quadro di Menzel con protagonista la neve è uno dei suoi paesaggi più audaci. La dipingerà solo un'altra volta, questa volta inserita nel monumentale quadro *Discorso di Federico il Grande ai suoi generali prima della battaglia di Leuthen*. Qui la neve funge da cornice di un evento significativo, non un semplice pretesto estetico fine a se stesso. *Case berlinesi sotto la neve* mostra invece il Menzel informale che la prospettiva storica permette di riconoscere come antesignano degli impressionisti francesi. Essi stessi l'hanno definito così, stando a quello che afferma Max Liebermann, visto che Edgar Degas ne avrebbe parlato con la massima ammirazione e l'avrebbe indicato addirittura come il più grande maestro vivente.[9] Oggi la memoria di Menzel viene onorata

Christian Friedrich Gille
Lastre di ghiaccio sull'Elba, 1860-1870
Stiftung Moritzburg, Kunstmuseum
des Landes Sachsen-Anhalt, Halle

dalla menzione che se ne fa accanto agli impressionisti. Egli stesso comunque non salutò i colleghi francesi come gli agognati innovatori: infatti, in occasione della prima mostra degli impressionisti a Berlino del 1882, rafforzò il giudizio comune che «l'impressionismo è troppo vicino al dilettantismo; non ha alcuna possibilità di diventare uno stile artistico valido.»[10] Menzel non vuole abbandonarsi completamente al transitorio e all'apparenza fugace. Ma non era compito del pittore offrire ai momenti più significativi dell'esistenza umana un ricordo imperituro, affrontando la natura con un atteggiamento correttivo e migliorativo?

Attimi

Fidarsi dei dettagli poco spettacolari della natura: questo è l'azzardo che tenta Christian Friedrich Gille (1805-1899), artista di Dresda. Per lui lo studio altro non è che il materiale preparato nell'*atelier* con estrema meticolosità. Il prodotto finale è quindi lo schizzo spontaneo realizzato velocemente, capace di trattenere l'impressione senza bisogno di alcuna interpretazione. Egli rinuncia alla procedura tipica dell'opera da *atelier* che fonde una gran quantità di schizzi in una composizione ideale, sottraendo all'immagine naturale la sua immediatezza. Infatti, le centinaia di cartoncini di piccolo formato non convincono da subito il mercato dell'arte, che impara ad apprezzarli solo più tardi. Secondo le leggi del mercato della seconda metà del XIX secolo, l'artista se ne deve stare nel proprio *atelier* e l'ispirazione non deve venire dal mondo esteriore ma da quello interiore. Solo con uno sguardo retrospettivo Gille ci appare come uno dei più significativi pittori di paesaggio, visto che innalza lo studio a mezzo di espressione individuale e autonomo grazie al suo stile pittorico fluido. Con un blocco per schizzi passeggia per i dintorni di Dresda prediligendo angoli nascosti e sobborghi poco spettacolari. Evita inoltre paesaggi noti e luoghi storicamente significativi e preferisce immortalare scorci scelti a caso su piccoli fogli di dimensione regolare. Annota con precisione giorno e ora per aumentare l'autenticità di una rappresentazione immediata della natura. È così che le *Lastre di ghiaccio sull'Elba si sfiorano e si strofinano nel suo blocco per schizzi quando Gille accarezza per la prima volta l'idea di questo quadro. Sfumate in gradazioni eleganti di colore dal* beige al marrone, si sovrappongono una all'altra senza ordine. Quel dramma della natura che, una generazione prima, Caspar David Friedrich aveva elevato a simbolo per il fallimento della brama di conquiste troppo ambiziose dell'uomo, diviene ora un fenomeno quotidiano privo di emozioni notato dall'artista.

Febbre da caccia

C'è da credere all'affermazione secondo cui Courbet avrebbe insegnato a dipingere la neve ai pittori francofortesi?[11] Già nel 1852 furono esposti quadri di impressionisti francesi nella Lederhalle di Francoforte, tra cui *Il funerale di Ornans* e *Gli spaccapietre*. Certamente si trattò di un'entrata in scena di tutto rispetto! In provincia, i giovani artisti e un pubblico sbalordito facevano l'esperienza di una mostra come non ce ne erano state nemmeno a Parigi fino a quel momento. Subito dopo, molti degli studenti della Städelakademie di Francoforte andarono fino a Parigi per conoscere il grande maestro. Nell'autunno 1858 venne lui personalmente sul Meno. Si narra che quell'inverno ci furono feste chiassose, bevute eccessive e soprattutto dispendiose partite di caccia: sembra anche che Courbet abbia ucciso settanta lepri durante una di queste escursioni. È innegabile che proprio da queste esperienze nei dintorni di Francoforte, l'artista francese abbia tratto ispirazione per alcune scene di caccia. Il momento drammatico del crollo dopo la fuga, il passaggio dal movimento più concitato alla calma assoluta e il fluire del sangue scuro sulla neve chiara fanno rabbrividire davanti al *Cervo ucciso sulla neve*: su questo scenario di morte la neve ricopre un ruolo drammaticamente decisivo. Essa si conficca abbagliante contro il cielo scuro, i cespugli rossastri proiettano ombre bluastre e profonde sulla sua superficie bianca. Tra i quadri con protagonista la neve risalenti ai mesi trascorsi a Francoforte, questa quiete animata dalla morte è sicuramente la cosa più impressionante. «Le combat est froid», scriveva a casa.[12] Una mostra tenuta presso l'Associazione d'Arte di Francoforte conclude il suo soggiorno sul Meno in maniera imponente. Vicino alla scena di caccia, alle *Setacciatrici di grano* e a numerosi ritratti della buona società locale, Courbet espone anche un *Paesaggio nevoso*. Non si riescono a cogliere subito tutti gli elementi del quadro in maniera distinta: il margine del bosco, un intrico impenetrabile delimitato da quegli alberi citati sempre come esempio, e che Courbet elabora ulteriormente in una seconda fase. La critica reagì in modo contenuto, lamentando la mancanza di «spirito e idealità» e registrò turbata il fatto che l'artista fosse dell'opinione «che l'apparenza delle cose non necessiti dell'idealizzazione…»[13] Courbet impressionò durevolmente gli artisti delle nuove generazioni grazie al suo modo di fare stravagante e grazie, naturalmente, alla sua pittura. Riferì agli amici francesi di aver avuto numerosi giovani come allievi[14] con cui divideva un *atelier* al 44 del Kettenhofweg, dopo essersi giocato il posto di lavoro alla Städelschule per aver insultato un professore.[15]

Gelo

Il pittore è riuscito dunque a risvegliare il gusto per la neve durante i lunghi incontri serali con i giovani colleghi? Purtroppo nessuno ha preso appunti durante queste pantagrueliche gozzoviglie. Dalle testimonianze è però nato il romanzo dello scrittore Martin Mosebach capace di farci tornare indietro nel tempo e rivivere quelle vivaci discussioni: «Loro sanno probabilmente che io sono l'unico pittore europeo che sa dipingere la neve» fa dire a Courbet. «La si contraddistingue dal fatto che è bianca e il bianco è il nemico mortale, il maggior pericolo per la pittura […]. Loro vogliono dipingere la neve? Ma quale neve? Questa è la prima domanda. Neve che si scioglie, neve sporca, pesante, appiccicosa, neve granulosa, neve sciolta e poi di nuovo solidificata, neve burrosa, polverosa o cremosa, gelatinosa, neve scricchiolante – ci sono mondi interi in mezzo tra queste diverse tipologie […] la neve è fatta di acqua. La trasparenza e la mancanza di carattere dell'acqua sono visibili anche negli stati di aggregazione solida […]. E poi il colore deve emanare il freddo e il gelo umido dopo una lunga giornata di caccia, dopo che la neve è entrata negli stivali e tutto il corpo si è raffreddato dolorosamente: anche questo deve comparire nella neve dipinta, tutta l'ostilità nei confronti della vita.»[16]

Tutti ascoltavano, ma nessuno ha preso in mano il pennello. Escludendo la vista del *Vecchio ponte sul Meno d'inverno* di Victor Müller (cat. n. 40), non esiste alcun quadro degli artisti francofortesi con protagonista la neve. Evitano la pittura all'aria aperta nella stagione fredda come se si fossero congelati le dita delle mani, anche se sappiamo che la maggior parte dei quadri veniva eseguita nel tepore dell'*atelier*. Ciò nonostante, grazie a Courbet gli artisti tedeschi soffrirono il freddo: con le dita intirizzite se ne stavano seduti nella campagna e imparavano. «Al lago di Starnberg dipingeva per noi un paesaggio a dieci gradi sotto zero, o piuttosto stuccava l'aria, i monti, l'infinito specchio d'acqua col suo coltello-Courbet su uno sfondo tinto di rosso […], il tutto era semplicemente incantevole. Leibl, Trübner, Alt, il pittore di paesaggi Ebert, io, tutti gli stavamo intorno, soffiavamo nelle mani dal freddo, mentre Courbet, corpulento e forte, se ne stava seduto tranquillamente, senza alcuna preoccupazione, intento solo a dipingere…»[17] Esattamente dieci anni dopo il suo clamoroso esordio francofortese, Courbet entusiasma i pittori di Monaco. La Prima mostra internazionale d'arte al Palazzo di Cristallo gli procura nel 1868 un pubblico spettacolare. A Monaco deve riuscire ad imporsi tra circa 3.000 altre opere tra sculture, quadri e disegni. Lo amano ma non lo imitano. Nessun pittore tedesco adotterà la tecnica di pittura libera di Courbet. Hanno trovato la propria strada, li ha incoraggiati a tentare quello che non avevano ancora mai osato sino a quel momento, vale a dire abbandonare le strette vie delle regole accademiche, non infondere più nella natura alcun contenuto simbolico, non raccontare alcun'altra storia. Nel freddo pungente della neve Courbet ha insegnato agli artisti tedeschi come affidarsi alla pittura.[18]

Guerra

«Tutto viene soffocato dagli avvenimenti sconvolgenti di Parigi»[19] scrive nel 1870 Wilhelm Leibl dalla capitale francese alla madre che si trova a Monaco. La guerra tra Francia e Germania proietta le sue ombre sul transfert artistico, ostacolando contatti e impedendo così un'ispirazione reciproca. Questo lo avverte anche Max Liebermann (1847-1935) quando apre il suo *atelier* a Parigi nel 1872. È solo nella grande metropoli. Il suo grande idolo, Milliet, rifiuta categoricamente ogni contatto, anche se le pareti dell'*atelier* di Liebermann sono tappezzate con riproduzioni del «maitre à nous tous».[20] Non riesce a conoscere personalmente nemmeno Corot, sebbene un aneddoto circondi il loro incontro di un'aura leggendaria: durante una sua assenza, Corot avrebbe visitato l'*atelier* parigino di Liebermann e avrebbe scritto riconoscente «bravo, bravissimo» sul retro di uno schizzo delle Folies Bergère.[21]

La mancanza di incontri diretti rallenta la ricezione degli impressionisti francesi in Germania. È difficile mostrare rispetto verso l'arte dell'avversario politico. Solo nel 1889, quindici anni dopo la loro prima mostra a Parigi, vengono esposte a Berlino opere di Manet, Monet, Sisley, Pissarro e Degas, grazie a Carl e Felice Bernstein. I primi acquisti effettuati dai musei diedero adito a parecchie discussioni. Hugo von Tschudi, direttore della Galleria Nazionale di Berlino, accetta per primo quadri francesi nella collezione ufficiale agendo contro il volere esplicito di Guglielmo II. Max Liebermann lo accompagna a Parigi nel 1896 e lo spinge ad acquistare *Nel giardino d'inverno* di Edouard Manet presso Durand-Ruel. Pur sostenendolo nelle sue scelte, lo mette in guardia dal risentimento dilagante.[22] Quest'ultimo ha infatti radici molto profonde ed è anche il motivo per cui Tschudi dovrà lasciare la carica di direttore. Proprio questi quadri sono diventati oggi il fiore all'occhiello della collezione della Galleria Nazionale di Berlino. I pregiudizi si mantengono ostinatamente, e ancora nel 1911 «una protesta di artisti tedeschi» tenta di eliminare la concorrenza francese. Una raccolta di firme si scaglia contro la politica delle istituzioni culturali statali, e mette in guardia da esteticismo e speculazione. Infine, tutto l'entusiasmo per i francesi non sarebbe altro che una montatura dei teorici dell'arte e di quegli elementi ricettivi «che hanno le migliori intenzioni ma non sanno di che cosa si tratta.» L'elogio dell'arte e del temperamento, presumibilmente dominio dei tedeschi, punisce la direzione «analfabeta» proveniente dalla Francia, che «è rivolta solo alla superficie delle cose.»[23]

Incidenti

Liebermann acquistò svariati quadri degli impressionisti francesi non solo in qualità di confidente di Tschudi, ma anche per sé, dando vita negli anni novanta ad una tra le più grandi collezioni private del tempo. Questo interessamento per gli impressionisti cambia nettamente lo stile di Liebermann che comincia a staccarsi sia dalle rappresentazioni di scene di lavoro contadine e pre-industriali, sia dalla gamma di colori dai toni marroni tipici dei vecchi maestri. La sua tavolozza si schiarisce, la pennellata diventa libera e disinvolta, i quadri sembrano più schizzati. Il tratto si velocizza soprattutto nei pastelli, la spontaneità della pittura mette in risalto la momentaneità dell'emozione, come se volesse trattenere quello che invece si dissolve in un attimo. I colori si sovrappongono e si mischiano, e proprio lì nasce l'impressione dello sfavillio e della vibrazione. Sembra essere finalmente arrivato il momento di dipingere scintillanti fiocchi di neve! Il dipinto a pastello *Vista sullo zoo dalla finestra del soggiorno dell'artista* (cat. n. 37) del 1900 segna la fine di un'epoca: fino a quel momento infatti, Liebermann non aveva mai dipinto né le strade di Berlino né la neve. Questa volta però, non poté farne a meno: il 18 gennaio Max Liebermann scivola su una strada innevata e viene trasportato a casa con una gamba rotta. L'artista è disperato per il riposo forzato che gli viene imposto: come passare il tempo? Annoiato, chiede al suo assistente una cornice da pastelli e dei gessi, e dalla sua *chaiselonge* osserva la strada innevata e scivolosa. Ecco come nasce il quadro con lo sguardo rivolto verso il Tiergarten. Questo aneddoto riferito da Liebermann in berlinese schietto,[24] mostra chiaramente che per un pittore tedesco, seppur formatosi alla scuola degli impressionisti francesi, dipingere la neve era stato solo «un incidente»…

Rivoluzione

Mentre la corrente impressionista ispirata dall'esempio francese sta ancora combattendo contro i pregiudizi politici e un becero tradizionalismo, si formano già gli spauracchi futuri della borghesia tedesca: "Der Blaue Reiter" a Monaco e "Die Brücke" a Dresda. Gli artisti non si fidano più dei sensi e per dipingere non hanno bisogno degli occhi. Quello che brucia nell'anima vogliono gridarlo sulla tela. Vogliono semplicemente far intuire l'ordine eterno che sta invisibilmente alla base delle apparenze. Pongono se stessi dinnanzi alla natura, cercando l'avvenimento puro ed originario, ma non saranno più i limoni dell'Italia, quanto invece il deserto dell'Africa a sviluppare nell'arte una sensualità sconosciuta. Una nuova generazione, un nuovo Sud: nel 1914, negli ultimi mesi della "vecchia" Europa prima dell'inizio della Prima guerra mondiale, se ne vanno in Oriente. Franz Marc raggiunge Tunisi insieme a Paul Klee e August Macke, mentre Max Slevoight si dirige in Egitto. Grazie alla luce particolarmente intensa nascono i suoi quadri poetici. L'impressione dello stesso sole rovente e luminoso dissolve sempre più il dato oggettivo in fiocchi luminosi, e da ciò risulta un aumento espressivo dei mezzi artistici che conduce ad un alto livello di astrazione. Le sferzanti tempeste di sabbia sono spesse anche un centimetro, ma la neve rimane introvabile. Questa generazione di maniaci della felicità è stata contagiata dalla nostalgia per i luoghi sconosciuti e non civilizzati, gli stessi che fanno sognare Van Gogh di un comune «*atelier* del Sud», e che portarono Gauguin a Tahiti. In queste favolose terre lontane domina un calore che odora di buono, e in Paradiso non può cadere la neve! Ma anche negli artisti della "Brücke" troviamo solo erba verde. A casa continua la tradizione delle vacanze estive collettive, diventate ormai una specie di fenomeno scontato, concomitante con la pittura *en plein air*. Kirchner, Heckel e Schmitt Rottluff cercano insieme refrigerio al laghetto Moritzburg, dove si divertono dipingendo con amiche e modelle. Ma se il Mar Baltico non è sufficientemente paradisiaco, basta andarsene lontano. Nolde e Pechstein partono per le Isole Palau e inventano una nuova arte. Non ci sono però pervenute notizie di gite invernali. Anche Lovis Corinth (1858-1925) cambia domicilio durante l'estate e si trasferisce sul lago Wache in Alta Baviera. Nel 1918 vi giunge per la prima volta con la famiglia direttamente da Berlino, dopo essere passato per Monaco e aver proseguito da Kochel verso Urfeld su una carrozza a due cavalli. La moglie Charlotte rammenta che «Lovis era estasiato dalla bellezza del paesaggio, dall'incantevole lago, dalle montagne, dalla luce e dall'aria.»[25] Da quel momento in poi, trascorrerà immancabilmente la stagione estiva sulle rive di quel lago, dipingendolo da tutti i punti di vista immaginabili. Dalla terrazza della casa che la famiglia Corinth acquista nell'autunno del 1919, il pittore riesce a trattenere sulla tela la spontaneità della prima impressione grazie alle sue pennellate vigorose. Siamo ad inizio ottobre ed è già caduta la prima neve sulle foglie che vanno ingiallendo. *La neve d'ottobre sul lago Wache* è un commiato silenzioso, uno schizzo lirico scaturito dal freddo precoce che si è avventato sul paesaggio ancora scaldato dal sole.

Lovis Corinth
Panorama dall'atelier, 1891
Staatliche Kunsthalle Karlsruhe

Solitudine

Max Beckmann (1884-1950) dipinge Francoforte dalla prospettiva del suo appartamento sulla Schweitzer Strasse. Non si tratta di un tipico quadro da *atelier* con vista su un modesto cortile come quello di Menzel. Beckmann dipinge la parte più rappresentativa della sua città, infatti risiedeva sulla riva meridionale del Meno, con vista sull'Eiserner Steg (Ponte di ferro) e sul Duomo. Ciò nonostante, non ci imbattiamo in nessun placido idillio, perché qui il panorama cittadino invernale è portatore di significati psicologici.

Le lastre di ghiaccio di Beckmann cigolano quando si sfregano l'una con l'altra, con lo stesso «scricchiolio crudele»[26] con cui gli uomini si feriscono vicendevolmente invece di proteggersi scaldandosi. È il 1923 quando Beckmann dipinge questa veduta emotivamente carica. Nel 1915 si trasferisce a Francoforte, ferito nel corpo e soprattutto nello spirito, dopo tutti i morti e i feriti che ha visto come infermiere durante la Prima guerra mondiale. Si fa degli amici e apre un *ate-*

lier come professore di pittura alla Städelschule. Il museo acquista i suoi quadri, e il pittore diventa un punto di riferimento della società intellettuale riuscendo, nonostante tutto, a recarsi regolarmente a Parigi. Beckmann ha grande fortuna nella città sul Meno, quella stessa città che nei suoi quadri è minacciosamente attraversata da lastre di ghiaccio. Sembra già presagire che non più tardi di dieci anni dopo avrebbe perso tutto e avrebbe dovuto addirittura abbandonare la città, per fuggire non nel caldo Sud alla ricerca di nuovi stimoli, ma nel Nord freddo e umido dell'emigrazione. Un secolo dopo *Il mare di ghiaccio* di Caspar David Friedrich, la maestosità bianca non ha ancora espiato la sua forza intimidatoria. È ormai da molto che uno sguardo attento alle regole del gioco della società e alle sue leggi spietate ha dissolto la fiducia in un piano armonico divino. In Europa domina l'era glaciale, «è come se il Polo Nord si fosse esteso»[27] riferirà Max Beckmann nel 1942, in esilio ad Amsterdam. Fa freddo in Germania e sotto la neve non fioriscono i limoni.

Traduzione dal tedesco di Maddalena De Lazzari

[1] R. Zapperi, *Das Inkognito. Goethes ganz andere Existenz in Rom*, Monaco 1999.

[2] Goethe a Friedrich Förster, 1825.

[3] S. Schulze, *Goethe und die Kunst*, catalogo della mostra, Francoforte, Kunsthalle, Schirn, 1994.

[4] W. Busch, *Caspar David Friedrich. Ästhetik und Religion*, Monaco 2003.

[5] A. von Humboldt, *Ideen zu einer Geographie der Pflanzen nebst einem Naturgemälde der Tropenländer*, Tubinga 1807.

[6] J. E. Howoldt, *Zwischen Empfindung und Erkenntnis. Das Bild der Natur in Deutschland*, in *In Expedition Kunst*, catalogo della mostra, Amburgo, Kunsthalle, 2002-2003, Amburgo-Monaco 2002, p. 85.

[7] R. Wiegmann, *Die königliche Kunst-Akademie zu Düsseldorf. Ihre Geschichte, Einrichtung und Wirksamkeit*, Düsseldorf 1856, p. 105.

[8] Goethe a Friedrich Förster, 1825.

[9] M. Liebermann, *Gesammelte Schriften*, Berlino 1922, p. 195.

[10] E. Gitbrod, *Die Rezeption des Impressionismus in Deutschland 1880-1910* (tesi di laurea), Monaco 1980.

[11] E. Lehmann, *Der Frankfurter Maler Victor Müller 1830-1871*, Francoforte 1976, p. 142.

[12] M. Louse Kaschnitz, *Gustave Courbet*, Baden-Baden 1949, p. 95.

[13] «Frankfurter Museum», Süddeutsche Wochenzeitschrift für Kunst, Literatur und Öffentliches Leben, 16 gennaio 1856, cit. in H. Voss, *Gustave Courbet in Frankfurt*, edizione speciale dello Städelsches Institut, 1964, p. 5.

[14] G. Riat, *G. Courbet peintre*, Parigi 1906, p. 163.

[15] H. Salden, *Die Städelschule Frankfurt am Main von 1817 bis 1995*, Magonza 1995, p. 71, n. 37.

[16] M. Mosebach, *Der Nebelfürst*, Francoforte sul Meno 2001, pp. 246-247.

[17] R. Hith du Frenes, *Meine Studienjahre mit Wilhelm Leibl. Erinnerungen*, in «Zeitschrift für Bildende Kunst», 50, Lipsia 1915, pp. 26 ss.

[18] W. Hoffmann, in *Courbet und Deutschland*, catalogo della mostra, Amburgo, Kunsthalle, 1978 e Francoforte, Städelsches Kunstinstitut, 1979, pp. 393 ss.

[19] Wilhelm Leibl alla madre, 1870, cit. in G. Czymmek, *Leibls Leben in seinen Briefen und in der Überlieferung seiner Freunde*, in *Wilhelm Leibl zum 150. Geburtstag*, catalogo della mostra, Monaco, Neue Pinakothek, Colonia, Wallraf-Richartz Museum, 1994, p. 22.

[20] Max Liebermann al mercante d'arte Albert Kollmann, Berlino 1890, cit. in S. Pucks, *Max Liebermann - Vom "Apostel der Hässlichkeit" zum "Manet der Deutschen"*, in *Max Liebermann und die französischen Impressionisten*, Colonia 1997, p. 37.

[21] A. Kreul, *Graue Natur in bunter Theorie. Notizen zum persönlichen Impressionismus von Max Liebermann*, in *"Nichts trügt weniger als der Schein". Max Liebermann, der deutsche Impressionist*, catalogo della mostra, Brema, Kunsthalle, 1995-1996, p. 100.

[22] T. W. Gaehtgens, *Liebermann und der Impressionismus*, in *Max Liebermann, Jahrhundertwende*, Berlino 1997, pp. 141 ss.

[23] C. Vinnen, *Ein Protest deutscher Künstler*, Jena 1911, pp. 4, 8, 10.

[24] P. Eipper, *Ateliergespräche mit Liebermann und Corinth*, Monaco 1971, p. 29, colloquio del 1927.

[25] C. Berend-Corinth, *Lovis*, Monaco p. 200.

[26] B. Reifenberg, *Gallwitz Spaziergänge*, in «Frankfurter Zeitung», 1924, p. 54.

[27] M. Beckmann, *Tagebücher 1940-1950*, Monaco-Zurigo, p. 77.

33. Paul Baum, *Casa delle Fiandre*, 1894
olio su tela, cm 64 x 81,2
Kunstsammlungen Chemnitz

34. Eugen Bracht, *Dalle Alpi Vallesi*, 1888
olio su tela, cm 120 x 200
Städtische Kunstsammlung Darmstadt

35. Max Clarenbach, *Il fiume Erft d'inverno*, 1905 circa
olio su tela, cm 50,5 x 59,8
Galerie Paffrath, Düsseldorf

36. Jean Paul Kayser, *Il Falkenberg sotto la neve*, 1896
olio su tela, cm 46 x 74
Hamburger Kunsthalle, Amburgo

37. Max Liebermann, *Vista sullo zoo
dalla finestra del soggiorno dell'artista*, 1900
pastello su carta, cm 60 x 80
Mimi Eisenberger, Vienna

38. Gotthardt Kuehl, *Il ponte Augustin
a Dresda con la neve*, 1895-1909
olio su tela, cm 75,5 x 110
Galerie Neue Meister, Staatliche Kunstsammlungen
Dresden, Dresda

39. Hugo Mühlig, *Musicanti che tornano
a casa in inverno*, 1885 circa
olio su tela, cm 49 x 79,5
collezione privata, Germania

40. Victor Müller, *Vecchio ponte sul Meno d'inverno,* 1860
olio su tela, cm 46,3 x 61,3
J. P. Schneider jr., Francoforte

41. Hans Olde, *Casa rossa nella neve*, 1893
olio su tela, cm 104 x 136
Kunsthalle zu Kiel

42. Christian Rohlfs, *Strada per Gelmeroda in inverno*
1892 circa, olio su tela, cm 41 x 51
Stiftung Weimarer Klassik und Kunstsammlungen
Weimar

43. Christian Rohlfs, *Cimitero in inverno*, 1892-1893
olio su tela, cm 42,5 x 58,5
Karl Ernst Osthaus - Museum der Stadt Hagen

44. Fritz von Uhde, *Dopo una breve sosta*, 1894
olio su tela, cm 130,6 x 168,8
Staatsgalerie Stuttgart, Stoccarda

Svizzera

La neve nella pittura svizzera

Valentina Anker

«Puro deserto caduto dalle tenebre senza rumore…»
Paul Valéry, *Neve*

Neve d'estate, neve d'inverno, neve d'autunno o neve di primavera… La neve è quasi sempre presente nel paesaggio e nella pittura di paesaggio in Svizzera. Già nel Settecento, Caspar Wolf ha percorso e dipinto i ghiacciai al seguito di spedizioni scientifiche; più tardi, Bourrit ha seguito de Saussure sul Monte Bianco, e Agassiz e Dollfus hanno organizzato con Calame una ricerca sul ghiacciaio dell'Aar… Misurare, capire, studiare è il primo gesto dei pittori, nel silenzio totale, interrotto dallo scricchiolio del movimento dei ghiacciai. La pittura della neve è musica, musica di silenzi, ora acuti, ora ovattati. Immutabili di fulgido biancore, o opachi d'oscure minacce, i ghiacciai assistono imperturbabili al mutare delle stagioni, giù nella vallata.

Il Settecento è stato, al tempo stesso, il regno del nero, dell'esplorazione della follia, della psiche. I *Capricci* di Goya, le *Prigioni* di Piranesi, le visioni di Füssli o il *Romanzo nero*: tutte visioni dove lo spazio era oscuro, titubante e incerto. La paura lo prolungava in zone dove l'eroe del romanzo sprofondava nel buio psichico, che si apriva sempre più in nuove voragini mentali. Al nero si oppone il bianco della scienza razionalista e della pittura che esplora la montagna. Le macchie bianche dei nevai e perfino dei ghiacciai erano trattate dai primi cartografi con un'indifferenza totale: le collocano talora a destra e talora a sinistra di una vetta, di una valle, di un cammino. Macchie bianche: il niente. Il non ancora formalizzato. Come le macchie nere dell'oscurità degli abissi o delle profondità del cielo stellato: l'insondabile.

La neve evidenzia anch'essa una quota di incertezza: si affonda, si "perde piede" come sul suolo oscuro e instabile dell'immaginazione. Cade in falde, in "cortine" che oscurano la visione, e rendono il cammino impossibile: nel suo biancore, è cugina dell'oscurità. Ma, al tempo stesso, è ricettacolo e superficie riflettente della luce più abbagliante, delle luci più colorate dei rosa e dei rossi accesi del tramonto, dei blu delle ombre. L'itinerario della neve nella pittura è guidato, per Caspar Wolf, dal desiderio di capire, di "dare forma" ai ghiacciai; per Calame, dall'esaltazione del sublime e dello spazio metafisico. Lo spazio urbano invaso dalla neve è rarissimo nella pittura svizzera: esiste solo quello del paese, quello di un'umanità contadina, che recupera – con Baud-Bovy, l'italiano Segantini, Giacometti e Cuno Amiet – lo spazio ritmato della pastorizia, delle transumanze, dei lavori nei boschi.

Auguste Baud-Bovy
Piccolo panorama: l'Eiger, il Mönch, la Jungfrau, la valle del Lauterbrunnen e dello Schwarzhorn, 1891
Musée d'art et d'histoire
Ville de Genève, Ginevra

Alexandre Calame: neve sublime e lontana

Rodolphe Toepffer[1] aveva suddiviso il paesaggio alpestre in tre zone: la zona inferiore, quella dei boschi, la zona media, quella della verticale e della diagonale delle cime e dei burroni, e infine, la terza zona, l'orizzontale, l'alta montagna vista dall'alta montagna! In fondo,

Toepffer auspicava inconsciamente la fine del Romanticismo e l'avvento degli altopiani che saranno magnificati da Segantini. L'idea di Toepffer era che bisognava uscire dalle valli. «Più in alto della regione media dove crescono gli abeti e dove rotolano i torrenti, si eleva la regione severa, più originale, più pittoresca ancora, quella delle alte solitudini alpestri. A questo livello superiore, si ritrova la linea orizzontale, con le sue vaste prospettive. Le Alpi non sono più delle masse verticali che fermano lo sguardo; si spiegano davanti agli occhi come l'oceano visto dalla riva.» Il grande quadro d'*atelier* di Calame, *Effetto di sole sulle alte Alpi del Vallese di fronte alla catena del Monte Rosa* (1843-1844, olio su tela, 172 x 260 cm, Musée d'art et d'histoire , Neuchâtel), evoca il motivo che, nel 1840, egli aveva ripreso su degli schizzi fatti a Zermatt (la vista dal Riffel) di cui parla nella lettera del 18 luglio 1840:[2] «Immagina una distesa di parecchie leghe di neve e di ghiaccio, e qui e là dei prati di un verde splendente [...]. Vi siamo rimasti fino al tramonto.» «Non c'è niente che elevi l'anima come la contemplazione di queste cime nevose, [...] quando, perso in queste immense solitudini solo con Dio, penso alla piccolezza dell'uomo, alla sua follia...»[3] Calame, di fronte a un vasto paesaggio nevoso, sente un'emozione simile a quella provata da Pascal di fronte al cielo, alla vastità dell'universo e, per contrasto, alla piccolezza umana. Sentimento d'ordine metafisico, che porta in sé la serenità. L'ultima zona, l'orizzontale, Calame l'aveva dipinta nel suo famoso quadro del *Monte Rosa* innevato. Ma la neve sarà soprattutto quella dei ghiacciai, del Wetterhorn, montagna magica, simbolo della verticalità, che eseguirà per tutta la vita. Eppure, gli scienziati ci tenevano molto che Calame dipingesse un quadro di ghiacciai, non visto dalla valle, dal basso all'alto, ma piuttosto in orizzontale, visto dal ghiacciaio stesso. Agassiz ammira il *Monte Rosa* di Calame. Su invito di Dollfus e di Désor, Calame si reca al ghiacciaio dell'Aar con il suo allievo Gustave Castan. Malato, sofferente, si ferma a metà cammino: lascia proseguire il suo giovane allievo, che dipingerà il ghiacciaio visto dal ghiacciaio. È Castan che disegnerà il famoso *Hôtel des Neuchâtelois*, celebre capanna sul ghiacciaio inferiore dell'Aar, costruita dal celebre glaciologo di Neuchâtel, Agassiz, e dove gli scienziati che avevano invitato Calame studiavano i comportamenti del celebre ghiacciaio e le variazioni di temperatura in gennaio.

Citiamo qualche frammento di lettere quasi illeggibili che ho decifrato anni fa, tra cui una lettera di Désor a Calame, del 12 gennaio 1840: «Se fossi un mago, la trasporterei qui tra noi! In questo momento il Finsteraarhorn, il picco Agassiz [illeggibile]. Il ghiacciaio era, al mattino, al culmine della sua bellezza. Oggi, 12 torniamo al ghiacciaio e, se non succede nessun incidente, mi accorderò infine il piacere di finire questa lettera [...]. Lei mi domanderà come si può andare ad azzardarsi a 8.000 piedi di altezza a metà gennaio. È certo che se fossimo stati sorpresi dalla tormenta, ci saremmo irrimediabilmente persi [...]. Mi sembra che nell'aria, nel cielo, in tutto ciò che ci circonda c'è qualcosa di più puro, direi di più vero che in estate. Queste distese di neve e il loro riflesso splendente si accordano bene con i grandi picchi, e soprattutto con il silenzio assoluto che regna intorno a noi! A Dio dunque, arrivederci tra qualche anno al ghiacciaio dell'Aar. A voi! Con i miei affettuosi complimenti a Castan.» Con un *post-scriptum* di Dollfus: «Senza dubbio, bisogna saper osare [...]. Osservazione meteorologica. Neve 1 metro e 60 d'altezza, aria -5° -20°.[4] Il ghiacciaio avanza d'un terzo più lentamente che in estate.» Scienza e arte, anche sotto le severe bandiere del sublime, sono ancora intimamente unite. E Louis Agassiz, nel suo *Système glaciaire*, nota che cinque anni più tardi, Calame sarà sul ghiacciaio dell'Aar al Pavillon Dollfus e che «ha cominciato al ghiacciaio dell'Aar una serie di studi destinati a un quadro che sarà il degno "pendant" di quello che ha già fatto al Monte Rosa e che si trova al Museo di Neuchâtel.»[5] Castan realizzerà il solo quadro del ghiacciaio; quello di Calame resterà un desiderio, come resterà, in fondo, un desiderio un cambiamento di stile, quello che opererà la generazione successiva. Neve dei sogni, neve che rimane lontana. Lo stretto legame dei pittori svizzeri

Alexandre Calame
Il Wetterhorn e Il Wellhorn, 1862
collezione privata

della montagna con gli scienziati li allontana da visioni folgoranti della neve, come quelle di Turner o di Danby e li avvicina a una visione metafisica di cime irraggiungibili e sublimi. Calame dipingerà anche la neve in una specie di atmosfera opprimente, d'*huis-clos*: una delle sensazioni che può produrre la neve in *A la Handeck* (1851, Kunstmuseum, Olten). Il quadro è datato «30 agosto 1851» come la lettera alla moglie: «Dopo aver tamburellato qualche ritmo di marce contro i vetri guardando i fiocchi di neve affrettati cadere sugli abeti e i massi rocciosi, mi sono accorto che mi ingannavo di lasciarmi annoiare nell'attesa. Facendomi coraggio, ho aperto la scatola di colori e mi sono messo davanti alla finestra, e ho abbozzato questa mirabolante curiosità.»[6] Il teatro del sublime si restringe, quasi sparisce, in ogni caso si riduce alla visione da una finestrina della baita, come una camera oscura. La neve che cade in montagna a fine agosto è il segno della fine delle spedizioni di pittura in montagna *en plein air* e inaugura il ritorno all'*atelier*, in città. L'aria è oscura, opaca: non c'è più trasparenza, né gioia, né luce: l'altrove, lo spazio irraggiungibile, è abolito, escluso dal quadro. La neve è bella, ma da lontano!

Il Wetterhorn, un ghiacciaio simbolo

Il Wetterhorn è la cima principale del massiccio dei Wetterhörner; anche se non è il più alto, è quello che è stato scalato il più sovente, visibile dalle valli di Grindelwald (da dove l'ha dipinto Hodler) e da Rosenlaui (da dove l'ha dipinto Calame). Sublime per Calame, tragedia e superamento nel simbolo e nella musicalità per Hodler, in *La valanga*. La prima ascensione è stata fatta dallo scienziato Désor, il 31 agosto 1844, lo stesso che invita Calame a dipingere il ghiacciaio dell'Aar in gennaio! E la seconda spedizione dall'altro ammiratore di Calame, il glaciologo Agassiz, il 30 luglio 1845. Dal lato di Hodler, Grindelwald, i tentativi riescono solo il 17 settembre 1854, difficilissima «ascensione di neve e di ghiaccio», con Auguste Balmat (il vincitore, con de Saussure, del Monte Bianco). Il Wetterhorn è un ghiacciaio affascinante per i pittori: si presenta come un grembo materno, il grembo della neve. Ghiaccio e neve si uniscono nella conca, al centro della cima, che ha la forma di un cristallo. Geometria di giganti e, al tempo stesso, forma organica di tenerezza e fusione. Isolata, secondo il punto di vista, con ruolo da protagonista. Vicino a un'altra delle cime del gruppo del massiccio, il Wellhorn è spesso ritratto come il contrapposto oscuro, che fa emergere ancora di più il Wetterhorn. Il *Wetterhorn* del 1863 (cat. n. 45) è l'addio di Calame alla pittura. È il suo ultimo quadro, il più grande dei suoi *Wetterhorn*, tentativo estremo di riannodarsi alla vita, alla scalata impossibile, alla neve eterna. Riassume tutti i ghiacciai che ha dipinto, la neve e il ghiaccio lontani, sublimi; alla base della montagna, gli alberi tragici e divelti, il torrente purissimo e intralciato da rami caduti. Calame traduce una sensazione di vertigine dall'alto al basso, di schiacciamento, di impossibilità di raggiungere la purezza del ghiaccio. Se l'uomo è minuscolo o assente nella maggioranza delle opere dei pittori romantici, la coscienza cenestesica del corpo diventa sempre più forte. La cenestesia è una specie di sentimento vago del nostro essere, indipendentemente dall'intervento dei sensi. Anche se i personaggi sono assenti o ridotti a dimensioni irrisorie, la loro presenza o assenza implica comunque un'idea del corpo.

Hodler, la valanga

Se la neve dei ghiacciai è apparentemente immobile, la catastrofe è sempre imminente. Hodler la dipingerà e nella cordata di *Ascensione e caduta* e nella *Valanga* al Wetterhorn. *La valanga (I)* mette lo spettatore del quadro in uno stato di paura e d'attesa, di un ascolto che fa appello a tutti i sensi. Il pittore immagina il fragore degli schianti degli alberi, dei macigni travolti e trascinati contro le rocce del canalone, il boato e la ricaduta. Poi, come catarsi, il polverio della neve ricade, come un fuoco d'artificio freddo. Calame non ha mai dipinto valanghe, ma slavine di fango, di sassi, e di massi rocciosi (ne aveva vista una verso Lauterbrunnen). La neve dei ghiacciai o dei nevai di Calame è immobile, cristallo di purezza e non sorgente di paura, di «terribilità». Turner si è immaginato al centro degli avvenimenti catastrofici della natura come in *La valanga nei Grigioni* (1818, Tate Gallery, Londra) e nella famosa e visionaria *La tempesta di neve: Annibale e il suo esercito valicano le Alpi* (1812, Tate Gallery, Londra). Qui la tempesta di neve è circolare, una specie di vortice bianco in cui scompare ed è risucchiato l'esercito, figurazione assente, senza ruolo da protagonista. In *La valanga nelle Alpi vicino alla Scheidegg, nella valle di Lauterbrunnen* (1803, Tate Gallery, Londra) di Philippe Jacques II di Loutherbourg, i protagonisti sono invece i turisti e gli abitanti, che assistono come a uno spettacolo teatrale, su un promontorio nevoso. Lo spettatore del quadro si immedesima e si identifica con gli spettatori dipinti. Il fracasso della neve è quasi udibile. E per rendere ancora più credibile l'aspetto plurisensoriale della catastrofe dipinta, già nel 1781, Loutherbourg costruisce, nella sua casa di Londra, un piccolo teatro, l'Eidophysicon, e vi mette in scena temporali ed altri drammi della natura, attraverso una manipolazione di proiettori e di immagini mobili.

La valanga di Hodler (cat. n. 47) è descritta da lui stesso come «una valanga di polvere e di neve, che, vista ad una certa distanza, è come un velo ondeggiante tra delle pareti o come delle nuvole di nebbia. Da lontano si vede solo polvere.»[7] Il Wetterhorn della valanga di Hodler è impassibile, fermo, apparentemente estraneo alla massa nevosa e distruttrice che scende nel canalone tra i due colossi del massiccio del Wetterhorn, dal lato di Grindelwald. Quasi si sente, guardando il quadro, il boato della valanga, l'amplificazione del suono tra le due pareti rocciose del canalone, e il suo prolungamento in onde luminose e sonore che producono una serie di semicerchi concentrici, che fanno a gara con il biancore delle nuvole. Le nuvole… La più grande spazia come un ufo, valanga celeste, forma tipica delle nubi di queste vallate. I cerchi concentrici ricordano la musicalità dei quadri cosmici di Kupka, annunciano il futuro richiudersi della composizione su se stessa, in una simmetria di forme ovali. Nessun pino, nessun abete: il verde è assente in questo quadro. I minuscoli appezzamenti di prato visibili hanno il colore di un autunno avanzato, dell'inverno o della prima primavera, l'erba è giallastra, secca. Gli alberi e i cespugli senza foglie, dai grigi raffinati e fragili, ricordano un po' la tradizione olandese trasmessa da Calame. Il torrente, dagli azzurri profondi e puri di pietra dura, dai lapislazzuli al cobalto, si rivela tra due sponde nevose. Acqua viva, vivace, fluida: il contrario del ghiaccio. Il torrente fa pensare a quello della collezione Schmidt-Heini, dove le macchie bianche di luce sembrano neve, luce bianca come neve. Neve e luce giocano la stessa partita: quella del bianco.

Nel 1871 Hodler va a Ginevra, per copiare le opere di Alexandre Calame (morto nel 1864). Tra le opere che copia, c'è il famoso *Temporale sulla Handeck* (1839, Musée d'art et d'histoire, Ginevra), manifesto della pittura alpestre, in cui Calame dipinge il suo profondo sentimento religioso calvinista. La natura colpita e distruttrice è in risonanza con il "Dio degli eserciti", il Dio severo e punitore della Bibbia, quello che mette alla prova la pazienza di Giobbe. Il tema della catastrofe tenta ancora Calame, che la dipinge lo stesso anno in *La frana* (1839, Schweizerische Alpines Museum, Berna), eseguito dopo aver assistito a un violento slittamento di terreno con caduta di massi nella valle di Lauterbrunnen. La baita della vecchia coppia di boscaioli è totalmente distrutta. Ma, in Calame, la neve non fa mai parte della catastrofe: essa è, piuttosto, lontana bellezza e purezza, armonia delle vette vicine al cielo. Armonia, non purezza asettica e astratta come auspicava Theo Van Doesburg. Per il pittore olandese, era necessario, in nome di un'«arte pura», abbandonare la sensazione, la comunicazione con la natura esteriore. Per esprimere al massimo le risorse interiori, il pitto-

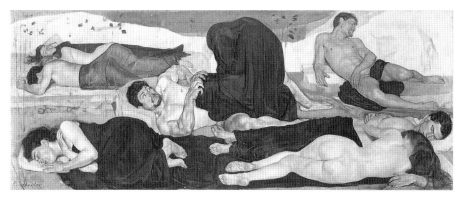

Ferdinand Hodler
Natura alpestre. Lo Stockhorn, 1883
Musée d'art et d'histoire
Ville de Genève, Ginevra

Ferdinand Hodler
La notte, 1890, Kunstmuseum Bern
Staat Bern, Berna

re doveva lavorare in un'atmosfera purificata. Il pittore ideale – descritto da Van Doesburg – si trova nella situazione analoga a quella dello scrittore Valéry, che, come un chirurgo, ripuliva il campo verbale prima di un'operazione. «La paletta deve essere di vetro, il pennello quadrato e duro, senza il minimo grano di polvere, puro come lo strumento d'operazione […]. L'*atelier* del pittore moderno deve avere l'atmosfera di montagna a 3.000 metri d'altezza, le nevi eterne in cima. Il freddo uccide i microbi.»[8] Per Calame la neve lontana è quasi allo stadio del desiderio; desiderio simile a quello di de Saussure che ogni mattina, alzandosi, guardava dalla finestra della sua dimora ginevrina la mole nevosa del Monte Bianco, allora inespugnabile, fino a che il suo desiderio, così ardente da essere doloroso, lo spinse alla conquista del ghiacciaio, insieme a Balmat. La neve sarà ancora lontana per il primo quadro di neve di Hodler, *Natura alpestre. Lo Stockhorn*. Questo quadro ottenne il primo premio al Concorso Calame del 1883. Questo motivo sarà ripreso tante volte dal pittore bernese, ma la neve si trasformerà, progressivamente, in materiale pittorico costruttivo e in soggetto pittorico al pari delle rocce, che Hodler, amico del geologo ginevrino Carl Vogt, dipinse da *connaisseur* (ricordiamo che Calame era pure un appassionato della struttura rocciosa).

Nel 1887, Hodler esegue due *Wetterhorn*. Uno di essi sarà presentato al Concorso Calame del 1887 (terzo premio solamente!). Il tema del concorso era "la valanga": dunque il *Wetterhorn* (primo o secondo nell'esecuzione? la questione è ancora in corso di studio) sarà presentato come *L'avalanche*.[9] Nel quadro di Hodler non c'è traccia o ricordo delle catastrofi di Calame del 1839 o dell'omonimo quadro di Loutherbourg, né di Martin. Il passo è enorme, lo spirito del tutto differente: il romanticismo lascia chiaramente il posto al simbolismo. Ormai la frase «la natura è il mio solo maestro», che si è letta e riletta in tutte le lettere di Calame, in tutta la pittura di *plein air* del primo Ottocento, scompare, e lascia il posto al ruolo capitale di «tela e i colori», all'«idea» mentale che anima il quadro. La neve sarà una componente essenziale dell'opera di Hodler, ma, considerando i limiti di data di questa esposizione, 1860-1900 (limiti dettati dal parallelo tematico europeo con l'impressionismo), considereremo le due sole opere di Hodler, oltre *La valanga*, in questo spazio di tempo, opere che si cimentano veramente con la catastrofe, la catastrofe della guerra e la catastrofe della morte degli alpinisti.

Castres, Hodler, un panorama di neve e di guerra

Nel 1881, Hodler partecipa all'esecuzione del famoso *Panorama* di Castres, il *Panorama Bourbaki, l'entrata dell'esercito francese alle Verrières*[10] al confine tra il Giura francese e il Giura svizzero. In questo *Panorama*, dove non c'è scampo dal gelo e dalla neve, Hodler dipinge l'arrivo del battaglione bernese e si dipinge nelle vesti di uno di questi soldati: autoritratto nella neve. Autoritratto al tempo stesso ironico e ancorato alla tragedia umana nel

Edouard Castres
*Panorama Bourbaki, l'entrata
dell'esercito francese alle Verrières*,1881
Bourbaki Panorama Luzern, Lucerna

freddo simbolico della neve. La temperatura alle Verrières era di -30°. Tutta la grande tela circolare è neve. Si tratta di un panorama di guerra, la resa dell'armata del generale Bourbaki. Edouard Castres è pittore, ed è sul posto il primo febbraio 1871. Impressionato dalle idee del suo compatriota – il ginevrino Henri Dunant, fondatore della Croce Rossa – Castres offre il suo aiuto allo scoppio della guerra. Con due amici medici si procura il necessario sanitario, allestisce una carretta con due cavalli e si mette a disposizione della Croce Rossa internazionale. Prima i campi di Normandia, poi l'armata dell'Est. Castres è impressionato dalle idee di Dunant, che aveva constatato come nella terribile battaglia di Solferino (1859, dove erano morti 17.000 francesi-sardi e 22.000 austriaci), le vittime fossero state abbandonate nei campi di battaglia. Nel 1864, elabora la *Convenzione di Ginevra*, dove viene statuito l'obbligo per i belligeranti di proteggere i caduti in guerra, e assicurare loro le cure necessarie. Castres, dopo aver eseguito centinaia di studi sul posto, disegnando e dipingendo tutti gli aspetti del paesaggio completamente ricoperto di neve della Val di Traverso e tutte le condizioni meteorologiche, coinvolge nel suo progetto cinque giovani pittori, di cui alcuni sono allievi del ginevrino Barthélémy Menn: si tratta di Frédéric Dufaux, Louis Dunki, William-Henri Hebert, Gustave de Beaumont e Ferdinand Hodler. Il *Panorama* sarà esposto a Ginevra. Hodler, che vi collabora, si ritrae in primo piano; Castres, pittore-soccorritore, ritrae se stesso vicino all'ambulanza. La neve terribile, che rende ancora più squallida la miseria di un'armata in rotta è una neve che uccide, che gela. Neve altrettanto – se non più – terribile di quella lontana dei paesaggisti romantici, che era una neve che risvegliava le paure dell'immaginario. Quella di Castres è neve della realtà, neve onnipresente, neve senza scampo, neve dell'immobilità. Neve e morte, neve e paura si identificano. La pittura circolare chiude lo spettatore nel proprio spazio, facendolo partecipare alla disfatta e al gelo. Più di cento metri di neve circondano lo spettatore che, sulla rotonda centrale non ha più alcun punto di riferimento: è circondato dai primi piani di soldati derelitti, dai secondi piani di alberi brulli e scheletriti e sovrastato da un cielo basso, livido e nuvoloso. Castres ha vissuto la neve tragicamente come pittore. La neve e la sconfitta di un esercito in rotta si coniugano perfettamente: la neve accentua la desolazione della sconfitta e la sconfitta accentua la desolazione della neve. Il rosso del sangue appare ancora più tragico. Il nevoso panorama di Castres è un'immagine immobile della disfatta: né glorificazione della guerra, né un ingenuo pacifismo aggressivo. Visione grandiosa, senza sentimentalismo, che si fonda sul ritmo musicale lento della sfilata dei prigionieri, dei due belligeranti, degli alberi. I due pittori, lì ritratti, Hodler e Castres, fanno parte del paesaggio nevoso, non solo come individui, ma come protagonisti di uno dei grandi drammi della società. La neve è purtroppo vicina.

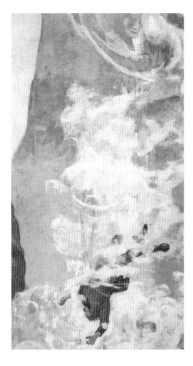

Ferdinand Hodler
La Caduta, 1894
Museo Alpino Svizzero, Berna

Hodler: ascensione e caduta

Nel 1894, Hodler compie un altro passo decisivo nella pittura di neve: raffigura la morte dei componenti di una cordata su un ghiacciaio. Certo Doré ed altri avevano dipinto o stampato il dramma di Whymper sul Cervino. Ma Hodler ne fa un dramma umano senza speranza, freddo, orribile, senza sentimentalismo o grandezza della catastrofe. La tragedia naturale di *La valanga* era più un pezzo di musica, mentre *Ascensione* e *Caduta* (2 tele di 7 x 4 m, divise in 7 frammenti di varie dimensioni, deposito dallo Schweizer Alpen Club allo Schweizerische Alpines Museum, Berna) affronta la "sfrontatezza" della sfida al ghiacciaio. L'uomo e la vetta ghiacciata sono i due antagonisti: la conclusione, la morte. Mai si era avuto un *tête à tête* tra natura e cultura così violento e scarno. Più vicina all'azione cinematografica che a quella pittorica, quest'opera era destinata a un diorama, anche se sul progetto del manifesto, fatto da Hodler stesso, per l'*Exposition Universelle* di Anversa egli scrive «grande ciclorama delle Alpi svizzere.»[11] Quest'opera è stata realizzata in seguito alla domanda della famiglia Henneberg che ha commissionato i *Panorami* di Baud-Bovy e Castres. Nella parte superiore ritroviamo i movimenti circolari della neve, o dell'aria, che erano onde musicali in *La valanga*, e qui diventano una specie di vortice senza speranza, che risucchia i corpi in caduta verso la morte. Tragedia, violenza pittorica, tragedia non più di un Prometeo böckliniano, ma della sfrontatezza umana che vuole oltrepassare i limiti che le sono concessi. Hodler si era già cimentato con il profondissimo quadro di sonno, di *eros* e di morte che Amiet aveva ammirato a Parigi: *La notte* (1891). Ciò che lì era inquietante e oscura allusione, qui si materializza e diventa la gelida figura del corpo ghiacciato, dagli occhi bianchi e stralunati: dall'immaginazione passiamo all'orrore della morte reale.

Nel 1891 Baud-Bovy, Furet, Burnand e l'*équipe* del *Panorama* sono ai Männlichen, preparando il sereno paesaggio del *Panorama delle Alpi bernesi*. Nel 1897, Segantini chiede a Hodler di partecipare al grande *Panorama dell'Engadina* con Amiet e Giacometti, ove la neve avrebbe giocato ancora una grande partita: purtroppo non si farà.

Auguste Baud-Bovy: la neve del Panorama delle Alpi bernesi

Quante storie di neve nella vita di Auguste Baud-Bovy! Storie di vita. Già Daniel Bovy aveva tragicamente dovuto abbandonare la carriera di pittore, a causa della neve. Brillante allievo di Ingres, è sorpreso da una tempesta di neve sul Sempione, mentre viaggia per raggiungere il maestro a Roma: le sue mani furono paralizzate. Perdendo la sua passione, la pittura, perde il desiderio di vivere. La meravigliosa famiglia ginevrina dei Bovy compera allora un castello in rovina, quello di Gruyère, dove si stabilisce e fonda un falansterio, dove Bovy, con dei giganteschi pennelli legati agli avambracci, farà con altri pittori la decorazione dell'interno.[12] Tra questi pittori, ci sono Menn, Leleux, Furet, Français, Salzmann… e Auguste Baud-Bovy, un suo nipote, che, dopo aver vissuto a Gruyère e Ginevra, andrà a Parigi, città che abbandonerà nel 1888 per vivere in montagna, con i pastori, a Aeschi. Ed è là che dipinge, sulla neve, un immenso quadro di neve: *La discesa dai boschi nelle Alpi bernesi* che fa parte della serie *Le gesta eroiche dei pastori*. Le fotografie di Boissonnas lo ritraggono sull'Almend mentre dipinge questa tela sulla neve, con un freddo terribile che lo farà gravemente ammalare (morirà a Davos). Boissonnas fotografa e segue il periplo nella neve delle altre tele di Baud-Bovy: alla prima neve, quando i pastori scendono dall'alpeggio portando sulle spalle le tele di Baud-Bovy, i formaggi e le masserizie. Il pastore che conduce la slitta è un po' un rustico Prometeo, e Baud-Bovy, dipingendo nella neve l'eroe-boscaiolo, diventa egli stesso eroe, e si inserisce nel mito. Hodler rappresenta pure in modo eroico il pastore svizzero, così come il suo *Guglielmo Tell* incarna il mito nazionale e il desiderio di affermare la pittura della Confederazione Elvetica. «Non potendo rappresentare se stessi, devono essere rappresentati», diceva Karl Marx parlando dei contadini francesi nel 1842. Baud-Bovy, dipingendo, crede di "incorporare" una tradizione viva, ma l'atto stesso di dipingere la vita dei pastori, è un atto che crea una profonda distanza. Lo spazio dei pittori della neve della fine del secolo è assolutamente diverso da quello dei pittori ancorati alla prima parte dell'Ottocento. Un Segantini e un Baud-Bovy hanno abbandonato le grandi città per vivere al ritmo dei pastori d'alta montagna, per cui la neve è un ritmo di vita, un quotidiano e non un ideale. Quanto a Giovanni Giacometti, è nato e vissuto in Engadina. Lo spazio diventa quello degli altipiani o del paese in cui l'artista vive. La neve non è più simbolo di distanza, del *lointain* delle leggi accademiche del paesaggio, ma neve su cui scivola la slitta delle vecchie o quella del boscaiolo carica di legna. I pittori sono fotografati quando dipingono sotto la neve, quando trasportano i quadri sotto la neve, aiutati dai pastori: la neve è *sociale*. E sulla neve scivola pure la slitta dell'ultimo cammino. Il pittore-turista del primo Ottocento, quando nevicava in montagna si chiudeva nel ristrettissimo *chalet*, dove i vestiti inzuppati si asciugavano accanto alla stufa, rendendo l'aria umida, quasi nebbiosa. Ora, la neve delle cime scende in città: è il caso del *Panorama delle Alpi ber-*

Auguste Baud-Bovy, attorniato dagli abitanti di Aeschi, mentre dipinge *La discesa dai boschi nelle Alpi bernesi* 1890, archivio di famiglia

Pastori che trasportano una tela e del materiale; sullo sfondo Auguste Baud-Bovy, archivio di famiglia

Chalet nel quale viene depositata per la notte l'opera di Auguste Baud-Bovy, archivio di famiglia

Auguste Baude-Bovy
mentre dipinge nella neve
archivio di famiglia

Veduta d'insieme del *Panorama*
in esecuzione.
(disegno di David Estoppey, stampa
di Piat per il Magasin Pittoresque)

nesi[13] (1896) di Auguste Baud-Bovy, di quello (non eseguito) di Segantini, *Panorama dell'Engadina*, di quello di Castres (a cui partecipa Hodler), *L'entrata dell'esercito francese alle Verrières* (1880-1881). La neve è sulle cime del *Panorama* di Baud-Bovy, di cui una parte rappresenta la valle di Lauterbrunnen, valle da cui i pittori e i turisti del Settecento passavano in estate e inverno per acquarellare la famosa cascata dello Staubbach, che Caspar Wolf ha dipinto gelata. In Baud-Bovy la cascata quasi sparisce, è giusto un piccolo dettaglio della grandiosa vallata che si chiude con le cime nevose. Nel quadro *Crepuscolo nella valle (La valle di Lauterbrunnen)* cat. n. 46 si accentua la predominanza dei colori freddi: la freschezza, la nebbiolina azzurra del mattino o della sera, che rendono la neve ancora più desiderabile, come un velo che la nasconde per farla meglio vedere e per farne meglio immaginare la sensazione piacevole. La freschezza della neve tenuta a distanza, ma raggiungibile attira le folle delle grandi città – Chicago, Parigi, Anversa – dove si mostra il *Panorama*. Questa neve non è la neve di città, che può essere la neve della miseria, la neve urbana dei romanzi di Dickens, o quella di certi quartieri poveri di Parigi. La neve nella pittura svizzera, anche nei quadri di Anker, è sempre quella di una società benestante, talvolta povera, ma non indigente. La neve dei *Panorami* è quella della villeggiatura: bisogna pagare per vederla. La neve gratuita è quella che sorprende gli abitanti di un luogo, sul luogo stesso: quella che paralizza la vita per renderla giocosa, quella del quotidiano e non dell'eccezionale.

Cuno Amiet

Grande colorista, Cuno Amiet ha immediatamente intuito la portata del bianco nella pittura: dalla neve colorata alla neve *cloisonniste*, alla neve astratta, alla decomposizione ottica della neve. Neve quasi puntinista, ma non troppo, giusto ciò che serve per l'analisi del bianco, che non sarà mai scientifica, ma violentemente espressiva. Il bianco, che contiene tutti i colori, produrrà tele narrative e tele quasi astratte, in cui la superficie sarà protagonista. Cuno Amiet ha dipinto la neve per tutta la sua vita, ma le tele più belle sono quelle del 1907. Amiet, Giacometti, Segantini, Hodler: pittori della neve, pittori diversissimi ma assolutamente concatenati a modi di vita, avvenimenti e contesto pittorico svizzeri. Segantini e Giacometti vivono entrambi nei Grigioni: Segantini è italiano, uno dei principali rappresentanti del divisionismo, e partecipa ai movimenti artistici internazionali. Giovanni Giacometti, nato in Engadina, ammiratore di Segantini, si può situare di più nella tradizione del realismo svizzero, del «fare come la natura»: pittore riservato, dolcissimo, lontano dalle intuizioni folgoranti del cugino Augusto o del figlio Alberto. Amiet, dall'infanzia alla morte sarà amico di Giovanni Giacometti. E Hodler sarà la personalità che Giacometti e, ancora più fortemente, Amiet ammirerà: si avvicinano e si allontanano, sempre proteggendosi dalla schiacciante personalità del gigante di Berna. Nel 1888 vanno a Monaco di Baviera, dove, all'Esposizione internazionale delle Belle Arti, sono impressionati soprattutto da Bastien-Lepage e James Mac Neill Whistler. Cuno Amiet e Giovanni Giacometti sono a Parigi nel 1890, dove, al Musée du Luxemburg, Amiet ammira l'*Olimpia* di Manet mentre Giacometti studia particolarmente Millet. Sempre a Parigi, nel 1891, Amiet scopre *La notte* di Hodler, pittore che incontrerà per la prima volta, di persona, a Berna nel 1893. Dal 1892 al 1893 soggiorna a Pont-Aven, dove vede le opere di Gauguin, Emile Bernard, dell'olandese Maufra e dell'irlandese Roderik O'Conor. Nel 1896 Amiet trascorre l'estate a Stampa da Giovanni Giacometti e incontra Giovanni Segantini: tutti e tre, più Hodler, avrebbero dovuto partecipare, nel 1897, al *Panorama dell'Engadina* di Segantini, progetto che doveva essere presentato nel 1900 all'*Exposition Universelle* di Parigi, ma che non andò a buon fine. I quattro pittori, dal destino così diverso, sono sempre legati ai paesaggi di neve. Amiet continua il suo periplo internazionale: con Hodler, nel 1904, partecipa alla Secessione di Vienna dove incontra Klimt; nel 1906 partecipa alla Secessione di Berlino e aderisce a "Die Brücke". Van Gogh è il suo riferimento costante: nel 1907, con Augusto Giacometti, copierà le *Deux fillettes* di Van Gogh, che il collezionista amico Richard Kiesling gli presta per un anno. Ricordiamo ancora due date: Roma, nel 1911, dove partecipa all'Esposizione internazionale delle Belle Arti, e Monaco, nel 1913, dove incontra Kandinsky. Come vediamo, la posizione di Amiet è centrale per capire il rapporto della pittura svizzera di neve con la pittura impressionista. In Svizzera si ha un po' l'impressione di essere passati dal Romanticismo e dal Realismo, quasi sempre soggiacente, al Simbolismo, passando per fasi *cloisonnistes* e, eventualmente, post-impressioniste. Perché l'impressionismo non ha preso? La neve non sarà mai "impressionista". Il ginevrino Calame, pur esponendo ai *Salon* parigini, non si lascerà mai influenzare da un tocco aperto, da una pittura che mette al primo posto la sensazione. Se apprezzerà Corot, se nei suoi studi preparatori si può vedere un tocco "impressionista", esso scompare nei suoi quadri finiti, che fanno piuttosto riferimento alla Scuola di Düsseldorf, Aachenbach e Schirmer, alla Scuola ginevrina locale, al Seicento olandese, e a quello stile neo-olandese che si estende a Barbizon. La nuova generazione – quella di Amiet, Segantini, Hodler, Giovanni Giacometti – ha un rapporto complesso con l'impressionismo. Nel 1891, quando Hodler espone *La notte* ai Champs de Mars, «a quest'epoca, ancora» scrive Geneviève Sandoz-Keller «la Svizzera non si era ancora molto evoluta nei suoi giudizi estetici. Si ignorava tutto del movimento impressionista. L'accademismo regnava e, a Ginevra, il pittore *pleinariste* Barthélémy Menn (autore di un nevoso *Wetterhorn*) non aveva saputo piacere, e certi giovani pittori seguivano l'esempio di Jean-Louis David. Quindi non ci si meraviglierà che Hodler, malgrado i suoi successi parigini, continuasse, nel suo paese, a scontrarsi con l'incomprensione del pubblico [...]. Nel 1897, il suo *Guglielmo Tell* (Kunstmuseum, Solothurn) annuncia una nuova svolta: Hodler proclama la sua indipendenza – e quella della Svizzera – in rapporto ai paesi vicini e raggiunge il mito. Esprime al tempo stesso la sua libertà nei confronti della tradizione.»[14] In fondo, certi principi di Hodler non erano così differenti da quelli del simbolismo sintetico che Roderik O'Conor ha trasmesso ad Amiet in Bretagna. Quanto a Hodler, come gli artisti d'avanguardia, si era nettamente distanziato dall'accademismo e dalla tradizione, dal naturalismo, e si opponeva anche all'impressionismo. Consideriamo i due quadri di Cuno Amiet in mostra: *Paesaggio invernale (Paese di contadini in un paesaggio di neve, Winistorf)*, cat. n. 48 e *Paesaggio invernale con stagno* (cat. n. 49). Provengono dalla collezione di Oscar Miller, di Biberist: in seguito sarà il grandissimo collezionista Josef Müller a comprare i quadri di Amiet. Questi due paesaggi di neve sono indicativi delle due principali tendenze di Amiet: il colorismo e la tendenza alla riduzione del paesaggio a una superficie piana. Nel paesaggio di Winistorf ritroviamo il tocco per segmenti allungati che proviene direttamente da Pont-Aven, dalla lezione che gli è stata trasmessa da Roderik O'Conor attraverso le opere di Gauguin e Van Gogh. I tratti che indicano gli alberi dei boschi o le tegole dei tetti sono saggi, tranquilli e non guizzanti come quelli di Van Gogh, o tessuti e intricati come saranno quelli di Segantini. Al contrario, gli alberi del primo piano e del piano centrale, spogli di foglie, sono fulvi, ardenti, come quelli di un autunno immaginario che si prolunga su un paesaggio di neve alta. La neve del primo piano, se si potesse dire, è calda: il bordo del cammino è addirittura fondente e cremoso di luce, di un bianco giallo che Monet ha già adoperato nel suo paesaggio di neve *Neve a Argenteuil*, cat. n. 119). Le ombre sulla neve sono blu, e il rapporto tra la superficie totalmente nevosa e quella degli abeti e del cielo provoca un contrasto caldo-freddo. Gli appezzamenti nevosi tra gli alberi sono rosa, mentre i primi piani tendono al bianco giallo riscaldato dai colori fulvi dei rami. Nel *Paesaggio invernale con stagno*, Amiet indirizza la ricerca pittorica verso i problemi di superficie, di tonalità, facilitati dalla quasi monocromia. L'insieme dell'opera appare come velato attraverso una nebbia leggera e diffusa. Gli alberi dei primi piani sono spogli, i rami vanno dal grigio profondo al grigio chiaro tendente all'azzurro. Chiome leggere, vicine alla percezione e alla resa impressionista: traducono un'impressione, una sensazione di neve pesante, che attira i rami verso il basso. Uno stagno, circondato da una fragile barriera prende il posto pittorico del personaggio che cammina sul sentiero. Qui tutto è solitudine, candore lievemente azzurrino. Il frutteto o giardino evoca l'assenza. Lo specchio d'acqua tranquillo, specchio opaco di freddezza, di gelo, di sterilità, evoca il mistero.

Segantini: senza confine

La neve è onnipresente nell'opera e nella vita di Segantini. Dal suo Trentino natale – Arco – circondato da montagne sempre nevose d'inverno, dopo gli studi d'arte a Milano si rifugia in Svizzera, nei Grigioni. Ricordiamo che il Trentino, a quell'epoca, era sotto la dominazione austriaca. I Grigioni e l'Engadina diventano per lui, al tempo stesso, il paese dell'esule e il paese dell'ideale, di melanconia e di armonia e pace al tempo stesso. Ritrova la montagna, simbolo della sua terra, ma altrove, lontano dal dramma politico e dalla latitanza. Né Eden, né Paradiso malgrado l'insostenibile bellezza del paesaggio, al di là dell'umano, terra dove la morte è sempre presente. I contadini sono dipinti con un respiro ampio, quello dell'Antichità mediterranea che sale al Nord: ma sono presi dall'ineluttabile ritmo di vita e di morte delle stagioni, e il destino dell'*epos* tragico sembra piegarli, e, in qualsiasi stagione, la neve della cerchia di montagne ricorda la fragilità del destino umano e la morte. Siamo lontani dai contadini di Baud-Bovy, simbolo della forza elvetica che ne fa degli eroi del lavoro del pastore di alta montagna. Il tono è quello della mitezza, vicina a quella dell'animale, animale fraterno. La transumanza… una tradizione che i pastori bergamaschi che andavano in Val Fex, tra Sils-Maria e Maloja, seguivano ancora vent'anni fa… passando il tunnel del Gottardo, con i bravissimi cani bergamaschi, e fermando per il tempo necessario agli animali il traffico delle macchine. *Paesaggio con pecore* (cat. n. 101), è stato probabilmente dato da Segantini a Spartaco Vela, che visse in parte a Milano e si mantenne quasi certamente in contatto con Segantini, dopo gli anni passati a Brera. Questo dipinto deve essere stato sempre nella famiglia Vela, che lasciò la residenza, con tutto ciò che conteneva, alla Confederazione Elvetica, ed è certamente stato eseguito in Brianza. Quadro di neve, di neve fradicia, forse al tramonto. Le pecore, dolcissime, si tengono calde e si sentono unite avanzando toccandosi, di modo che si vede solo una sola testa di questo gregge dal colore bianco grigio giallo della lana. Dove vanno le pecore? Lasciano il paese dietro di loro, non si sa se è il tramonto o l'alba. L'esecuzione pittorica è brillante, viva, sembra quasi uno studio e, in fondo,

Giovanni Segantini
Aratura, 1887-1890
Bayerische
Staatsgemäldesammlungen
Monaco

è il quadro più vicino all'impressionismo. Neve, gelida neve sul manto lanoso e caldo delle pecore: l'animale, in gregge, con il suo pastore, emana calore e colore, ed è simbolo di vita, vita pulsante, vita allo stato puro, semplicità della dolcezza sottomessa, lontana dalla guerra organizzata e tecnologica dell'essere umano. Questo quadro fa quasi da contrappunto alla greve freddezza della neve nel *Panorama* di guerra di Castres, *L'entrata dell'esercito francese alle Verrières*, o ai quadri segantiniani *Le cattive madri* (1894, Österreichische Galerie, Vienna) o *Il castigo delle lussuriose* (1891, The Walter Art Gallery, Liverpool). Quadri dove la neve è sull'altipiano e sulla montagna, e dove le figure femminili non materne, sterili d'affetto, sono sospese tra due nevi, in un mondo dantesco dove il peccato più grande getta i dannati nel ghiaccio eterno. Sterpi umani gelano contro i rami rinsecchiti di alberi, o lievitano come creature infernali in una bufera senza fine: la terra sembra gelata per l'eternità.

Primavera e estate

Primavera sulle Alpi di Segantini (cat. n. 51) e *La raccolta* di Giovanni Giacometti (cat. n. 50) portano la stessa data: 1897. Lo stesso paesaggio, quasi le stesse misure e la neve sulle montagne, neve che accompagna i lavori dei contadini. Due stagioni, che si susseguono come i tempi di una sinfonia. Nel quadro di Segantini una paesana guida con fierezza due pesanti cavalli da tiro, sul sentiero che va dal campo arato e dall'abbeveratoio verso lo spettatore: esce fieramente di scena. A destra un cane, probabilmente un cane pastore bergamasco, sorveglia e, a sinistra, un contadino semina le colture estive. La catena di montagne in primavera è innevata fino ai prati, mentre d'estate la neve resterà sulle cime e nei nevai. Il mondo segantiniano, di fiera solitudine e di fraternità con gli animali domestici, lascia il posto, in Giacometti, a un mondo pieno di uomini e donne, che raccolgono il fieno: una contadina che rastrella in primo piano, un contadino pronto a caricare sulle spalle la gerla che un altro sta riempiendo. Nel quadro di Segantini la donna che guida i due cavalli ha qualcosa di epico, una Proserpina d'alta montagna, che presiede ai riti di trasformazione della terra e che, appena sparita la neve, è pronta a fare ripetere l'eterno ciclo della germinazione. In quello di Giacometti – più vicino ai temi del realismo contadino e al colore incandescente di Van Gogh e di Claude Bernard – la neve è un ricordo e al tempo stesso un monito sulla brevità della stagione estiva in alta montagna. Il tema segantiniano si svolge come un "andante, maestoso", mentre il quadro di Giacometti è quasi il ritmo sincopato di una quantità di personaggi che lavorano alacremente, nel tempo contato di un'estate focosa che sarà spenta dalla prima neve d'agosto. Colori torridi, brevi segmenti indicatori di un tempo corto, contrariamente alla tessitura lenta, per l'eternità, della primavera mitica di Segantini. Annie-Paule Quinsac sostiene che la figura femminile di questo quadro non funge da allegoria, ma anzi «è in contrasto con il concetto di primavera, rinascita della natura, espresso sotto altre forme nel dipinto; appare come una figura stanca, sui quarant'anni, che si sforza di condurre i

Giovanni Segantini
Pascoli alpini, 1895
Kunsthaus, Zurigo

due cavalli.»[15] Questo quadro esprime una serena accettazione dell'eterno e ineluttabile rinnovarsi della natura. È sovente avvicinato all'*Aratura*, che lo precede. Segantini stesso in una lettera a Tumiati del 29 maggio 1897 scrive: «Io pure lavorai molto in questi tempi. Dipinsi una tela della grandezza dell'*Aratura* raffigurante la *Primavera nelle Alpi* di un simbolismo naturalistico. Tela dipinta per commissione e destinata a un museo di San Francisco di California. Il quadro non è del tutto ultimato, ma trovasi egualmente esposto a Monaco. Lo riprenderò ad esposizione finita e poi lo farò fotografare e ve ne manderò una copia.»[16]

Giovanni Giacometti: «Segantini è passato attraverso la mia vita come uno spirito incantatore, e mi ha inondato della sua luce»

Giovanni Giacometti (1868-1933) è nato in Engadina, dove ha vissuto e dipinto, amico per la vita di Amiet. Sarà il vicino di Segantini, quando questi abbandonerà Savognin per Maloja. Come Amiet ha avuto un rapporto complesso con Hodler, così Giovanni l'avrà con Segantini: al tempo stesso pieno di ammirazione per l'italiano, ma profondamente radicato nel pensiero e nel vissuto svizzero, cerca di distanziarsi, di far capire la sua differenza. Nasce a Stampa, in Val Bregaglia, si prepara (senza riuscirci) a entrare all'Accademia e risiede a Monaco di Baviera. Qui, nel 1887, conosce il pittore di Soleure, Cuno Amiet, a cui recita passaggi interi del Tasso o di Dante. Nel 1888 si stabilisce a Parigi con Amiet, in Rue Jacob, e frequenta i corsi dell'*Académie Julian*. «A quest'epoca, ci si trovano anche Pierre Bonnard, Maurice Denis, Henri-Gabriel Ibels, Paul-Elie Ranson, Kerr-Xavier Roussel e Paul Sérusier, che formeranno il gruppo dei Nabis nel 1889. Ma le lettere di Giacometti non ne fanno nessun accenno, e ciò porta a credere che il gruppo dei giovani svizzeri non avesse praticamente nessun contatto con gli artisti francesi.»[17] Nel 1889, all'*Exposition Universelle*, a Parigi, Giacometti nota specialmente tre quadri: «Non solamente i motivi di questi quadri che rappresentano il mio cantone dei Grigioni mi interessano, ma vi ritrovo l'aria e la luce delle mie montagne rese con un'intensità e una verità che non avevo ancora mai incontrata in nessun dipinto. L'autore di questi quadri si chiama Giovanni Segantini.»[18] Nel marzo 1894, Giacometti passa una notte a Savognin, sperando di incontrare Segantini. Purtroppo, si trovava sull'Alpe Flix, per dipingere la neve, e Giacometti dovette accontentarsi di ammirare il suo quadro *Pascoli alpini*. Giacometti lo descrive così in una sua lettera a Amiet: «Un grande dipinto, che rappresenta un altipiano circondato da una lunga catena di montagne dal profilo frastagliato. Un gregge di pecore pascolava sulle rive di un laghetto di montagna dove si riflettevano le nuvole. Un giovane pastore dai capelli dorati dormiva su un sasso; si tratta dell'ultimo figlio di Segantini, Mario. Tutta la scena risplendeva sotto la luminosità del sole di mezzogiorno.»[19]

Il sonno del giovane ragazzo in Segantini è simile alla pausa del falciatore nell'incandescente paesaggio di *La raccolta* di Giacometti (cat. n. 50). Un sonno – quello di Segantini – che suggerisce un pensiero rivolto a un al di là della tela, un sonno del pensiero razionale verso una meditazione metafisica. Sonno nel silenzio del pascolo d'alta montagna, dove lo specchio tranquillo del laghetto incita a riflessioni inafferrabili. La dolcezza sottomessa al destino dell'animale più mite della creazione è vicina a quella del giovane uomo addormentato, assente e rinchiuso nel cerchio simbolico della sua assenza. La neve lontana è immobile spettatrice. In *La raccolta*, il sonno del rastrellatore è apparente, dato che egli è semplicemente piegato per sistemare il fieno nella gerla. In un momento di riposo simile al sonno, il personaggio evoca un senso di soddisfazione per il lavoro compiuto, la pulsazione vitale tra fatica e riposo. La sensualità del personaggio solare è il contrappunto alla fragile e quasi estenuata spiritualità del personaggio segantiniano. Apparentemente la scena, con la neve ora all'unisono e ora in contrasto, è simile alla torrida scena di Giacometti. Eppure sono due mondi separati: quello dell'"idea" e quello della "sensazione".

In una lettera del luglio 1881, Giacometti si esprime sulla *Mietitrice* di Cuno Amiet (1881, incendiato nel 1931), dicendo che «dovrebbe ricordarsi delle contadine di *Ottobre* di Bastien-Lepage, dove i personaggi sono semplici e naturali, come se fossero direttamente ripresi dalla natura.»[20] Per Giacometti, il naturale, di cui deplora l'assenza nel quadro di Amiet, è un'esigenza permanente e l'espressione della tendenza realista, fondamentale nella sua opera: «L'ideale dell'arte, senza ideale non ci può essere arte, non credo che lo si debba cercare al di fuori della natura. Tutto ciò che non è naturale e che non ha le qualità inerenti alla natura dell'uomo, non può essere dall'uomo compreso. Dunque la natura è il campo che l'artista deve coltivare.»[21] Se Giacometti critica Amiet, Amiet critica Giacometti, e proprio il magnifico quadro *La raccolta*, in cui vede una troppo grande influenza segantiniana: «Quando sono andato a Monaco, avrei veramente voluto vedere una tua altra opera piuttosto che *La raccolta*. La tela è molto ben studiata e molto giusta per ciò che concerne la scelta dei colori, ma ho il sentimento che, sul piano della concezione e della realizzazione, l'influenza di Segantini è troppo presente. Devo confidarti che questa tela non mi piace e non mi pare impossibile che questa mia impressione sia condivisa dal pubblico monegasco.»[22] In fondo, Amiet, ha lo stesso "problema" con la figura preponderante di Hodler; non è dunque possibile che lo stia "rigirando" su Giacometti, rimproverandogli l'influenza di Segantini? Lasciamo da parte la polemica, ma concentriamoci sul problema teorico. Giacometti risponde, a proposito della stessa critica che Amiet gli ha rivolto sul suo *Natale (Notte santa, quadro di neve)* (1897, collezione privata): «Dimostri dispiacere per la fattura di *Notte santa (Natale)* perché rammenta troppo Segantini. Può darsi che sia così, ma *mettendo vicino un quadro di Segantini, si troverà essere tutt'altra cosa. Io dipingendo non ho pensato a imitare* quel grande. Quel quadro lo dipinsi in tutti i modi possibili prima a tempera poi a olio in molte maniere, e non riuscii a ottenere l'effetto desiderato, se non *mettendovi riccamente i colori intieri, ottenendo così una fusione di forme e di luce proprie del carattere della notte e della neve*. Così anche nelle figure cercai colla pennellata d'imitare e far sentire la forma che nella natura s'indovinava ma non si vedeva realmente per effetti d'ombra e di luce. *Non nego però che questa maniera di dipingere, con colori interi e disegnando a grandi pennellate [...] mi vada molto a genio*. Io credo che si possa, con questa fattura, ottenere effetti di luce e di aria più che in altri modi, e si arrivi così più facilmente a conquistare e rendere malleabile la materia.»[23] La ricerca di luce e d'atmosfera è una costante dell'opera di Giacometti. Neve e Giacometti sono inseparabili, come indica il famoso *Autoritratto davanti a un paesaggio invernale* (1889, Musée d'art et d'histoire, Ginevra): in primo piano la figura a mezzo busto di Giacometti, che guarda lo spettatore, dietro, il paese, un campo coltivato, un funerale, il tutto, nella neve, limitato dalla cerchia di montagne. Mondo chiuso, di cui la sola apertura è quella della pittura, che comunica con lo spettatore, al di fuori del quadro. Giacometti, il primo ottobre 1899, a Maloja sarà uno dei quattro che, al funerale di Segantini, porterà a braccia la bara. È Giacometti, che rende l'ultima visita a Segantini vivo, mentre lavorava nella neve al *Trittico*; è Giacometti che veglia il defunto la notte, e alla sola luce dei ceri, esegue lo schizzo del suo ultimo ritratto, *Giovanni Segantini sul letto di morte* (1899, Fondation Werner Coninx, Zurigo). La morte di Segantini nella neve mentre dipinge, rafforza la decisione di Giacometti di non lasciare il paese natio. Scrive a Amiet: «Il signor Miller mi ha chiesto dove l'avvenire condurrà i miei passi. Non posso risolvermi a lasciare questa regione. Perché dovrei disertare? Qui è bellissimo e tanti bei ricordi mi trattengono. Avevo raggiunto Segantini, perché dovrei abbandonarlo? È passato attraverso la mia vita come uno spirito incantatore, e mi ha inondato con la sua luce. Mi voleva bene e trovava molto strano che io volessi cercare altrove. Io non voglio essere il suo epigono e lo sapeva. Questa regione è cara al mio cuore, e ciò che la vita ha unito, la morte non separerà.»[24] Giacometti resterà un realista; anche se sfiorato dal visionario Segantini, non sarà mai un visionario, e non aderirà veramente al simbolismo né all'impressionismo. Dieter Schwarz lo spiega in parte parlando del protestantesimo in Val Bregaglia (si potrebbe forse estendere la questione al protestantesimo in generale). Per cui a un Giacometti "naturale" si contrapporrà sempre un Segantini "trascendente".

Pittura svizzera e impressionismo

«Si ha il diritto di parlare di pittura svizzera? Certi restano scettici. Guardiamo più da vicino: nel loro amore per i colori freddi, per gli accordi crudi, accostati con audacia, non si può non tentare di avvicinare il basilese Holbein e il losannese Vallotton, Liotard, il grande Liotard, Böcklin che ha avuto Calame come maestro, Hodler, l'immenso Hodler: sono svizzeri senza esitazione. Lo sono pure Giovanni e soprattutto Augusto Giacometti, Konrad Witz e Marius Borgeaud, Cuno Amiet e ben altri di tutti i secoli, Charles Gleyre, Serodine, Pietrini, che uniscono un certo gusto di famiglia e un certo gusto per la luce che staglia e scrosta le forme.» Così scrive Pierre Rosenberg[25] nell'introduzione al catalogo ragionato dei disegni di Calame, da me curato. Si può certo parlare della neve nella pittura svizzera, ma si può parlare di impressionismo nella pittura svizzera? No, si può parlare di rigetto dell'impressionismo. Calame, anche se nei suoi studi sul motivo c'è un'attenzione rivolta all'impressionismo – o meglio verso Barbizon –, nelle sue grandi opere e nelle sue lettere lo rifiuta. Certo, la generazione degli allievi di Calame andrà a Lione, dove, a Morestel, attorno a François-Auguste Ravier (1814-1895) si incontrano i francesi Corot, Daubigny, F.-L. Français, H. Baron, L.-H. Allemand, il ginevrino Barthélémy Menn e gli allievi di Calame: Fontanesi, Gustave Castan, A. Potter, A. d'Andrade, L. Lortet. I pittori lionesi, quelli di Barbizon, i pittori svizzeri, francesi e italiani, gli allievi di Calame o di Ingres, lavorano insieme, confrontano i loro punti di vista. Sono animati da una nuova sensibilità, quella che fa osservare la realtà con «la religione del cuore».[26] La percezione analitica della natura si trasforma in percezione globale. La nozione di "fedeltà alla pittura", la nozione di "finito" iniziano a perdere pertinenza. La rivoluzione opera in profondità: la pittura diventa sempre più autonoma dall'idea di "natura". La rivoluzione della supremazia della mano si sta svolgendo, il manicheismo violento del bene e del male, dell'ombra e della luce lascia il posto a ciò che Allemand chiama «il chiarore dell'ombra», ai paesaggi luminosi.

Le regioni tedesche della Svizzera, come abbiamo visto per Amiet, hanno guardato verso Monaco, o verso Pont-Aven, conoscendo tuttavia l'impressionismo. Quanto ai Grigioni italiani, hanno avuto la fortuna di veder passare quella meteora che era Segantini, e di seguire i rapporti con il divisionismo milanese, con Grubicy e Pellizza da Volpedo.

Ma perché l'impressionismo non è stato rappresentato nella pittura svizzera, che, invece, ha accolto e fatto suo il simbolismo? Sarebbe un movimento legato a una cultura urbana, dei grandi centri, come Parigi, che cercava la gioia della campagna vicina e dei giardini? In Svizzera le montagne chiudono e isolano ogni lembo di terra: "ascensione e caduta" ritmerebbero la percezione? O, in fondo, il rifiuto dell'impressionismo in Svizzera corrisponderebbe, in musica e in pittura, a un desiderio di non innovare rapidamente? Domande che la neve, «puro deserto caduto dalle tenebre senza rumore» sembra avere silenziosamente ispirato.

[1] R. Toepffer, *Du paysage alpestre* [1843], in *Mélanges, Cherbuliez*, Parigi-Ginevra 1852, pp. 291-311; E. Rambert, *Alexandre Calame, sa vie et son œuvre d'après les sources originales*, Parigi 1884, p. 188; V. Anker, *Alexandre Calame vie et œuvre*, Friburgo 1987, p. 148.

[2] Lettera di Calame alla moglie Amélie, 18 agosto 1851, in Anker, *Alexandre Calame* cit., pp. 308, 377.

[3] Ivi.

[4] Anker, *Alexandre Calame* cit., p. 108.

[5] Ibid., p. 314.

[6] Ibid., p. 407.

[7] Lettera a Odier, Berna, citata in J. Bruschweiler, *Genèse du style dans le paysage*, in *Ferdinand Hodler, le paysage, Musée Rath*, Ginevra 2003-2004.

[8] T. Van Doesburg, *Abstraction - Création*, n. 1, 1932, riproduzione anastatica, New York, Arno Press, 1968, p. 39.

[9] O. Bätchmann, J. Bruschweiler, P. Müller nel *Catalogo ragionato di Hodler* (in preparazione all'Istituto svizzero di studi d'arte di Zurigo) studiano questo problema.

[10] H. D. Finck, M. T. Ganz, *Le panorama Bourbaki*, Besançon 2002.

[11] M. Fischer, S. Hahnloser-Tschopp, C. Liechtin, J. Nathan, B. Walter, *Ferdinand Hodler, Aufstieg und Absturz*, Schweizerische Alpines Museum, Berna 1999.

[12] V. Anker, *Auguste Baud-Bovy, 1848-1899*, Berna 1991, pp. 23-24.

[13] Il panorama è eseguito da A. Baud-Bovy, F. Furet, E. Burnand. Il primo è aiutato da due allievi di Menn, Aubry e Martin, il secondo da Virchaux, il terzo da H. van Muyden. Si veda Anker, *Auguste Baud-Bovy* cit. e P. Kaenel, *Eugène Burnand, (1850-1921), peintre naturaliste*, Musée cantonal des Beaux-Arts, Losanna 2004.

[14] *Cuno Amiet et Ferdinand Hodler - Rencontre de deux peintres*, in *Cuno Amiet. De Pont-Aven à "Die Brücke"*, catalogo della mostra, Berna, Musée Rath, Ginevra, 31 agosto 2000-7 gennaio 2001, p. 34.

[15] A.-P. Quinsac, *Segantini. Catalogo generale*, vol. 2, Milano, Electa, 1982, p. 350.

[16] Ibid., p. 350.

[17] D. Schwarz, *Giovanni Giacometti, 1868-1933*, catalogo della mostra, Kunstmuseum, Winterthur, Bündner Kunstmuseum, Coira, 1996-1997, p. 28 (ed. francese, Losanna).

[18] Schwarz, *Giovanni Giacometti* cit., p. 29.

[19] Citato da Schwarz, *Giovanni Giacometti* cit., p. 42, nota 5.

[20] Lettera di Giovanni Giacometti a Cuno Amiet, 15 luglio 1891, citata in P. Müller, *Giovanni Giacometti e Cuno Amiet*, in Schwarz, *Giovanni Giacometti* cit., p. 230.

[21] Ibid., lettera di Giovanni Giacometti a Cuno Amiet, settembre 1896.

[22] Ibid., lettera di Cuno Amiet a Giovanni Giacometti del sabato prima di Pasqua 1901, p. 231.

[23] Ibid., lettera di Giovanni Giacometti a Cuno Amiet, 27 aprile 1897.

[24] Lettera di Giovanni Giacometti a Cuno Amiet, 29 ottobre 1899, in Schwarz, *Giovanni Giacometti* cit., p. 66.

[25] P. Rosenberg, *Préface*, in V. Anker, *Alexandre Calame (1810-1864), dessins. Catalogue raisonné*, Berna 2000, p. 7.

[26] *Impressionistische Malerei in Europa und Amerika 1860-1910*, catalogo della mostra, Wollraf-Richartz Museum, Colonia, Kunsthaus, Zurigo, 1990; A. de Andrès, *Westwin/Vent d'ouest, Zur Entdeckung des Lichts in der Schweizer Landschaftmalerei des 19. Jahrhunderts*, in «Pfäffikon SZ», febbraio-aprile 2000; V. Anker, *Paysages lumineux. Promenades de peintres dans la campagne de Paris, Genève, Lyon*, in *Actes du Colloque Genève-Lyon-Paris, Relations artistiques, réseaux, influences, voyages*, Università di Ginevra, 13-15 giugno 2002, Ginevra, Ed. Georg, 2004.

alla pagina precedente
45. Alexandre Calame, *Il Wetterhorn*, 1863
olio su tela, cm 268 x 210
Musée d'art et d'histoire, Ginevra

46. Auguste Baud-Bovy, *Crepuscolo nella valle
(La valle di Lauterbrunnen)*, 1891
olio su tela, cm 116,5 x 90
Musée d'art et d'histoire, Ginevra

47. Ferdinand Hodler, *La Valanga (I)*, 1887
olio su tela, cm 126 x 98
Proprietà della Confédération suisse, Office fédéral
de la culture, Berna. Deposito in prestito di lunga durata
al Kunstmuseum Solothurn

48. Cuno Amiet, *Paesaggio invernale*
(Paese di contadini in un paesaggio di neve, Winistorf)
1895, olio su tela, cm 55 x 63
collezione privata, Svizzera

49. Cuno Amiet, *Paesaggio invernale con stagno*, 1900
olio su tela, cm 51 x 64,5
Kunstmuseum Solothurn

50. Giovanni Giacometti
La raccolta, 1897
olio su tela, cm 104,5 x 180
collezione privata, Svizzera

alle pagine seguenti
51. Giovanni Segantini, *Primavera
sulle Alpi*, 1897
olio su tela, cm 116 x 227
French & Company, New York

Paesi Bassi

Il mutevole volto dell'inverno nei Paesi Bassi

Fred Leeman

Nell'estate del 1880 una goletta polare di nazionalità olandese lasciò il porto di Amsterdam per recarsi nelle isole artiche di Spitzbergen e di Novaja Zemlja. La nave era stata orgogliosamente chiamata Willem Barents, come il famoso marinaio olandese del XVI secolo che nel 1594 aveva scoperto l'isola di Novaja Zemlja e dato il proprio nome al circostante mare. Invano Barents aveva cercato a nord, navigando intorno alla Siberia, un passaggio alternativo per raggiungere le Indie Orientali olandesi; in seguito a un naufragio era stato costretto a trascorrere il terribile inverno del 1596-1597 sull'isola di Novaja Zemlja, in una capanna di legno costruita con quanto restava della sua nave. Era poi morto nella primavera del 1597, durante un tentativo di riguadagnare la terra ferma.

La casa di Barents fu ritrovata, intatta, nel 1871 e la scoperta suscitò una grande emozione in tutto il paese. Fu recuperato anche il suo diario, che divenne un tesoro nazionale. La tragica sorte del marinaio fu cantata da vari poeti. Ben presto l'Associazione Geografica olandese decise di sponsorizzare un viaggio che ripercorresse le tappe della navigazione di Barents; la goletta Willem Barents venne costruita appositamente per tale scopo. I sentimenti patriottici del diretivo dell'Associazione erano stati feriti dalle recenti spedizioni degli inglesi, dei norvegesi e dei tedeschi che avevano "scoperto" e ribattezzato promontori e isole cui i navigatori olandesi del XVI e XVII secolo avevano già dato un nome. A bordo della Willem Barents furono caricate alcune pietre commemorative per celebrare la storica presenza degli olandesi nelle regioni artiche.

Il più insigne passeggero della goletta, in quel viaggio del 1880, fu probabilmente Lodewijk Apol (1850-1936), un artista che aveva già conquistato una notevole fama come pittore di paesaggi invernali. Apol aveva offerto i propri servigi all'Associazione Geografica proponendo di riprodurre le spettacolari vedute di quel mondo di neve e ghiaccio. Al suo ritorno riportò in patria centinaia di disegni, acquerelli e schizzi a olio, ma il risultato più straordinario – benché successivo – del viaggio di Apol fu un enorme dipinto panoramico circolare con scene della Novaja Zemlja (*Panorama di Novaja Zemlja*). L'opera rimase esposta in uno speciale edificio di Amsterdam dal 1896 al 1901. La regina Guglielmina d'Olanda e sua madre furono talmente colpite da questa scenografica rappresentazione circolare, che Apol realizzò per la sovrana un dipinto da lui definito «citazione dal *Panorama* (*La goletta "Willem Barents" nel Mare Artico*).»[1]

La scoperta della casa di Willem Barents colpì nel profondo la coscienza nazionale olandese; agli olandesi del XIX secolo richiamò alla mente la fine del marinaio che aveva dato, in modo tragico, una lezione sulla caparbietà con cui i loro antenati, figli di un'epoca più eroica di quella presente, avevano fondato l'"impero marittimo" dell'Olanda. La loro battaglia non era stata soltanto contro il vento e le onde, ma anche contro le asperità del freddo invernale. Fu proprio il freddo dell'inverno che aveva contribuito a plasmare il loro carattere nazionale.

Per gli abitanti dei Paesi Bassi l'esposizione al gelo, alla neve e al ghiaccio era una sfida che durava tutto l'anno. Mentre i popoli di climi più miti potevano vivere i cicli annuali con una certa

Lodewijk Apol
Panorama di Novaja Zemlja, 1896
Collection Koninklijk Huisarchief
L'Aia

spensieratezza, gli olandesi dovevano pensare alla stagione fredda anche durante l'estate. La poesia morale del XVII secolo esaltava la Previdenza come una qualità essenziale che aiutava gli uomini a sopravvivere in una stagione in cui la campagna non offriva cibo e le case dovevano essere riscaldate; ricordava agli olandesi quell'operosità protestante, necessaria per creare scorte di cibo e di combustibile. Nella sua stampa ispirata a Hans Bol (*Inverno, incisione ispirata a Hans Bol*, 1580, Rijksmuseum, Rijksprentenkabinet, Amsterdam) Jan Sadeler raffigura l'inverno con l'aspetto di un vecchio, intento a scaldarsi accanto a un fuoco, probabilmente acceso dall'alto, dalla Divina Provvidenza. A sinistra sono catalogati visivamente alcuni preparativi per la stagione fredda, per esempio la macellazione del maiale; a destra del vecchio, viene mostrato il lato gioioso dell'inverno: alcune figure stanno pattinando sul ghiaccio o scivolando con la slitta.

Lodewijk Apol
*La goletta "Willem Barents"
nel Mare Artico*, 1898
Nederlands Scheepvaartmuseum
Amsterdam
in prestito da Her Majesty
the Queen of The Netherlands

Nel diciannovesimo secolo questo concetto dell'inverno come banco di prova del carattere nazionale era ancora molto vivo. Vari poeti cantarono le virtù che consentivano alla popolazione di transitare attraverso la stagione fredda: la Divina Provvidenza non era sufficiente, l'impegno umano doveva dare il suo contributo. Uno scrittore paragonò i preparativi dei contadini per l'inverno all'approvvigionamento della nave, «la quale per quattro o cinque mesi non può aspettarsi nulla dal cielo in alto o dal mare intorno.» E proseguiva: «Soltanto nell'isolamento della vita di campagna si comprende quale sia l'aspra frusta dell'inverno: non il freddo, ma il bisogno, ma la fame che ridurrebbe allo stremo il bestiame sui prati gelati e gli esseri umani sul campo falciato senza l'onnipresenza di Colui che insegna alle formiche ad accumulare le loro scorte e alle api a riempire i loro alveari.»[2]

Una piccola nazione operosa, parsimoniosa e ben organizzata: è, questa, l'immagine di sé che i Paesi Bassi promuovono e diffondono. Ma quando si tratta di idee o circostanze che danno forma a una mentalità o a un'identità nazionale, la realtà è talvolta alquanto diversa da ciò che un popolo ama pensare di se stesso; si tende a ricordare per generazioni gli inverni freddi, gli inverni miti vengono invece dimenticati. Ora, nei Paesi Bassi, i mesi invernali non sono solitamente rigidi; in un angolo d'Europa dove l'acqua e la terra sono soci quasi alla pari e la linea del gelo sembra esitare ogni anno, la neve e il ghiaccio sono raramente una vera e propria minaccia, anzi sono un benaccetto cambiamento di scenario. Ciò che rende diversi questi inverni è forse l'onnipresenza dell'acqua che dà grande visibilità al gelo.

Va detto, tuttavia, che ci potrebbe essere una base fattuale per questo ricordo collettivo di inverni rigidi. L'epoca che i Paesi Bassi definiscono la loro Età dell'Oro, più o meno intercorrente fra il 1580 e il 1680, rientra in una fase meteorologica in cui la temperatura media annuale raggiunse la punta più bassa mai registrata dall'Era Glaciale; questo periodo è generalmente noto come la Piccola Era Glaciale.

Non soltanto la realtà naturale, economica e politica, ma anche le arti visive giocarono un ruolo rilevante nel configurare l'identità nazionale dei Paesi Bassi. L'Età dell'Oro, se da un lato vide questo minuscolo lembo d'Europa trasformarsi in un baricentro economico di grande importanza, nel contempo fu anche l'epoca in cui la pittura paesaggistica divenne un genere a sé stante. Una delle principali fonti di immagini paesaggistiche furono i *Libri delle Ore* del tardo Medioevo, che contenevano miniature dei vari mesi delle quattro stagioni, caratterizzati sia dai diversi volti della natura, sia dalle attività umane tipiche della primavera, dell'estate, dell'autunno e dell'inverno. Nella pittura fiamminga del XVI secolo le quattro stagioni divennero un soggetto utilizzato di frequente per serie di dipinti.

Delle famose *Quattro Stagioni* di Pieter Bruegel il Vecchio (*Il ritorno dalla caccia*, 1565, Kunsthistorisches Museum, Vienna) *Inverno*, o *Cacciatori nella neve*, rimane il segmento più famoso e indimenticabile. Come Sadeler nella sua stampa, anche Bruegel scelse di mostrare, oltre al volto duro dell'inverno, anche i divertimenti sul ghiaccio che la stagione fredda offriva.

La scena invernale come tipo distinto di pittura paesaggistica, con specialisti propri, ebbe la sua origine nei Paesi Bassi. L'inverno era l'"altra stagione" che poteva fornire belle immagini le quali ricordassero alla gente la necessità di essere previdenti o procurassero godimento presentando persone che si divertivano con la neve e il ghiaccio. Nella pittura fiamminga del XVI secolo, pittori quali Jacob Grimmer, Lucas van Valkenborch e Joos de Momper, che erano specialisti di scene invernali singole, riuscirono a creare un mercato per i loro lavori. Evidentemente vi era un mercato pronto per questo tipo di dipinti. Nei Paesi Bassi del primo Seicento, Hendrick Avercamp (1585-1634) divenne forse il più tipico pittore olandese di ambienti invernali; si specializzò in variopinte scene di pattinaggio, disseminate di particolari aneddotici accuratamente osservati. L'inverno non era soltanto una stagione di difficoltà e preoccupazioni, era anche una stagione di *ijspret*, ossia di divertimento sul ghiaccio (*Paesaggio invernale con pattinatori*, 1609 circa, Rijksmuseum, Amsterdam).

Non appena i molti canali e laghi olandesi gelavano, tutti gli olandesi mettevano i pattini. Il pattinaggio aveva in primo luogo una funzione pratica: pattinando si potevano coprire lunghe distanze con sorprendente rapidità. I visitatori stranieri provenienti da paesi meridionali erano stupiti dall'abilità dei pattinatori olandesi e dalla velocità che raggiungevano «soprattutto quando hanno il vento a favore, allora nessun cavallo è in grado di superarli.» Si muovevano con tale sicurezza che «le contadine riuscivano a portare un cesto d'uova sulla testa.»[3] Oltre a essere un pratico modo di trasporto, il pattinaggio poteva costituire anche un divertimento e uno sport; molti dipinti danno testimonianza di quest'ultima funzione. Tale posizione di preminenza fra i vari sport è mantenuta dal pattinaggio nell'Olanda contemporanea, nella quale, per la mancanza di inverni rigidi, si utilizzano piste ghiacciate artificiali.

Il pattinaggio fu qualcosa di più d'uno sport o d'un modo di trasporto. Una delle più importanti conseguenze prodotte da questo comune passatempo fu la scomparsa delle barriere sociali: ciò che normalmente era separato, ora d'improvviso poteva mescolarsi. Nei dipinti di Avercamp i ricchi e i poveri pattinavano insieme, i ragazzi e le ragazze potevano "accidentalmente" scontrarsi: «Sul ghiaccio trovavamo il vero fuoco. Il calore impera sulle acque gelate», come scrisse in manierati paradossi neolatini il poeta e studioso umanista Hugo de Groot (1583-1645).[4] I divertimenti sul ghiaccio erano – e sono ancora – una specie di carnevale nordico protestante.

Insieme ai tulipani, agli zoccoli, ai mulini e al formaggio, l'*ijspret* divenne parte dell'immagine popolare tradizionalmente associata ai Paesi Bassi nel XIX secolo. *Hans Brinkers o Pattini d'Argento* (1865), il racconto di Mary Mapes Dodge un tempo famoso in tutto il mondo, diffuse nei paesi di lingua inglese questa immagine degli inverni olandesi; l'idea dell'inverno olandese dominato dal freddo e dal ghiaccio era ancora talmente comune che l'autrice poté scrivere la sua storia senza aver mai visitato lo scenario originale. L'immagine dei Paesi Bassi come luogo con una particolare cultura invernale perdurò, saldamente radicata, nel XIX secolo. Anche in questo caso vi fu una base naturale che alimentò tale continuità: l'abbassamento della temperatura media annuale che nell'Età dell'Oro aveva prodotto la Piccola Era Glaciale e che era stato almeno in parte responsabile della fioritura di scene invernali come genere indipendente si ripeté negli ultimi decenni dell'Ottocento. L'Olanda conobbe una sequenza di inverni rigidi o estremamente rigidi: quasi la metà degli inverni tra il 1869 e il 1901 meritarono la qualifica di "freddo" o "rigido", quattro inverni si distinsero come estremamente freddi.[5]

In quello stesso periodo, nei Paesi Bassi, una nuova fase di straordinaria crescita economica trovò la sua espressione culturale nei tentativi di emulazione dell'Età dell'Oro. In pittura, i grandi maestri del Seicento furono generalmente visti come i modelli da seguire. I pittori della cosiddetta Scuola romantica olandese, che in patria imperarono per metà secolo, fino al 1870, furono i primi a far rinascere il paesaggismo olandese del XVII secolo. Fra di loro vi erano diversi specialisti di scene invernali, per esempio Andreas Schelfhout (1787-1870) e Barend Cornelis Koekkoek (1803-1862) (*Inverno*, 1845, Gemeentemuseum, Amsterdam). Sebbene questi artisti dipingessero con una maestria altamente raffinata, il loro stile perseguiva fondamentalmente l'imitazione di modelli secenteschi e si basava più sulla *routine* che sull'osservazione dal vero. Prediligevano scene con un'atmosfera intima e gradevole; il volto vero, talora tetro, dell'inverno veniva mascherato dietro il velo del pittoresco. Uno degli allievi di Koekkoek ci ha lasciato questa descrizione della tecnica pittorica del maestro: «[Koekkoek] comincia a dipingere la sua tela con un solo colore: carminio, blu oltremare; poi aggiunge il tono che vuole dare al ghiaccio. Ossia completa la tela quanto più possibile applicando i colori di cui ha bisogno, quindi lascia che si asciughi. Successivamente inserisce i particolari collegati alla neve: le tracce lasciate dai pattinatori, le crepe sul ghiaccio, i rami degli alberi, le pietre; seguono poi i riflessi delle figure, delle case, degli alberi ecc. È anche consigliabile mettere alcuni grandi blocchi di ghiaccio in primo piano e un buco nel ghiaccio attraverso il quale si può tirare su acqua.»[6] Sembra quasi una ricetta per realizzare scene invernali in studio, un procedimento di *routine* utilizzabile anche in una giornata estiva.

Comunque sia, il pittore olandese che diede il maggiore contributo al nascente impressionismo fu educato nella tradizione della locale pittura paesaggistica romantica. Johan Barthold Jongkind (1819-1891) fu allievo di Andreas Schelfhout e fino al 1860 circa i suoi paesaggi rimasero rigorosamente incanalati nella corrente del Romanticismo. Nel 1846 l'artista si stabilì a Parigi e in questa città divenne uno specialista non soltanto del paesaggio francese, ma anche dei paesaggi olandesi "tipici", fra cui gli inevitabili scenari invernali con pattinatori. Intorno al 1860 la pennellata di Jongkind divenne più libera e i suoi dipinti acquistarono una freschezza d'osservazione che sembrava riservata ai suoi acquerelli. Mentre lavorava sulla costa normanna, l'artista conobbe Eugène Boudin e il giovane Claude Monet, i quali ammirarono la freschezza della sua visione, la leggerezza e la trasparenza dei suoi colori e lo stile abbozzato della sua pittura, che ben si addiceva a suggerire un'osservazione diretta e personale della natura. Monet, anzi, considerava Jongkind «il solo buon pittore di marine» e si dice che, con grande gioia di quest'ultimo, avesse affermato in presenza di varie persone: «C'è sempre da guadagnare quando si guardano i paesaggi di Jongkind, perché egli dipinge con sincerità, come vede e come sente.»[7] Ben presto Jongkind fu considerato, da Edouard Manet e da Émile Zola, uno dei grandi precursori della pittura paesaggistica impressionista. In questo modo indiretto, un pittore nato dalla tradizione olandese secentesca del paesaggio realista divenne uno dei padri fondatori della scuola impressionista moderna.

Esistevano, tuttavia, altre strade per sfuggire alla pittura paesaggistica convenzionale della Scuola romantica olandese. Lo stile di Koekkoek e di Schelfhout era di un genere che sarebbe stato respinto anche da Lodewijk Apol e da molti altri pittori della sua generazione. Essi non volevano confezionare quadri secondo una ricetta prestabilita, volevano bensì fondare la loro arte sull'esperienza e la percezione diretta della natura. Apol eseguì schizzi a olio *en plein air*, composizioni la cui fonte di interesse non è più legata al dettaglio aneddotico. Molti dei suoi dipinti sono, anzi, del tutto privi di presenza umana. Il compito di suscitare nell'osservatore uno stato d'animo pensoso e malinconico è affidato unicamente alla luce di un sole crepuscolare, riflessa dai boschi e campi coperti di neve (*Paesaggio invernale al tramonto*, cat. n. 52).

Apol apparteneva a un importante gruppo di pittori i quali condividevano gli interessi e il luogo di residenza e, per tal motivo, erano stati denominati Scuola dell'Aia. Intorno al 1870 tutti questi artisti andarono a vivere insieme nella città dell'Aia: fra di loro vi erano Jozef Israëls, i tre fratelli Maris – Jacob, Wilem e Matthijs –, Hendrik Weissenbruch, Willem Hendrik Mesdag, Anton Mauve. La loro unione si fondava su una condivisione di principi artistici più che di stile; i grandi modelli cui guardavano erano i pittori francesi della generazione del 1830: Millet, Courbet e, soprattutto, i paesaggisti in seguito noti come Scuola di Barbizon. Al pari di questi loro esempi, i pittori dell'Aia ricavavano i propri soggetti dalla vita dei contadini e dei pescatori o dalla natura ancora incontaminata; intorno all'Aia trovavano prati, boschi, dune e spiagge raggiungibili a piedi. Il dipingere *en plein air*, in diretto contatto con la natura, era il primo articolo del loro credo, come lo era stato per i pittori di Barbizon. Molti di loro avevano imparato a lavorare direttamen-

L'atelier di Anton Mauve
con il quadro *Pecore nella neve*
sul cavalletto, 1888
Collection Rijksbureau
voor Kunsthistorische Documentatie
L'Aia

te dal vero nella boscosa Oosterbeek, una colonia artistica, nell'est dei Paesi Bassi, soprannominata la «Barbizon olandese». Anche se questa consuetudine di dipingere in loco era raramente portata avanti su larga scala nelle opere finite, gli schizzi eseguiti in tal modo rimanevano la più importante fonte di ispirazione per questi artisti. Nell'opera finita volevano mantenere questo carattere abbozzato che dava l'impressione di essere l'esito spontaneo di un'annotazione dell'esperienza visiva immediata. Questa scelta procurò loro molte critiche da parte di chi era abituato alle superfici finite e curate dei pittori della Scuola romantica.

Questo modo di lavorare non soltanto imponeva un diverso soggetto, procedimento o stile, ma comportava anche una diversa percezione del rapporto fra l'artista e la sua arte. Soprattutto, l'arte di questi pittori voleva essere un riflesso personale della loro esperienza della natura. Tali concetti erano molto vicini a quelli propugnati dagli artisti e scrittori francesi, ma i pittori della Scuola dell'Aia diedero un taglio particolare, forse più romantico, a queste idee: diversamente dagli impressionisti francesi, loro contemporanei, si identificarono con la natura al punto da proiettare in essa i sentimenti umani. Non furono mai osservatori distaccati e non mantennero quella distanza ironica dalla realtà che è invece tipica degli impressionisti. Termini quali «sentimento» e «stato d'animo» abbondano nelle critiche dell'epoca, ma anche nelle lettere degli stessi artisti. Un pittore come Anton Mauve, le cui idee avrebbero profondamente influenzato Van Gogh, era «dentro la natura» quando abbozzava le sue tele all'esterno e poteva parlare della «nera terra dissodata nella quale si esprime la massima serietà.»[8]

Mauve, che eccelleva nelle sottili sfumature di grigio, sarebbe diventato uno dei pittori più affermati della Scuola dell'Aia (*Pecore nella neve*, cat. n. 60). L'atteggiamento pensoso e contemplativo di questa scuola emergeva nell'uso del colore; gli artisti evitavano i contrasti cromatici troppo forti e cercavano, invece, di avvolgere le loro vedute in toni grigi, in un «grigio colorato», secondo la definizione data da uno di loro. Non fu soltanto la mentalità, ma anche il metodo operativo basato su un'accurata scelta dei toni che rese i pittori della Scuola dell'Aia essenzialmente diversi dagli impressionisti. Alcuni si recano a Parigi e persino a Barbizon, ma per loro ancor più importante fu Bruxelles. Due di questi artisti, Paul Gabriel (1828-1903) e Willem Roelofs (1822-1897), trascorsero buona parte della loro vita attiva in quella «Parigi a mezza strada». A Bruxelles, intorno al 1866-1867, venne Willem Hendrik Mesdag per imparare la sua arte presso Willem Roelofs. Roelofs diede al suo allievo il seguente, significativo consiglio: «Cerca di liberarti da ogni cosiddetta "maniera", cerca in una parola di seguire con sentimento la natura intorno a te, senza pensare al lavoro degli altri.»[9] Di ritorno all'Aia nel 1869, Mesdag scelse di diventare un pittore di marine. Si concentrò sulla spiaggia di Scheveningen, dove i pescatori conducevano una dura esistenza (*Inverno sulla spiaggia*, cat. n. 63). Durante la sua intera carriera registrò fedelmente, con pennellate sommarie, gli spettacolari movimenti dei pescherecci e il continuo cambiamento dell'acqua e del cielo del Mare del Nord. «Il mare è mio», sembra aver detto. Il clima artistico che egli aveva respirato a Bruxelles nel decennio 1860-1870 fu in gran parte responsabile di questo nuovo tipo di realismo personale.

Fu a Bruxelles che una nuova, ricca borghesia creò le condizioni economiche per una nuova arte. Inoltre il realismo aveva radici profonde nell'arte fiamminga, e l'impato della pittura idealista accademica poteva essere facilmente evitato facendo riferimento a un'arte sensuale e realista più nazionale, esistente fin dall'epoca dei "Primitivi fiamminghi", di Bruegel e di Rubens. A Bruxelles il pensiero artistico avanzato era molto più esposto all'influsso francese che non in Olanda. Dopo la rivoluzione del 1848 un gran numero di insigni rifugiati francesi si era stabilito nella capitale belga, fra costoro vi erano lo scrittore Victor Hugo e Théophile Thoré, influente critico e sostenitore del realismo, il quale assunse lo pseudonimo di "Bürger". Lo scrittore socialista Pierre Proudhon trovò asilo a Bruxelles dopo essere stato condannato alla prigione nel 1858; un amico di Proudhon, il pittore realista francese Gustave Courbet (1819-1877), frequentò Bruxelles nel ventennio 1850-1870 ed espose spesso le proprie opere al *Salon* di quella città. Nella capitale belga Charles Baudelaire effettuò, nel 1864, il suo famigerato giro di conferenze. Sul piano artistico, Bruxelles era un ambiente liberale, dove potevano fiorire associazioni quali la *Société Libre des Beaux-Arts*. Baudelaire e Courbet furono i profeti delle idee che la *Société Libre* promuoveva: un'interpretazione libera e individuale della natura e della vita moderna.

Con le sue tesi radicali sul realismo in pittura Courbet ebbe un profondo influsso sull'arte belga, ma tale influsso fu facilitato dalla propensione fiamminga verso le realtà tangibili. Un critico scrisse, non senza allusioni politiche: «Questo ritorno ai principi della scuola fiamminga, è a Courbet che lo dobbiamo.»[10] Courbet rimase una figura influente non soltanto per le sue idee radicali sull'arte o per gli audaci soggetti realistici che egli affrontò, ma anche per la particolare tecnica da lui elaborata. Fu uno dei primi pittori a utilizzare estesamente la spatola: mentre il pennello era stato creato per dare all'artista il massimo controllo del suo gesto, consentendogli di ottenere le rifinite superfici dei dipinti accademici, la spatola era basilarmente uno strumento per mescolare i colori sulla tavolozza. Nell'utilizzare la spatola, Courbet, volutamente, rinunciava in parte al suo controllo del modo in cui la materia aderiva alla tela. Il risultato finale – per esempio una roccia erosa o la corteccia di un albero danneggiata dalle intemperie – era maggiormente influenzato dal caso e sembrava dunque più simile alla situazione naturale.

A parte i pittori che preferivano il contenuto realistico di carattere sociale, vi furono paesaggisti che elaborarono le tendenze astratte presenti nella tecnica a spatola di Courbet. La natura radicale di tale modo di dipingere rapido e sensuale fu ben presto notata da un critico intuitivo come Ernest Chesneau. Questi ammirava la maestria di Courbet, ma allo stesso tempo metteva in guardia sulla sua natura casuale. Il giovane e ambizioso paesaggista belga Guillaume Vogels (1836-1896) si accorse ben presto delle potenzialità della spatola; ciò gli procurò addirittura il rimprovero di voler sopravanzare Courbet sul suo stesso terreno. Sul finire del decennio 1870-1880 Vogels cominciò, con audacia, a spatolare paesaggi che rasentano l'astrazione. La sua predilezione per croste materiche di colore sarebbe stata, nel primo decennio del XX secolo, il punto di partenza per un espressionista come Constant Permeke (1886-1952). Paesaggi invernali quali *Recinto a Groenendael, neve* (cat. n. 62) costituiscono una parte rilevante dell'opera di questo artista e non è difficile notare come l'uso della spatola possa costituire un vantaggio quando si tratta di rappresentare la neve.

Courbet aveva dipinto molti paesaggi innevati, soprattutto scene di caccia, dopo il suo successo con *Cerbiatta senza scampo, effetto di neve (Jura)* (New York, collezione privata, W215) al *Salon* del 1857. In virtù della sua natura estremamente casuale, la neve si prestava all'esecuzione approssimativa tipica della spatola. Questo modo di dipingere perdurò in molta della pittura belga d'avanguardia fino al decennio 1880-1890 inoltrato. James Ensor l'utilizzò con grande effetto nella sua realistica scena invernale *I bracconieri* (cat. n. 59. La crosta della neve dipinta crea uno sfondo quasi astratto per le monumentali figure di persone appartenenti alla "vita bassa". Per tale motivo, il quadro riecheggia ancora i famosi eroi proletari delle tele courbetiane, gli *Spaccapietre* già esposti dall'artista francese a Bruxelles nel 1851. Anche il soggetto dei cacciatori di frodo potrebbe essere stato suggerito da un'altra opera di Courbet, *Bracconieri nella neve*, forse nota a Ensor attraverso una riproduzione.

In genere, i pittori belgi furono più sensibili dei loro colleghi olandesi all'influsso di Parigi; in Olanda l'impressionismo non si radicò veramente mai in modo profondo. Ciò fu dovuto, oltre che alla fondamentale differenza di mentalità tra gli impressionisti francesi e i pittori della Scuola dell'Aia, al successo internazionale che questi ultimi ben presto conobbero. Il mercato d'arte dell'Aia aveva succursali e società affiliate in Inghilterra, Scozia, Stati Uniti e Canada, perciò riusciva a vendere le opere di tale scuola su entrambe le sponde dell'Atlantico. Questi artisti furono visti come i naturali successori della Scuola di Barbizon che aveva dominato il mercato americano prima dell'impressionismo. L'impressionismo francese fu semplicemente l'antagonista internazionale della Scuola dell'Aia, il cui successo era venuto per primo. Quando Théo Van Gogh, fratello di Vincent e responsa-

Gustave Courbet
Bracconieri nella neve, 1867
Galleria Nazionale d'Arte Moderna
Roma

Guillaume Vogels
La neve, notte, 1883
Musées Royaux des Beaux-Arts
de Belgique / Musée d'Art Moderne
Bruxelles

bile di una delle sedi che la casa d'arte Goupil aveva a Parigi, inviò un insieme di tele impressioniste al suo collega dell'Aia, le opere gli furono restituite senza che una sola fosse stata venduta. Gli artisti della Scuola dell'Aia per lo più trattavano gli impressionisti con disprezzo.[11]

In Belgio la situazione era radicalmente diversa. Il contatto con il realismo negli anni 1860-1870 aveva portato a un ulteriore sviluppo degli stili realisti. L'introduzione dell'impressionismo francese nel paese è strettamente collegata alla costituzione a Bruxelles, nel 1884, di una nuova associazione avanguardista di artisti che si era data il nome di "Les Vingt"; i suoi membri erano i naturali successori della *Société Libre* e il suo scopo era di promuovere le varie tendenze moderne nella musica, nella letteratura e nelle arti visive. I pittori Guillaume Vogels e James Ensor furono tra i fondatori dell'associazione, il cui influente segretario era l'avvocato Octave Maus. Al loro annuale *Salon*, "Les Vingt" invitarono artisti dall'estero, mostrando una forte preferenza per i colleghi francesi. La selezione delle opere ammesse si basava su un giudizio di pari, non su una decisione di giuria. Nel 1886 "Les Vingt" esposero le opere di Monet e di Renoir, cui seguirono nel 1887 Camille Pissarro e Berthe Morisot, ma il loro impatto era già stato un po' eclissato quell'anno dal capolavoro puntinista di Seurat *L'isola della Grande Jatte*. L'audacia dell'impressionista francese, con le sue combinazioni di colore puro, stupì non soltanto la maggior parte dei critici, ma anche alcuni degli artisti più giovani. «Quale audacia di colore […] si tratta di rosso e di verde così come escono dal tubetto. Stride, è ordinario […] e tuttavia è così»), in questo modo un critico descriveva la reazione di un giovane pittore, il quale aveva capito che per essere accettato al *Salon* dell'anno successivo avrebbe dovuto fare la stessa cosa.[12] A portare alcuni dei giovani artisti sulla strada dell'impressionismo era una forte propensione ad adeguarsi alla moda più che un'esigenza interiore.

In Belgio il pittore che più completamente – quantunque con un lieve ritardo – abbracciò i principi dell'impressionismo francese fu l'estremamente dotato Émile Claus (1849-1924). Sino alla fine del decennio 1880-1890, Claus dipinse paesaggi e quadri di genere nello stile realista *juste milieu* di Jules Bastien-Lepage (1848-1884). Secondo il gusto degli organizzatori del *Salon* di "Les Vingt", Claus proponeva un tipo superficiale di realismo aneddotico che non avrebbe mai potuto essere l'arte del futuro. Fu soltanto nel 1889, dopo diversi viaggi a Parigi, che Claus rimase affascinato dalle possibilità offerte dall'impressionismo. Monet e Pissarro divennero i suoi grandi modelli, ma quando ritornò in patria, applicò la sua tavolozza più luminosa a soggetti come *Ijsvogels* (1891, Museum voor Schone Kunsten, Gand) che erano strettamente collegati alla tradizione della pittura paesaggistica fiamminga, con il suo divertente apparato di bambini impegnati in divertimenti sul ghiaccio. Intanto l'impressionismo aveva smesso di essere un movimento rivoluzionario. *Ijsvogels* fu esposto al *Salon* di Gand del 1892 e fu immediatamente acquistato dal Musée des Beaux-Arts di Gand. Anche la voce di "Les Vingt", la rivista «L'Art Moderne», dovette riconoscere la maestria di Claus nel rendere la neve e il ghiaccio, ai quali l'autore dell'articolo attribuiva persino qualità terapeutiche: «Monsieur Claus riesce mirabilmente a rendere lo splendore dei fiumi stretti nella morsa del ghiaccio, l'aspra bianchezza della neve; questi quadri hanno la forza tonica e corroborante, la salute vigorosa delle atmosfere di gelo.»[13] Claus divenne l'incontestato capofila del luminismo, termine con cui fu definita la variante belga dell'impressionismo.

Emile Claus
I pattinatori, 1891
Museum voor Schone Kunsten
Gand

Nel 1904 l'associazione "Libre Esthétique", che succedette a "Les Vingt", organizzò un'esposizione di impressionisti francesi al Musée Moderne di Bruxelles. L'organizzatore, Octave Maus, non invitò alcun luminista belga e questa decisione provocò una disputa pubblica tra lui e il suo collega ed ex co-organizzatore appartenente a "Les Vingt", l'avvocato, scrittore e politico Edmond Picard. Attraverso la stampa, Picard rimproverò a Maus di essersi dimenticato dei suoi compatrioti e giunse anzi al punto di definire la diffusione dell'impressionismo francese tra i pittori belgi un'autentica pestilenza. Ben presto la controversia assunse coloriture nazionalistiche: i sostenitori di Maus affermarono che la preminenza dell'arte francese era «incontestabile», mentre Picard biasimò la «denigrazione della nostra arte nazionale.» Picard, che era divenuto senatore, portò la battaglia addirittura sui banchi del Senato belga, dove denunciò in termini violenti la politica emarginante di Maus.[14]

L'anno dopo Octave Maus fu costretto a organizzare il suo *Salon* della "Libre Esthétique" con criteri diversi. Il suo scopo fu allora quello di dimostrare «l'evoluzione esterna dell'impressionismo», come egli scrisse nella sua prefazione del catalogo, espressa in termini di difesa. Ma nella formula si percepiva ancora la convinzione della naturale preminenza dell'impressionismo francese. In Belgio la definizione di un'identità nazionale era – ed è ancora – molto complicata dalla divisione del paese in due zone linguistiche principali. All'inizio del secolo scorso il sentimento nazionale fiammingo cominciò ad assumere una sua individualità in contrapposizione ai Valloni, la parte francofona prevalente nel paese. I circoli più importanti delle varie città fiamminghe generalmente parlavano francese per ingraziarsi il potere e i ricchi (soltanto i belgi che parlavano francese potevano diventare ufficiali nell'esercito). Con lo sviluppo economico delle Fiandre, sebbene questa regione avesse ancora una rilevanza inferiore rispetto all'area vallone, immensamente ricca, si ebbe una crescente consapevolezza dell'identità culturale fiamminga, che poteva richiamarsi a una gloriosa tradizione del passato. Émile Claus fu accusato di negare la sua ascendenza fiamminga nell'abbracciare l'impressionismo francese e di essersi venduto ai «franco-fiamminghi».

Théo van Rysselberghe
Ritratto di Octave Maus, 1885
Musées Royaux des beaux-Arts de
Belgique / Musée d'Art Moderne
Bruxelles

Le complicazioni di questa situazione sono ben esemplificate dalle rispettive carriere e scelte linguistiche di due pittori di Gand, Georges Buysse (1864-1916) e Albert Baertsoen (1866-1922). Entrambi provenivano da famiglie benestanti di Gand; Buysse frequentò l'Accademia di Gand contemporaneamente a Baertsoen, il cui padre era socio del padre di Buysse; Buysse sposò la sorella di Baertsoen. Fu l'arte di Émile Claus che convinse Buysse ad abbandonare la sua pittura tonale per uno stile luminoso, ispirato all'impressionismo francese. Espose a Parigi per la prima volta nel 1894 e acquistò una certa fama come specialista di scene innevate, dipinte con luminosi colori impressionisti. Filari di alberi che definiscono la profondità e che ricordano inequivocabilmente i pioppi di Monet sono il contrassegno delle sue composizioni. Nel 1899 l'artista si recò, in compagnia di Claus, a Bordighera, dove Monet aveva soggiornato nel 1884. Nel 1904 fondò, con Claus, il gruppo luminista "Vie et Lumière". Vi è, tuttavia, una fondamentale differenza tra il luminismo belga e l'impressionismo francese: mentre i francesi, con le loro pennellate sommarie, spesso giocavano con i confini della rappresentazione, Buysse e Claus rimanevano dentro la sfera sicura di un realismo descrittivo. Utilizzando contrasti cromatici luminosi cercavano di rendere l'esperienza visiva con poetica sottigliezza.

Albert Baertsoen oppose una ben maggiore resistenza ai modelli francesi. Si formò alla scuola di Gustave Den Duyts (1850-1897), il quale con i suoi umorali e sommari paesaggi crepuscolari costituisce un anello di congiunzione fra la pittura paesaggistica realista e la varietà belga dell'impressionismo (*Cordai sui bastioni*, cat. n. 53). Degli impressionisti Baertsoen accettò l'applicazione

134

diretta, materica e scabra del colore, ma, diversamente da loro, mescolò i suoi colori in modo da ottenere sottili sfumature tonali, per lo più nella gamma del bruno e del grigio. La sua scelta dei soggetti fu molto influenzata dall'immediato ambiente nordico. Eccelse nelle vedute urbane, rese con una prospettiva fortemente scorciata. Baertsoen preparava accuratamente le sue composizioni eseguendo innanzitutto schizzi a carboncino e versioni più piccole, che talvolta quadrettava per poterle tradurre poi nell'opera finale di dimensioni maggiori. La composizione estremamente scorciata e tagliata conferisce a questi dipinti una qualità fotografica.

Baertsoen aveva molto in comune con Georg Hendrik Breitner (1857-1923), il maestro olandese della veduta urbana moderna. Come Baertsoen fu il cronista della sua Gand natia, così Breitner si concentrò sulle vedute di Amsterdam. Entrambi furono affascinati dai canali della loro città, con le sagome delle chiatte ormeggiate, ed entrambi mostrarono una netta preferenza per la luce crepuscolare o per l'atmosfera umida che smorza ogni contrasto cromatico. Breitner studiò all'Aia, ma nel 1886 si trasferì ad Amsterdam, dove divenne un impareggiabile pittore di umorali vedute urbane incentrate su quella città. Nelle sue opere l'indagine della *vie moderne* sostituisce la nostalgia, tipica della Scuola dell'Aia, di un mondo rurale che stava rapidamente scomparendo. Breitner era affascinato da Amsterdam, dalla sua celere espansione, dalla vita di strada dei diseredati e rese questo mondo con pennellate scabre e con estrema sommarietà (*Vecchi ronzini nella neve*, cat. n. 54). L'artista aveva una forte predilezione per valori cromatici tonali e scuri, sui quali faceva risaltare pochi tocchi chiari. Se la sua scelta del soggetto si ispirava all'arte francese, la sua tecnica pittorica aveva poco o nulla a che vedere con gli impressionisti, era invece fondamentalmente un'espansione dei principi affermati dalla Scuola dell'Aia.

Con una prospettiva accuratamente costruita, Breitner conteneva le sue composizioni, spesso vigorosamente asimmetriche, all'interno della cornice geometrica delle case di Amsterdam. Esplorò la città anche in qualità di fotografo e spesso adottò la composizione fortuita dell'istantanea come punto di partenza per il suo lavoro (*Lo Zandhoek*, cat. n. 55). Nel 1886 fu chiesto a Breitner di esporre con "Les Vingt" a Bruxelles. Nei due precedenti *Salon*, artisti della Scuola dell'Aia come Jozef Israëls, Jacob Maris e Anton Mauve erano stati ancora considerati i più avanzati pittori che l'Olanda potesse offrire, ma ora l'interpretazione che Breitner dava alla vita moderna della città sembrava rispondere meglio all'esigenza modernista che imponeva di appartenere al proprio tempo: «il faut être de son temps.»

Il realismo e l'impressionismo francese avevano insegnato ai pittori dei Paesi Bassi a mettere la loro personale esperienza della vita moderna alla base della propria arte. Quando si trattò di dipingere scene invernali, molti di questi artisti abbandonarono la lunga tradizione del quadro invernale, spesso vivacizzato da aneddoti o da allusioni morali. I loro dipinti non dovevano più proiettare un'immagine storicamente matura degli abitanti come avrebbero dovuto essere. Poiché la loro pittura giunse a rispecchiare ciò che essi vedevano, non più ciò che la tradizione insegnava, le scene invernali cominciarono a riflettere l'effettiva esperienza della stagione fredda, così come l'artista la viveva. Diversamente dai loro colleghi francesi, la maggior parte dei pittori belgi e olandesi si concentrò sulle sottili sfumature della velata atmosfera di un giorno invernale. Si concessero una libertà di pennellata che fino al 1870-1880 era riservata esclusivamente allo schizzo a olio. I loro cieli si saturarono di toni annebbiati. Più che contrasti, questi artisti cercarono sottili transizioni. Forse non fu soltanto la loro tavolozza tonale a imporre tali scelte, ma anche l'umida atmosfera della loro terra. Il disgelo parve allora più affascinante del gelo e l'avvolgente crepuscolo più suggestivo dello splendore meridiano. Questo stile implicito recava in sé il seme del simbolismo, secondo il quale non era più l'impressione visiva a fornire il principale impeto creativo, bensì l'evocativo, impalpabile umore che una veduta poteva generare nell'osservatore.

L'amico di Breitner, il pittore Willem Witsen (1860-1923), condivise con lui una passione per la fotografia, ma ne sfruttò le possibilità in un modo diverso, più grafico. Mentre Breitner cercò gli aspetti fugaci della vita urbana moderna, Witsen fu affascinato da silenziosi motivi compositivi di una forte graficità, come quelli delle stampe giapponesi. Nel decennio 1890-1900 Witsen attuò uno spostamento decisivo da Amsterdam a un villaggio della campagna. Dal 1895 in poi i paesaggi innevati divennero più o meno la specialità dell'artista dopo che egli li aveva esposti ad Amsterdam con successo. Nei suoi scenari invernali a guidare il suo lavoro non è la resa energica di un'impressione visiva della vita moderna; come nei suoi paesaggi cittadini, anche in questo caso Witsen dimostra una grande abilità nella riduzione. Viene estirpato ogni particolare superfluo fino a che il dipinto mostra una «verità sobria ma talvolta grande», come affermò un critico, il quale, nondimeno, rimase un po' sconcertato dall'effetto decorativo.[15] *Paesaggio invernale* di Witsen (cat. n. 64) rivela al meglio la tendenza dell'artista alla semplificazione e al decorativismo. Sebbene il riflesso del sole sul campo coperto di neve in primo piano sia quasi abbagliante, la nostra attenzione è in realtà attratta verso le fattorie in secondo piano, le quali se ne stanno insieme, sotto gli alberi, immerse in un silenzioso sogno. Nessuna complicata composizione, nessun contrasto cromatico, nessuna pennellata espressiva, nessun dettaglio superfluo hanno il diritto di disturbare la serena quiete di questo paesaggio innevato. Dipinti di tal genere annunciano la fine dell'impressionismo e rivelano l'aspirazione a un'arte simbolista senza tempo, ma anche evocatrice del sentimento umano.

George Hendrik Breitner
Veduta dello Zandhoek all'inizio del Novecento, fotografia
Collection Rijksbureau voor Kunsthistorische Documentatie l'Aia

Traduzione dall'inglese di Viviana Tonon

[1] Dopo il 1901 l'enorme dipinto panoramico scomparve senza lasciar traccia. Per la sua storia vedi W. F. J. Mörzer Bruyns, *Het Panorama Nova Zembla van Lodewijk Apol*, Spiegel Historiael, pp. 302-306.

[2] C. E. van Koetsveld, *Schetsen uit de pastorie te Mastland*, 1843.

[3] Lo spagnolo Bernardino de Mendoça (1540/1541-1604) citato da Evert van Straaten in *Koud tot op het bot. De verbeelding van de winter in de zestiende en zeventiende eeuw in de Nederlanden*, L'Aia 1977, p. 95.

[4] Cit. in van Straaten, *Koud tot op het bot* cit., p. 63, nota 4.

[5] Si tratta degli inverni del 1870-1871, 1879-1880, 1890-1891 e 1894-1895. Un affascinante resoconto della meteorologia storica dei Paesi Bassi è presente in J. Buisman, *Bar en boos. Zeven eeuwen winterweer in de Lage Landen*, Baarn 1984.

[6] Cit. in R. de Leeuw, *Winter in Holland*, in *De uitbeelding van de winter vanaf de 17de eeuw tot heden*, catalogo della mostra, Noordbrabantsch Museum, Den Bosch 1984, p. 26.

[7] E. Moreau-Nélaton, *Jongkind, raconté par lui-même*, Parigi 1918, p. 133.

[8] Lettera di Anton Mauve a Willem Maris, Oosterbeek, 17 marzo 1864, Rijksbureau voor Kunsthistorische Documentatie, L'Aia.

[9] Lettera di Willem Roelofs a Willem Hendrik Mesdag, Bruxelles, 27 maggio 1866, in S. de Bodt, *Halverwege Parijs. Willem Roelofs en de Nederlandse schilderskolonie in Brussel 1840-1890*, Gand 1995, p. 238.

[10] *Exposition des oeuvres de Courbet*, in «L'Art Moderne», 3 luglio 1881, p. 139, cit. in R. Hoozee, *Impressionisme en Symbolisme. De Belgische avant-garde 1880-1900*, in *Impressionisme en Symbolisme. De Belgische avant-garde 1880-1900*, catalogo della mostra, Londra 1994, p. 55.
p. 16, nota 8.

[11] Lettera di Vincent Van Gogh al fratello Théo, Arles, 24 marzo 1888, in *Verzamelde brieven van Vincent van Gogh*, Amsterdam 1974, n. 471.

[12] A.-J. W[auters], *Aux XX*, in «La Gazette», Bruxelles, 10 febbraio 1886, cit. in *Les XX. La Libre Esthétique*, catalogo della mostra, Musées Royaux des Beaux-Arts, Bruxelles 1993, p. 31.

[13] *L'exposition d'Émile Claus à la Galerie Moderne*, in «L'Art Moderne», 18 dicembre 1892, p. 403, cit. in J. De Smet, *Emile Claus, 1849-1924*, Gand 1997, p. 49.

[14] Si veda J. Block, *Les XX et La Libre Esthétique*, in *Impressionisme en Symbolisme* cit., p. 55.

[15] "E. G. O." [A. C. Loffelt], *Tentoonstelling Willem Witsen in de kunstzaal Van Wisselingh & Co, Spui, Amsterdam*, in «Het Vaderland», 27 giugno 1895, cit. in M. Peters, *Willem Witsen (1860-1923)*, catalogo della mostra, Bussum 2003, pp. 91, 93, nota 38.

52. Lodewijk Apol, *Paesaggio invernale al tramonto*
1879, olio su tela, cm 99,2 x 157,4
Dordrechts Museum, Dordrecht

53. Albert Baertsoen, *Cordai sui bastioni*, 1895
olio su tela, cm 135,7 x 184
Museum voor Schone Kunsten, Gand

54. George Hendrik Breitner, *Vecchi ronzini nella neve*
1890 circa, olio su tela, cm 100 x 152
Dordrechts Museum, Dordrecht
(in prestito da Netherlands Institute for Cultural Heritage
(ICN), Amsterdam / Rijswijk)

55. George Hendrik Breitner, *Lo Zandhoek*, 1903
olio su tela, cm 85,5 x 161,5
Collection Gemeentemuseum Den Haag, L'Aia

56. Georges Buysse, *Neve al crepuscolo*, 1900 circa
olio su tela, cm 110 x 83
Musée d'Ixelles, Bruxelles

57. Emile Claus, *Inverno*, 1900 circa
olio su tela, cm 87 x 114
Koninklijk Museum voor Schone Kunsten, Anversa

58. Gustave Den Duyts, *Effetto di neve*, 1889
olio su tela, cm 120 x 210
Museum voor Schone Kunsten, Gand

59. James Ensor, *I bracconieri*, 1882
olio su tela, cm 115 x 165
collezione privata

60. Anton Mauve, *Pecore nella neve*, 1888
olio su tela, cm 90 x 190
Collection Gemeentemuseum Den Haag, L'Aia

61. Floris Verster, *Neve*, 1895
olio su tela, cm 30 x 50,5
Kröller-Müller Museum, Otterlo

62. Guillaume Vogels, *Recinto a Groenendael, neve*
1879 circa, olio su tela, cm 60 x 41
Musée d'Ixelles, Bruxelles

147

63. Hendrijk Willem Mesdag, *Inverno sulla spiaggia*
1880 circa, olio su tela, cm 95 x 156
Szépművészeti Múzeum, Budapest

64. Willem Witsen, *Paesaggio invernale*, 1895 circa
olio su tela, cm 45 x 52
Rijksmuseum, Amsterdam

Gran Bretagna

Le Glacier Des Bois

La sensazione della neve.
Artisti britannici e paesaggi invernali
nella seconda metà del XIX secolo

Frances Fowle

Sublimi scenari di neve: John Ruskin e il paesaggio alpino

«Nel campo della natura inorganica dubito che esista un oggetto più perfettamente bello di un alto cumulo di neve fresca visto sotto una luce calda. Le sue forme sono di un'inimmaginabile perfezione e mutevolezza; la sua superficie e la sua trasparenza anch'esse sublimi; il suo chiaroscuro ha una varietà inesauribile e un'inimitabile finitezza; le sue ombre sono nette, pallide, di colore celestiale; le luci riflesse appaiono intense e molteplici, mescolate con le dolci occorrenze della luce trasmessa. Non vi è mano mortale che possa avvicinarsi alla sua maestà o bellezza; è tuttavia possibile, con la cura e l'abilità, dare quantomeno un'idea della preziosità delle sue forme e suggerire la natura del suo chiaroscuro, ma questo non è mai stato tentato. Non potrebbe esser fatto che da artisti di levatura eccezionalmente alta, e c'è qualcosa riguardo alla sensazione della neve in uno scenario normale che tali uomini non amano. Ma quando le stesse qualità si manifestano con magnifiche proporzioni alpine e in una situazione in cui non interferiscono con la sensazione del vivere, non vedo perché debbano essere trascurate, come lo sono state finora, a meno che la difficoltà di conciliare la brillantezza della neve con un pittoresco chiaroscuro sia talmente grande che quasi tutti i buoni artisti mascherano o evitano la maggior parte degli scenari alpini d'alta quota e accennano al ghiacciaio in modo così trascurabile che non sentono la necessità di studiare accuratamente le sue forme.»[1]

Nell'aprile del 1856 l'influente scrittore e critico d'arte John Ruskin (1819-1900) pubblicò, nel quarto volume del suo importante libro *Modern Painters*, questa straordinaria descrizione di un cumulo di neve, insieme al proprio consiglio per gli artisti. Ispirati dal resoconto ruskiano della bellezza di uno scenario alpino, verso la fine del decennio 1850-1860 e nel decennio successivo gli artisti furono stimolati a recarsi in Svizzera per osservare e dipingere il paesaggio montuoso dal vero, inclusi i misteriosi ghiacciai alpini. In questo stesso luogo affluirono a centinaia anche i turisti: la meta più popolare per i britannici di metà Ottocento era l'Hôtel d'Angleterre a Chamonix, dal quale il visitatore poteva accedere facilmente alla Mer de Glace sul Monte Bianco e alle inquietanti ma seducenti sculture di ghiaccio del Col du Géant.

L'attrazione verso il paesaggio alpino ebbe origine nella prima metà del XIX secolo grazie all'arte, alla letteratura e forse, soprattutto, alle recenti ricerche scientifiche. L'immaginazione vittoriana, la quale era affascinata dai pericoli insiti in un'aspra catena montuosa, in un paesaggio ghiacciato e in una violenta bufera, rispondeva con entusiasmo al lavoro di pittori quali J. M. W. Turner (1775-1851). Turner, più di ogni altro artista britannico, raffigurò la tempesta di neve, per esempio in un quadro come *La tempesta di neve: Annibale e il suo esercito valicano le Alpi* (1812, Tate Gallery, Londra), per dimostrare la travolgente e spesso distruttiva forza della natura. Opere letterarie quali *Manfred* di Byron e *Mont Blanc* di Shelley, entrambe composte nel 1816, descrivevano lo spettacolo spesso terrificante del paesaggio alpino, un'impressione rafforzata dal *Fran-*

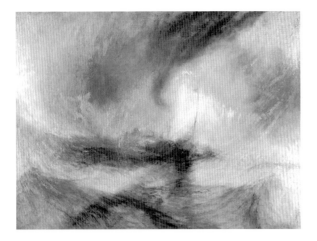

kenstein di Mary Shelley che culmina in una scena da incubo nella quale il mostro e il suo creatore si incontrano all'ombra del Monte Bianco e si inseguono sull'infida distesa di ghiaccio.

La prima metà del XIX secolo fu anche un'era di intensa esplorazione artica, e lo stesso terrore che Shelley provò sul Monte Bianco si ritrova in un dipinto come *L'uomo propone, Dio dispone* di Sir Edwin Henry Landseer (1864, Royal Holloway College, Londra). Basato su un fatto reale – il fallimento della spedizione di Sir John Franklin partita nel 1845 per cercare il passaggio a nord-ovest – il quadro di Landseer mostra la vanità dello sforzo umano di fronte alle forze distruttive della natura: due orsi polari, rappresentati crudamente in tutta la loro ferocia e brutalità, dilaniano quanto resta dell'imbarcazione di Franklin. La sventurata spedizione ispirò oltre una dozzina di componimenti poetici, molti di notevole lunghezza.[2]

Ancor più che dalle tempeste di neve, dalle catene montuose e dai deserti artici, i vittoriani erano affascinati dai misteriosi e sconvolgenti "mari di ghiaccio" che costituivano una delle caratteristiche principali del paesaggio alpino.[3] Nel 1860 John Tyndall pubblicò *Glaciers of the Alps* in cui forniva una descrizione scientifica di questo fenomeno potenzialmente terrificante, che Shelley aveva definito una «città di morte», con il suo «inespugnabile muro di ghiaccio fulgente.»[4] Nel 1869 Baedeker sottolineava che il ghiacciaio era «la caratteristica più straordinaria del mondo alpino, una massa stupenda del più puro ghiaccio azzurro.»[5] I britannici erano affascinati in particolare dalla paradossale idea di un fluente fiume di solido ghiaccio che non si scioglieva al calore del sole.

Turner aveva raffigurato il mare di ghiaccio del Monte Bianco già nel 1802 e intorno al 1859 il reverendo Richard St John Tyrwhitt (1827-1895) aveva dipinto lo stesso luogo per la Geological Lecture Room dell'Oxford University Museum of Natural History. I ghiacciai erano considerati un fenomeno tipicamente nordico e l'artista abbinò questa sua tela all'immagine di un fiume di lava tradizionalmente associabile al Sud. Tyrwhitt non si recò in Svizzera per osservare la Mer de Glace con i suoi occhi; la precisione quasi scientifica della composizione indica che egli utilizzò una fotografia del ghiacciaio scattata da Ruskin in occasione di un suo viaggio nelle Alpi nel 1854.[6]

Durante una visita precedente Ruskin aveva realizzato anche lui un acquerello del ghiacciaio, *Glacier des Bois* (1843-1844, Ruskin Foundation, Ruskin Library, University of Lancaster). Anche se sappiamo che egli vide la scena di persona, la sua composizione è chiaramente ispirata a *Tempesta di neve: imbarcazione nel boccaporto di Harbour*, un quadro dipinto da Turner nel 1842. Entrambe le opere sono costruite intorno a un vortice centrale e, come Turner si limita

William Turner
Tempesta di neve: imbarcazione nel boccaporto di Harbour, 1842
Tate Gallery, Londra

Richard St. John Tyrwhitt
Il mare di ghiaccio, 1859 circa
Oxford University / Museum of Natural History, Oxford

semplicemente ad accennare alla presenza del battello per concentrarsi invece sul fosco gonfiarsi del mare e del cielo, così Ruskin, più che descrivere l'esperienza dello sguardo che spazia sul ghiacciaio, cerca di suscitarne la sensazione. Ma egli credeva anche nella «necessità di studiare accuratamente le [...] forme» e osservava fedelmente la superficie a pinnacoli del ghiacciaio e il netto profilo delle montagne sullo sfondo. In entrambi i quadri l'osservatore viene attratto inesorabilmente verso la luce al centro della composizione. Nell'immagine di Ruskin una minuscola rondine a sinistra e un ceppo d'albero sradicato a destra – analogamente alle rocce e ai massi ribaltati e trascinati via dall'incessante avanzata del ghiacciaio – vengono risucchiati nel vortice. In questo modo l'artista esprime in un'unica immagine la drammaticità e l'immobilità del ghiacciaio, catturando il paradosso della sua apparente stasi e del suo effettivo costante movimento.

Ruskin incoraggiava gli artisti a dipingere direttamente dal vero. Le sue descrizioni poetiche delle Alpi Svizzere contenute nella quarta parte di *Modern Painters* stimolarono artisti quali George Pryce Boyce (1826-1897), John Brett (1831-1902), John William Inchbold (1830-1888) e John Wharlton Bunney (1828-1882) a visitare la Svizzera e l'Italia per vedere di persona lo spettacolare scenario delle montagne. *Il Wetterhorn, il Wellhorn e l'Eiger, Svizzera*, dipinto da Brett nel 1856 (collezione privata) o il suo *Val d'Aosta* del 1858 (collezione di Lord Lloyd-Webber) e *Giornico* di Bunney del 1859 (collezione privata) sembrano essere tutti una risposta diretta a quanto aveva affermato Ruskin nel suo saggio *La bellezza delle montagne*, ossia: «La migliore immagine che il mondo possa dare del Paradiso è lì, sul declivio dei prati, frutteti e campi di grano lungo i fianchi della grande Alpe, con le sue rocce violacee e, in alto, le nevi eterne.»[7] In ognuna delle tre opere Brett giustappone i soleggiati prati, benevoli e coltivati, della campagna italiana o i campi di ondeggiante grano al di sotto di Wengen con le più drammatiche, selvagge e misteriose vette innevate d'alta quota. Anche nel suo dipinto più famoso, *Il ghiacciaio di Rosenlaui* (1856, Tate Gallery, Londra) Brett dava risposta alle parole di Ruskin, in quanto la tela sembra illustrare visivamente la tesi di quest'ultimo, secondo il quale «esaminata una pietra, si scoprirà che essa è una montagna in miniatura.»[8] Brett si accosta al suo soggetto con l'occhio del geologo, adottando un approccio quasi scientifico alla pittura.

Elijah Walton (1833-1880), un altro artista del periodo, scelse, diversamente da Brett, un approccio più romantico. Le sue drammatiche vedute del Monte Rosa e del Cervino si ispiravano chiaramente non soltanto alle descrizioni che in *Modern Painters* Ruskin aveva dato di queste montagne, ma anche a Turner.

Alcuni anni più tardi William Stott of Oldham (1857-1900) riuscì a fondere la bellezza dello scenario montuoso descritto da Ruskin con il "sublime" presente nei dipinti di Turner. Nell'estate e autunno del 1888 l'artista trascorse quattro mesi nelle Alpi Svizzere e realizzò *en plein air* più di trenta piccoli pastelli e schizzi a olio in cui raffigurò montagne, cascate e torrenti.[9] Nel mese di settembre Stott si recò nell'Oberland bernese e soggiornò nel pittoresco villaggio di Wengen, accoccolato ai piedi dell'Eiger, del Mönch e della Jungfrau. Si accampò anzi sulla Jungfrau per osservare gli effetti notturni di un paesaggio alpino e catturò la sua prima impressione in un pastello che fu originariamente intitolato *Bianco ghiacciaio al chiaro di luna* (ora *Vetta di montagna al chiaro di luna*, collezione privata).

Gli schizzi di Stott furono esposti l'anno successivo a Parigi e a Londra. Alice Cockran, critico di «The Scottish Art Review», fu particolarmente colpita dalla forza d'animo dell'artista: «Mr Stott si è accampato fra le altitudini gelate della Jungfrau» scriveva «e per tutta la notte, fino all'alba, ha osservato quel mondo bianco abbandonato al dominio della luna settembrina.» Cockran definiva gli schizzi «impressioni» di una «scena incantata di incomparabile bianchezza e scintillio.»[10] Ispirandosi a questi schizzi eseguiti *en plein air*, Stott dipinse tutta una serie di vedute alpine di più grandi dimensioni, fra cui *Le Alpi di notte* (1892 circa, Walker Art Gallery, Liverpool) – che elaborò sulla base di un'impressione a pastello –, *La montagna bianca* (cat. n. 70) e *Nuvola color ametista. La Jungfrau* (cat. n. 71). Questi dipinti a olio mostrano lo spostamento che Brett, insieme ad altri seguaci di Ruskin, attuò nel rinunciare al paesaggio analitico vittoriano a favore di una raffigurazione più impressionista, persino simbolista.

Il migliore apprezzamento dei paesaggi innevati di Stott ci è dato da R. A. M. Stevenson in «The Studio»: «Conosco poche immagini più acute delle grandi, morbide e luminose vedute di Mr Stott con picchi rocciosi e bianchi ghiacciai irreali. Di schizzi, disegni, seri studi e splendide fotografie con soggetti alpestri ne abbiamo visti a profusione, ma nessuno o quasi che mostrasse uno dei molti tipi di bellezza presenti nelle grandi montagne. È, questa, un'impresa che ha in special modo richiesto la recente arte dell'impressionismo, perciò le tele di Mr Stott sono probabilmente i più riusciti fra tutti i tentativi attuati fino ad ora. Ma queste immagini non sono per lo scalatore di vette alpine che desidera ripercorrere la sua pericolosa via. Mr Stott ha scelto di darci a qualunque prezzo alcune delle splendide qualità delle alture, e ci immette in sognanti visioni dal colore delicato e dalla definizione squisitamente morbida.»[11] In opere come *La montagna bianca*, il punto di vista elevato e l'assenza di un primo piano immergono l'osservatore nel paesaggio; con la sua mancanza di definizione e la sua enfasi sulle armonie del bianco, il quadro ci fa pensare a Whistler e alle sue teorie estetiche.

"Normali" scene di neve: realismo sociale e pittura en plein air nella Gran Bretagna vittoriana

Come Ruskin sottolineava: «C'è qualcosa riguardo alla sensazione della neve in uno scenario normale» che non piace agli «artisti di levatura eccezionalmente alta.» La sublimità delle Alpi Svizzere era ritenuta un soggetto appropriato per l'«Arte Alta», mentre le scene domestiche con pattinatori o figure che lanciano palle di neve erano classificate come «arte popolare». Immagini di pattinatori e giocatori di *curling* erano consuete nell'arte vittoriana, soprattutto in Scozia, dove gli inverni sono più rigidi e la neve copre il suolo per la maggior parte di quella stagione. In particolare le scene di pattinaggio – che si richiamavano all'arte olandese del XVII secolo, ma anche all'arte scozzese del tardo Settecento e primo Ottocento – facevano parte della tradizione. Per esempio, un'opera come la suggestiva tela di Charles Lees *Pattinatori sul Duddingston Loch al chiaro di luna* (cat. n. 66) ci ricorda immagini precedenti quali *Il reverendo Dr Robert Walker che pattina sul Duddingston Loch* (National Gallery of Scotland, Edimburgo).

All'inizio del decennio 1880-1890 l'artista scozzese Arthur Melville (1855-1904) adeguò questa tradizione ai tempi con il suo acquerello *Pattinatori sul Duddingston Loch* (collezione privata), realizzato *en plein air*. In confronto ad altre opere di quell'epoca, come il dipinto di Robert Anderson *Giocatori di curling, Duddingston Loch*, riprodotto in «The Magazine of Art» del 1881,[12] l'acquerello di Melville è un'immagine consapevolmente moderna che raffigura una donna abbigliata alla moda, con un lungo cappotto blu, un cappello, una sciarpa gialla e un manicotto di pelliccia, e una fanciulla vestita con un caldo cappotto rosso e un cappello, impegnata a tenere un grosso cane per il collare. La scena è strettamente collegabile alle immagini di vita moderna che artisti scozzesi come James Guthrie, John Lavery ed E. A. Walton dipinsero intorno al 1885 concentrandosi sulle attività di svago care all'alta borghesia della Scozia occidentale.

Melville fu un grande ammiratore di James McNeill Whistler (1834-1903), il quale più o meno

James McNeill Whistler
Il Tamigi ghiacciato, 1860
Freer Gallery of Art, Smithsonian
Institution, Washington, D.C.
dono di Charles Lang Freer

nello stesso periodo eseguì, pure lui, un acquerello con pattinatori, non tuttavia in Gran Bretagna, bensì su un canale gelato di Amsterdam (Freer Gallery of Art, Washington). Qualche anno prima, a Londra, Whistler aveva già sperimentato la pittura di scene invernali all'aperto. Nel 1860 e nel 1864 il tempo a Londra era stato talmente rigido che il Tamigi si era completamente gelato. La prima volta il pittore colse l'occasione per catturare sulla tela quell'effetto inquietante. *Il Tamigi ghiacciato*, che fu dipinto nell'arco di tre giorni nel dicembre del 1860 e che mostra una veduta della zona portuale di Londra, costituisce un drammatico cambiamento di soggetto rispetto ai paesaggi romantici e alle immagini di una borghesia impegnata in attività di svago. Whistler riprodusse la scena osservandola da una locanda di Cherry Gardens nel sud-est di Londra. Lavorando rapidamente, costruì con lunghe pennellate dritte i piani digradanti della neve e del ghiaccio che fluttuavano sul fiume. Ma la vera forza del dipinto sta nel suo colore smorzato, che cattura la fredda e triste atmosfera di una Londra avvolta nella nebbia e nel gelo.

Quattro anni dopo, in *Chelsea nel ghiaccio* (collezione privata), Whistler dipinse un secondo "paesaggio gelato", visto, in questo caso, da una finestra aperta della sua casa di Lindsey Row. Così la madre dell'artista spiega come egli abbia realizzato due schizzi in un tempo molto breve, lavorando rapidamente per catturare sulla tela la propria impressione prima che il ghiaccio potesse sciogliersi: «Durante un gelo molto intenso di soli pochi giorni – penso che per due giorni il ghiaccio sia passato sul Tamigi mentre guardavamo fuori – non seppe resistere alla tentazione di dipingere, io invece rabbrividivo dal freddo – con la finestra aperta.»[13] Gli schizzi furono eseguiti probabilmente all'inizio di gennaio del 1864, in quei giorni «The Times» riportò numerosi riferimenti al forte gelo. Certamente fra il 5 e il 7 di gennaio i *docks* di Chatham furono stretti nel ghiaccio e c'era anche nel porto «una grande quantità di ghiaccio che era stato portato giù dalla corrente.»[14]

Per Whistler vi era bellezza nello "scenario normale" dei *docks* sul Tamigi avvolti nella nebbia e nel gelo. Egli scelse di dipingere il paesaggio urbano nella morsa del ghiaccio e della neve all'opposto di molti artisti vittoriani che preferivano l'evasione nella campagna; diversamente da Whistler, il quale per amore dell'arte era disposto a intirizzirsi davanti a una finestra aperta, la maggior parte di costoro rimaneva nel proprio studio di città durante i mesi invernali e si avventurava nella campagna soltanto nel pieno dell'estate. Piuttosto che commentare il crudo realismo della vita contemporanea, molti cercarono di creare una visione idealizzata della tranquillità pastorale. Il paesaggio inglese quintessenziale presentava cieli azzurri, pittoresche case di campagna, campi rigogliosi di messi e spesso popolati di robusti contadini e di fanciulli, loro progenie, dalle guance rosee. Nel 1866 un critico di «The Times» si pose il seguente interrogativo riguardo agli artisti inglesi: «Perché si affidano sempre al puro piacere della graziosità e così di rado al dolce sentimento della comprensione e della pietà?» C'erano ovviamente eccezioni a questa regola e, nella seconda metà del XIX secolo, alcune delle opere vittoriane utilizzarono l'ambiente innevato specificamente come contesto per un commento sociale. Quasi sempre inserirono le loro vittime calpestate all'interno di un desolato paesaggio invernale con l'intento di accentuare il *pathos* della scena o di far risaltare le privazioni sopportate dal proletariato.

Uno fra i primi esempi di queste opere è *Una supplica silenziosa* di Marcus Stone (1859, Smith Art Gallery, Brighouse), in cui un povero vagabondo che ha trovato riparo dalla neve sta per essere arrestato da un poliziotto di passaggio. L'inclemenza del tempo sottolinea la tristezza della scena e suscita la nostra compassione per il vagabondo. Il dipinto di Stone è un commento sulle sofferenze patite dai senzatetto, in linea con *Senzatetto che chiedono accoglienza in un ospizio* di Luke Fildes (1874, Royal Holloway, University of London). La tela di Fildes, che raffigura un gruppo di derelitti tremanti per il freddo in una bufera di neve, è un'ancor più spietata denuncia della condizione di chi è povero e non ha una casa.

Un altro forte esempio di questa critica sociale, questa volta ambientato in un contesto rurale, è l'acquerello di Frederick Shields *Piccola mendicante*. L'opera mostra l'abitudine (osservata di persona dall'artista a Porlock, nel Somersetshire) di lasciare i bambini tutto il giorno fuori, sotto la neve, con il compito di tener lontani gli uccelli dal grano da poco seminato spaventandoli con sonagli di legno. I piccoli stavano seduti in ripari costruiti grossolanamente con graticci e ginestroni e riscaldati da minuscoli fuochi. In una certa occasione, secondo quanto ci riferisce un contemporaneo dell'artista, Shields «lavorò per tre giorni in un campo arato coperto di neve, condividendo le privazioni che il suo giovane modello e molti degli altri bambini e bambine sopportavano in cambio di un misero compenso.»[15]

Frederick Shields
Piccola mendicante, 1866
Manchester Art Gallery

Come Shields, anche Frederick Walker (1840-1875) basò il suo primo importante quadro *La via smarrita* (1863, Makins Collection) su studi dal vero, ma lo elaborò anche sviluppando un'illustrazione che aveva pubblicato l'anno precedente in «Good Words». L'illustrazione accompagnava una poesia di Dora Greenwell che raccontava la storia vera di una donna «morta in una tempesta di neve mentre attraversava le Montagne Verdi nel Vermont; con sé aveva un bambino in fasce che il mattino seguente fu trovato vivo e in buone condizioni, accuratamente avvolto negli abiti della madre.»[16] Il titolo *La via smarrita* scelto da Walker per la sua opera, cambiava leggermente il significato della poesia, suggerendo che la donna potesse aver smarrito la strada non soltanto materialmente ma anche moralmente. L'artista si basò probabilmente su studi dal vero per rendere l'effetto della neve, ma lavorò anche sulla scorta di fotografie, e chiese inoltre alla sorella Mary di posare per lui su un letto di sale in modo da ottenere l'effetto della neve che aderiva alle gonne lunghe della donna.[17]

Se Walker permise alla sorella di posare in studio, Ford Madox Brown chiese alla moglie di posare per *Addio all'Inghilterra* (1855, Birmingham Museums and Art Gallery) all'aperto con qualsiasi tempo, anche quando la neve copriva il suolo. L'estetica *en plein air* era estremamente importante per Brown, ma egli, invece di cercare di "catturare l'attimo" abbozzando la scena rapidamente, alla maniera dei pittori impressionisti, tendeva a lavorare nello stesso luogo per un lungo periodo di tempo. Può essere questo il motivo per cui le scene innevate sono una rarità nella pittura preraffaellita. Soltanto John Everett Millais, verso la fine della sua carriera, mentre viveva in Scozia, a Birnam, dipinse una serie di paesaggi invernali. Eseguiti nell'inverno della vita dell'artista, questi desolati scenari innevati sono toccanti meditazioni sul passare del tempo. Un dipinto come *Glen Birnam* del 1890-1891 (Manchester City Art Galleries) mostra una figura intabarrata che cammina sotto alberi spogli lungo un sentiero coperto di neve.

Spesso gli artisti britannici utilizzavano il paesaggio innevato come un contesto adatto per meditare sulla brevità della vita; la neve serviva loro per accentuare il *pathos* della scena. La xilografia di Frederick Sandys *La piccola orfana* (1863, Tate Gallery, Londra) è un'immagine dichiaratamente sentimentale di una piccola orfana che spala via la neve dalla tomba del genitore. Al contrario, il quadro *Funerale nelle Highlands* (Glasgow Museums) di James Guthrie è dipinto con un realismo quasi brutale. L'opera si basa su una scena vera di cui l'artista fu testimone nell'inverno del 1881: il semplice funerale di un bambino morto per annegamento. Un gruppo di abitanti del villaggio è riunito all'esterno della fattoria del fanciullo, mentre una sequenza di impronte sulla neve attrae lo sguardo verso una minuscola bara, posata sopra due sedie. Il dipinto, che ha in sé reminiscenze del lavoro dell'olandese Josef Israels, è debitore alla pittura olandese piuttosto che alla tradizione francese.

Anche alcune delle scene innevate dell'artista scozzese Joseph Farquharson (1846-1935) fanno pensare alla morte e al morire. I suoi dipinti con ambienti abitati soltanto da pecore e da spogli

James Guthrie
Funerale nelle Highlands, 1881
Glasgow Museums: Art Gallery
and Museum, Kelvingrove

Joseph Farquharson
Triste giorno d'inverno, 1883
Tate Gallery, Londra

alberi coperti di neve che gettano lunghe ombre nel sole della sera rappresentano l'opposto dell'i-dillio rurale inglese. Farquharson divenne famoso per i suoi quadri con la neve dopo che nel 1883 il suo *Triste giorno d'inverno* fu acquistato dal Chantrey Fund. Un critico di «The Art Journal» approvò il soggetto che, con la sua aura quasi religiosa, enfatizzava la dura esistenza del pastore solitario il quale lottava per guadagnarsi da vivere nelle Highlands scozzesi: «Su una desolata e spoglia brughiera scozzese coperta di neve, un pastore sta riconducendo il suo gregge all'o-vile. Avvolto nel suo tipico manto, l'uomo cerca di ripararsi dal turbinio dei vorticosi fiocchi di neve, mentre le pecore, semicieche per l'atmosfera oscurata, cedono, con pronta obbedienza, alla sua guida.»[18]

In generale, tuttavia, più che alla triste condizione del singolo individuo, le scene innevate di Farquharson si interessavano alla tragedia collettiva dello spopolamento rurale e dell'emigrazione forzata. Lo sfondo di questi quadri e dei loro titoli spesso poetici è la realtà dei «clearances» delle Highlands, allorché centinaia di contadini furono costretti da avidi latifondisti a lasciare le proprie terre e, in molti casi, a emigrare. In luogo dei loro modesti poderi furono creati vasti pascoli per ovini al fine di trarre vantaggio da un temporaneo aumento del prezzo delle pecore rispetto a quello dei bovini. La presenza di pecore nei dipinti di Farquharson sta, appunto, a significare l'assenza di persone e lo spopolamento delle Highlands nel corso del XIX secolo; al contrario, durante la prima metà di quel secolo il numero di ovini nella regione aumentò enormemente.[19]

Lo stesso Karl Marx parlò dei «clearances» nel primo volume del *Capitale*: «Furono introdotte pecore nelle valli in cui un tempo avevano dimora comunità di piccoli coltivatori; costoro furono spinti a cercare i mezzi per la loro sussistenza in tratti di terreno più aspro e più sterile. Ora i cervi stanno sostituendo le pecore e, di nuovo, spodestano i piccoli affittuari, i quali sono spinti verso terreni ancor più aspri e costretti a un'indigenza ancor più opprimente. Le foreste di cervi e gli esseri umani non possono coesistere. Gli uni o gli altri devono cedere.»

I paesaggi di Farquharson, abitati da pecore che lottano per sopravvivere nella campagna immersa nella neve procurarono al pittore il soprannome di «montone gelato». Per poter dipingere *en plein air* con qualsiasi condizione atmosferica Farquharson si era fatto costruire un *atelier* mobile: una capanna su ruote, trasferibile nel luogo desiderato; in questo modo, al calore di un braciere, riusciva a lavorare vicino al suo soggetto anche nei giorni più freddi.

Nonostante l'apparente devozione dell'artista all'estetica *en plein air*, molti dei suoi dipinti danno l'impressione di essere stati composti in studio. M. H. Spielmann, che scriveva per «The Magazine of Art», definiva *Il breve giorno d'inverno sta per finire* (Lady Lever Art Gallery) «un paesaggio costruito», ma lodava l'abilità del pittore di trasmettere «l'illusione della luce solare sulla neve, oscurata dalle ombre e dagli alberi spogli dietro i quali sta tramontando il sole invernale.»[20]

L'impressionista inglese Walter Sickert (1860-1942) provava una grande ammirazione per l'opera di Farquharson e paragonava le sue vedute scozzesi alle scene innevate di Gustave Courbet. Soprattutto lodava il connazionale per la sua chiarezza e sincerità: «Non c'è alcun brusco sobbalzo. L'artista fa entrare l'osservatore nel soggetto, in parte perché non ne distrae l'attenzione con arcaismi o neologismi tecnici.»[21] Nonostante ciò Farquharson non era un impressionista, egli dipinse sempre le sue scene innevate con una tavolozza convenzionale e una grande attenzione per i particolari.

Rispetto a lui, William McTaggart (1835-1910) aveva adottato un approccio molto più moderno. Soltanto raramente egli dipingeva all'aperto in inverno; a volte, tuttavia, in una giornata di sole dopo un'improvvisa nevicata, posizionava il cavalletto in giardino oppure vicino alla porta dello studio ed eseguiva un piccolo vibrante schizzo a olio, dal quale derivava poi un quadro più grande, ma non granché più finito.[22] Nel decennio 1890-1900, dopo essersi trasferito da Edimburgo a Dean Park, nel villaggio di Broomieknowe, l'artista realizzò un'intera serie di scene con la neve, la maggior parte delle quali presenta un'esecuzione abbozzata ed è quasi sempre popolata di bambini dalle guance rosee. *Alba d'inverno* (1894), per esempio, «associa l'allegria di alcuni bambini avvolti in abiti caldi e impegnati a sistemare una trappola per uccelli con la frizzante e splendente bellezza del sole mattutino sulla neve.»[23] In *Giorno di Natale* (cat. n. 69) il sole splende più intensamente, l'aria gelida è tersa e brillante, mentre i bambini sembrano quasi esultanti. Nel quadro *Neve d'aprile* (cat. n. 67) il bambino chino a raccogliere il fiore giallo in mezzo alla neve che si sta sciogliendo aggiunge una nota di ottimismo, e nel contempo dà la sensazione della fugacità delle stagioni. McTaggart preferiva dipingere la neve vergine sotto la piena luce solare, come si vede in *Inverno, Broomieknowe* (cat. n. 68), ovvero i suoi paesaggi evitano la desolazione e la nostalgia degli ambienti innevati di Farquharson.

Lindsay Errington definisce le scene innevate di McTaggart «le più straordinarie e originali elaborazioni di questo soggetto mai realizzate.»[24] In confronto alle opere di Farquharson, riguardano non tanto la sensazione della neve quanto la *texture* del colore, che sembra emanare luce ed energia. Nonostante ciò, l'artista raramente dipinge su uno sfondo bianco: *Inverno, Broomieknowe* ha uno sfondo grigio panna che affiora in vari punti attraverso lo strato di colore. Il sole è reso con un azzurro pallido che sui bordi cede al bianco e al giallo limone, mentre le ombre sono dipinte con un colore azzurro e violetto.

Si dice che McTaggart abbia conosciuto il lavoro di Monet soltanto dopo aver completato queste sue scene innevate; in realtà potrebbe aver visto i paesaggi innevati di Monet e di Sisley a Glasgow già nel 1892, allorché le loro opere furono esposte in quella città nella galleria del mercante d'arte Alex Reid. Certamente, di tutti gli artisti scozzesi del periodo McTaggart fu quello che maggiormente si avvicinò alla tecnica degli impressionisti. In particolare i suoi schizzi a olio eseguiti con tocchi rapidi, sebbene molto debbano all'arte di Constable, hanno la luminosità, la tavolozza intensa e l'esecuzione abbozzata tipiche dell'impressionismo.

Diversamente dagli scozzesi, artisti inglesi quali Walter Sickert e Philip Wilson Steer (1860-1942), entrambi figure di primo piano del New English Art Club (Circolo della Nuova Arte Inglese), hanno evitato il genere del paesaggio con neve, preferendo la luce splendente del giorno estivo (Steer) o le immagini di vita moderna in un contesto urbano (Sickert). Sickert divenne in

Lucien Pissarro
Ivy Cottage, Coldharbour: sole e neve
1916, Tate Gallery, Londra

seguito una delle principali figure del gruppo di Camden Town. Influenzato soprattutto dal postimpressionismo, l'unico membro del gruppo che si specializzò, quantunque per breve tempo, in scenari innevati fu Lucien Pissarro (1863-1944), figlio di Camille Pissarro. Lucien si trasferì in Inghilterra nel 1890, ma i suoi primi paesaggi con la neve non furono dipinti in questo paese, bensì in Francia, a Eragny, dove trascorse otto mesi subito dopo il suo matrimonio, celebrato nell'agosto del 1892. In *Effetto di neve, Eragny* (collezione privata) Lucien Pissarro esplorò gli effetti decorativi dei rami d'abete carichi di neve che si stagliano contro uno sfondo di giardini innevati, i quali conducono verso i campi e le colline visibili in lontananza. L'ampia distesa del paesaggio fa pensare alle scene impressioniste americane che l'artista aveva visto in occasione del suo soggiorno a Giverny l'anno precedente.[25] In seguito, durante la Prima guerra mondiale, egli eseguì un'altra serie di quadri con ambienti innevati che ricordano l'opera di suo padre. *Ivy Cottage, Coldharbour: sole e neve* fu dipinto vicino a Dorking, nel Surrey. In esso compare il tradizionale soggetto impressionista di una figura che si allontana su una strada innevata al centro della composizione. In queste opere tarde, fra cui *Scena con la neve, chiesa di East Knoyle* (1917, Bristol Museums and Art Gallery) – East Knoyle è il luogo in cui il pittore viveva all'epoca –, Pissarro cattura l'effetto luminoso della luce serale sul bianco paesaggio coperto di neve in un'ora in cui anche le ombre, dipinte con un tono chiaro di viola, sembrano emettere bagliori.

In Gran Bretagna, dunque, non si produssero molti paesaggi innevati durante la seconda metà del XIX secolo, e di questi soltanto una manciata potrebbe essere definita "impressionista". Ruskin consigliava di dipingere direttamente davanti al proprio soggetto, ma sottolineava anche la necessità di studiare la natura nei particolari, perciò l'idea di "catturare l'attimo" fu estranea ai preraffaelliti. Gli artisti inglesi preferirono dipingere all'aperto durante i mesi estivi, riservando l'inverno per il lavoro in studio. Inoltre l'inglesità quintessenziale era ancora in qualche modo associata all'idillio rurale estivo: case di campagna con tetti di paglia e rose tutt'intorno alla porta, contadini impegnati a lavorare la terra o a raccogliere il fieno. I paesaggi innevati, a parte le scene ambientate in un contesto alpino o le scene di genere tendenti all'aneddoto e al sentimentalismo, erano per lo più associati all'arte scozzese e al mondo delle Highlands. Fu dunque inevitabile che la "sensazione della neve" venisse più naturale agli scozzesi e che il paesaggio innevato di carattere impressionista fosse fondamentalmente un fenomeno scozzese piuttosto che britannico.

Traduzione dall'inglese di Viviana Tonon

[1] J. Ruskin, *Modern Painters*, 1856, vol. I, parte II sez. 4, cap. II, § 19.

[2] Due di questi componimenti poetici furono *Arctic Enterprise. A Poem in Seven Parts* di Chandos Hoskyns Abrahall, pubblicato nel 1856, e la possente elegia di Algernon Swinburne *The Death of Sir John Franklin*, pubblicata nel 1860, in cui il poeta evoca il potere del «duro ghiaccio» che «per bianche miglia […] mai si fonde / con il gelido lambente orlo del mare opaco.» Vi è un riferimento a questa spedizione anche nella poesia di Emily Dickinson; l'impresa ispirò inoltre il dramma di Wilkie Collins *The Frozen Deep* del 1856, che fu riveduto da Dickens e rappresentato per la prima volta nel gennaio del 1857. Infine, nel 1875, Jules Verne rispose all'affascinamento vittoriano per il mondo artico con due opere: *The English at the Pole* e *The Field of Ice*, entrambe pubblicate nel 1875.

[3] Si veda K. Flint, *The Victorians and the Visual Imagination*, Cambridge 2000, pp. 117-138. Dell'affascinamento vittoriano verso il ghiaccio e i ghiacciai parlano anche F. Spufford (*I May Be Some Time: Ice and the English Imagination*, Londra 1996) e R. Macfarlane (*Mountains of the Mind: A History of a Fascination*, Londra 2004).

[4] P. B. Shelley, *Mont Blanc*, in N. Rogers (a cura di), *The Complete Poetical Works of Percy Bysshe Shelley*, 4 voll., Oxford 1975, vol. II, pp. 78-79.

[5] K. Baedeker, *Handbook for Travellers to Switzerland and the Adjacent Portions of Italy, Savoy and the Tyrol*, Londra 1869 (IV ed.).

[6] Il dagherrotipo realizzato da Ruskin e da Frederick Crawley – che accompagnò Ruskin nel viaggio – è ora alla Ruskin Foundation, Ruskin Library, University of Lancaster.

[7] Ruskin, *Modern Painters* cit., vol. IV, parte V, cap. XX, § 3, cit. in *Selections from the Writings of John Ruskin*, Londra, Universal Edition, s. d., p. 76.

[8] Ibid., cap. XVIII, § 7, cit. in *Selections from the Writings of John Ruskin* cit., p. 71.

[9] Una buona scelta di immagini innevate dipinte da Stott è riprodotta in R. Brown, *Stott of Oldham 1857-1900: "A Comet rushing to the Sun"*, Gallery Oldham, 2003, pp. 100-107.

[10] A. Corkran, *William Stott of Oldham*, in «The Scottish Art Review», aprile 1889, p. 325.

[11] R. A. M. Stevenson, *William Stott of Oldham*, in «The Studio», 1894, vol. 4, p. 15.

[12] «The Magazine of Art», 1881, p. 262.

[13] J. A. McNeill Whistler a Gamble, 10 febbraio 1864, GUL AM 1962 W/35, cit. in A. McLaren Young, M. MacDonald, R. Spencer, H. Miles, *The Paintings of James McNeill Whistler*, New Haven-Londra 1980, n. 53, p. 30.

[14] Ivi.

[15] E. Mills, *The Life and Letters of Frederick J. Shields*, 1912, pp. 108-109.

[16] «Good Words», 1862, p. 184.

[17] J. Treuherz, *Hard Times: Social Realism in Victorian Art*, Manchester, Manchester City Art Galleries, 1987, p. 50.

[18] M. Phipps Jackson, *Mr Joseph Farquharson and his Works*, in «The Art Journal», 1893, p. 154.

[19] J. Morrison, *Painting the Nation: Identity and Nationalism in Scottish Painting*, Edimburgo, Edinburgh University Press, 2003, p. 109.

[20] M. H. Spielmann, in «The Magazine of Art», 1903, p. 426.

[21] W. Sickert, *Farquharson & Courbet, Snow Piece and Palette-Knife*, in «The Daily Telegraph», 7 aprile 1926.

[22] J. L. Caw, *William McTaggart: A Biography and an Appreciation*, vol. 2, Glasgow 1917, p. 160.

[23] Ibid., p. 161.

[24] L. Errington, *William McTaggart, 1835-1910*, National Gallery of Scotland, Edimburgo 1989, p. 116.

[25] K. McConkey, *Impressionism in Britain*, Londra 1995, p. 180.

65. Joseph Farquharson, *Mattino d'inverno*
olio su tela, cm 101,5 x 152,5
The Fleming-Wyfold Art Foundation, Londra

66. Charles Lees, *Pattinatori sul Duddingston Loch al chiaro di luna*, 1857
olio su tela, cm 50,8 x 74,9
The Fleming-Wyfold Art Foundation, Londra

67. William McTaggart, *Neve in aprile*, 1892
olio su tavola, cm 19,7 x 28,6
National Gallery of Scotland, Edimburgo
lascito di Sir James Lewis Caw, 1951

68. William McTaggart, *Inverno, Broomieknowe*, 1896
olio su tela, cm 99,1 x 147,3
Perth Museum & Art Gallery, Scozia

69. William McTaggart, *Giorno di Natale*, 1898
olio su tela, cm 98 x 142,5
Fife Council Museums, Kirkcaldy Museum
and Art Gallery

70. William Stott of Oldham, *La montagna bianca*
1888, olio su tela, cm 94,6 x 145
Gallery Oldham

71. William Stott of Oldham
Nuvola color ametista. La Jungfrau, 1888
olio su tela, cm 94 x 150
Fife Council Museums, Kirkcaldy Museum
and Art Gallery

Nord Europa

Notte perenne, freddo interminabile, giornate cristalline: paesaggi invernali nei paesi nordici

Hans-Jakob Brun

Il legame con la Francia

Fin dall'inizio gli artisti dei paesi nordici hanno sentito l'esigenza di collegarsi all'ispirazione e alla tradizione artistica dei centri culturali europei. Sono stati a Roma, a Dresda e a Parigi per arricchire la propria formazione. A volte, vi sono state regolari migrazioni di talenti, in cerca di comunità artistiche all'estero, dove avere la possibilità di confrontare le proprie intuizioni e pratiche artistiche. La maggior parte, in seguito a quest'esperienza, ritornava in patria e si integrava nella vita artistica locale. Tale forma di esodo temporaneo giunse all'apice nella seconda metà del XIX secolo, allorché un elevato numero di danesi, svedesi, norvegesi e finlandesi affluì a Parigi per studiare nelle sue scuole internazionali d'arte, far pratica negli studi dei suoi insigni maestri, partecipare alle vivaci discussioni degli artisti nei loro ritrovi preferiti, i *Café* e i *Bistrot* della capitale. Cercare fortuna nei prestigiosi *Salon*. E spesso soggiornare per qualche tempo in pittoreschi villaggi, come Grez-sur-Loing a pochi chilometri dalla zona sud-est di Parigi.

Alcuni degli artisti nordici non si limitarono a visitare la città, ma si integrarono completamente nel mondo artistico parigino. Vantavano *atelier* sempre più famosi, erano spesso ammessi ai *Salon*, avevano una clientela regolare, sia francese, sia internazionale – e anche alcuni amici personali tra gli artisti francesi. Il pittore svedese Anders Zorn e il norvegese Fritz Thaulow furono autentiche "star" nella società della capitale francese. Talvolta il movimento conobbe anche uno spostamento inverso. Paul Gauguin sposò una danese e abitò a Copenaghen negli anni 1884 e 1885. Nell'inverno del 1895, Claude Monet si recò in Norvegia per studiare la neve e la luce invernale lungo il fiordo di Oslo. Entrambi i pittori ebbero qualche limitato contatto con gli artisti locali, ma le loro visite non sembrano aver avuto un grande influsso diretto sull'ambiente artistico rispettivamente danese e norvegese.

Vivere a Parigi era, insomma, l'aspirazione dominante tra gli artisti nordici negli ultimi decenni dell'Ottocento. Molti di loro furono influenzati dalle più recenti tecniche e idee artistiche con le quali entrarono in contatto nella capitale francese. Si potrebbe anzi dire che alla fascinazione della città contribuiva proprio la possibilità che essa offriva di impegnarsi in idee artistiche alternative. Idee chiaramente nuove. Agli occhi degli artisti nordici, Parigi apparve ben presto come il luogo che impersonava la modernità stessa.

Harald Sohlberg
Notte d'inverno sulle montagne, 1914
Nasjonalmuseet for kunst, arkitektur
og design Nasjonalgalleriet, Oslo

Realismo o impressionismo?

Con l'addentrarsi nel XIX secolo, il realismo metteva radici sempre più profonde e manteneva una forte presa sugli artisti nordici come importante veicolo della pratica artistica moderna. Inevitabilmente ciò portò in molti casi a un certo uso di tecniche e modi di vedere impressionisti: ci sono esempi di pittura pienamente impressionista in singoli lavori, per esempio nelle opere del norvegese Edvard Munch, realizzate nel primo periodo della sua carriera artistica. L'impressionismo si confermò come una parte consistente delle possibilità pittoriche a disposizione degli artisti nordici. Il termine "impressionismo" fu spesso usato insieme al termine "realismo", talvolta senza distinguere l'uno dall'altro. La trattazione tendeva a concentrarsi sui soggetti contemporanei, e sulla propensione al sociale che gli artisti e gli scrittori nordici associavano al movimento impressionista. A volte il termine "impressionista" era utilizzato con intento polemico, ora offensivo, ora di plauso, per designare la modernità di una determinata opera d'arte (e solitamente ciò avveniva con ben poca pertinenza fattuale, un travisamento analogo a quello subito, nel discorso artistico dei paesi nordici, dal termine "cubismo" e dal termine "surrealismo"). Ma ben poche ragioni giustificano la qualifica di "impressionista" per un numero significativo di pittori nordici.

Ciò può essere spiegato con la paradossale situazione di questi artisti allorché vennero a cercare a Parigi i più attuali impulsi, eminentemente moderni. L'ambiente e la realtà cui infine ritornavano dopo il loro soggiorno francese era un mondo rurale, conservatore per tutto ciò che riguardava l'estetica. Allorché cercarono il nuovo, il nuovo che riuscirono a percepire fu l'accurato naturalismo di Jules Bastien-Lepage e di Léon Bonnat. Incontrarono, ovviamente, alcune opere impressioniste e da esse trassero alcune indicazioni, ma ciò che li affascinava erano soprattutto le immagini in cui era evidente la propensione a raccontare una storia, a rispecchiare le apparenze. Si può indubbiamente percepire una certa attenzione verso l'impressionismo – come emerge da questa esposizione – ma l'interesse fu sporadico e tardivo. Così tardivo, che fu quasi subito sorpassato dall'emergente "avanguardia" del simbolismo. Semplificando, si potrebbe dire che, in generale, l'arte nordica passò quasi direttamente dal realismo al simbolismo: l'impressionismo andò perso strada facendo. Simili "iati" storici fra tendenze artistiche internazionali, dovuti a ritardi locali, diventano spesso parte interessante della storia generale di quei paesi.

Ellen Thesleff, *Pioppi*, 1893
Ateneum Art Museum, Helsinki

Le terre dell'estremo Nord

I paesi nordici sono spesso considerati un unico insieme saldamente fuso, sebbene tale raggruppamento non abbia alcuna base né formale né politica. È necessario, allora, parlare più propriamente di Danimarca, Finlandia, Norvegia, Svezia. Si tratta ovviamente di paesi con un carattere geografico, culturale e storico altamente individuale, e tali differenze fra l'uno e l'altro sono state talvolta messe in risalto dal modo in cui noi stessi ci siamo considerati e presentati agli occhi del mondo. Rimangono tuttavia alcuni fatti inconfutabili: il fatto che viviamo l'uno accanto all'altro nell'estremo Nord, in condizioni di vita analoghe, e il fatto che le nostre nazioni hanno stretti legami storici. Tutto ciò ha dato alle nostre culture alcuni denominatori comuni che ci portano spontaneamente a parlare dei paesi nordici come di un'unica entità culturale. Uno dei principali motivi che giustificano questo raggruppamento è, ovviamente, la situazione climatica nel lembo più settentrionale della zona temperata. Una situazione che ci ha regalato le nostre famose pallide notti estive e che ha reso leggendari i nostri paesaggi invernali.

Quasi in ogni paese del mondo, l'arte, nel corso del tempo, si è soprattutto dedicata a raffigurare le persone, la società e gli eventi storici. Non così la pittura nordica. Certo, anche noi abbiamo la nostra quota di ritrattisti e di artisti che hanno raffigurato la sto-

Jens Ferdinand Willumsen
Il massiccio dello Jotunheim
1892-1893, J.F. Willumsens
Museum Frederikssund

ria e la vita sociale. Ma durante gli ultimi due secoli, un rilevante numero di dipinti – tra cui dei veri capolavori – si è concentrato su un singolo soggetto: il paesaggio. Come vedremo, i temi storici, simbolici e psicologici sono stati spesso assorbiti come parte integrante di tale soggetto, una parte che si è aggiunta alla rappresentazione di un ambiente puramente geografico o di fenomeni naturali. È dunque giusto precisare che il paesaggismo nordico include molti elementi presenti in altri generi, ma rimane dominato, a un grado sorprendentemente alto, dal paesaggio, dalla natura.

I temi fondamentali dell'arte nordica si concentrano logicamente sulle caratteristiche geografiche e climatiche di queste regioni. Per la maggior parte dell'anno noi viviamo in condizioni di freddo estremo, in un ambiente dominato dalla neve e dal ghiaccio. Il paesaggio è ammantato di tremuli bagliori, un tipo di luce che ha il potere di cambiare le forme, i colori, le distanze. Proprio questa luce è il tema principale di molti dipinti, seppure essi possano avere altri soggetti evidenti. E, logicamente, questo tema consente di stabilire un collegamento tra i paesaggi invernali del Nord e l'impressionismo internazionale.

"Le terre della notte eterna"
Tutti questi mesi invernali costituiscono anche il nostro ricorrente periodo di oscurità, che, in vaste aree dei nostri paesi, assume in realtà la forma di una notte interminabile. Una "notte eterna" come questa è molto più d'un qualunque fenomeno meteorologico. Tale oscurità avvolge ogni cosa, e lascia il segno sulle nostre paure, sui nostri sogni, sulle nostre fantasie, così come sono stati espressi dalla cultura nordica nelle varie epoche. E questa oscurità è stata messa in risalto dalla raffigurazione del fenomeno contrario: il chiarore delle stelle, della luna, dell'aurora boreale o delle lampade artificiali. Il fascino dell'oscurità, infine rotto da una qualche luce nel cielo o nelle case, ha contribuito a stimolare l'entusiasmo per tendenze diverse dall'impressionismo canonico, preferendo, dapprima, una narrazione realistica e, successivamente, una lettura simbolista del paesaggio.

Il ruolo predominante della natura nella vita dei popoli nordici ha fatto sì che l'intrinseco mistero di questi paesi diventasse un tema importante della loro arte: i suggestivi, arcani scenari nordici – o la combinazione di natura e simbolismo, di natura e mito. Lo

Magnus Enckell
La Morte in cammino, 1896
Ateneum Art Museum
Helsinki

stesso paesaggio invernale, la stessa luce e oscurità e lo spazio eterno si fanno portatori di concetti religiosi, esistenziali o psicologici.

L'arte non è soltanto un mezzo per formulare o illustrare i tentativi dei popoli nordici di scoprire e comprendere il significato della natura del loro mondo invernale, nella sua vastità, nella sua asprezza e nel suo incanto. L'arte raffigura anche la vita della gente nordica: come gli abitanti riescono a sopravvivere; come si impegnano a proteggersi dall'asprezza minacciosa dell'inverno; come rischiano costantemente solitudine, isolamento, diffidenza, se non cercano deliberatamente il calore della reciproca compagnia; come trovano sicurezza, gioia e rinnovata energia nell'ambiente domestico, nei giochi e nello sport.

Paesaggi sublimi

L'arte nordica giunse al suo pieno sviluppo come "arte" tra la fine del Settecento e l'inizio dell'Ottocento, precisamente nel periodo in cui la pittura paesaggistica stava diventando un genere particolarmente importante in campo internazionale. La contemplazione della natura era il mezzo attraverso cui trascendere i limiti e la banalità del vivere quotidiano. L'esotico, l'orrido, il travolgente, la seduzione dell'illimitatezza e dell'atemporalità – in breve la sublimità del paesaggio – rappresentarono una forte attrattiva per coloro che vissero in epoca romantica.

In alcune delle aree rurali dei paesi nordici si poteva incontrare proprio questo genere di paesaggio incombente, il cui carattere era accentuato dalla presenza dei pochi abitanti, individui semplici, abituati a ogni asperità, romanticamente considerati i diretti discendenti dei Vichinghi, e di creature leggendarie, che appartengono soltanto a metà alla storia della civiltà.

Non stupisce che gli antichi artisti nativi fossero affascinati dalla ricchezza di temi presente in questi luoghi, specialmente se si considera che il loro tempo era quello in cui gli stati nordici stavano cominciando a emergere e ogni sforzo era rivolto alla creazione di ben precise identità nazionali. Le immagini dei paesaggi nordici realizzate dalle prime generazioni di artisti erano quadri che contenevano simboli degli eventi nordici, delle condizioni di vita tipicamente nordiche, del carattere nordico e del patrimonio culturale nordico.

Specificamente nordico

Era dunque naturale concentrarsi sugli aspetti che venivano considerati tipici del peculiare paesaggio nordico. Gli stessi abitanti di questi paesi erano affascinati dai tratti esotici del proprio ambiente. Così, sin dall'inizio, le montagne, le foreste, le coste frastagliate furono i soggetti preferiti. Nel migliore dei casi, questi luoghi erano accessibili d'estate e lungo la costa, dove il clima è temperato e non c'è molta neve. Per tale ragione, inizialmente vediamo soltanto esempi isolati di quella che è davvero la principale caratteristica del nostro *habitat* naturale: l'inverno. Lo sfruttamento pittorico di questo aspetto si ha soltanto nel tempo, e ciò avviene paradossalmente allorché i paesaggi realizzati in studio dai romantici e dagli storicisti di Düsseldorf e di Monaco lasciano spazio alla pratica della pittura all'aria aperta (molti quadri con pittori impellicciati, intenti a sistemare il cavalletto sui cumuli di neve rendono testimonianza di questo estremo esempio di pittura *en plein air*).

L'inverno come tema emblematico dell'arte nordica è pienamente utilizzato nel periodo realista tra il 1870 e il 1880, e sotto il parziale influsso dell'impressionismo nel decennio 1880-1890. Gli artisti nordici rimasero fedeli ai loro soggetti, almeno in parte, anche quando si spostarono nei più importanti centri artistici della Germania e della Francia, dove vennero a contatto con le correnti internazionali imperanti. Va sottolineato che, molto spesso, danesi, svedesi, finlandesi e norvegesi stavano tra loro, e in determinate località avevano costituito delle vere e proprie colonie artistiche. Ciò può aver contribuito a rafforzare talune tendenze e preferenze comuni, "nordiche" sia nel contenuto, sia nello stile.

L'inverno osservato

L'intento principale dei realisti era quello di rappresentare la vita come effettivamente era, raffigurandola oggettivamente, con una dovizia di particolari concreti; quella vita reale – cioè – che conoscevano per esperienza diretta. Di conseguenza erano interessati a tutto quanto era nordico. Era una realtà specificamente nordica ciò che essi volevano presentare, una realtà determinata per lo più dal fatto che, per la maggior parte dell'anno, noi viviamo in una terra invernale. Inevitabile allora assumere l'inverno come soggetto artistico. Un inverno osservato, e meditato. I pittori indagarono il modo in cui l'acqua che scorre scura si incontra con la neve silenziosa. Il modo in cui i rami gelati degli alberi disegnano le loro linee contro il cielo pallido. Il modo in cui un'atmosfera gelida e umida può inghiottire ogni distanza di un paesaggio, o il modo in cui uno splendente raggio di luce può imporsi anche sul più grandioso regno dell'oscurità. L'intento di rendere la specificità del tempo e del luogo porta occasionalmente all'uso del metodo adottato dagli impressionisti per registrare l'atmosfera e la luce. E l'interesse per l'autentica *tranche de vie* e per l'immediatezza che coglie l'attimo di vita vissuta poteva produrre composizioni e prospettive che ricordano il taglio obliquo e casuale della fotografia da *reportage*. Convenzioni artistiche la cui presenza in pittura è dovuta ai conseguimenti degli impressionisti. Ma che, in questo caso, divennero parte di un modo di pensare prevalentemente realistico.

Alcuni di questi dipinti realistici descrivevano la drammaticità, l'asprezza, persino la tristezza dell'inverno. Per lo più, tuttavia, si concentravano sul dialogo tra uomo e natura, sulle tracce dell'attività e del faticoso lavoro umano in presenza dell'egemonia tirannica dell'inverno. Nei suoi dipinti, pervasi da un'intensa calma, il pittore danese Laurits

Andersen Ring rappresenta forse le umili tracce delle attività dell'uomo in un paesaggio deserto, nel quale il disgelo dei campi testimonia la morte dell'inverno, più che la resurrezione della primavera.

Altri artisti, come il norvegese Gustav Wentzel, celebrarono invece le opportunità di divertimento e di sport offerte dall'inverno. Quelli che poco prima erano stati gli strumenti necessari per la sopravvivenza – sci, pattini, slitte – erano ora oggetti per attività di svago. Le persone indossavano abiti caldi, uscivano all'aperto, all'aria fredda, gioivano della compagnia altrui in giochi, gare ed escursioni. Oppure si ritrovavano insieme nella calda intimità delle loro case e negli incontri sociali del villaggio o della cittadina. Questa socialità della stagione fu, quasi ostentatamente, documentata in dipinti festosi o idillici. O in raffigurazioni di persone che conducono la loro quotidiana esistenza in questo strano ambiente estremo, ignare di ogni suo significato metaforico o di ogni suo stimolo estetico. Esserne consapevoli è prerogativa dell'artista.

Il pittore svedese Carl Larsson ci ha dato un'efficace idea di tale situazione. Il pittore è seduto all'esterno, nel paesaggio freddo, mentre alle sue spalle un gruppo di persone manifesta reazioni diverse – dal divertimento all'estasi – dinanzi allo strano progetto dell'artista. E la stranezza del progetto è resa evidente dal fatto che il centro della tela – in verità quasi i due terzi di essa – è costituito dal vuoto di uno scenario innevato. Nulla di aneddotico o pittoresco, assolutamente nulla di tragico o esistenziale. Soltanto neve. Con l'obliquità della composizione, Larsson ci sollecita a concentrare l'attenzione sull'intensa, perlacea massa di neve. Una neve dipinta in modo realistico, minuzioso, ben lontano dallo stile impressionistico che ci si potrebbe aspettare in questa composizione, visto il suo particolare carattere di istantanea.

Durante tutto il XIX secolo l'inverno si confermò, dunque, tema fondamentale dell'arte nordica, dapprima con valore simbolico all'interno del movimento romantico nazionale, in seguito, collegato al desiderio di rappresentare realisticamente la vita e l'ambiente autenticamente nordici. Col tempo, divenne ovvio pensare che questo fosse un soggetto del tutto naturale per i nostri pittori, tanto che motivi invernali erano utilizzati da tutti i vari artisti, seppure in modo completamente diverso, secondo la formazione, la situazione e la visione di ognuno. L'inverno era lì, ineludibile.

Christian Krogh
Lotta per la sopravvivenza, 1887
collezione privata

Paesaggi lunari

L'affermarsi del tema invernale come soggetto quintessenzialmente nordico è collegato all'affermarsi dell'idea convenzionale che il carattere quintessenziale della gente nordica sia silenzioso, forte, introverso, malinconico, incline a improvvisi momenti di indefinibile desiderio. Poiché ciò coincide anche con il prevalente umore del mondo pittorico simbolista, sembrò logico che il simbolismo si legasse strettamente con i movimenti nazionalisti nordici. E i paesaggi quintessenzialmente nordici divennero paesaggi lunari.

Nella maggior parte dei dipinti con persone immerse in un paesaggio invernale non vi è alcuna agitazione, tutt'altro; spesso vi sono soltanto figure piccole e solitarie che lasciano tracce quasi invisibili sulla vasta landa innevata. L'artista finlandese Pekka Halonen ha dipinto immagini dell'attutita presenza di cavalli e uomini che procedono sulle dune di neve. Quadri come questi trattengono un'aura contemplativa, a volte quasi malinconica. Ciò è dovuto non in piccola parte al fatto che le vaste distese di neve sono diventa-

Akseli Gallen-Kallela
Autunno, 1903
Sigrid Jusélius Stiftelse, Helsinki

te l'elemento principale della tela: alte masse di neve morbida che trasformano la luce e l'ombra, e tramutano il paesaggio in un luccichio sconfinato. Ci troviamo dinanzi al fascino della luce invernale, un fascino che sarà ancor più considerato soggetto artistico qualche tempo dopo. Vi è, di fatto, una sottile gradazione di interesse nei diversi pittori realisti; vi è una crescente tendenza verso i "dipinti d'umore", che tra il 1890 e il 1900 misero in risalto soprattutto il silenzio evocativo e carico d'emozione del paesaggio invernale.

Talvolta, perciò, era l'inverno stesso a suscitare la sottesa malinconia presente nei paesaggi dipinti nei primi anni del nuovo secolo: una natura temporaneamente deposta nella bara del freddo, una natura che giace morta fino alla prossima primavera. Questo processo elementare era di per sé una fonte sufficientemente pregna di simboli da diventare una caratteristica centrale del simbolismo nordico dal 1890 in poi. Talvolta i simboli della morte erano enfatizzati, per esempio, da immagini di tombe o di croci; spesso era sufficiente invece la presenza di alberi gelati o di cieli scuri. In un suo quadro l'artista finlandese Axeli Gallen-Kallela raffigura realisticamente due abeti con i loro ciuffi d'aghi, ma gli alberi sono un'espressione simbolica della patetica voglia di vivere, quanto lo sono i rami stilizzati che il pittore rappresenta nelle sue opere totalmente simboliste.

La luce come tema e metafora

La luce, o l'assenza di luce, era divenuto, in effetti, un tema ricorrente. Con il passare del tempo, sia la luce sia l'oscurità sia l'accostamento di entrambe assunsero un significato più metaforico, collegato all'idea della vita e della morte. Dapprima come fenomeno naturale, poi come riflesso della situazione umana. In varia misura e in diverse forme espressive, la pittura nordica ha, per generazioni, creato variazioni infinite sui temi che si richiamano all'inverno. Molti dei paesaggi realizzati nel decennio 1890-1900 sono, in effetti, da considerarsi "variazioni" sul tema della luce e dell'oscurità. Anch'essi furono interpretati come un tentativo di creare immagini che rappresentassero, ad esempio, il contrasto tra l'attimo fuggente e l'eternità, oppure tra l'angoscia esistenzialista e le nostre radici nel mondo reale. Anche se ovviamente gli artisti del tardo Ottocento non avrebbero mai trattato simili tematiche in termini così astratti. Questi pittori nordici si consideravano assolutamente al passo con i più attuali sviluppi artistici, ciò nonostante

Nils Kreuger
Neve a Parigi, 1885
Prins Eugens Waldemarsudde
Stoccolma

Edvard Munch
La Senna vicino St. Cloud, 1890
Munch Museet, Oslo

non abbandonarono mai lo spazio pittorico tradizionale per indagare il piano del dipinto in quanto tale. La lettura astratta non era uno strumento importante. Per loro il soggetto e l'atmosfera del quadro erano punti di riferimento sufficienti.

Proiezione di espressioni mutevoli

Questa visione emotiva è condivisa, e talvolta accentuata, da molti simbolisti, nel loro modo di raffigurare i temi invernali. Talvolta si ha l'impressione che l'atmosfera della notte invernale e della distesa di ghiaccio sia vista di preferenza come una dimensione tragica del paesaggio. E, ovviamente, maestro dell'intensificazione emotiva del dato visivo è Edvard Munch (che, del resto, si definì «naturalista psichico»). Ciò nonostante Munch sta da solo, in una categoria a parte, in quanto tutte le sue opere guardano al futuro e all'espressionismo, piuttosto che al passato, al romanticismo e al realismo. Anche lui dipinge notti invernali rischiarate da una glaciale luce stellare, uno scenario nel quale l'esistenza dell'uomo si riduce a quella di un'ombra solitaria sotto la fredda volta del cielo. Nella pittura di Munch c'è anche la fusione, d'attualità all'epoca, fra il tema della morte e il paesaggio invernale. Ma nel suo caso il remoto sentimento dell'interminabilità è sostituito da una più intensa presenza emotiva. La notte invernale ci invade e ci abbraccia. Munch dipinge un paesaggio interiore, a suo modo analogo al tormentato cielo stellato di Van Gogh e ai paesaggi interiori degli artisti contemporanei.

Molte delle immagini invernali di Munch comunicano effettivamente qualcosa di diverso dalla raggelata immobilità e dal vuoto intimorente che caratterizzano i quadri di molti pittori simbolisti. Nelle opere tarde di Munch, le attività invernali sono viste come una vittoria celebrativa su tutto ciò che limita e uccide. Questa vitalità è strettamente collegata ai soggetti scelti dall'artista, anche se si esprime in termini di colore, pennellata e composizione. In Munch, come in molti altri artisti, il tema invernale diventa lo scandaglio con cui sondare le proprie esperienze personali, l'arena in cui dare testimonianza delle proprie osservazioni. E, soprattutto, il paesaggio gelato è, paradossalmente, il suolo fertile su cui verificare e coltivare i più diversi generi di concetti artistici. Lo scenario invernale può apparire immobile e perpetuo, ma non è senza tempo. È una tela sulla quale i popoli nordici hanno proiettato le mutevoli espressioni della visione che essi hanno della vita, di se stessi, e dell'arte.

Traduzione dall'inglese di Viviana Tonon

72. Albert Gottschalk, *Giornata d'inverno
vicino Utterslev*, 1887
olio su tela, cm 33 x 48,5
Statens Museum for Kunst, Copenaghen

73. Laurits Andersen Ring, *Disgelo*, 1901
olio su tela, cm 40 x 61
Statens Museum for Kunst, Copenaghen

74. Fritz Syberg, *Strada di campagna al sole d'inverno*, 1895
olio su tela, cm 62,5 x 82
Statens Museum for Kunst, Copenaghen

75. Helmi Biese, *Veduta invernale di Pyynikki*, 1900
olio su tela, cm 91 x 115
Ateneum Art Museum, Helsinki

76. Fanny Churberg, *Paesaggio invernale*, 1880
olio su tela, cm 38 x 56
Ateneum Art Museum, Helsinki

77. Akseli Gallen-Kallela, *Paesaggio invernale*, 1900
olio su tela, cm 55,5 x 30,5
Ateneum Art Museum, Helsinki

78. Pekka Halonen, *Carico di fieno*, 1899
olio su tela, cm 32 x 40
Ateneum Art Museum, Helsinki

79. Frederik Collett, *Alle foci del Mesna*, 1891
olio su tela, cm 101 x 150
Nasjonalmuseet for kunst, arkitektur og design
Nasjonalgalleriet, Oslo

80. Frederik Collett, *Neve fresca*, 1892
olio su tela, cm 66 x 87,5
Nasjonalmuseet for kunst, arkitektur og design
Nasjonalgalleriet, Oslo

81. Jørgen Sørensen, *Inverno*, 1888
olio su tela, cm 68,5 x 90
Nasjonalmuseet for kunst, arkitektur og design
Nasjonalgalleriet, Oslo

82. Frits Thaulow, *Inverno*, 1886
olio su tela, cm 62 x 100
Nasjonalmuseet for kunst, arkitektur og design
Nasjonalgalleriet, Oslo

83. Frits Thaulow, *La vecchia fabbrica
sul fiume Akerselva*, 1901
olio su tela, cm 82 x 100
Lillehammer Art Museum

84. Gustav Wentzel, *Gara di sci a Fjelkenbakken*, 1898
olio su tela, cm 140 x 270
H. Aschehoug & co., Oslo

85. Gustaf Fjæstad, *Crepuscolo invernale*, 1894
olio su tela, cm 59 x 75
Nationalmuseum, Stoccolma

86. Carl Larsson, *Il pittore en plein air.*
Motivo invernale da Åsögatan, 1886
olio su tela, cm 119 x 209
Nationalmuseum, Stoccolma

Italia

Effetti di neve nella pittura italiana del secondo Ottocento: "la plus extraordinaire symphonie de la blancheur"[1]

Vincenzo Farinella

Un manto biancheggiante, soffice e compatto copre le campagne che si estendono attorno al castello: su un campo innevato subito al di là del fossato i signori, indossati gli abiti più sfarzosi e suddivisi in due schiere, si sfidano, con gesti eleganti e mosse cortesi, a pallate di neve. Più in alto, lontano, due cacciatori affondano fino ai polpacci nella candida distesa, avanzando faticosamente con i cani per snidare i tassi e le volpi dai nascondigli improvvisati nei cespugli. Anche le rupi rossastre all'orizzonte sono spruzzate di neve, mentre dal cielo azzurro piovono bianche pennellate, come se la nevicata che ha ricoperto il mondo della natura (ma non il castello, realisticamente descritto in ogni suo particolare architettonico) stesse per ricominciare proprio in questo momento, interrompendo gli svaghi gentili dei nobili in primo piano e le occupazioni della gente del popolo, impegnata nella quotidiana arte della sopravvivenza, che si fa sempre più ardua quando il clima diventa inclemente.

Siamo di fronte a quello che è stato giustamente definito «il primo paesaggio coperto di neve nella storia dell'arte occidentale»:[2] il luogo è il secondo piano della torre Aquila, a Trento, l'anno uno dei primissimi del Quattrocento (*ante* 1407), certo prima del momento in cui venne dipinta dai fratelli Limbourg, alla corte del duca Jean di Berry, la celeberrima miniatura del mese di *Febbraio* (1410-1416),[3] che talvolta, con le sue indimenticabili notazioni dal vero (come il contadino che, avanzando tra la neve, gelato dal freddo invernale, si soffia sulle mani per tentare di riscaldarle o i due giovani che, davanti al focolare, sollevano impudicamente gli abiti per godere del tepore delle fiamme), usurpa il posto di prima veduta di un paese innevato nelle arti figurative dell'Occidente.[4]

Proprio in Italia parrebbe, quindi, che sia stato affrontato per la prima volta il problema della rappresentazione di questo particolare momento meteorologico: e in effetti alcuni precedenti trecenteschi (la personificazione dell'Inverno affrescata nel 1338-1339 da Ambrogio Lorenzetti a Siena, sulla parete del *Cattivo Governo*, con una palla di neve in mano e i fiocchi che volteggiano nell'aria,[5] oppure la rappresentazione di *Nix et Glacies* nel *Tacuinum Sanitatis* di Vienna, realizzato in Lombardia intorno al 1395[6]), lascerebbero immaginare un precoce interesse della cultura figurativa italiana per il tema, non poi così frequente dal vero in molte regioni della nostra penisola, della veduta di natura innevata.

In realtà, a ben vedere, anche l'affresco di Trento dedicato al mese di *Gennaio*, che indubbiamente costituisce un momento fondamentale nella storia della raffigurazione realistica della neve, dimostra la sostanziale alterità dell'arte italiana rispetto ad un motivo che diventerà ben presto una caratteristica tipica, anche se non esclusiva, delle civiltà artistiche nordeuropee. E questo non solo perché Trento è, e tanto più era all'aprirsi del Quattrocento, terra di confine; non solo perché il committente di questa straordinaria decorazione è stato il principe-vescovo Giorgio di Liechtenstein, proveniente da Vienna e di origini morave; ma soprattutto perché l'autore degli affreschi sembra aver avuto ben poco a

Maestro dei Mesi di Trento
Gennaio, primo XV secolo
Castello del Buonconsiglio
Torre Aquila, Trento

che spartire con la cultura italiana: l'ipotesi più convincente per questo misterioso, ma notevolissimo, Maestro dei Mesi di Trento, sembra puntare infatti verso la Boemia.

Dopo questo luminoso ma spaesato inizio, non è facile tracciare una linea continua di interesse per il tema della neve nell'arte italiana: se prescindiamo da serie iconografiche specifiche, come quella del *Miracolo della neve*,[7] dove questo evento meteorologico è imposto, come necessario complemento, dalle peculiarità stesse del racconto sacro (ma appunto di un miracolo si tratta, non di un evento ordinario: la neve caduta incredibilmente a Roma d'agosto, che consente a papa Liberio di fondare Santa Maria Maggiore, tracciando nel manto candido il profilo della nuova basilica), o da qualche notevole eccezione (come, ad esempio, le montagne innevate che si innalzano sul fondo di una dolcissima Madonna umbra di Raffaello, quella detta Conestabile, oggi all'Ermitage di San Pietroburgo,[8] oppure le gelide vedute invernali che si aprono alle spalle della Sacra Famiglia in due *Adorazioni dei pastori* di Alessandro Allori, databili negli anni settanta del Cinquecento[9]), sembra che ben pochi pittori della nostra penisola abbiano rivolto, per secoli, una reale attenzione alle possibilità figurative offerte dal motivo della neve caduta a celare, con il suo candore, le multicolori apparenze del mondo.

Un dipinto di Mattia Preti, uno degli scomparti della navata mediana di San Pietro a Maiella di Napoli, proprio per l'eccentricità della veduta del paese innevato ha meritato, nel 1913, una delle memorabili *ekfraseis* del giovane Longhi, nell'augurio che questi dipinti seicenteschi potessero diventare, «speriamo presto, qualcosa di più che le stanze di Raffaello per lo spirito dei migliori»:

Depressione estrema della scena alpestre nell'*Annunzio del papato*, altitudine rasa da un orizzonte subitaneo (il taglio), vetta stagliata all'ultimo dente, angelo dominatore della scena pianando in una brevissima striscia d'atmosfera rarefatta, luce orizzontale, ferita rosea di neve che s'accende nell'ascella dell'arbusto pelato, e poi bianco e nero felino del tramonto sull'alpe, bianco fresco di neve friabile e pressa, caldo, di ali angeliche zigrinate, nero caldo di tunica impermea ed opaca, freddo di ombra alpestre. Neve! Dove Segantini è più vicino a Detaille che a Preti![10]

Insomma, è evidente che l'arte italiana non ha saputo produrre, nelle sue epoche più gloriose, almeno fino all'apparizione delle opere di Segantini nell'ultimo decennio dell'Ottocento, un grande "pittore di neve" come Pieter Bruegel. D'altronde l'Italia, nel mito e nella tradizione, è sempre stata la terra calda e dorata "dei limoni", il paese assolato dove proiettare, senza nubi o tormente, un'immagine sognante della classicità. La bellezza perfetta della neve, la seduzione di quel bianco assoluto che riassume in sé tutti i colori dell'arcobaleno, la possibilità di riflettere sul manto immacolato le infinite apparenze del reale e anche la quotidiana fatica di vivere, nelle tracce impresse dall'uomo e dagli animali, non pare aver particolarmente sedotto gli artisti italiani.

Anche nella prima metà dell'Ottocento i pittori che sembrano in grado di competere, per questo tema, con i maestri del Nord, costituiscono dei casi tutto sommato isolati; ma andrà almeno ricordato Giuseppe Pietro Bagetti,[11] il grande battaglista-topografo e pittore torinese che, nelle sue vedute dei ghiacciai alpini, nella visionaria evocazione della sgomentante grandezza delle montagne, ricoperte da coltri intatte di neve secolare e percorse da rari minuscoli viandanti, nella ricreazione delle forme fantastiche assunte dai ghiacci sotto il crudele sferzare del vento invernale, sembra attingere alle stesse fonti e avvicinare, talvolta, la grandezza del maggiore paesaggista romantico: Caspar David Friedrich.

Poco prima della metà del secolo, quando la grande ondata del Realismo europeo ancora non aveva cominciato che episodicamente a porre le prime radici nella nostra penisola, alcuni vedutisti sembrano accorgersi delle inedite risonanze sentimentali contenute in questo motivo, riproponendo, innevate o sotto fitte nevicate, alcune tipiche immagini

Angelo Inganni
Piazza Borromeo sotto la neve
1846, Museo di Milano
Collezione Luigi Beretta, 1934

delle più celebri città italiane. Se il bellunese Ippolito Caffi, negli anni quaranta, rinnova, proprio ricorrendo ad un motivo singolare come la neve, la veduta di tradizione canalettiana, ma ormai usurata, del Canal Grande e della Salute[12] (cat. n. 87), il bresciano Angelo Inganni rilegge l'immagine dei Navigli milanesi dopo fitte nevicate, cadute a rendere ancora più faticoso il quotidiano lavoro della gente del popolo: in un dipinto del 1846, conservato al Museo di Milano, Piazza Borromeo viene colta proprio mentre la neve sta fioccando copiosa da un cielo livido, senza frenare tuttavia le operose occupazioni della gente, venendo così a creare un'immagine tipica di quel nuovo gusto borghese che decretava, in questi anni, la fortuna delle esposizioni braidensi.[13]

Ma per individuare il radicamento, in Italia, di un vero e proprio genere dedicato all'"effetto di neve" dovrà passare ancora parecchio tempo: sarà solo a partire dagli anni settanta che numerosi pittori italiani, come risposta alle sollecitazioni d'oltralpe, affronteranno, saltuariamente o con maggior assiduità, il motivo della veduta di paese ricoperto dalla neve. Nel giugno del 1881, nella memorabile Indisposizione di Belle Arti organizzata dalla Famiglia Artistica Milanese sotto gli auspici di Vespasiano Bignami, dove si realizzava un sorprendente ribaltamento ironico della contemporanea Esposizione Nazionale dell'Industria e delle Belle Arti (l'Indisposizione fu allestita, infatti, a fianco della sede della mostra ufficiale), venne presentato anche un dipinto, *Notte oscura, truce, senza fine, funebre con effetto di neve*, che, oltre a essere stato «forse il primo dipinto monocromo della storia dell'arte moderna»,[14] dimostra che, a queste date, il genere "effetto di neve", già esistente d'altra parte nella prima metà del secolo,[15] si era ormai vastamente diffuso anche nella pittura italiana, se poteva prestarsi ad una dissacrante parodia, dove proprio il candore del manto innevato era evocato nel titolo per essere negato in una tela notturna, priva di qualsiasi elemento descrittivo.

Una suggestiva introduzione all'affermazione anche in Italia, sull'onda delle esperienze europee, dell'"effetto di neve", è costituita da un brano del *Diario* o *Taccuino* di Giuseppe De Nittis (in realtà si tratta di una serie di *Notes et souvenirs du peintre Joseph De Nittis* pubblicata dalla vedova Léontine a Parigi, prima sulla «Nouvelle Revue» del maggio-giugno 1894, poi raccolta in un volumetto dell'anno successivo):

1875. Parigi è tutta bianca di neve. Una bianca coltre ricopre per tutta la lunghezza del viale i rami spogli, le poche foglie ancora attaccate e le grate dei cancelli. Stiamo andando tutti e tre verso i laghi. Jacques [il figlio di De Nittis, che all'epoca aveva due anni e mezzo] ha le ghette ai piedi e un fazzoletto da collo sul berretto che gli lascia scoperti solo gli occhi. Il bosco riluce sotto il cielo pallido e, attorno a noi, il silenzio è profondo: non v'è nessuno sull'immensa spianata. A una svolta si profila una figurina gracile e minuta: è un fanciullo, una donna? È un giapponese vestito d'azzurro che con gli occhi spalancati ammira il paesaggio. Sulle sue labbra indugia un sorriso che gli si allarga sul volto quando ci passa accanto, come un amichevole cenno d'intesa. Per me è una visione del Giappone, una immagine di

quella dolce vita da sognatore al quale basta una distesa di cose bianche, una pioggia di neve o una pioggia di fiori. È la vita per la quale son nato: dipingere, ammirare, sognare.[16]

Giuseppe De Nittis
La lezione di pattinaggio, 1875 circa
collezione privata

Utagawa Kuniyoshi
Nella neve a Tsukahara nella provincia di Sado, 1835 circa, Fondation Claude Monet - Academie des Beaux-Arts, Giverny

L'immagine di questa passeggiata del pittore barlettano, con la moglie e il figlioletto, in un parco parigino ricoperto di neve, le suggestioni visive colte al volo *en plein air*, la proiezione sul paesaggio francese di una visione mitica del Giappone come terra di sogno, dove la contemplazione della natura risulta condotta con tale istintivo trasporto da diventare quasi una religione, trovano piena corrispondenza nei numerosi "effetti di neve" dipinti da De Nittis, in competizione con i suoi amici impressionisti, in questi anni (*Giornata di neve*, cat. n. 93, e *Giornata invernale*, cat n. 92).[17] Era stato soprattutto Monet, a partire dagli anni sessanta, sotto lo stimolo della nuova immagine della neve (materica, drammatica, cristallizzata come una gelida concrezione) emersa nelle straordinarie vedute invernali di Courbet e forse anche in competizione con i nuovissimi risultati della fotografia,[18] a inaugurare questo genere tipicamente impressionista, dove la bianca e soffice coltre depositatasi sul mondo consentiva al pittore di cogliere i più diversi ed inediti effetti di luce: dall'esplosione luminosa del sole abbagliante in *La gazza, effetto di neve vicino Honfleur* (1869), «un paesaggio invaso dalla neve bianca e azzurra, abbacinante, senza un solo punto dove l'occhio si posi inerte»,[19] al lento ondeggiare dei fiocchi sotto il grigiore dei raggi filtrati da una cappa oppressiva di nuvole cupe in *Neve a Argenteuil* (cat. n. 119), al vibrare del disco solare che fa capolino tra le nubi durante una fitta nevicata in *Effetto di neve, Argenteuil (Boulevard Saint-Denis)* (1875).[20] Non stupisce che De Nittis avesse deciso di comprendere, nella propria ristretta ma sceltissima raccolta di opere di Monet, anche uno di questi paesaggi di neve del 1875: *Gelata bianca*, acquistato nel 1876 come segno della sua ammirazione per queste ardite sperimentazioni, ma probabilmente anche come conferma di una propria autonoma scelta espressiva, avviata l'anno precedente e poi ribadita in quelli successivi, sotto lo stimolo di alcune clamorose nevicate negli inverni parigini.[21]

La scelta di De Nittis, di fronte al tentativo di Monet di catturare tutta l'infinita gamma delle vibrazioni luminose sfruttando le suggestioni offerte da questo avvenimento meteorologico, punta infatti, pur apprezzando le capacità del capofila impressionista di cogliere e fissare al volo, con tecnica provocatoriamente compendiaria, anche l'attimo più fuggevole, su un confronto più insistito, quasi programmatico verrebbe voglia di dire – se solo si trattasse di un pittore meno istintivo del barlettano –, con gli "effetti di neve" presenti in quelle stampe giapponesi che avevano, ormai da qualche anno, abbandonato gli studi degli artisti e dei letterati più all'avanguardia, per invadere anche le residenze borghesi, e tra queste certamente il salotto alla moda dei coniugi De Nittis.[22] In un dipinto databile con ogni probabilità all'aprirsi del 1875, subito dopo le grandi nevicate del dicembre dell'anno precedente che erano cadute su Parigi per giorni e giorni,[23] *La lezione di pattinaggio*, l'effetto di neve e di ghiaccio punta su una riduzione dell'immagine ad una sorprendente bidimensionalità: le due pattinatrici in primo piano, bruscamente decentrate verso sinistra (come insegnava Degas), creano una *silhouette* scura che sembra ritagliarsi autonoma nel mosso profilo e spiccare per contrasto sulla lastra chiara del fondo, dove il lago ghiacciato e il lontano profilo degli alberi innevati si confondono, venendo a creare una sola superficie verticale, appena variata dalle piccole figure che, evanescenti come fantasmi, danzano leggerissime all'orizzonte. Risulta evidente in questo ed in altri dipinti di questo momento, dove le tendenze alla piattezza bidimensionale, che già avevano scandalizzato l'occhio attento ed interessato di Goupil nel celebre *Che freddo!* dipinto per il *Salon* dell'anno precedente,[24] si potenziano di fronte alle nevicate che hanno trasformato l'aspetto di Parigi, un dialogo con le numerosissime stampe giapponesi dedicate al paesaggio innevato: e basti qui il confronto con un foglio famoso di Utagawa Kuniyoshi, presente anche tra le stampe raccolte da Monet,[25] *Nella neve a Tsukahara nella provincia di Sado*, per cogliere come alcuni degli elementi più sorprendenti, per un occhio occidentale, presenti nell'opera giapponese (la riduzione delle figure e delle cose a semplici *silhouettes* segnate da un profilo mosso e nervoso, la piattezza dei colori stesi a campire le forme quasi senza modulazioni, la bidimensionalità di tutta la scena, con il mare e il cielo che si fondono nel vibrare dei fiocchi di neve, eppure senza alcun effetto astrattivo, ma garantendo all'immagine un'inconsueta vitalità e naturalezza, con quel senso di freddo, di solitudine, di dolente condizione esistenziale, come in un'accorata elegia che narri la storia del monaco Nichiren, costretto a vagare nella neve durante l'esilio nell'isola di Sado),[26] ricompaiano anche, trasfigurati dal consueto entusiasmo vitale dell'artista, nel dipinto di De Nittis.

Nell'inverno 1879-1880, nuovamente, l'inclemenza del clima parigino, con quella morsa di gelo che stimolerà la nascita della celebre serie delle *Débacles* di Monet, spinge De Nittis ad un ritorno sul tema del paesaggio di neve "alla giapponese": in questo caso le scelte formali appaiono ancora più oltranziste. Se Monet, nel 1875-1876, si era fatto beffe della moda ormai dilagante del Giapponismo,[27] in quella *Japonnerie* che può essere letta come una presa di distanza dagli eccessi mondani sempre meno sopportabili di questo fenomeno di gusto e, al tempo stesso, come la volontà di ribadire l'attualità dei tratti più significativi, da un punto di vista puramente formale, presenti nelle opere giapponesi (soprattutto l'uso del colore puro, a "fuoco d'artificio", in una struttura che rinnega l'illusionismo tradizionale),[28] De Nittis sembra interessato ad approfondire le ricerche di riduzione dell'immagine a due sole dimensioni, in una sintesi di forme e colori che dichiara esplicitamente le proprie origini giapponesi. E non è certo un caso che questi paesaggi innevati di De Nittis abbiano interessato un collezionista raffinatissimo come Edgar Degas, tra gli impressionisti certo il più attento indagatore dei possibili spunti di novità contenuti nelle stampe giapponesi:[29] nella sua sceltissima raccolta di opere d'arte del passato e del presente le xilografie policrome di Utamaro, Hiroshige e Kiyonaga potevano dialogare non solo con i dipinti e i disegni di Ingres, Delacroix e Corot, con le incisioni di Daumier, Gavarni, Pissarro, Manet e della Cassat, con le nature morte di Van Gogh e con una delle opere più "giapponesi" di Gauguin (*La Belle Angèle*), ma anche con un *Effetto di neve* "orientale" realizzato dal maestro barlettano.[30]

In *Effetto di neve* il profilo scuro di Léontine campeggia in primo piano di fronte ad una veduta di paese innevato inondata di luce: il dialogo con gli amici impressionisti è diventato sempre più approfondito, come dimostra, in quest'opera, la rinuncia ad ogni dettaglio descrittivo ed una stesura rapidissima, allusiva, dove davvero si coglie solo un velocissimo "effetto" transitorio, che dura appena quanto un battito di ciglia. A queste date, la comprensione da parte di De Nittis delle potenzialità linguistiche contenute nelle stampe giapponesi sembra senza confronti. Siamo, con ogni probabilità, nel 1880:[31] eppure un dipinto come questo può essere letto come una sorprendente prefigurazione di quella radicale riduzione dell'immagine in chiave sintetista che solitamente attribuiamo ai pittori del gruppo dei Nabis. E se davvero si può sostenere che questo *Effetto di neve*, come altre opere degli ultimi anni di vita del maestro di Barletta, anticipi opere di Vuillard o di Bonnard della fine del nono decennio dell'Ottocento, prefigurando il nuovo sguardo che oltre ai maestri Nabis, anche Van Gogh, Bernard e Gauguin poseranno sulle stampe giapponesi, alla ricerca non solo di un paradiso perduto dove fuggire dalle ansie dell'Occidente, ma anche di un prezioso supporto sulla strada della riduzione del dipinto a pura superficie bidimensionale che caratterizza la storia della pittura francese di questi anni, andrà ribadita la posizione di assoluto capofila occupata da De Nittis all'interno della vicenda multiforme e per certi versi contraddittoria del Giapponismo.

Questa posizione, d'altronde, era stata chiaramente riconosciuta dalla critica francese dell'epoca; nel giugno del 1881, recensendo una personale di pastelli di De Nittis, aperta nel maggio al *Cercle des Mirlitons* in Place Vendôme, Bouisson metteva in evidenza, all'interno di una lettura dove non si sottovalutano i "pericoli" del Giapponismo, il ruolo trainante giocato da questo pittore italiano di origini, ma ormai «Parigino fino alla punta dei capelli»:[32]

L'esposizione dei pastelli del signor De Nittis, a grandezza naturale, è uno scroscio, un'esplosione di japonisme in piena Parigi, in piena pittura parigina. Non mi poteva essere offerta occasione più interessante per studiare, constatare i risultati dell'influenza giapponese sui nostri artisti, gli argomenti inediti di cui ha arricchito la nostra scuola, i pericoli ch'essa comporta, la complicità delle tendenze con una delle manie del genio francese e il torto che ci ha fatto. Occorre ammettere che il matrimonio del signor De Nittis, un vero parigino, non importa donde sia venuto, con la musa giapponese, ha generato belle creature, piene di vita e di movimento, seducenti e che producono sugli spettatori un'impressione di grande sorpresa. Durerà? È un'altra questione. [...] Sagome e macchie, ecco l'intera arte giapponese, almeno tutto ciò che intendo coglievi per il momento [...]. Macchie e profili, privi di rilievo e di modellato, senza graduazioni ritmiche di linee e di colori, un dialetto ridotto a sillabe e sostantivi, senza verbi, né congiunzioni, né aggettivi qualificativi, sono davvero sufficienti a suggerire mille cose vaghe alla fantasia e all'occhio, a comunicare al nostro senso estetico, a descrivere la bellezza. [...] Ma il punto di vista dei giapponesi era troppo ammaliatore per i francesi di oggi, troppo collegato alla loro forma mentis e alla fantasia applicata alle belle arti.[33]

Tra questi pastelli, che possono essere considerati uno dei culmini della passione giapponese di De Nittis, ricompaiono anche gli "effetti di neve". Nel *Ritratto di Edmond de Goncourt*, del 1880-1881, l'immagine dell'intellettuale malato al tavolo di lavoro nel suo studio si apre su una veduta del giardino innevato, come appuntato in una pagina del suo *Journal* (16 gennaio 1881), dove lo scrittore sottolinea il carattere «spettrale» del pastello e l'aspetto «cimiteriale» del gelido paesaggio alle sue spalle:

Oggi, nel bel mezzo di una bronchite insidiosa che minaccia una congestione polmonare, De Nittis è entrato improvvisamente tenendo in mano il mio gigantesco e spettrale ritratto e subito, dirigendosi verso il vestibolo, si è messo a dipingere la neve caduta nel mio giardino. In un'altra occasione la cosa non mi avrebbe stupito, ma oggi questo ritratto dell'altro mondo con il suo giardino di cimitero mi ha parlato come un cattivo presagio.[34]

In un grande pastello dell'anno successivo, *Giornata d'inverno (Ritratto della signora De Nittis)*, l'immagine raffinatissima di Léontine seduta nel suo salotto risulta come pervasa e dominata dalla veduta di gelo e di neve che si spalanca alle sue spalle, dietro il vetro che separa il caldo e rassicurante ambiente borghese dal cortile serrato nella rigida morsa dell'inverno: è come se il biancore della neve avesse fatto breccia, non solo cromaticamente ma anche psicologicamente, entro quest'opera inquietante, dove un velo di malinconia turba lo sguardo perso nel vuoto della protagonista e una candida ombra si posa sulla sua carnagione, striando di bianco l'epidermide. È ancora una volta un passo del *Journal* di Edmond de Goncourt, alla data 21 gennaio 1882, ad offrirci la più penetrante lettura, da un punto di vista formale, di questo estremo "effetto di neve" di De Nittis:

De Nittis ha iniziato, in questi giorni, a pastello, un grande ritratto della moglie che è una straordinaria sinfonia luminosa del bianco. Mme de Nittis si staglia, sullo sfondo di un paesaggio invernale, appena ricoperto dalla neve, nel suo abito rosa che le avvolge le braccia e le spalle e dove ondeggiano trini e merletti nelle pieghettature bianche, rosa, gialle, che a fatica possono ancora dirsi tali. E nell'armonia bionda dell'insieme, trasparente e ariosa, in questa poesia di bianco freddo e bianco caldo, non c'è nient'altro che la macchia scura di un vassoio con una tazza di porcellana cinese blu. Non avevo mai visto niente di così vaporoso nella sua luminosità, né usare il pastello in modo così nuovo e fuori dal comune rispetto ai disegni tradizionali.[35]

L'esempio di De Nittis, con la sua capacità d'immergersi a capofitto nel disorientante ambiente parigino, senza lo sbalordimento che caratterizzerà i soggiorni di altri artisti,[36] ma al contrario con una sorprendente capacità di interpretare in modo originale anche i tratti più appariscenti ed esteriori di quel mondo modernissimo,[37] verrà ripreso, anche a causa dello straordinario successo commerciale della sua pittura (alla fine del 1884 Paul Gauguin scriveva: «Tous copient ou de Nittis ou le grand Bastien-Lepage»[38]), da altri pittori italiani che si trasferiranno, saltuariamente o in modo definitivo, nella capitale francese. Interessante risulta il caso, non ancora sufficientemente approfondito, del napoletano Federico Rossano, che, dopo essere stato compagno di avventure pittoriche di De Nittis, insieme con Adriano Cecioni e Marco De Gregorio, negli anni della cosiddetta Scuola di Resina, raggiunse l'amico a Parigi nel 1876, frequentando l'ambiente degli impressionisti (in particolare intessendo rapporti con Pissarro), esponendo al *Salon* e alle Esposizioni universali, trattenendosi in Francia fino al 1892 e dipingendo alcuni paesaggi innevati chiaramente ispirati agli esperimenti condotti da quel gruppo avventuroso di pittori.[39]

Il caso di Boldini presenta invece delle analogie solo esteriori con quello di De Nittis: sarebbe difficile, in verità, immaginare due artisti più diversi per temperamento e coscienza formale.[40] Il pittore ferrarese, approdato definitivamente a Parigi, reduce da Londra, nell'ottobre del 1871, dopo aver attraversato da protagonista il mondo della macchia toscana, mostra solo qualche tangenza esteriore con la nuova estetica impressionista.[41] È proprio uno dei suoi rari dipinti di neve, intorno al 1875, a dimostrare quanto siano superficiali i contatti con la cerchia della *nouvelle peinture*: nell'*Uscita da un ballo mascherato a Montmartre* (cat. n. 88) il carattere compendiario, quasi caotico, della stesura pittorica, potrebbe a prima vista evocare la nuova tecnica "informe" degli impressionisti, ma il vorticoso disporsi delle pennellate, il sostanziale disinteresse per gli effetti di luce e la concentrazione sul dinamismo interno all'immagine già prefigurano quella strada percorsa, in splendido isolamento, da Boldini, che lo porterà, nelle opere più sperimentali (cat. n. 89), lontano dall'estenuata mondanità dei suoi ritratti più celebri, verso esiti che, almeno formalmente, sono apparsi profeticamente in anticipo sul modernismo futurista. I «suoi vortici visivi, potendo giungere ad un parossismo d'agitazione quasi orgiastica», conducono «a una sorta di stenografia convulsiva, in cui ogni referenza cade per mettere a nudo l'esplosione di un movimento che ha una violenza turbinosa e un'irresistibile forza d'impulso.»[42]

D'altronde l'esempio degli "effetti di neve" d'oltralpe si risente ancora, nell'ultimo decen-

Alfredo Muller
Paesaggio invernale, 1899
Galerie des Peintres Graveurs, Parigi

nio del secolo, nei raffinati paesaggi innevati dipinti in Piemonte da un delicato "impressionista torinese" come Enrico Reycend[43] (cat. n. 100), oppure in un raro dipinto di Alfredo Muller, colto pittore livornese trasferitosi dal 1888 per molti anni a Parigi, che, in *La Promenade des Anglais. Nizza* (1898 circa), sembra voler ritornare ai Monet, ai Sisley e ai Pissarro degli anni settanta,[44] immaginando di poter offrire un modello ancora attuale ai giovani artisti toscani, già attratti dalle nuove sperimentazioni divisioniste. Ma se quest'opera, a fine secolo, può apparire nostalgicamente rivolta al passato, è nel catalogo grafico di Muller che si trovano le prove più innovative ed aggiornate di un artista cerebrale e complesso, ancora tutto sommato da riscoprire:[45] in una monumentale litografia a colori del 1899, *Paesaggio invernale*, ad esempio, la veduta di un paesino nordico sepolto dalla neve, con i lumi delle case che riscaldano il biancore della scena, guarda ancora alle suggestioni, sempre attuali, della grafica giapponese, rinnovate tuttavia sul nuovo gusto europeo per le arti decorative che trionferà nella Prima esposizione internazionale d'Arte decorativa moderna a Torino nel 1902.[46]

Proprio la famosa reazione scorata del vecchio Fattori, nel 1891, di fronte all'infatuazione di alcuni suoi allievi, sedotti dalle novità parigine mediate da Muller (bollati quindi come «Mullercoli»)[47] e dimentichi della grande lezione di severità dei realisti toscani, può introdurre un altro gruppo di dipinti italiani degli ultimi decenni del secolo dedicati all'"effetto di neve", che sembrano convivere, senza eccessive forzature, sotto l'etichetta di "Naturalismo".[48] D'altronde, tutta l'ampiezza della distanza che separava il linguaggio del caposcuola livornese dalle ricerche degli impressionisti francesi era già emersa in un altro celebre scambio di lettere, quello dove Diego Martelli, da Parigi nel dicembre del 1878, aveva inutilmente tentato di convincere l'amico fraterno della sostanziale analogia esistente tra la sua pittura e quella di Pissarro:[49] quando Fattori, verso la metà del nono decennio, si proverà in alcuni rari dipinti di neve (cat. n. 95) il suo senso etico e la sua terrestre concretezza lo porteranno ad ignorare gli effetti di luce impressionisti, che stavano avviandosi ad una sempre più dilagante fortuna italiana ed europea, per provarsi in un recupero di quel senso materico, pesante, corposo della neve che era stato tipico di tanti dipinti di Courbet (e di qualche prova di Millet).[50] Il suo buttero a cavallo, immerso nella contemplazione di un paese freddo ed inospitale, privo di qualsiasi conforto, dimostra tutta la radicalità della scelta di Fattori, partecipe sì in questi anni ottanta delle tendenze naturaliste che si erano ormai saldamente radicate anche in Toscana, ma capace di scavalcarle rifiutando qualsiasi tentazione aneddotica, molto spesso anche un semplice spunto narrativo, per concentrarsi sulla nuda realtà delle cose, sulla perenne attualità dei sentimenti più elementari, in una sintassi compositiva talmente innovativa ed autoreferenziale da risultare sostanzialmente incomprensibile ai contemporanei.[51]

Emilio Longoni
Riflessioni di un affamato, 1894
Museo Civico, Biella

Sono questi gli anni in cui Fattori si immerge, come in un bagno purificatore da qualsiasi scoria letteraria, nella quotidiana officina del bianco e nero, producendo un impressionante *corpus* di oltre duecento lastre che lo impongono come un assoluto caposcuola (non solo italiano, ma europeo) anche nel campo dell'incisione.[52] E sono gli anni in cui nascono quei *Quaderni Farinola* che contengono alcune delle più intense prove della grafica fattoriana, dando vita ad una visione del mondo sempre più scoraggiata e pessimista, ma sempre più intensamente originale, che caratterizza la fase estrema della produzione dell'artista: uno di questi disegni, dedicato al «matto delle giungaje»,[53] è in grado di rivelare come Fattori, anche quando si confronta con un testo letterario tra i più celebri del Naturalismo toscano, come il racconto che apre le *Veglie di Neri* di Renato Fucini, sappia trascendere totalmente lo spunto narrativo di partenza, per tradurre il motivo con assoluta naturalezza nel proprio universo formale (e questo è vero anche quando il punto di partenza risale a fonti celeberrime come i *Promessi Sposi*, la *Divina Commedia* o il *Don Chisciotte*).[54] Quando, nel 1889-1890, apparirà l'edizione illustrata della raccolta fuciniana,[55] Fattori si riserverà un altro racconto (*L'oriolo col cuculo*), dal momento che *Il matto delle giuncaie* era stato affidato dallo scrittore alle capacità, tanto più banali e rassicuranti, di adesione al tono sentimentale della pagina scritta mostrate da Eugenio Cecconi, mentre la novella invernale, *Vanno in Maremma*, vedrà una delle prove più convincenti di un pittore naturalista di seconda fila come Arturo Faldi: l'immagine, allungata come una tavoletta macchiaiola, dei poveri «montanini» che, scesi dall'Appennino pistoiese per andare a cercare lavoro in climi meno rigidi, si perdono nel gelido paesaggio innevato, sotto lo sguardo paternalisticamente accorato del narratore («E stetti qualche momento a vederli allontanare tra la bufera, che rammulinava la neve sempre più gelata e più folta, fischiando attraverso gli alberi brulli della via»),[56] costituisce una delle invenzioni memorabili di questa edizione, dando vita a un "effetto di neve" che rivela, proprio nella «commiserazione» che smuove la pietà dello scrittore, un tratto di originalità.[57] Se il modello, in questo caso, sono le tante tele dedicate al gelido paesaggio dell'Appennino tosco-emiliano ricoperto da una bianca coltre di neve prodotte dal piacentino Stefano Bruzzi (cat. n. 90), dove il motivo formale del contrasto tra il bianco mantello scivolato sulla natura e la scabra realtà della vita di montagna spinge in secondo piano qualsiasi volontà di documentazione delle durissime condizioni di vita degli abitanti di quei luoghi,[58] l'illustrazione di Faldi sembra aprire ad una diversa possibilità espressiva del motivo della neve, almeno implicitamente sociale: una possibilità che verrà sperimentata fino in fondo in una grande e provocatoria tela di Emilio Longoni del 1894, *Riflessioni di un affamato*,[59] dove il contrasto tra il proletario affamato e la coppia di borghesi impegnati in una cena galante viene accentuato proprio dalla neve caduta sulla strada urbana, in cui affondano i piedi infreddoliti del disoccupato, con gli occhi fissi sul caldo interno del ristorante alla moda, dietro ad una vetrata appannata che sembra denunciare simbolicamente l'incolmabilità del baratro che separa le classi sociali.

Altri pittori naturalisti, nelle diverse regioni italiane, avevano sperimentato una dimensione più rassicurante dell'"effetto di neve", dando vita a scene giocose o, talvolta, appena venate da un sentimento di sottile malinconia: se il fiorentino Niccolò Cannicci, nel 1883, asseconda la propria vena arcadica raffigurando, sotto un cielo azzurro e in una luce trasparente, il gioco invernale di un gruppo di bimbi della campagna toscana, che sfruttano l'inconsueto evento meteorologico per dare vita ad una sfida a palle di neve (cat. n. 94), qualche anno più tardi la stessa scena ambientata dal monzese Eugenio Spreafico nella campagna lombarda, sotto un sole pallido velato dalla nebbia, lungo un sentiero fangoso che si perde tra i campi svanendo all'orizzonte, sembra offuscata da

Giovanni Segantini
Le cattive madri, 1894 circa
Kunsthistorisches Museum
Neue Galerie, Vienna

un'ombra di mestizia, accentuata dal contrasto che si crea tra il gioco spensierato dei bambini e il paesaggio brumoso e inospitale (cat. n. 91).

Ma se l'"effetto di neve" rimane, nella pittura naturalista italiana, un elemento tutto sommato secondario nella sua rarità, è solo con l'esplosione del fenomeno divisionista che, grazie soprattutto all'esempio di Segantini, viene ad assumere una vera centralità, dando vita, negli anni di passaggio tra Ottocento e Novecento, ad alcuni dei paesaggi innevati più notevoli dell'intera arte europea, quasi che proprio in questo motivo – una superficie intatta su cui scomporre liberamente, nella loro vergine purezza, tutti i colori dello spettro cromatico – alcuni grandi pittori italiani avessero individuato un motivo autonomo, distinto da quelli più tipici del Divisionismo francese. Ovviamente un peso fondamentale, in questa ascesa verso il Nord della pittura italiana di fine Ottocento, è costituito dalla voga crescente della montagna e dell'alpinismo:[60] una moda che spingerà un numero sempre crescente di pittori a risalire le vallate prealpine, in cerca di solitudine dalla vita caotica delle città, assetati di una rinnovata purezza morale. Anche un artista precocemente impegnato in indagini realiste, stimolate dal confronto con il nuovo mezzo fotografico, come il milanese Filippo Carcano, ad esempio, sarà sempre più portato ad abbandonare le scene di vita urbana per cercare nuove fonti d'ispirazione nell'incorrotto paesaggio alpestre, fino a perdersi, in clima ormai di poetica simbolista, nella contemplazione dell'eterno biancheggiare dei ghiacciai. Quando Carcano, nel 1897, dipinge *Il ghiacciaio di Cambrena*, come un sogno candido e spettrale che si innalza sul verdeggiare dell'erba lacustre in primo piano (cat. n. 101), la neve d'alta montagna era diventata, ormai da anni, un motivo tipico del Divisionismo italiano: in alcune opere di Vittore Grubicy (cat. n. 102), il padre spirituale di questo movimento pittorico, un radicale procedimento astrattivo, teso a spiritualizzare l'immagine semplificandola fino all'estremo, rivela la volontà di contrastare le ambizioni "oggettive" della fotografia.[61]

È comunque in alcuni capolavori di Giovanni Segantini che il motivo della neve trova una sua definitiva consacrazione. Tra il 1891 e il 1894 l'artista, nato nel Trentino asburgico ma naturalizzato lombardo, aveva dipinto due tra gli "effetti di neve" più memorabili dell'intera pittura ottocentesca: il *Castigo delle lussuriose* di Liverpool, costrette, per citare le parole sgrammaticate ma evocative dello stesso Segantini in una lettera a Vittore Grubicy del 21 maggio 1891, «a un nirvana di nevi e ghiacci» («Sono figure lanciate nel'vuoto senza alli dolorosamente rasegniate, ese sinnalzano verso il sole che tramonta e questo e il senso della forma, il colore è una zinfonia di bianchi e azuri, argento e oro»[62]), e *Le cattive madri*, dove «la negra araldica dei simboli», che nel 1926 poteva ancora disturbare

Emilio Cecchi, non riesce in realtà ad offuscare, «in un incubo cristallino», l'«abbagliante risalto delle nevi.»[63] In questo straordinario dipinto, dove l'accento non cade più sulla punizione, ma sulla catarsi finale, la tessitura dei colori pietrificati, tipici della tavolozza di Segantini, giunge ad un vertice insuperato di virtuosismo, per rendere la distesa incorrotta di neve ancora in penombra, mentre sul fondo la catena montuosa è accesa dalla luce dorata del sole che nasce: tutti i colori dell'arcobaleno sono intessuti sul bianco per creare il gelido pianoro dove far sbocciare l'albero spoglio, su cui la madre si tende come una vela per offrire il seno alla bocca del figlio germogliato, come una promessa di redenzione, dal ramo contorto.[64]

Per Segantini, durante l'intera sua esistenza, la neve rimane un simbolo del sonno della natura, della depressione dell'animo, della morte di tutte le cose; eppure, in una contraddittoria ambivalenza tipica della sua pittura, proprio gli effetti cromatici consentiti dal candore abbagliante del manto nevoso diventano il tema dominante, da un punto di vista formale, di alcuni tra i suoi più celebri dipinti. Si possono trovare tracce precocissime, pur senza indulgere alle riletture psicoanalitiche dell'arte di Segantini, alla luce dei traumi subiti durante l'infanzia, che troppo hanno pesato sull'interpretazione della sua pittura, di questa visione negativa della neve, associata al dolore, alla solitudine, all'abbandono; la vicenda può addirittura risalire al 1865, quando il pittore aveva solo sette anni e viveva una tristissima infanzia a Milano, orfano di madre, abbandonato dal padre presso una sorellastra che non aveva il tempo di occuparsi di questo bambino indesiderato:

Un giorno non so come mi trovai in possesso di una certa quantità di carta credo fosse un libro giocai qualche puo poi cominciai a stracire i pezzetti si fecero sempre più picoli sino alla larghezza d'un fioco di neve alora cominciai a getare questi giù per la finestra, questo gioco mi piacque, piacevami vedere danzare e scivolare nell'aria questi pezetti di carta, pogiarsi molemente sui davanzali delle finestre dei piani inferiori scendere giu giu sino al cortile con lenteza e gravità come persone vive che temessero di farsi male, era già un momento che mi diletavo con questo gioco quando un uomo con voce teribile si mise a gridare dall'estremita posta del cortile non comprendevo che cosa dicesse non conoscendo il dialetto ma compresi che guardava verso di me e che ripeteva la parole sporcare e netare, non disi verbo, e egli se ne ando, io pensai che forse quel gioco non piaceva a quell'uomo e mafretai intanto chegli noncera a consumare in un coposolo tutta la mia scorta di pezzetini che non era poca e vela getai in un colpo solo era una maravigli per me il cortiletto era picole e la mia nevicata di carta lo copriva quasi tutto non abastanza pero di non vedere adisoto ancora l'uomo con nelle mani una scoppo che guardava in su verso dove partiva la grande nevicata ma lo vidi a partire subito, da cio ne dedusi che non era con me che prima aveva parlato e ne rimasi più contento, però qualche finestra sapriva nel cortiletto e qualche testa si afaciava ma non vi badavo ero cosi innestasi del mio gioco quando d'un tratto mi sento prendere bruscamente per la cintola da una mano di ferra e poi solevare, mi trovai cola testa fra due gambi tutto questo in un atimo, e poi mi sentij scendere dei forti colpi piati su le matiche a tempo misurato e non troppo lento, poi credo quando ebbe stanco il bracio mi depose interra e sene ando non prima pero di avermi detto qualche cosa e mostrato un pezo di corame che teneva nelle manni, da cio più tardi pensai che quel portinaio era anche ciabatino [...] alla sera la sorella mi diede il resto e mi fece sapere che non potevo più stare su quel pianerotollo.[65]

Questo ricordo d'infanzia risulta di estremo interesse, perché sembra già contenere, *in nuce*, il doppio significato che il motivo della neve acquisterà nell'opera pittorica di Segantini: il fascino dell'occhio per il lento silenzioso scendere dei fiocchi dal cielo, per la soffice distesa bianca che si allunga come un manto di purezza cromatica sulle cose, e al tempo stesso il valore simbolico negativo, doloroso della neve invernale, quasi si trattasse di un necessario preludio, nell'eterno ciclo della natura e della vita umana, al solare risveglio durante la primavera. D'altronde, nella mitologia sull'artista creatasi ben prima della drammatica morte in alta quota, l'immagine di Segantini tenderà sempre più a confondersi con quella del paesaggio innevato: una delle ultime foto che possediamo lo mostra al lavoro, nel settembre del 1899, alla grande tela della *Morte*, davanti ad una catena montuosa ricoperta di neve; un dipinto di Edouard Monchablon celebra il mito del montanaro selvaggio e primitivo che fugge la civiltà, dipingendo in solitudine immerso nella neve, avvolto in un pastrano e riscaldato, durante l'infuriare della tormenta, da un semplice braciere;[66] nel 1906 l'esposizione milanese su Segantini e Previati allestita da Alberto Grubicy era introdotta da un manifesto di Adolfo Magrini dove un centauro ed un angelo (simile alla figura femminile che domina il monumento segantiniano di Bistolfi presentato alla stessa mostra) si confrontano su un candido paesaggio alpestre innevato;[67] l'anno successivo, in una delle tante monografie su Segantini uscite in tutta Europa dopo la sua morte, viene evocato, «tra le nevi di inverni quasi polari», il lavoro eroico di un artista che «sul Maloja (alta Engadina), dipingeva per lunghe giornate all'aria aperta, senza irritarsi per il freddo che gelava i colori sulla tela.»[68] E si potrebbe continuare a lungo, ripercorrendo la bibliografia segantiniana dei primi decenni del Novecento, almeno fino al *Romanzo della montagna* di Raffaele Calzini (1933-1934);[69] ma è forse più utile «tentare una rilettura meno mitica della vita di Segantini»[70] e ripercorrere le opinioni espresse dall'artista su questo tema, ponendole a confronto con alcune sue opere dove la neve diventa realmente protagonista della composizione pittorica.

Tra il 1881 e il 1882, come si deduce chiaramente da una serie di lettere di Segantini a Vittore Grubicy, l'artista, in pieno clima naturalista (testimoniato con chiarezza quasi programmatica dalla *Ninetta del Verzée[La pescivendola]*, un'opera che si legge d'un fiato con le prove di Bastien-Lepage che avevano trionfato ai *Salon* degli anni immediatamente precedenti),[71] è impegnato nella preparazione di un grande quadro di neve. Le lettere di questi mesi sono piene di richieste di diversi tipi di pesce, per realizzare con oggettiva precisione, solo dopo essersi documentato accuratamente dal vero, la natura morta ittica che trionfa in primo piano davanti alla pescivendola impegnata a reclamizzare a gran voce in dialetto meneghino la propria merce («Ehi lee! … laveur el pess?»), e di capi di vestiario invernale, in vista di una scena con più figure sullo sfondo dei Navigli milanesi: un'opera pensata per il *Salon* parigino, dove una serie di signorine alla moda, accompagnate forse da un servitore, si dovevano confrontare con altre figure più popolari davanti ad una veduta urbana, tenendo verosimilmente in mente come modello le tele che avevano decretato l'enorme successo internazionale di De Nittis.[72] Questo primo "effetto di neve" di Segantini (una sorta di controparte invernale al solare *Naviglio a ponte San Marco* del 1880[73]) si può ricostruire, almeno in parte, incrociando le notizie ricavabili dall'epistolario con le invenzioni presenti in alcune sue opere di questi anni: sicuramente *Il Naviglio sotto la neve* (cat. n. 96), «così violentemente spartito tra abbacinante luce e umida ombra»,[74] e *Due signore sull'alzaia del Naviglio sotto la neve* (o *Nevicata*),[75] più forse alcuni altri bozzetti dove i volti delle signorine sorridenti o estatiche sono esaltati dagli abiti invernali alla moda.[76]

Anche se questo dipinto, a lungo progettato, non andò in porto, in questi anni Segantini tornò sul motivo del paesaggio innevato, non pensando più ai dipinti da *Salon* che trionfavano a Parigi, ma ad una strada diversa, più in linea con le origini millettiane del proprio linguaggio: una tela appartenuta al figlio dello scultore Vincenzo Vela, infatti, *Paesaggio con pecore* (cat. n. 97) con il gregge che invade il primo piano e l'aspetto prosaico della neve, sporcata dal lavoro dell'uomo e dal quotidiano passaggio degli animali, sembra rimandare, verosimilmente nel 1882, alla tradizione realistica di raffigurazione della vita agreste che, sull'esempio di Millet, si era radicata in Olanda, nella cosiddetta Scuola dell'Aia. Una lettera di Segantini ad Alberto Grubicy del 1881-1882 suona come una conferma di questa lettura: «Se volete favorirmi dun vostro favore mandatemi la misura precisa del quadro olandese la nevicata grande pero se volete mandarmela mandatemela subito o almeno scrivetemi.»[77]

Giovanni Segantini
Slittata (*Neve al sole*), 1888
collezione privata

Dopo il trasferimento a Savognino, nel 1886, a 1.213 metri d'altitudine, la neve compare frequentemente nelle lettere di Segantini: «Il tempo è tanto cattivo, è un freddo intenso la neve cade lenta e malinconica a coprire quelle belle montagne che ti piace tanto, e non resta che un bianco che va perdendosi in un grigio di nebbia, qui l'inverno è bello quando è inluminato dai bei raggi del sole, altrimenti è triste e malinconico e punto piacevole» (28 dicembre 1887, ad Alberto Grubicy); «Qui la neve continua a discendere senza volontà, or fina e striata dal vento or larga e pesante come una lunga maledizione. Ma io nel core ho sempre la prima vera in fiore, e tutti i sogni miei cantano d'amore. […] In mezzo a questo bianco che da 6 mesi dura, non mi posso racappezzare» (23 aprile 1888, a Vittore Grubicy); «Un giorno si e un giorno no qui nevica, è un tempo orribile» (aprile 1889, a Vittore Grubicy).[78] Proprio in questi anni appare un motivo che diventerà tipico della pittura di Segantini: il contrasto tra i campi primaverili assolati, ad annunciare trionfalmente il risveglio festoso della natura, e il candore abbagliante della neve ancora presente sui monti all'orizzonte, come un ricordo del lungo inverno che, con le nuvole alte nel cielo, sta dissolvendosi. In *Vacca bruna all'abbeveratoio* (1887), ad esempio, «dove lo spazio è buttato d'un sol fiato, sfondando dal corpo imminente, pulsante di vita e d'avida sete, sù lontano, là fino alle nevi, all'immane fumare cosmico delle nubi»,[79] il conflitto tra il sole e la neve è accentuato dalla struttura compositiva della scena, ribaltata in avanti ad invadere, fisicamente e psicologicamente, lo spazio dell'osservatore.

Comunque il primo vero "effetto di neve" realizzato da Segantini è un'opera presentata a Londra nel 1888, distrutta pochi anni dopo e nota attraverso un'antica fotografia e un disegno del 1890, che consentono solo in parte di comprendere il significato di questa *Slittata* (*Neve al sole*): si tratta, a queste date, di un dipinto piuttosto eccentrico nel catalogo dell'artista, che sembra sentire il bisogno di trovare un punto di contatto col pubblico appartenente a quel turismo internazionale d'*élite* che cominciava ad invadere, d'estate, l'Engadina.[80] Le due signorine all'ultima moda lanciate sulle slitte sopra una bianca distesa di neve, mentre sul fondo alcuni villeggianti si affacciano dalla terrazza di un Grand Hôtel, danno vita ad una scena di pura mondanità, resa ancora più evidente dal cane che osserva stupito lo sfrecciare dei bolidi sulla pista e dall'altro che, eccitato dal movimento, insegue degli uccelli sul campo innevato. Un'eco di questo dipinto di vita moderna ambientato sulla neve ricompare, nel gennaio del 1891, nella "scena alpestre" immaginata dal pittore per il compositore Franco Leoni, in vista di un'opera musicale, forse in forma di balletto, con costumi e scene approntati dallo stesso Segantini: nella descrizione dei «cantori […] che fanno la slittata», le slitte vengono visualizzate attraverso l'immagine di una biscia nera che scende dai monti, mentre «il sole splendeva purissimo sulla neve bianca, lucente» e «il cielo azzurrissimo si rifletteva nelle ombre.»[81]

Completamente diverso, come intenzioni espressive, è l'"effetto di neve" datato 1890, *Ritorno dal bosco* (cat. n. 98), a cui Segantini pare alludere in una lettera a Vittore Grubicy della fine del 1889: «Quest'anno sono disgraziato è circa un mese che è caduto una spanna di neve e poi a continuato a fare sole, io speravo sempre che questo se la mangiasse per poter fare delle osservazioni che mi erano necesarie, ma no non si è mossa d'un pollice, e adesso son già due giorni di neve e ho perso ogni speranza, quindi se credi ancora utile il venire il puoi. Il quadro della neve per Natale e imposibile non avrei che un quadro piuttosto grande, uno studio di sera.»[82] Altre due lettere, del febbraio e del marzo 1890, confermano che questo «studio di neve di sera» era ormai compiuto e spedito a Milano.[83] L'opera non potrebbe essere più lontana dalla *Slittata* di due anni prima; messa sdegnosamente da parte qualsiasi ambizione mondana, ora Segantini dà vita ad una scena dove l'umile contadina che trascina faticosamente la slitta con il grosso ceppo contorto strappato alla natura per riscaldare la casa assalita dall'inverno, mentre sta scendendo la sera e il manto nevoso si offre a raffinatissimi effetti intonati su una gamma cromatica sommessa, è ancora un motivo di indiscutibile origine millettiana: d'altronde l'influenza di Millet sulla pittura di Segantini,[84] riconosciuta già dai contemporanei e proprio per questo sminuita dall'artista,[85] che temeva di veder sottovalutata la propria originalità, in realtà già decisiva a partire dagli ingenui idilli rustici degli anni giovanili trascorsi in Brianza, rimane come un segreto fiume sotterraneo che alimenta tutta la sua pittura, riemergendo incessantemente in molte opere anche degli anni estremi, in una comprensione sempre più profonda, intima ed umana del grande realismo etico del patriarca francese.[86] Anche l'esilio sui monti, quell'«itinerario di uno scalatore» di cui parlava Arcangeli,[87] non va letto come una fuga dalla civiltà, ma come l'immersione nel grembo vergine e incorrotto della Natura: il rifugio in montagna di Segantini è molto più vicino alla rustica casetta di Barbizon di Millet, sul limitare della foresta di Fontainebleau, che alla lontanissima Oceania primitiva di Gauguin.

In questi primi anni novanta, quando le nuove sperimentazioni divisioniste di Segantini trovano proprio nel candido manto innevato un luogo privilegiato di attuazione, dando vita ad alcuni dei capolavori assoluti nel genere "effetto di neve", come il *Ritorno dal bosco*, il *Castigo delle lussuriose* e le *Cattive madri*, l'epistolario conferma il significato negativo, come simbolo di sonno e di morte, che la neve aveva definitivamente assunto nella psicologia dell'artista. Il 4 gennaio del 1890 scrive a Vittore Grubicy, riportando le parole appuntate tre giorni prima sul suo "giornale": «Matino torno da una passegiata. Sento nel cuore la mia calma abituale e nel cervello come uno sbalordimento che e effetto del vento. Intorno tutto e triste il celo e grigio sporco e basso, soffia un vento di levante che geme come lontana bestia che muore la neve si stende pesante e malinconica come lenzuol che copre la morte, i corvi stanno tutti vicini alle case, tutto è fango la neve sgela.»[88] Nell'estate dello stesso anno, scrivendo di nuovo all'amico Vittore una lettera sconfortata per la lite che stava dividendo irreparabilmente le strade dei due fratelli, Segantini sembra riflettere il suo dispiacere e il suo imbarazzo sulla cattiva situazione meteorologica: «e questo mi sconcerta moltissimo e il [cattivo] tempo fece il resto, in questo momento che ti scrivo fa un freddo invernale con una neve alta due piedi e la neve continua a scendere.»[89] L'8 aprile 1893 scrive a Neera (la scrittrice Anna Radius Zuccari): «Di neve ne è caduta questo inverno in grande abbondanza: ma ormai la divina e per qui sempre tarda Primavera è arrivata e anche quest'anno si è compiaciuta di battere la sua magica verga sul sepolcro della natura, e la natura ubbidiente alle sue leggi si è scossa: la neve e il ghiaccio che la ricopriva ando a fiume, lasciando a nudo la livida superfice del terreno, che si decompone per dar forza a nuova vita. [...] È in questo tempo che la mia anima sinnalza solitaria a scrutare l'estetica intanto che l'occhio si assorbe nella contemplazione azzurra del celo e poi si abbassa nei candori delle cime nevose, vede il bianco e sente lazzurro poi discende al grigio delle rocce, per riposarsi nel verde che lo circonda.»[90] Sempre nel 1893, nel racconto simbolico *Sogno di un lavoratore*, il campo innevato sporcato di sangue, dove si scontrano i treni brulicanti di poveri affamati e di ricchi che banchettano (un motivo che, forse non a caso, ricomparirà l'anno seguente nelle *Riflessioni di un affamato* di Longoni), viene posto a contrasto con l'immagine celeste dei campi verdeggianti accarezzati dal sole, dove un'anima illustra a Segantini la società ideale, lontana dalle miserie e dalle sofferenze del mondo, basata ovviamente sui principi del socialismo.[91] L'anno successivo, in agosto, sale fino ai 1.800 metri del Maloja, trasferendosi in alta Engadina.

Il 1896 è l'anno del *Dolore confortato dalla fede*[92], definito dall'artista, in una lettera a Zippel del 30 aprile, un «Effetto d'inverno con neve»; il 5 giugno, in un'altra lettera al poeta Domenico Tumiati, che aveva appena pubblicato un libro su Beato Angelico, così

Giovanni Segantini
Il dolore confortato dalla fede, 1896
Hamburger Kunsthalle, Amburgo

Giovanni Segantini
La morte (dal *Trittico della Natura*, disegno preparatorio) 1899, Museo Segantini, St. Moritz

Giovanni Segantini
La morte (dal *Trittico della Natura*), 1899
Museo Segantini, St. Moritz

Segantini descrive le scelte cromatiche del suo ultimo dipinto: «Il quadro è espresso coi colori indefinibili del tramonto avanzato. La neve che copre il terreno è illuminata dal caldo cielo di ponente, e riflettuta nelle ombre del cupo, azzurro cielo di levante.»[93] L'opera è di nuovo un grande dipinto dove la neve, nel mesto crepuscolo che scivola sul cimitero di montagna, diventa un simbolo visivo trasparente della morte che si è abbattuta sulla povera famiglia, redenta dall'*elevatio animae* raffigurata nell'abbagliante lunetta. Il 28 ottobre Segantini, oppresso dalla nostalgia per il sole estivo, scrive ad Alberto Grubicy: «Qui piove e nevica alternativamente senza posa, e l'estate è pur passato così, che ne sarà della bellezza della terra senza il sole?»[94] Sempre nel 1896 Segantini ritorna, con due oli su cartone a sgraffito, sui temi del Nirvana, trasformando la composizione dei grandi dipinti di neve dei primi anni novanta e mutando l'ambientazione, che diventa notturna, onirica: «il tema simbolista si fonde mirabilmente entro la notte lunare, azzurra di penombre, di ghiacci, di gelido cielo.»[95]

Dopo il fallimento del gigantesco *Panorama dell'Engadina* per l'Esposizione universale di Parigi del 1900, dove una parte importante era giocata dai «ghiacciai eterni che scintillano al sole»,[96] Segantini si immerge, con furia riparatoria, nel suo ultimo grande progetto: il cosiddetto *Trittico della Natura*. In una lettera a Burnley Bibb, probabilmente del 1898, descrive il pannello di destra in preparazione, il suo estremo quadro di neve, il più ambizioso probabilmente che sia mai stato concepito (cm 190 x 322): «Quando il tempo è appena un po' migliore, vado fuori a lavorare su una tela piuttosto grande, che rappresenta la morte. Ho scelto l'inverno a rappresentarla, poiché in questa stagione anche la terra è rigida e muta, sepolta sotto qualche metro di neve.»[97] Il 4 maggio 1899 l'artista scrive al segretario dell'Esposizione universale di Parigi, mandando un disegno dell'"opera alpestre" che stava realizzando, un complesso polittico composto da tredici parti (doveva essere lungo 12 metri e mezzo, alto 5 metri e mezzo): «Il quadro I rappresenta la morte apparente di tutte le cose. È inverno, la terra è sepolta sotto la neve, le montagne sul fondo sono illuminate dal sole che si alza. In una capanna una giovane fanciulla è morta: mentre qualcuno si occupa dei funerali, nel quadro L gli angeli portano la sua anima in cielo.»[98] Oggi, nel Museo Segantini di St. Moritz, *La morte*, pur nel suo stato di incompiutezza (particolarmente evidente nelle figure e nel manto nevoso deposto come un sudario sul mondo),[99] sembra un toccante omaggio alla vastità sgomentante delle Alpi: l'estremo, commovente testamento spirituale dell'artista, dove Segantini ha riversato tutto il suo amore sconfinato per la natura, incrinato soltanto dal funebre accenno in primo piano e dall'inquietante nuvola che domina minacciosa la scena. In realtà il disegno preparatorio[100] rivela che anche quest'opera, come *Il Dolore confortato dalla Fede*, doveva trovare potenziate la sua forza e la sua suggestione dall'inestricabile miscela di naturalismo e simbolismo o, per utilizzare la definizione coniata dal pittore in

Emilio Longoni
Ghiacciaio, 1905
collezione privata

una lettera a Tumiati del 29 maggio 1897 per la *Primavera sulle Alpi* (cat. n. 51), da quel «simbolismo naturalistico»[101] che tanto intrigava i contemporanei e che ben presto, nel clima delle avanguardie del primo Novecento, decreterà una temporanea eclissi della fama di Segantini.

All'aprirsi del Novecento, prima che i futuristi individuino in Segantini un bersaglio polemico contro cui scagliare i propri strali modernisti, numerosi pittori italiani prenderanno le sue grandi scene di neve come modelli per dare vita ad un genere, il paesaggio alpino innevato, fortunatissimo nei cataloghi di alcuni divisionisti di seconda fila come Matteo Olivero, Carlo Fornara o Cesare Maggi.[102] Nel 1905, percorrendo le alte solitudini del Bernina grazie ad una capanna in legno smontabile che gli assicurava una lunga autonomia anche nelle zone alpestri più impervie, Emilio Longoni realizza un monumentale *Ghiacciaio* che se, da un lato, guarda con nostalgia al mondo di Segantini, dall'altro mostra una piena autonomia espressiva nel desiderio di rinunciare a qualsiasi dimensione simbolica e di coinvolgere emotivamente lo spettatore, facendogli quasi franare addosso una cascata di ghiaccio spaccata da un profondo crepaccio.[103] Sempre nel 1906, durante l'estate, Giuseppe Pellizza da Volpedo compie un vero e proprio pellegrinaggio in Engadina per visitare dal vero i "luoghi sacri" segantiniani e confrontarli con la trasfigurazione operata nei suoi celebri dipinti; in un suo appunto di quei giorni compare una lampeggiante osservazione che intende cogliere il segreto della pennellata a filamenti pietrificati, dove la luce sembra splendere dall'interno di una smaltata superficie lapidea, tipica della tecnica divisa di Segantini:[104]

Ho scelto una ventina di pietruzze sul torrente che scende verso il paese. Mi pare di vedere in esse l'origine della pittura di Segantini, l'embrione della sua tecnica. Non era un divisionismo il suo, ma piuttosto una tersità colta in natura e tradotta per colore.[105]

Un omaggio sommesso, ma proprio per questo tanto più intenso, al grande maestro scomparso di cui Pellizza era stato amico può quindi essere considerato *La neve* (cat. n. 103), il dipinto compiuto verosimilmente all'indomani di questo pellegrinaggio, dove il mondo di Segantini pare avvolto da una luce crepuscolare, come se un mesto tramonto calasse lentamente sulla realtà, serrata tuttavia nelle maglie di un'inflessibile regia compositiva.[106]

Il primo segnale di un radicale mutamento di valutazione della pittura segantiniana può essere considerato un inedito *Addio a Segantini*[107] redatto da Roberto Longhi nel 1913-1914 e rammentato ancora, introducendo i propri *Scritti giovanili* nel 1956, con l'avvertenza che si trattava di un testo «che però ebbi il buon senso di non pubblicare.»[108] Il saggio si apre sottolineando l'importanza del rapporto con Millet: «Composizione sbozzata e smussata di Segantini presa da Millet a base di poche linee orizzontali cui si riducono anche i gesti – e qui è il valore di Segantini.» L'adesione al Divisionismo è aspramente censurata:

Divisionismo applicato col più gretto tecnicismo. Una tecnica che ottiene per effetto invece che se stessa un'altra cosa, cioè la massima illusorietà luminosa? Ciò era troppo allettante per un artista incolto e sentimentale e specialista ma integerrimo [...] Segantini e perciò Divisionismo fu non come arte ma come tecnica.

Si criticano con ostentato disprezzo le

matasse interminabili e fastidiosamente rigirate di una tecnica filacciosa che prelude alla lana Previati di prima qualità. Nel colore anche qualche cosa del caotico indurimento che può andare più verso gli scaracchi coloristici dei napoletani alla Mancini che non verso Cézanne. Inoltre lo specialismo lo fa cadere nel sentimentalismo. Sempre montagna e comunque [parola illeggibile] montagna.

Le osservazioni stroncatorie si accavallano in un crescendo sempre più duro che vuole liquidare, con Segantini, un'intera stagione della pittura italiana, ancora troppo vicina, pericolosamente, alla pretesa *tabula rasa* futurista:

Poi perde anche il senso della composizione massiccia e sgretolata di linee di Millet. La vuole fare più slanciata, più mollemente, più elegante, più sedia di Vienna. Il decorativo esteriore lo guasta. Il sole appare caldo caldo in un incavo tagliato apposta sull'orizzonte [...]. Ciò sa bene di socialismo e di sole dell'avvenire.

Le nuove tematiche di matrice simbolista sembrano a Longhi l'ennesimo tradimento dell'originaria radice sana millettiana, in una direzione che trascina Segantini «verso il botticellismo e il preraffaellismo»:

Nel quadro centinato si sganghera il rude orizzontalismo di Millet nel frutto d'amore. Ma peggio vi si acconcia [?] nella matassa cadente della cartolina Angelo della Vita. Nervosità piangente, sentimentalità delle fibre arboree, trivialità compositiva: Millet diventa Raffaello-insartuato e Botticelli-ottocento. D'altra parte nulla di più lontano di lui che la possibilità di condurre le linee alla florealità lirica pura di un Beardsley, troppo era [parola illeggibile] l'educazione del disegno fratto franato e frusto di Millet. Perciò il contorno lineare non giunge alla vera finezza.

Questo memorabile *Addio a Segantini* si conclude con alcune battute al vetriolo da intendersi come lo sberleffo iconoclasta del giovane critico di genio al grande e venerato maestro che, nel 1908, ancora tanto commuoveva Umberto Boccioni e che, due anni più tardi (11 febbraio 1910), poteva essere inserito, con Previati e Medardo Rosso, nel *Manifesto dei pittori futuristi*, a comporre il trio dei soli artisti italiani ancora esemplari per le nuove generazioni del Novecento:[109]

Ma le cattive madri avevano usato invece la farina lattea Nestlé? Ecco il significato più alto che sentono di poter dare a tutti noi.

Quasi nessuna delle ultime opere di Segantini viene risparmiata da Longhi,

fino alle ultime oscenità delle allegorie della musica degne di un peggiore Böcklin e di un senso di forme flaccido e avvilito, fino al cosmorama alpino rappezzato e imbolsito del trittico finale, che avrebbe potuto ben servire [?] come cartello réclame del Touring Club.[110]

La stroncatura longhiana rimase tra le carte inedite del critico; ma tra il 1913 e il 1914

Angelo Morbelli
Il ghiacciaio dei Forni, 1912 circa
collezione privata

altri scritti longhiani, dati alle stampe, resero pubblico questo provocatorio ribaltamento di valori: oltra al passo già citato del *Mattia Preti* (1913),[111] è una pagina di *La scultura futurista di Boccioni*, il volume pubblicato a Firenze nel 1914 dalle Edizioni della «Voce», dove si riflette sulla sua lingua scultorea «spontaneamente arcaica ma non, intendiamoci, arcaistica», a divulgare questa bordata contro le fortune internazionali di Segantini:

Non vorrei che si arguisse da quel che ho detto un giudizio d'ignoranza a carico di questo scultore. L'ignoranza è quella del falso arcaismo che scambia l'ottusità con la verginità mentale ottenuta a fatica, l'ottusità che cade al primo contatto inevitabile con realtà artistiche di quart'ordine; ciò che avvenne al montanaro Segantini e a tutti questi falsi "Naturmenschen" che scambiano la tabula rasa dell'istinto bruto con la verificazione del proprio istinto (temperamento) a contatto con la storia.[112]

Nella *Breve ma veridica storia della pittura italiana*, la lampeggiante dispensa liceale redatta tra il giugno e il luglio del 1914 per gli allievi dei licei romani Tasso e Visconti, il nome di Segantini viene accomunato da Longhi nella condanna a quello di Tranquillo Cremona:

Se i nomi messi in voga di Tranquillo Cremona e di Giovanni Segantini non potranno mai pretendere a una fama durevole, gli è che sotto l'apparente sfarfallio impressionistico del primo trapela il disegno accademico di origine raffaellesca e sotto il sovraggiunto divisionismo del secondo (scomposizione delle note coloristiche) s'intravede il contorno preraffaellita, due interpretazioni, cioè, affatto disformi dalla realtà visiva.[113]

Due anni più tardi anche Umberto Boccioni, recensendo le esposizioni milanesi di Previati e Fornara, muterà avviso sulla grandezza di Segantini, «ormai morto e consacrato in una specie di mito italo-tirolese e anche svizzero, se vogliamo», aderendo, perfino nella forma ironicamente dissacrante, alla revisione longhiana:

Segantini è l'esempio più insigne di quel processo di arresto e d'involuzione, letteraria filosofica o scientifica, che hanno subito le ricerche della più moderna pittura europea (cioè francese), al loro giungere in Italia [...]. Gli ammiratori, la critica esaltano non il pittore, ma qualche cosa di sconosciuto nella plastica, qualche cosa che fa morire dal ridere, pittoricamente parlando, e cioè la pittura panteistica, il poema della natura (con l'N grande), la poesia della montagna [...]. Segantini ignorantissimo, circondato da tedescherie, posa a gran sacerdote d'una nuova religione della natura e piano piano sdrucciola dagli azzurri ghiacciai italiani, alla sterile bassura germanica. [...] La pittura sembra divenuta d'un tratto una organizzatissima agenzia del Touring, quando non è laboratorio chimico-botanico o un gabinetto di psichiatra! Tutti calzano scarpe ferrate, corrono in montagna o in pianura... Afferrano le vacche, le pecore, i contadini! È una specie di frenetica leva in massa di seminatori, di mietitori, di pastori, di falciatori, di mandriani... di casolari, di greggi, di alti pascoli, di picchi eccelsi. È un canto campestre, un belare, un muggire pietosi nelle albe, nei meriggi, nei tramonti. Non vedete già la moderna pittura italiana?[114]

Negli anni infuocati del Futurismo due grandi pittori piemontesi, partendo da premesse molto lontane, ritornano sul tema dell'"effetto di neve". Felice Casorati presenta nel 1913 a Ca' Pesaro una *Nevicata* che rivela, nell'evidente aura simbolica che emana dal bosco di betulle abbagliate dal bianco della neve, un esplicito omaggio alle opere di Klimt ammirate alla Biennale veneziana del 1910.[115] Il divisionista Angelo Morbelli, lontano dai clamori mondani, si rifugia invece nella solitudine e nel silenzio dell'alta montagna; il suo *Ghiacciaio dei Forni*, databile intorno al 1912,[116] potrebbe apparire, a prima vista, una nostalgica riflessione su un mondo prossimo a scomparire: eppure, nella diagonale di neve che seziona l'ovale con la stessa algida purezza di un "taglio" di Fontana, questo dipinto, perfetto nella sua quasi assoluta astrazione formale, è in grado di costituire una sorprendente prefigurazione dei nuovi silenzi, tutti mentali, che ben presto domineranno la migliore arte italiana.

[1] Questo giudizio di Edmond de Goncourt su uno spettacolare pastello "di neve" di Giuseppe De Nittis è tratto da un brano del *Journal* (21 gennaio 1882) cit. *infra*, nota 35. Paul Nicholls e Vittorio Quercioli, con la loro competenza ed amicizia, mi hanno aiutato a rintracciare alcune delle opere presenti in questa sezione italiana; desidero inoltre ringraziare, per tutto ciò che hanno fatto in vista della redazione di questo saggio, Giorgio Bacci, Andrea Baldinotti, Novella Barbolani, Fabrizio D'Amico, Giuliana Giulietti, Antonio Pinelli e Carlo Sisi.

[2] E. Castelnuovo, *I Mesi di Trento. Gli affreschi di torre Aquila e il gotico internazionale*, Trento 1986, p. 52.

[3] *Giorni del Medioevo. Le miniature delle Très Riches Heures del duca di Berry*, Milano 1988, pp. 18-21.

[4] E. Panofsky, *Early Netherlandish Painting. Its Origins and Character*, Cambridge (Mass.) 1964, p. 65: l'affermazione di Panofsky («it is in this miniature that we encounter the first snow landscape in all painting») è ripresa da C. S. Moffet, *Effet de Neige: "Claude Monet and a few others…"*, in C. S. Moffet, E. E. Rathbone, K. Rothkopf, J. Isaacson (a cura di), *Impressionists in Winter. Effets de Neige*, catalogo della mostra, Washington-San Francisco-New York 1998-1999, Londra 1998, p. 13.

[5] E. Castelnuovo (a cura di), *Ambrogio Lorenzetti. Il Buon Governo*, Milano 1995, pp. 378-379.

[6] L. Cogliati-Arano, *Tacuinum Sanitatis*, Milano 1979, p. 133 nn. 202-203; un precedente della scena con le palle di neve compare in un *Tacuinum Sanitatis* della Bibliothèque Nationale di Parigi (cfr. C. Cieri Via, *L'arte delle metamorfosi. Decorazioni mitologiche nel Cinquecento*, Roma 2003, p. 349).

[7] H. W. Van Os, *Schnee in Siena*, in «Nederlands Kunsthistorisch Jaarboek», 19, 1968, pp. 1-50; H. Hubach, *Matthias Gruenewald. Der Aschaffenburger Maria-Schnee-Altar. Geschichte, Rekonstruktion, Ikonographie. Mit einem Exkursus zur Geschichte der Maria-Schnee Legende, ihrer Verbreitung und Illustrationen*, Mainz 1996, pp. 139-198; M. Israels, *Sassetta's Madonna della Neve. An Image of Patronage*, Leiden 2003, pp. 97-144; oltre ai casi qui citati (Filippo Rusuti, Masolino, Sassetta, Mino da Fiesole, Matteo di Giovanni…), si può ricordare la tavoletta di Gerolamo di Benvenuto con *La nevicata miracolosa sull'Esquilino* (1508), nella collezione di Roberto Longhi (cfr. M. C. Bandera, *Longhi tra la Biennale di Venezia e "Paragone"*, in C. Spadoni (a cura di), *Da Renoir a de Stäel. Roberto Longhi e il moderno*, catalogo della mostra, Ravenna 2003, Milano 2003, p. 152, dove tuttavia mi pare fuori luogo, per un dipinto che rientra perfettamente nella serie iconografica della *Madonna della Neve*, parlare di «pointillisme ante litteram»).

[8] P. De Vecchi, *Raffaello*, Milano 2002, p. 52.

[9] S. Lecchini Giovannoni, *Alessandro Allori*, Torino 1991, p. 231 n. 35 (Parigi, Louvre: l'«incredibile paesaggio coperto di neve» viene ritenuto «certo desunto dalla pittura fiamminga») e pp. 244-245 n. 64 (Cattedrale di Carini [Palermo]: anche in questo caso il motivo della neve viene ipoteticamente messo in rapporto con «uno dei numerosi quadri fiamminghi di tal genere presenti in quegli anni nelle collezioni fiorentine»).

[10] R. Longhi, *Mattia Preti (critica figurativa pura) /1913/*, in *Scritti giovanili 1912-1922*, Firenze 1956, p. 40; la tela con San Pietro Celestino in preghiera sulla Maiella è riprodotta in *Mattia Preti*, a cura di E. Corace, Roma 1989, p. 89 (il medesimo episodio, dove il paesaggio innevato dei monti d'Abruzzo costituiva una imprescindibile necessità iconografica, era già comparso nella Galleria delle Carte Geografiche in Vaticano, alla data 1578-1581: cfr. A. Pinelli, *La bellezza impura. Arte e politica nell'Italia del Rinascimento*, Roma-Bari 2004, p. 197 tav. VIII). Per la stroncatura longhiana di Segantini cfr. *infra*, pp. 220-221 (il riferimento a

Edouard Detaille, 1848-1912, allievo di Meissonier, famoso autore di dipinti di soggetto militare, citato nel Diario di De Nittis perché falsificatissimo, celebrato in un ritratto di Boldini, va inteso come una bordata contro il mito di Segantini, a quelle date ancora altissimo).

[11] Su Bagetti cfr. da ultimo V. Natale, in *La pittura di paesaggio in Italia. L'Ottocento*, a cura di C. Sisi, Milano 2003, pp. 84-87; cfr. anche P. Astrua, in *Garibaldi. Arte e Storia, Arte*, catalogo della mostra, Roma 1982, a cura di S. Pinto, Firenze 1982, pp. 31-32 n. 1.1.2 (per un romanticissimo *Paesaggio alpestre sotto la neve*, circa 1825); *Giuseppe Pietro Bagetti*, catalogo della mostra, Torino 2000, a cura di M. Viale Ferrero, Torino-Londra 2000, dove alle pp. 54-57 è pubblicato uno dei suoi più affascinanti "effetti di neve": la *Salita al Moncenisio* del 1809.

[12] G. Pavanello, *La pittura dell'Ottocento a Venezia e nel Veneto, 1. Venezia*, in *La pittura in Italia. L'Ottocento*, a cura di E. Castelnuovo, Milano 1991, vol. I, p. 179, dove, a proposito di *Neve e nebbia in Canal Grande* (1840 circa, Venezia, Ca' Pesaro), viene ricordato come, prima di queste tele di Ippolito Caffi, una Venezia innevata era già stata dipinta, nei primi anni trenta, dal friulano Giuseppe Borsato (come la *Riva degli Schiavoni sotto la neve*, 1833-1835, Brescia, Pinacoteca Tosio-Martinengo): cfr. B. Cinelli, in *Il Veneto e l'Austria. Vita e cultura artistica nelle città venete 1814-1866*, catalogo della mostra, Verona 1989, a cura di S. Marinelli, G. Mazzariol e F. Mazzocca, Milano 1989, p. 234 n. 165; G. Pavanello, *Venezia: dall'età neoclassica alla 'scuola del vero'*, in *La pittura nel Veneto. L'Ottocento*, a cura di G. Pavanello, vol. I, Milano 2002, p. 18 (dove è ricordato che la novità della neve era censurata, da critici come il Selvatico, per l'eccessiva "facilità" dell'effetto).

[13] B. Cinelli, *Mecenati, collezionisti e primi mercanti*, in *Pittori & Pittura dell'Ottocento italiano*, a cura di G. Matteucci, n. 97, vol. V, Novara 1998-1999, p. 198; cfr. anche G. Ginex, in *La pittura in Italia. L'Ottocento* cit., vol. II, p. 870, dove si ricorda che il dipinto, commissionato dal marchese Filippo Villani, fu esposto alla mostra braidense del 1847.

[14] G. Lista, *Medardo Rosso. Scultura e fotografia*, Milano 2003, p. 32 (cfr. anche la fig. 2, dove, in una illustrazione di «La Luna», n. 41, 13 ottobre 1881, dedicata alle «Reminiscenze dell'Indisposizione di Belle Arti», si può vedere anche una piccola immagine della *Notte oscura…*, presente alla mostra con il n. 79). Per gli "effetti di neve" diffusi nella pittura milanese di questi anni si possono ricordare, ad esempio, le opere di Gerolamo Induno (*La mia patria è il mondo*, 1871; *Mendicante sotto la neve*, 1880 circa: cfr. *Pittura Lombarda del secondo Ottocento. Lo sguardo sulla realtà*, catalogo della mostra, Milano 1994, a cura di P. Biscottini, Milano 1994, pp. 87 e 210 n. 91; G. Belli, N. Boschiero, P. Pettenella, *L'Ottocento. Museo di Arte Moderna e Contemporanea di Trento e Rovereto. Catalogo ragionato delle collezioni del XIX secolo*, Ginevra-Milano 1999, p. 79 n. 51), oppure le vedute milanesi innevate di Mosè Bianchi, della fine degli anni ottanta (P. Biscottini, *Mosè Bianchi. Catalogo ragionato*, Milano 1996, pp. 350-355).

[15] Come dimostrano, ad esempio, gli "effetti di neve" del paesista romano Antonio Morghen, detto il Tenente (1788-1853): cfr. il *Napoleone in slitta alla Beresina*, verosimilmente da identificarsi con la *Nevata* acquistata nel 1847 dal granduca di Firenze, conservato alla Galleria d'arte moderna di Palazzo Pitti a Firenze (*Cultura neoclassica e romantica nella Toscana Granducale. Collezioni lorenesi, acquisizioni posteriori, depositi*, catalogo della mostra, Firenze 1972, a cura di S. Pinto, Firenze 1972, pp. 119 n. 16 e 210).

[16] G. de Nittis, *Notes et souvenirs. Diario 1870-1884*, prefazione di E. Cecchi, Fasano (Brindisi) 1990, p. 115. Da queste pagine erompe un senso di felicità esistenziale così spontaneo ed esuberante, così perfettamente armonico con la pittura di De Nittis e con il suo sguardo prensile e rapidissimo, da escludere pesanti interventi di Léontine, che pur non nascondeva le proprie ambizioni letterarie: per la necessità di rivalutare questa fonte, di fronte alle cautele, probabilmente eccessive, argomentate in P. Dini, G. L. Marini, *De Nittis. La vita, i documenti, le opere dipinte*, Torino 1990, vol. I, pp. 211-212 e 229-230, cfr. S. Fugazza, *De Nittis scrittore?*, in *De Nittis. A Léontine. Il fascino femminile tra arte e moda al tempo degli Impressionisti*, catalogo della mostra, a cura di I. Chignola e P. Bertelli, Cinisello Balsamo (Milano) 2004, pp. 59-63.

[17] Un precoce "effetto di neve" fu presentato da De Nittis, nel novembre del 1867, alla Promotrice fiorentina, meritandosi un premio «per la intensa verità che vi si mostra e per l'immenso gusto di disegnare un ambiente che giudico raro a conseguirsi»; per questa *Nevicata*, ancora non rintracciata, cfr. Dini, Marini, *De Nittis* cit., pp. 92, 155.

[18] Moffet, *Effet de Neige* cit., p. 15.

[19] F. D'Amico, *Gli Impressionisti in inverno (1999)*, in *Oltre l'impressionismo. Le radici del moderno*, Conegliano (Treviso) 2001, p. 164. Su *La gazza* va ricordata la lettura di R. Tassi, in *L'atelier di Monet. Arte e Natura: il paesaggio nell'Ottocento e nel Novecento*, Milano 1989, pp. 157-158, dove compare anche un breve accenno ai «quadri di neve più belli che siano stati dipinti» (dai Limbourg a Bruegel, da Ruysdael a Goya, da Friedrich a Courbet, senza dimenticare il *Winterreise* di Schubert, «essendo non pittura ma di ugual forza evocativa»): «È nevicato tutta la notte; al mattino la luce illumina la campagna ricoperta di bianco, i campi, le strade, i sentieri, le siepi, i tetti, tutti i rami degli alberi; il cielo lentamente schiarisce e appare il sole, ma un gelo sottile stringe ogni cosa; così quando verso le tre del pomeriggio il sole è ormai pieno e comincia a declinare, la neve avvolge ancora intatta tutto il paesaggio; una felicità fatta di soffice spessore, di luce, di silenzio, di magica delicatezza, è deposta sul mondo; lo spazio è lieve e puro come dentro un mallo di noce, nell'incavo di un'onda o tra le valve di una conchiglia; la neve fiorisce di colori delicati, bianca appena ingiallita sulla terra, s'inazzurra nell'ombra, diventa rosa negli alberi lontani a riverbero del cielo, quasi grigia sul tetto. E

nell'armonia che governa la natura immobile al silente splendore di quell'ora meridiana, entra la gazza bianca e nera, rara abitatrice dell'inverno, ferma su una traversa del cancello di legno. Tutto è avvolto di aria fredda e colorata; fasciato da una luce che si distende tenera, radiosa, intima, uguale, e unisce delicatezza e potenza, velatura e spessore, poesia e verità. Le forme, pur individuate e armonicamente composte, fondono una nell'altra, i loro limiti diventano incerti, i confini sono rotti o aboliti; attraverso la trama sottile e molteplice dei colori, attraverso la riduzione di ogni cosa al colore, si crea una continuità come è possibile vedere solo in natura; senza disegno, senza chiaroscuro, senza senso plastico, la pittura diventa una ininterrotta féerie colorata del naturale.»

[20] *Impressionists in Winter* cit., pp. 84-85 n. 3, 96-97 n. 9, 100-101 n. 11 e 206-208. Sui quadri di neve di Monet si veda il saggio di F. D'Amico in catalogo, alle pp. 263-269.

[21] Il dipinto è dubitativamente identificato con una tela, oggi in collezione privata, del 1875: cfr. D. Wildenstein, *Monet, Catalogue Raisonné. Werkverzeichnis*, vol. II, n. 1-968, Colonia 1996, p. 149 n. 361.

[22] Purtroppo non abbiamo molte notizie sulla collezione di stampe giapponesi di De Nittis, che d'altronde tutto fa pensare dovesse essere fornitissima; le fonti contemporanee si limitano a ricordare gli oggetti giapponesi (stoffe, ventagli, paraventi, pannelli lignei, un dipinto di Watanabe Seitei…) che arredavano il villino parigino dei coniugi De Nittis (cfr. Dini, Marini, *De Nittis* cit., pp. 148 e 281; cfr. anche D. Martelli, *Scritti d'arte*, a cura di A. Boschetto, Firenze 1952, p. 128; *Le Japonisme*, catalogo della mostra, Parigi-Tokio 1998, a cura di G. Lacambre, Parigi 1998, p. 315).

[23] E. E. Rathbone, *Winter Weather Chronology. December 1864 through January 1893*, in *Impressionists in Winter* cit., pp. 224-225.

[24] Il brano del *Journal* di Léontine De Nittis («Il signor Goupil venne a dirmi che il quadro era respinto all'esame della giuria perché dicevano che erano delle mosche nel latte») è citato da Dini, Marini, *De Nittis* cit., p. 362.

[25] G. Aitken, M. Delafond, *La collection d'estampes japonaises de Claude Monet*, p. 122 n. 101; *Monet & Japan*, catalogo della mostra, Canberra-Perth 2001, a cura di V. Spate e G. Hickey, Canberra 2001, pp. 137 e 198 n. 74.

[26] Alla recente mostra milanese (*Ukiyo-e il mondo fluttuante*, catalogo della mostra, Milano 2004, a cura di G. C. Calza, Milano 2004, p. 164 nn. 73-74) sono stati esposti due diversi stati di questa stampa di Kuniyoshi, uno analogo a quello presente nella collezione di Monet, l'altro con una cromia più accentuata e con la significativa variante della linea d'orizzonte segnata a marcare lo stacco tra il cielo e il mare.

[27] Non convince la lettura "giapponese" degli "effetti di neve" dipinti da Monet negli anni settanta, proposta in E. E. Rathbone, *Monet, Japonisme and Effets de Neige*, in *Impressionists in Winter* cit., pp. 25-37.

[28] Per questa lettura della *Japonnerie* di Monet cfr. V. Farinella, *Le bionde allegrie della natura: qualche verifica sul giapponismo di Monet*, in *Monet. Atti del convegno*, Treviso, Casa dei Carraresi, 16 e 17 gennaio 2002, a cura di R. Rapetti, M. Stevens, M. Zimmermann, M. Goldin, Conegliano (Treviso) 2003, pp. 225-229.

[29] C. Ives, *Degas, Japanese Prints, and Japonisme*, in *The Private Collection of Edgar Degas*, catalogo della mostra, New York 1997-1998, a cura di A. Dumas, C. Ives, S. A. Stein e G. Tinterow, New York 1997, pp. 247-260.

[30] *The Private Collection of Edgar Degas. A Summary Catalogue*, a cura di C. Ives, S. A. Stein e J. A. Steiner, New York 1997, p. 104 n. 909 (si tratta di un *Effetto di neve*, firmato e datato 1875, di cm 42 x 32, descritto da Degas come raffigurante alcuni palazzi che si affacciavano sull'Avenue de Bois de Boulogne; l'opera, che era stata donata a Degas dallo stesso De Nittis, è oggi dispersa, ma doveva risultare analoga ad un altro dipinto del 1875, *Sulla neve*, proveniente dalla collezione Goupil, per l'analogia delle misure – cm 43 x 32,5 – e per il motivo delle case che si affacciano sul parco innevato, in questo caso arricchito dalla presenza mondana di Léontine con due cagnolini: cfr. Dini, Marini, *De Nittis* cit., vol. I, p. 397 n. 528; *La borghesia allo specchio. Il culto dell'immagine dal 1860 al 1920*, catalogo della mostra, Torino 2004, a cura di A.-P. Quinsac, Milano 2004, pp. 108, 182 n. 18). Degas possedeva, oltre a varie altre opere di De Nittis (tre ritratti femminili ad olio, un pastello con una testa maschile, tre incisioni: cfr. *The Private Collection of Edgar Degas. A Summary* cit., p. 104 nn. 912-918), anche due paesaggi vesuviani, uno acquistato alla morte del pittore nel 1884, l'altro da Durand-Ruel nel 1894 (cfr. ibid., nn. 909-910; cfr. anche A. Dumas, *Degas and His Collection*, in *The Private Collection* cit., pp. 42 e 71 n. 202, dove si afferma che entrambe le opere sarebbero state acquistate da Degas, qualche tempo dopo la morte di De Nittis, all'Hotel Drouot): due delle celebri vedute del Vesuvio che, ben presto, saranno paragonate dalla critica alla serie delle *36 Vedute del Fuji* di Hokusai (cfr. R. Boglione, *Il Japonisme in Italia. Parte prima 1860-1900*, in «Il Giappone», XXXVIII, 1998 [ma 2000], p. 94). Degas possedeva anche un'incisione tratta da *Che freddo!* del 1874, ricordata nella lettera di condoglianze inviata a Léontine il 21 ottobre 1884: cfr. *Degas e gli italiani a Parigi*, catalogo della mostra, Ferrara 2003, a cura di A. Dumas, Ferrara 2003, pp. 48, 53, 322-323 n. 61 e 364-365 nn. 80-81.

[31] Dini, Marini, *De Nittis* cit., vol. I, p. 411 n. 829. Per le caratteristiche stilistiche "giapponesi" di questo dipinto cfr. M. M. Lamberti, *Ambivalenze della divulgazione dell'arte giapponese in Italia: Vittorio Pica*, in «Bollettino d'Arte», VI, 46, 1987, pp. 69-78 (il commento alla tav. II).

[32] Così lo definisce L. Gonse, *Les acquarelles, dessins et gravures au Salon de 1877*, in «Gazette des Beaux-Arts», VI, 1877, p. 158.

[33] J. Bouisson, *G. De Nittis*, in «Le Correspondant», 10 giugno 1881 (citato in Dini, Marini, *De Nittis* cit.,

vol. I, p. 182). Altri critici francesi, in questi anni, e in particolare Duranty nel 1879 e Zola nel 1880, prendono le distanze da un'adesione acritica alla moda del Giapponismo: cfr. Farinella, *Le bionde allegrie* cit., pp. 218-219.

[34] E. -J. de Goncourt, *Journal. Mémoires de la vie littéraire*, vol. XII (1879-1883), Monaco 1956, p. 100 (il passo è citato, in traduzione italiana, da B. Cinelli, *Giuseppe De Nittis: "paysagiste de la rue parisienne"*, in *Giuseppe De Nittis e la pittura della vita moderna in Europa*, catalogo della mostra, Torino 2002, a cura di P. G. Castagnoli, Torino 2002, p. 33); cfr. anche un brano del 13 ottobre 1883: «Mon portrait de Nittis, il faut le voir aux heures crépusculaires, éclairé par les braises de la cheminée et reflété dans la glace: comme cela, il prend une vie fantastique tout à fait extraordinaire» (cfr. de Goncourt, *Journal* cit., vol. XIII [1883-1885], p. 57).

[35] De Goncourt, *Journal* cit., vol. XII (1879-1883), p. 145 (il passo è citato, ma con numerose imprecisioni, da C. Farese Sperken, *In Italie 1880-1910. Arte alla prova della modernità*, catalogo della mostra, Roma-Parigi 2000-2001, a cura di G. Piantoni e A. Pingeot, Torino 2000, pp. 140-141 n. 28).

[36] Come, ad esempio, quello di Fattori documentato da due celebri lettere del maggio-giugno 1875, riesaminate da ultimo in M. M. Lamberti, *Mitografie parigine nel secondo Ottocento*, in *Giuseppe De Nittis e la pittura* cit., pp. 45-47.

[37] Illuminanti risultano i ricordi dello stesso De Nittis appuntati nel *Journal* di Edmond de Goncourt, alla data 25 febbraio 1880: «Il retombe dans la rue, se dirige au hasard, arrivant au bout de deux heures sur le boulevard des Italiens. Là, dans cette allée et venue d'hommes et de femmes, dans ce mouvement, dans cette vie de la foule parisienne, aux lumières du gaz, tout d'un coup, le noir que le jeune homme a en lui s'évanouit. Il est transporté, il est enthousiasmé par la modernité du spectacle» (cfr. de Goncourt, *Journal* cit., vol. XII [1879-1883], p. 67).

[38] *Correspondance de Paul Gauguin. Tome Premier, 1873-1888*, a cura di V. Merlhès, Parigi 1984, p. 82 (interessante anche il giudizio riportato subito dopo: «de Nittis et Lepage avaient atteint dans la perfection ce que les impressionistes avaient commencé»). Per la fama altissima di Bastien-Lepage subito prima della morte prematura, avvenuta il 15 dicembre 1884, e cioè nemmeno quattro mesi dopo quella di De Nittis (entrambi gli artisti erano nati nel 1848), cfr. V. Farinella, *Pittura dei campi. La rappresentazione della vita agreste nel Naturalismo europeo*, in *Pittura dei campi. Egisto Ferroni e il Naturalismo europeo*, catalogo della mostra, Livorno 2002, a cura di A. Baldinotti e V. Farinella, Ospedaletto (Pisa) 2002, pp. 31-32 n. 17.

[39] Su Rossano cfr. da ultimo Martorelli, in *La pittura di paesaggio in Italia* cit., pp. 338-339; alla bibliografia ivi citata si aggiunga S. Bietoletti, in *L'opera critica di Diego Martelli dai Macchiaioli agli Impressionisti*, catalogo della mostra, Livorno 1996-1997, a cura di F. Dini e E. Spalletti, Firenze 1996, p. 132 n. 4.9; *Aria di Parigi nella pittura italiana del secondo Ottocento*, catalogo della mostra, Livorno 1998-1999, a cura di G. Matteucci, Torino 1998, pp. 21 e 187 n. 93; *Impressionismo italiano*, catalogo della mostra, Brescia 2002-2003, a cura di R. Barilli, Milano 2002, pp. 144-146 e 235 nn. 60-63. Alcuni "effetti di neve" di Rossano sono pubblicati in R. Fossataro, *Federico Rossano*, a cura di A. Schettini, Milano 1964, p. 67, figg. 32 e 34 (*Inverno sotto la neve. Paesaggio francese*, *Campagna sotto la neve. Paesaggio francese*) e in *Federico Rossano*, a cura di R. Caputo, Napoli 2000, tavv. XXXI-XXXIII (*Paesaggio francese invernale*; *Inverno*; *Nevicata*).

[40] Le differenze caratteriali emergono, ad esempio, da una lettera di De Nittis a Signorini (27 novembre 1873) dove Boldini, pur elogiato per un suo paesaggio, viene definito «un uomo intrattabile» (cfr. Dini, Marini, *De Nittis* cit., p. 291; P. e F. Dini, *Boldini. Catalogo ragionato, volume I. La vita e l'iter artistico*, Torino-Londra-Venezia 2002, pp. 158-161).

[41] I rapporti di Boldini con gli impressionisti, e in particolare con Degas, sono ben noti: andrà sottolineato come proprio Boldini sia stato l'unico artista italiano a partecipare alla sottoscrizione lanciata da Monet nel 1889 per far acquisire dallo Stato francese l'*Olympia* di Manet, entrata nel 1890 al Musée du Luxembourg, poi dal 1907 al Louvre (cfr. Dini, *Boldini* cit., pp. 164-167 e 283; *Manet 1832-1883*, catalogo della mostra, Parigi-New York 1983, Parigi 1983, p. 183; V. Farinella, *Vittorio Corcos, pittore alla moda*, in «Nuovi Studi Livornesi», VI, 1998, p. 117 n. 26), senza per altro dimenticare «il gesto della signora Giulia Ramelli che nel 1865, ancora durante il coro d'insulti all'*Olympia*, ne chiedeva per lettera il prezzo al pittore» (cfr. R. Longhi, *Proposte per una critica d'arte*, in *Critica d'arte e buongoverno 1938-1969*, Firenze 1985, p. 10).

[42] C. L. Ragghianti, *Lungo pomeriggio d'un fauno*, in *L'opera completa di Boldini*, a cura di E. Camesasca, Milano 1970, pp. 5 e 11.

[43] La definizione longhiana «impressionisti torinesi del 1890» compare già in *Amatori e cultori /1919/*, in *Scritti giovanili* cit., vol. I, p. 431; vanno inoltre ricordate le parole di Longhi su un "effetto di neve" di Reycend databile nel decennio 1880-1890, *Alberi nella neve*: «La furia delicata con cui l'occhio coglie il punto di "bellezza meteorologica", nel cielo insudiciato dalle ditate d'aria, gli alberelli disperati in tono prugna violetto, le scivolate del tòcco sulla neve che smotta in primo piano, sembrano scavalcare, al di qua dell'impressionismo, fino a Van Gogh, ai fauves, e a De Pisis» (*Ricordo di Enrico Reycend [1952]*, in *Scritti sull'Otto e Novecento 1925-1966*, Firenze 1984, p. 35).

[44] P. Paccagnini, in *I Postmacchiaioli*, catalogo della mostra, Roma-Livorno 1993-1994, a cura di R. Monti e G. Matteucci, Roma 1993, p. 88 n. 59.

[45] Su Müller cfr. da ultimo Marchioni, in *La pittura di paesaggio* cit., pp. 294-296 (con bibliografia precedente); F. Cagianelli, D. Matteoni, *Livorno, la costruzione di un'immagine. Tradizione e modernità nel Novecento*, Cinisello Balsamo (Milano), 2003, pp. 123-125.

[46] *Alfredo Müller (Livorno 1869-Parigi 1939), opera grafica: acqueforti, litografie, puntesecche, monotipi*, catalogo della mostra, Livorno 1982, a cura di M. Quesada, Roma 1982, pp. 9 e 23 n. 14; un confronto significativo è offerto da una litografia a colori di Henri Rivière, *La Lever de la Lune*, un paesaggio bretone pubblicato nel 1898 (cfr. *Torino 1902. Le arti decorative internazionali del nuovo secolo*, catalogo della mostra, Torino 1994, a cura di R. Bossaglia, E. Godoli e M. Rosci, Milano 1994, pp. 291-292 n. 214).

[47] P. e F. Dini, *Giovanni Fattori. Epistolario edito e inedito*, Firenze 1996, pp. 378-386.

[48] Per l'utilità di applicare questa categoria, ben nota agli studi letterari, anche alla situazione figurativa italiana dell'ottavo e nono decennio dell'Ottocento, dopo la stagione realista culminata nella "macchia" toscana degli anni sessanta e prima della nuova fase simbolista e divisionista aperta dalla prima Triennale milanese del 1891, cfr. Farinella, *Pittura dei campi* cit., pp. 3-4 e 17-29.

[49] Dini, *Giovanni Fattori* cit., pp. 84-85.

[50] Ad esempio il disegno del Louvre, *Ingresso alla foresta di Barbizon in inverno (La Porte aux vaches)*, del 1853 circa, o il pastello del Museum of Fine Arts di Boston, *Cortile rustico in inverno*, del 1868 (cfr. *Jean-François Millet. Drawn into the Light*, catalogo della mostra, Williamstown [Mass.] 1999, a cura di A. R. Murphy, R. Rand, B. T. Allen, J. Ganz e A. Goodin, New Haven-Londra 1999, pp. 55 n. 20 e 112 n. 78) oppure il grande olio incompiuto del Cardiff Museum, *L'hiver, les bucherones*, del 1868-1874 (cfr. *Jean-François Millet*, catalogo della mostra, Parigi 1975-1976, a cura di R. L. Herbert, Parigi 1975, pp. 300-301 n. 247). Inoltre andrà ricordato lo straordinario pastello conservato a Lisbona, Museo Calouste Gulbenkian, con alcuni covoni in un paesaggio serale innevato: uno dei vertici qualitativi dell'intero genere "effetto di neve".

[51] R. Monti, *Giovanni Fattori 1825-1908*, Livorno 2002, pp. 99 e 119-121.

[52] Sulle incisioni di Fattori cfr. da ultimo *Giovanni Fattori*, catalogo della mostra, Lugano 2003, a cura di R. Chiappini, Ginevra-Milano 2003.

[53] *Giovanni Fattori. I Quaderni Farinola*, a cura di G. Matteucci, con un'introduzione di E. Tadini, Ginevra-Milano 2000, pp. 30-31 (*Palude con barca*, Quaderno A, n. 19).

[54] V. Durbé, *Fattori illustratore*, Livorno 1987; ma il tema del rapporto di Fattori con il mondo dell'illustrazione libraria, all'indomani di approfondimenti come quello realizzato sulla *Divina Commedia* Alinari (*La Commedia Dipinta. I concorsi Alinari e il Simbolismo in Toscana*, catalogo della mostra, Firenze 2002-2003, a cura di C. Sisi, Firenze 2002), meriterebbe un nuovo approfondimento.

[55] Sull'edizione illustrata della raccolta di racconti fuciniani cfr. G. Bacci, *La pagina naturalista. Testo e immagine nelle "Veglie di Neri" di Renato Fucini*, tesi di laurea, Università degli Studi di Pisa, a. a. 2003-2004.

[56] R. Fucini, *Le veglie di Neri*, introduzione di C. Cassola, note di M. Ciccuto, Milano 1979, p. 115.

[57] L'illustrazione di Faldi è pubblicata a p. 127 della prima edizione illustrata (R. Fucini, *Le Veglie di Neri. Paesi e figure della Campagna Toscana*, Milano 1890). Su Arturo Faldi cfr. *I Macchiaioli di Renato Fucini*, catalogo della mostra, Firenze 1985, a cura di E. Matucci, P. Barbadori Lande, Firenze 1985, pp. 67-69 e 158 (dove sono riprodotti i disegni originali per *Vanno in Maremma*); A. Baldinotti, *Il silenzio di Ferroni*, in *Pittura dei campi* cit., pp. 52-53.

[58] Bruzzi è stato un vero specialista nel genere "effetto di neve": nel suo catalogo i primi paesaggi innevati, abitati dai contadini dell'Appenino tosco-emiliano, cominciano intorno al 1872-1873 e durano per tutta la sua carriera, fino al primo decennio del Novecento: cfr. *Stefano Bruzzi 1835-1911. Catalogo ragionato*, a cura di F. Arisi e A. Baboni, Piacenza 2000, pp. 242 n. 73 e 423 n. 344.

[59] G. Ginex, in *Divisionismo italiano*, catalogo della mostra, Trento 1990, Milano 1990, pp. 82-83 n. 15; Ead., *Emilio Longoni. Catalogo ragionato*, Milano 1995, pp. 196-200 n. 147.

[60] *Montagna. Arte, scienza e mito da Dürer a Warhol*, catalogo della mostra, Rovereto 2003-2004, a cura di G. Belli, P. Giacomoni, A. Ottani Cavina, Ginevra-Milano 2003.

[61] S. Rebora, *Vittore Grubicy De Dragon pittore divisionista (1851-1920)*, Milano-Roma 1995, pp. 10 e 35 (cfr. anche p. 15 dove è pubblicato un "effetto di neve" fotografico di fine Ottocento: *Miazzina d'inverno*, 1895 circa, lastra di Erminio Meschia stampata da Natale Zoppis, Pallanza, Museo del Paesaggio).

[62] *Segantini. Trent'anni di vita artistica europea nei carteggi inediti dell'artista e dei suoi mecenati*, a cura di A.-P. Quinsac, Oggiono (Lecco) 1985, p. 139.

[63] E. Cecchi, *La pittura italiana dell'Ottocento*, Bologna 1988, p. 37.

[64] Piantoni, *In Italie 1880-1910* cit., pp. 202-204 n. 69.

[65] *Segantini. Trent'anni di vita artistica* cit., pp. 771-772.

[66] La fotografia e la tela di E. Monchablon sono riprodotte in A.-P. Quinsac, *Segantini. Catalogo generale*, Milano 1982, vol. I, p. 31.

[67] Il manifesto di A. Magrini è riprodotto in *Segantini. Trent'anni di vita artistica* cit., p. 24.

[68] A. Locatelli Milesi, *L'oeuvre de Giovanni Segantini*, Parigi 1907 (citato in *L'opera completa di Segantini*, a cura di M. C. Gozzoli, Milano 1973, p. 12).

[69] R. Calzini, *Segantini. Romanzo della montagna*, Milano 1934 (ma apparso a puntate sulla «Nuova Antologia» a partire dall'anno precedente), p. 344 («lavorava all'aperto, i piedi affondati nella neve»).

[70] M. M. Lamberti, *1870-1915: i mutamenti del mercato e le ricerche degli artisti*, in *Storia dell'arte italiana, VII: Il Novecento*, Torino 1982, pp. 65-66.

[71] Quinsac, *Segantini* cit., p. 117 n. 153.

[72] Le lettere a Vittore Grubicy che consentono di ricostruire quest'opera progettata e probabilmente mai realizzata di Segantini, che in quell'epoca vive a Pusiano in Brianza, sono le seguenti: 18 gennaio 1881: riceve «1 coperta di grebbe, […] il paleto foderato di pello un guantino con palatina di martora di Svezia i guanti anche per il servitore»; 11 dicembre 1881: «Mi parlasti della pelicia per il servitore avea già pensato anchio di adoperare una delle pellicie che mi avreste mandato ma gia che hai pensati tu meglio di mé mandami pure la pelliccia che quella è punto la più adata et elegante»; 21 dicembre 1881: «Riceveti la tua magnifica coperta di grebbi la pellegrina manschonf un pelle di vulpe un Bonetto [una cuffia] di pelo il Bonetto lo rimando perche è troppo piccolo sara di moda cosi ma non va per il mio afare. La gentilissima coperta la adopererei se ti fusse imprestata, ma col dubio che lai imparola per comperarla tela rimando come tu mi dici, perche credo custi una suma non conveniente. Con quel danaro si potra far delle spese più utili, quella copertta è troppo distinta e percio non si puo adoperarla che una sul volta pero o fato un picolo studio di questa ma credo non miserva a nula perche o bisognio dei toni e dei riflessi della neve credo di scusare con quela che o gia. In quanto poi al foulard giallo e nero e laltro e una mia per mé, o detto giallo e nero perche mi pare bizaro epure servirmi pei quadri di prima»; fine 1881-inizio 1882, dopo aver detto che non ha ancora potuto terminare la *Ninetta del Verzée* perché non ha trovato i pesci giusti: «Continuo a lavorare per la neve ma se tu puoi trovare sulla piazza quelo che mi ocore compralo e mandalo per mezzo cavalante, mocore le pelicce e capelli con e senza pelo e poi sai bene quello che mocore»; 21 gennaio 1882: «Al posto della Neve, trovo le Viole e le farfale, non importa il quadro della neve lavrai losteso acosto di arampicare sui Munti»; 28 gennaio 1882: «Spero avendo ricevuto la livrea e il cappello afatto le impresioni di Milano»; fine gennaio 1882: «Il Sig. Conte Gargantini mi permise di poter aprofitare delle sue peliccie di Martora e di altre pelicie che dise davere egli aveva anche la livrea e la sua pelicia […] mandami tutto quello che puoi. Anche della Sig. Torelli o visto un magnifico paleto. Mandami tutta la roba della Baglia il picolo paleto di pello cosi comé […] sto stringendo i groppi del quadro et è percio che ti cerco tutto»; 1 febbraio 1882: «Se fioca il quadro pel Salone ciè» (cfr. *Segantini. Trent'anni di vita artistica* cit., pp. 97, 99, 101, 104, 108 e 109; A.-P. Quinsac inspiegabilmente mette in rapporto questo "effetto di neve" con una versione innevata, per altro sconosciuta, delle *Due madri*: cfr. ivi, p. 109 n. 3). Verosimilmente anche il disegno a seppia e l'acquarello «della neve» citati in un'altra lettera a Vittore Grubicy, non datata ma con ogni probabilità sempre del 1882, vanno posti in rapporto con questo quadro innevato in elaborazione nel biennio 1881-1882 (C. Dal Cin, *Lettere inedite di Giovanni Segantini a Vittore Grubicy e altri importanti scritti*, in *Segantini. La vita, la natura, la morte. Disegni e dipinti*, catalogo della mostra, Trento 1999-2000, a cura di G. Belli e A.-P. Quinsac, Ginevra-Milano 1999, p. 171 n. 6).

[73] Quinsac, *Segantini* cit., p. 160 n. 203.

[74] R. Tassi, *Giovanni Segantini (1987)*, in *L'atelier di Monet* cit., p. 136.

[75] Quinsac, *Segantini* cit., p. 98 n. 125.

[76] Ivi, pp. 94 n. 119, 105 n. 137 e 536 n. 634.

[77] *Segantini. Trent'anni di vita artistica* cit., p. 160 (dove A.-P. Quinsac suppone che possa trattarsi di una veduta di una spiaggia sotto la neve, opera del pittore olandese W. Mesdag che era un amico di Vittore Grubicy).

[78] Dal Cin, *Lettere inedite* cit., pp. 174 n. 15, 175 n. 21 e 178 n. 36.

[79] F. Arcangeli, *Il primo a vedere le Alpi*, in *L'opera completa* cit., p. 8.

[80] Quinsac, *Segantini* cit., pp. 538-539, nn. 636-637; cfr. anche Lamberti, *1875-1915. I mutamenti* cit., p. 70 n. 32.

[81] *Scritti e lettere di G. Segantini*, a cura di B. Segantini, Roma 1910, p. 177; *Archivi del Divisionismo*, a cura di T. Fiori, Roma 1968, vol. I, p. 333; Dal Cin, *Lettere inedite* cit., p. 185 n. 55.

[82] *Segantini. Trent'anni di vita artistica* cit., pp. 129-130.

[83] Dal Cin, *Lettere inedite* cit., pp. 179-180, nn. 45 e 47 (dove tuttavia l'opera è implausibilmente identificata con un'altra tela, *Savognino d'inverno*).

[84] A.-P. Quinsac, *Segantini et Millet*, in L. Lepoittevin, *Jean-François Millet (Au-delà de l'Angélus) - Colloque de Cerisy*, a cura di G. Lacambre, Parigi 2002, pp. 350-357.

[85] Significativa è la lettera ad Alberto Grubicy del 22-23 ottobre 1889: «Dal Belgio tengo qui anche una lettera dinvito personale. Se intendi mandare ti prego farmi sapere cosa mandi e se fosse possibili spedirmili Su onde vedere darangiarli specialmente se fussero tramonti per togliere questa somilianza con Mile e migliorarli.» Si parlava comunemente di un «Millet italiano» (la definizione era del critico Thiebault-Sisson, che nel 1899 giudicava troppo millettiani i disegni di Segantini). In un'altra lettera ad Alberto Grubicy, del 25 agosto 1896, l'artista afferma di aver particolarmente apprezzato il volume di Browell, *French Contemporary Painting*, New York 1896, perché il suo particolare "tono" non era sembrato comparabile né con quello di Corot né con quello di Millet (cfr. *Segantini. Trent'anni di vita artistica* cit., pp. 218 e 417).

[86] Tassi, *Giovanni Segantini* cit., p. 136.

[87] Arcangeli, *Il primo a vedere* cit., p. 5.

[88] *Segantini. Trent'anni di vita artistica* cit., p. 131.

[89] Dal Cin, *Lettere inedite* cit., p. 180 n. 50.

[90] *Segantini. Trent'anni di vita artistica* cit., p. 682.

[91] Per il racconto di Segantini, perduto nella sua versione originale, ma ampiamente riassunto nella monografia di Servaes del 1902, cfr. C. Dal Cin, *Note biografiche*, in *Segantini. La vita* cit., p. 30.

[92] Quinsac, *Segantini* cit., pp. 430-431 n. 525 A-B.

[93] *Scritti e lettere* cit., pp. 95, 200.

[94] *Segantini. Trent'anni di vita artistica* cit., p. 433.

[95] R. Tassi, *Segantini, la gelida purezza colorata (20 dicembre 1978)*, in *Figure nel paesaggio. Scritti di critica d'arte pubblicati sulla "Repubblica" 1977-1996*, a cura di P. Peracchia, Parma 1999, vol. I, p. 32.

[96] Queste parole, tratte da un discorso di Segantini del 14 ottobre 1897, sono citate in *Trent'anni di vita artistica* cit., p. 643; sul *Panorama dell'Engadina* cfr. da ultimo A.-P. Quinsac, *La crisi del positivismo e il tentativo dei simbolisti di riappropriarsi della montagna come "luogo del mito"*, in *Montagna. Arte* cit., p. 398.

[97] *Scritti e lettere* cit., p. 125.

[98] *Segantini. Trent'anni di vita artistica* cit., p. 662.

[99] T. Grütter, *La Morte, Grabmal eines radikalen Pantheisten*, in *Blike ins Licht. Neue Betrachtungen zum Werk von Giovanni Segantini*, a cura di B. Stutzer, St. Moritz 2004, pp. 133-148.

[100] *Segantini*, catalogo della mostra, Trento 1987, a cura di G. Belli, Milano 1987, pp. 276-277 n. 137.

[101] *Scritti e lettere* cit., p. 99.

[102] *I divisionisti piemontesi da Pellizza a Balla*, catalogo della mostra, Aosta 2003, a cura di G. L. Marini, Milano 2003.

[103] Ginex, *Divisionismo italiano* cit., pp. 94-95 n. 21; Ead., *Emilio Longoni* cit., pp. 272-273 n. 322.

[104] Il segreto della pennellata di Segantini viene già affrontato da Gaetano Previati in una lettera al fratello del 24 dicembre 1891, dove la sua tecnica «esaminata davvicino pare il lavoro di un miniatore che adoperi colori di smalto e pennelli di ferro tanto il colore è brillante» (*Archivi del Divisionismo* cit., vol. I, p. 265); Cecchi nel 1926, dopo aver citato le «pietruzze» raccolte da Pellizza (cfr. *infra*, n. 105), parla di «una tecnica geologica, per la quale la fibra del colore sembra immedesimarsi alla rugosità della pietra, alla squamosità delle zolle, alla porosità della neve» (*La pittura italiana* cit., p. 37); Arcangeli nel 1970 esalta «quella mirabile "tessitura" di pennellate a fibra lunga, compressa, stretta [...]: sotto il fulgore alto del sole della montagna intendere l'equivalente cristallino vibrare del filo d'erba e della vena rocciosa, del vello d'una pecora o del panno fibroso d'una pastora» (*Il primo a vedere* cit., p. 5); Tassi nel 1987 sottolinea che «la fibra lunga è una pura invenzione di Segantini [...] gli serve a stringere in un tessuto stretto, resistente, solido, indurito, la materia del mondo; [...] l'indurimento, la pietrosità, che ne subisce la forma, pure tutta schiarita da una luminescenza interna, vuol dare alla materia, sia terra, erba, vello di pecora, fiore, sasso, veste di donna o tronco di betulla, quella durata, e quella sacralità, che hanno le montagne nevose, i picchi di roccia, nitidi, lontani e magici» (*Giovanni Segantini* cit., p. 137).

[105] Le parole di Pellizza sono così citate in *Archivi del Divisionismo* cit., vol. I, p. 242, come un appunto o frammento di lettera del giugno o luglio 1906; il passo è citato anche, ma con alcune significative varianti (la parola «naturalismo» al posto di «divisionismo»), in *Mostra del Divisionismo Italiano*, catalogo della mostra, Milano 1970, p. 95; cfr. anche *Catalogo dei manoscritti di Giuseppe Pellizza da Volpedo provenienti dalla donazione Eredi Pellizza*, a cura di A. Scotti, Tortona 1974, p. 135, dove le parole di Pellizza, tratte da note su carta dell'Hotel Pianta di Savognino alla data 14 luglio 1906, sono così riportate: «Stamane sono stato sulla stradetta che sta sopra Savognino verso la montagna che mette al lago Nagiel e a Tousay. Ho scelto una ventina di pietruzze nel viale che discende verso il paese – mi pare in esse di vedere l'origine della pittura di Segantini in esse è in embrione la sua tecnica.» Per il pellegrinaggio in Engadina di Pellizza, che fece apporre a proprie spese sulla casa di Segantini a Savognino una lapide commemorativa, cfr. Lamberti, *1870-1915: i mutamenti* cit., p. 73; A. Scotti, *Pellizza da Volpedo. Catalogo generale*, Milano 1986, pp. 18 e 478, dove è citata la cartolina del 30 giugno alla moglie che ricorda l'escursione a Schafberg: «Son stato nel punto preciso dove Segantini fece il suo ultimo quadro, ho fatto un disegno e son tornato giù.»

[106] R. Tassi, *Gaetano Marzotto e l'Ottocento italiano*, in *Ottocento Italiano dalla Raccolta Gaetano Marzotto*, catalogo della mostra, Corte di Mamiano, Traversetolo (Parma) 1992, a cura di A. Baboni, M. Scolaro, S. Tosini Pizzetti, Parma 1992, p. XVI.

[107] Il testo è conservato manoscritto (in una redazione di non agevole lettura, per le numerose correzioni e la tipica scittura degli autografi longhiani, che tende alla stenografia), alla Fondazione Roberto Longhi di Firenze. Ringrazio Mina Gregori per avermi permesso di leggere e di citare questo inedito.

[108] R. Longhi, *Avvertenze per il lettore*, in *Scritti giovanili* cit., vol. I, p. IX. La svalutazione longhiana di Segantini, ribadita nel 1937 (cfr. *Carlo Carrà*, in *Scritti sull'Otto e Novecento* cit., p. 40, dove si ironizza sulla «pojana mistica di Segantini appollajata al rezzo tricromico dello strame dell'Engadina»), è ancora presente in un saggio del 1952 (cfr. *Ricordo di Enrico Reycend* cit., p. 36, dove «la tragedia di Segantini» viene attribuita all'«insidia della montagna»: «Nulla fu più esiziale per la pittura che salire oltre la zona dei castagni. E qui siamo proprio sul topico decennio della pittura d'alta montagna, fomentata da una retorica che poteva serbar qualche pregio in letteratura, se pur lo serbò, ma alla pittura tolse il riposo dell'orizzonte, suggerì lo staglio casuale dei motivi 'impressionanti', promettendo di farle toccare col dito il cielo di una mitologia annichilante. Sono gli anni dei Carducci a Courmayeur. [...] del '91 è il "Nirvana" del Segantini. Più in basso si affaticano i soci del Club Alpino Italiano»; e già Pellizza da Volpedo, nel 1906, aveva messo in guardia contro i pericoli dell'altitudine: «L'altissima montagna è una gelosa custode dei suoi tesori. [...] L'arte e la letteratura sfuggono le nevi eterne. Questa raccolse una messe assai magra oltre i 2000 metri» [cfr. *Catalogo dei manoscritti* cit., p. 135]). Una prima revisione longhiana compare nella lettera a Pallucchini del luglio 1955: «L'unica cosa da proporre per non sfigurare sul piano internazionale che è pur quello di Venezia, sarebbe ancora una mostra seria e completa di Segantini» (*Il carteggio Longhi-Pallucchini. Le prime Biennali del dopoguerra*

1948-1956, a cura di M. C. Bandera, Milano 1999, p. 212). D'altra parte Eugenio Montale, ancora nel 1949, avanzava gravi riserve sulla pittura di Segantini: «Si può non amare la sua pittura letteraria e filamentosa, troppo tesa verso il sublime e troppo carica di significati estranei alla pura rappresentazione pittorica. [...] In Segantini non c'è gioia ma gravità: dipinge le sue vacche come Burne-Jones o Watts o Rossetti dipingevano i loro angeli, le loro Beatrici, le loro Meduse. Tenta di renderle metafisiche, trascendentali. Spesso le sue mucche restano mucche, e la pesante macchina dei suoi quadri appare inerte...» (cfr. S. Causa, *Il sale nella ferita. Antico e moderno nell'officina di Longhi*, Napoli 2001, p. 138).

[109] Carrà, che nel 1920 censurava «quel miscuglio di bambineria e di epicità da cui tutta l'opera [di Segantini] è pervasa», nel 1935 ricordava che il pittore «è stato l'eroe, l'idolo della nostra fanciullezza. Si giurava sulla sua arte come sul vangelo della vera pittura moderna» (cfr. C. Carrà, *Vittore Grubicy* [agosto 1920] e *Revisioni critiche: Giovanni Segantini* [agosto 1935], in *Archivi del Divisionismo* cit., pp. 67 e 70; il passo del *Diario* di Boccioni, alla data 1 aprile 1908, è citato a p. 46; cfr. anche Lamberti, *1870-1915: i mutamenti* cit., p. 73).

[110] Longhi aveva basato questa lettura di Segantini sul volumetto di lettere e scritti, rivisto dalla figlia Bianca e tradotto in lingua italiana nel 1910 (*Scritti e lettere* cit.; inoltre doveva ben conoscere la polemica scoppiata sulla «Voce» all'indomani di questa pubblicazione e la battuta, attribuita da Soffici a «qualche malevolo», che definiva Segantini «un selvaggio da Grand Hôtel»: cfr. G. Segantini, *Venticinque lettere*, a cura di L. Vitali, Milano 1970, p. 18) e sulla monografia di M. Montandon (*Segantini*, Bielefeld-Lipsia 1911); entrambe queste pubblicazioni sono presenti nella sua biblioteca, mentre non compare la fondamentale monografia di F. Servaes, *Giovanni Segantini. Sein Leben und sein Werk*, Vienna 1902 (per altro accuratamente schedata tra le carte segantiniane di Longhi, come le pagine dedicate all'artista in J. Meier-Graefe, *Entwicklungsgeschichte der moderne Kunst*, I, pp. 105-108, dove, riflettendo sull'influsso di Millet, Segantini viene definito un «millettiano indipendente»).

[111] Cfr. *supra*, p. 206.

[112] R. Longhi, *La scultura futurista di Boccioni/1914/*, in *Scritti giovanili* cit., vol. I, p. 135.

[113] R. Longhi, *Breve ma veridica storia della pittura italiana*, introduzione di C. Garboli, Firenze 1988, p. 75 (cfr. anche p. 104, dove Segantini, insieme a Canova, Fontanesi e Signorini «e soprattutto Fattori», viene salvato dalla condanna senza appello dell'intera arte italiana dell'Ottocento, «ma soltanto perché essi hanno al loro attivo una certa coscienza dell'arte, e a parte il vero valore dell'ultimo potrebbero forse anche rappresentare l'ombra dell'ombra di qualche grande artista moderno»: per le oscillazioni del giudizio longhiano su Fattori cfr. V. Farinella, *Momenti della riscoperta novecentesca di Fattori*, in «Ricerche di Storia dell'arte», 78, 2002, pp. 53-58).

[114] U. Boccioni, *Carlo Fornara (aprile 1916)*, in *Archivi del Divisionismo* cit., vol. I, pp. 59-60; cfr. anche Id., *Gli scritti editi ed inediti*, a cura di Z. Birolli, Milano 1971, p. 407; Lamberti, *1870-1915: i mutamenti* cit., p. 73. Sui rapporti tra Longhi e Boccioni cfr. S. Evangelisti, *Longhi e il futurismo*, in *Da Renoir a de Staël* cit., pp. 77-82. Sulla sfortuna novecentesca di Segantini cfr. R. Rosenblum, *Giovanni Segantini: una prospettiva internazionale*, in *Giovanni Segantini. Luce e simbolo / Light and Symbol 1884-1899*, catalogo della mostra, Biumo Superiore-Venezia 2000-2001, a cura di A.-P. Quinsac, Ginevra-Milano 2000, pp. 38-49.

[115] *Casorati. Mostra antologica*, catalogo della mostra, Milano 1990, a cura di C. Gian Ferrari, Milano 1989, pp. 56-57 n. 8; G. Bertolino, F. Poli, *Catalogo generale delle opere di Felice Casorati. I dipinti (1904-1963)*, Torino 1995, vol. I, p. 200 n. 87 (cfr. anche ivi, p. 199 n. 85, dove è citata una cartolina di Casorati datata 10 febbraio 1913: «Sono qui al gelo in cerca di neve [...]. Chi sa [...] le emozioni nuove mi decideranno al lavoro»).

[116] A. Scotti, *Angelo Morbelli*, Soncino (Cremona) 1991, pp. 110-111 n. 33 (cfr. anche p. 112, dove viene ricordato il dipinto *A 2000 metri*, esposto alla fiorentina *Festa dell'Arte e dei Fiori* del 1896-1897 e apprezzato da Pellizza da Volpedo per «lo scintillio al sole della neve staccato dal cielo cupo ed il verde carico della montagna»); *Angelo Morbelli tra realismo e divisionismo*, catalogo della mostra, Torino 2001, a cura di A. Scotti Tosini, Torino 2001, pp. 101 e 150 n. 101; L. Pini, in *La pittura di paesaggio* cit., p. 292; *Montagna. Arte* cit., p. 448.

87. Ippolito Caffi, *Il Canal Grande
e la Salute dopo una nevicata*, 1841
olio su tela, cm 56,4 x 77
Museo Civico di Belluno

88. Giovanni Boldini, *Uscita da un ballo mascherato
a Montmartre*, 1874-1875 circa
olio su tela, cm 33 x 46,5
Museo Giovanni Boldini, Ferrara

89. Giovanni Boldini, *Boulevard Berthier
sotto la neve*, 1889 circa
olio su tavola, cm 27 x 35
collezione privata, Milano
per cortesia della Bottegantica, Bologna

90. Stefano Bruzzi, *Ritorno dal mercato
dopo la nevicata*, ante 1887
olio su tela, cm 47 x 82
Galleria d'Arte Moderna Ricci Oddi, Piacenza

91. Eugenio Spreafico, *Palle di neve*, 1885-1890
olio su tela, cm 81,5 x 130
collezione privata
per cortesia di Montrasio Arte, Monza e Milano

92. Giuseppe De Nittis, *Giornata invernale*, 1875
olio su tela applicata su cartone, cm 26,5 x 37
collezione privata, Milano

93. Giuseppe De Nittis, *Giornata di neve*, 1880 circa
olio su tela, cm 90 x 70
Museo Pinacoteca Comunale "G. De Nittis", Barletta

94. Niccolò Cannicci, *Pallate di neve*, 1883
olio su tela, cm 48 x 29,5
Enrico Gallerie d'Arte, Milano

95. Giovanni Fattori, *Buttero sulla neve*
1880-1885 circa, olio su tavola, cm 18 x 31,2
per cortesia dello Studio Paul Nicholls, Milano

96. Giovanni Segantini, *Il Naviglio sotto la neve*
1882 circa, olio su tela, cm 46 x 70
collezione privata

97. Giovanni Segantini, *Paesaggio con pecore*
1882 circa, olio su tela, cm 75 x 44
Museo Vela, Ligornetto
(Proprietà della Confederazione Svizzera)

98. Giovanni Segantini, *Ritorno dal bosco*, 1890-1892 circa
carboncino e gessetto colorato su carta, cm 17,4 x 25,2
Proprietà della Confédération suisse, Office fédéral
de la culture, Berna
deposito in prestito di lunga durata al Kunstmuseum Bern, Berna

99. Giovanni Segantini, *Bozzetto del paesaggio a Savognino*, 1886
olio su tela, cm 45 x 55
Collezione Setmani, Milano

100. Enrico Reycend, *Villaggio sotto la neve*
(Tristezza invernale), 1899
olio su tela, cm 89 x 59
Fondazione Torino Musei - Galleria d'Arte Moderna
e Contemporanea, Torino

101. Filippo Carcano, *Il ghiacciaio di Cambrena*, 1897 circa
olio su tela, cm 146 x 198
collezione privata
per cortesia della Montrasio Arte, Monza e Milano

102. Vittore Grubicy de Dragon
Neve in agosto a Schilpario, 1887
olio su tela, cm 33 x 27
Accademia Carrara, Bergamo

103. Giuseppe Pellizza da Volpedo
La neve, 1906 circa
olio su tela, cm 94 x 94
collezione privata

Finito di stampare per conto di
Linea d'ombra Libri
da Grafiche Antiga, Cornuda (TV)
novembre 2004

Francia

Courbet e la neve

Michael Clarke

Sul tema della neve in Europa, il XIX secolo fu ben più generoso del XX o, anche, del nostro XXI secolo appena iniziato. In quei giorni anteriori al cambiamento climatico gli inverni particolarmente rigidi erano una realtà più abituale, e, nella Francia di metà Ottocento non era un evento insolito che la maestosa Senna gelasse in superficie, e che gli abitanti – sia di Parigi sia delle città più importanti – fossero di conseguenza afflitti da ogni sorta di saccheggio. Questi disastri temporanei sono registrati nelle illustrazioni popolari, ma non altrettanto spesso nei dipinti. In effetti le principali immagini di "neve" a disposizione dell'immaginazione visiva del pubblico francese potevano essere le grandi "storie" napoleoniche, quali la tela del barone Gros, *Napoleone sul campo di battaglia di Eylau* (1808, Musée du Louvre, Parigi). La neve, in questo caso, svolgeva un ruolo fondamentalmente descrittivo, intrinseco alla storia che veniva narrata; non era vista come soggetto a sé stante, e in tal senso seguiva i precedenti storici ricorrenti nell'arte occidentale fin dal tardo Medioevo. Dopo che, all'inizio del XV secolo, i fratelli Limbourg ebbero dipinto con maestria la neve nella loro rappresentazione dell'"inverno" in *Le ricche ore del duca di Berry* (1411/1413-1416 circa, Musée Condé, Château de Chantilly), essa costituì un elemento proprio della narrazione. Anche Bruegel aveva inevitabilmente incluso la neve in *I cacciatori nella neve* (1564-1565, Kunsthistorisches Museum, Vienna), perché il suo preciso scopo era quello di raffigurare l'inverno in una serie di quadri dedicati alle stagioni. Fu il soggetto a determinare l'invenzione pittorica, in quanto la neve era di rado presente nell'arte occidentale.

Nel XVII secolo, con un inconfondibile senso d'orgoglio nazionale ritrovato di recente, i pittori olandesi raffigurarono il paesaggio della loro indipendenza duramente conquistata; lo ritrassero nei vari momenti dell'anno, e lo animarono con passatempi popolari quali il pattinaggio. Per questo motivo, le scene invernali inclusero necessariamente la neve e il ghiaccio. Anche in tal caso fu il soggetto, benché spesso di natura alquanto generica, a determinare la raffigurazione della neve. Nessuno di questi artisti sembra aver abbracciato il principio "la neve per la neve". È dunque sorprendente, per non dir altro, che d'improvviso, fra la metà e i tardi decenni del XIX secolo ci imbattiamo nella forte attrattiva degli impressionisti per le scene innevate. Più di qualsiasi altro precedente artista singolo o gruppo d'artisti essi provarono chiaramente un enorme piacere visivo nelle complessità ottiche che si dovevano affrontare nel tentativo di raffigurare la neve. Monet – com'è noto – sfidò condizioni avverse quali l'alto strato di neve a Honfleur durante l'inverno 1866-1867 pur di proseguire la sua intrepida documentazione degli effetti della natura all'aperto, e avrebbe continuato ad avventurarsi nel rigido tempo invernale fino agli anni 1890-1900.[1] Gli impressionisti – soprattutto Monet, Pissarro e Sisley – dipinsero centinaia di scene con la neve o *effets de neige*. La critica moderna ha rilevato due delle loro fonti primarie di ispirazione per questo soggetto: da un lato, le stampe giapponesi, dall'altro, alcune fotografie con paesaggi innevati – specialmente con la foresta di Fontainebleau – scattate a quell'epoca dai primi famosi fotografi, come Eugène Cuvelier. Ci fu tuttavia un artista, amico di molti di loro e quasi loro contemporaneo, che, ancor prima, aveva mostrato interesse per quello stesso soggetto; le sue scene con la neve, o *paysages de neige*, saranno ampiamente studiate dagli impressionisti.

Pieter (the Elder) Brugel
Cacciatori nella neve, 1565
Kunsthistorisches Museum, Vienna

La chiave per comprendere le scene con neve di Courbet – e, in verità, molta della sua arte – sta sia nel carattere del pittore sia nella sua regione d'origine. L'approccio di Courbet alla vita e all'arte era quello di un buongustaio: indulgeva con gioia ad attività fisiche come la caccia e il nuoto, e il suo appetito per i piaceri della tavola e del letto era leggendario. Il suo approccio al paesaggio era altrettanto incontrollato. Come osservò il critico Edmond About: «[Courbet] afferra la natura alla maniera di un ingordo: addenta pezzi grossi e li trangugia senza masticare, con la voracità di uno struzzo […]. È […] nei paesaggi che il suo talento emerge più compiutamente. È a suo agio soltanto nel cuore della campagna.»[2]

La campagna in questione era quella della Franca Contea, la regione nativa dell'artista, nella quale suo padre Régis era un benestante agricoltore e proprietario terriero. Questa terra aspra ma bella, scarsamente popolata, è diversa da ogni altra in Francia: è un'area scabra, a nord-est di Lione, caratterizzata da alture di calcare, valli a strapiombo, scuri torrenti di acqua fresca che sgorgano dai pendii rocciosi in modo spettacolare. I cupi, e apparentemente innaturali verdi dei campi, e il denso azzurro-grigio o nero delle distese d'acqua presenti nei quadri di Courbet, in cui raffigura questa regione, sono in realtà rappresentazioni sorprendentemente accurate della scenografica topografia del luogo. Sebbene la Franca Contea non sia particolarmente elevata in rapporto alle vicine Alpi, delle quali si può dire che sia la fascia collinare pedemontana, ciò nonostante raggiunge un'altezza di poco inferiore ai duemila metri sopra il livello del mare. È una terra con temperature decisamente fresche durante tutto l'anno, ed è anche soggetta a copiose piogge, che in inverno si trasformano facilmente in abbondanti nevicate, al tempo di Courbet più ancora che ai nostri giorni.

Questo artista ribelle e anticonformista crebbe con la tipica esperienza che un uomo di campagna ha con la neve: nei mesi invernali deve aver camminato con fatica nella neve barcollando lungo il percorso, deve esser stato ben conscio di quanto essa potesse fiaccare le energie del viandante, deve aver avuto una profonda familiarità con la sua consistenza, con il modo in cui essa infine intride i vestiti. Deve aver osservato attentamente come la coltre nevosa stesa sul paesaggio rifletta sia la brillantezza della luce d'un sole invernale di breve durata sia gli incupiti grigi che possono prevalere durante la maggior parte di quella stagione. In una sua tela Courbet raffigurò un effettivo problema causato dalla neve, del quale era stato lui stesso testimone; in *Diligenza bloccata nella neve* una diligenza, sotto un cupo cielo imbronciato, è bloccata tra i cumuli di neve; i buoi di una fattoria vicina stanno faticando nel tentativo di liberarla, mentre i cavalli, spaventati, affondano irrimediabilmente nelle proprie orme e gli sventurati passeggeri procedono con grande sforzo a piedi.

La sfida fisica, insita nell'inverno, doveva attrarre Courbet, uomo corpulento, dotato di una notevole forza. Non sorprende che egli adorasse la caccia; di questa passione apprendiamo da varie lettere scritte sull'argomento. L'artista trascorreva spesso i mesi invernali

Gustave Courbet
Cerva ferita, effetto di neve
1857-1858, collezione privata

nella sua nativa Ornans, e nell'inverno del 1853-1854 si concesse un soggiorno più lungo del solito, visto che il *Salon* del 1854 era stato cancellato; poté perciò andare a caccia insieme agli amici per giorni e giorni, inseguendo le prede sulle colline invernali. A volte, mentre braccava lepri e lupi, affondava nella neve fino all'altezza dello stomaco. L'affamato gruppo di cacciatori mangiava con voracità, soprattutto alla trattoria di Levier. In un'occasione Courbet si trovò a dover rispondere dell'imputazione per caccia illecita con trappole proibite: «Ero andato a caccia, la mia testa era tutta eccitata, avevo bisogno di aria fresca e di movimento, la neve era fantastica. Ma si dà il caso che la cosa fosse illegale. Quando ritornai in città, ricevetti un mandato di comparizione che mi fece perdere tre giorni, perché dovetti recarmi a Besançon per ascoltare l'atto d'accusa ed evitare la prigione. Evviva la libertà!»[3] Fu costretto a pagare 100 franchi di multa.

Questa libera ammissione di aver commesso un atto illegale rende alquanto superfluo il cavilloso commento di Maxime Du Camp il quale, nella sua recensione critica del *Salon* del 1857, a proposito della tela di Courbet, *Cerva ferita, effetto di neve*, sottolineò che era proibito andare a caccia quando c'era la neve, in quanto era stata approvata una legge a tal riguardo il 3 maggio del 1844; Du Camp osservava quindi, acidamente, che Courbet non poteva intendersene molto di caccia.

Niente era, ovviamente, più lontano dalla verità. L'entusiasmo dell'artista per la caccia lo portò ancor più lontano, in Germania. Nell'inverno del 1858-1859 partecipò a una grande partita di caccia in qualità di ospite d'un pittore di Besançon, stabilitosi a Francoforte. Se dobbiamo credere alle sue parole, mentre si trovava lì riuscì a uccidere un dodici-punte (una bestia dunque di tredici anni) del peso di 180 chilogrammi, il cervo più grosso mai ucciso da quelle parti negli ultimi venticinque anni. L'impresa fu riportata dai giornali di Francoforte e a Courbet fu fatto dono dei denti, dei palchi e della bella pelle dell'animale.

L'artista amava la sfida fisica di tali incontri e, come molti cacciatori, provava grande rispetto per la sua preda. Nel 1861 scrisse al suo amico Francis Wey: «In questi animali non protrude nemmeno un muscolo; la battaglia è fredda, la furia travolgente; i loro affondi sono terribili [...]. Allo stesso modo, il loro sangue è nero come l'inchiostro e la forza muscolare è tale che con un solo balzo possono coprire una distanza di nove metri, come ho visto fare con i miei stessi occhi. I palchi di quello che ho ucciso avevano dodici punte (tredici anni) calcolate con il metodo tedesco, dieci punte secondo il metodo francese.»[4]

Sappiamo che quando Courbet dipingeva questo genere di scene si richiamava all'arte di altre tradizioni che trattavano analoghi soggetti. Per esempio, il suo *L'Hallali* si ispirava, per ammissione dello stesso artista, al lavoro del pittore inglese dell'Ottocento Sir Edwin Landseer, e in effetti la composizione si basava su un'incisione tratta da un'opera di Land-

Gustave Courbet
L'Hallali, 1867
Musée des Beaux-Arts, Besançon

seer e pubblicata nel «Magasin pittoresque» del 1851. Anche il pittore inglese aveva ambientato alcune delle sue scene di caccia in un paesaggio innevato, ma non l'aveva fatto con una frequenza paragonabile a quella di Courbet.

L'apice dell'attività di Courbet in questo campo fu raggiunto nell'inverno del 1866-1867. Il 2 marzo 1867 da Ornans scrisse a Gustave Chaudey: «Lasciamo perdere l'azione legale, al momento attuale sono inchiodato a Ornans da questioni più pressanti [...]. Sto dipingendo un quadro di grande rilievo artistico, lungo quasi sei metri. È una scena con neve. Ho cercato di completarla per l'esposizione dei Campi Elisi, ma non mi riuscirà di finirla prima del 10 marzo. Ho approfittato del metro di neve caduto sulla mia regione per realizzare quest'opera, che avevo in mente da un po' di tempo...»[5]
Da testimonianze fotografiche[6] sappiamo – e la cosa ci affascina – in quale modo Courbet procedette nel dipingere questa tela, che fu concepita di dimensioni tali da rivaleggiare con le sue altre rappresentazioni realistiche di carattere epico come *Sepoltura a Ornans* (Musée d'Orsay, Parigi). Il soggetto era quello del sopra citato *L'Hallali*, il cui titolo riproduce il grido dei cacciatori o il suono del corno emesso per annunciare che il cervo è ormai in trappola. Nel dipinto, l'animale senza scampo occupa il centro della scena, la testa all'indietro in un atteggiamento di estenuata sfida, mentre i cani più avventurosi, resi intrepidi dai colpi di frusta del cacciatore, affondano i denti nella carne della bestia. A destra, un cavallo con il suo cavaliere s'impenna drammaticamente, ricordandoci immagini romantiche quali il *Massacro di Scio* di Delacroix. Come si può immaginare, lo sfondo innevato fu dipinto per ultimo, dopo che i protagonisti della scena erano stati per lo più completati. E tuttavia, benché Courbet non sia mai stato considerato un pittore *en plein air*, i commenti nella sua lettera a Chaudey mettono in evidenza che, nel dipingere lo sfondo della sua tela, si era ispirato a una recente nevicata. È ovviamente possibile attribuire al «metro di neve» un'altra interpretazione, ovvero che tale situazione avesse impedito all'artista di proseguire il viaggio per una diversa destinazione, e lo avesse obbligato a indugiare a lungo su quel grande quadro. Una lettera scritta il mese successivo dall'artista al critico e amico Jules Castagnary rivela con quanta attenzione Courbet si stesse, in quel momento, concentrando sull'inverno e sulla neve: «Dall'ultima volta che ci siamo visti ho dipinto a Ornans e a Maisières la morte di un cervo [*L'Hallali*] [...]. In più, sei altre scene con la neve, quattro delle quali sono studi, e *I bracconieri*, e la povera mendicante che, tirandosi dietro la sua capra, va a elemosinare di porta in porta [*Povertà nel villaggio*]. Non ho mai lavorato tanto in vita mia, ripongo grandi speranze in queste opere, basterebbero da sole per fare un'esposizione. Se metto insieme tutte le mie tele raffiguranti l'inverno e la neve, arrivo circa a trenta. Poi con la serie dei fiori, i ritratti, i paesaggi, gli animali, i quadri di genere, le scene di caccia, le immagini di situazioni sociali...»[7]

Gustave Courbet
Cervo che corre nella neve
1856-1857, collezione privata

Camille Pissarro
Rive della Marna in inverno
1866, The Art Institute of Chicago

Questa tassonomia svela la varietà di tematiche trattate da Courbet, nella scelta delle quali era guidato sia dalle esigenze delle esposizioni, sia dalle richieste dei mercanti d'arte e dei collezionisti. I ritmi pressanti di lavoro a Ornans erano stati tali, che Courbet aveva dipinto di notte utilizzando un riflettore.[8] C'era una doppia scadenza per tutto questo impegno: l'Esposizione universale fu inaugurata a Parigi il primo aprile 1867, ma vennero incluse soltanto quattro opere dell'artista, mentre il successivo 29 maggio si tenne la sua mostra personale al Padiglione del Rond-Point dell'Alma. In catalogo erano elencati 115 lavori, raggruppati sotto varie intestazioni; a questi in seguito se ne aggiunsero altri venti. L'unico grande quadro realizzato da poco era *L'Hallali*, ma in un'altra categoria, quella dei *paysages de neige*, erano presenti sette dipinti di cui cinque recavano la data «1867». Verso queste opere e le più numerose marine – *paysages de mer* – i collezionisti stavano dimostrando un crescente apprezzamento. L'esposizione, in sé, fu soltanto un successo parziale: i visitatori non furono numerosi e la stampa prestò scarsa attenzione a Courbet, a eccezione dei caricaturisti, che non si dimenticarono mai di lui.

Per molti versi, l'inverno del 1866-1867 rappresentò il momento di massimo interesse dell'artista per le scene con la neve e con l'inverno; era, questo, un genere con il quale si era cimentato per la prima volta verso la metà del decennio 1850-1860 con *Cervo che corre nella neve*; il ritmo della produzione era aumentato tra il 1860 e il 1870, soprattutto intorno all'epoca dell'esposizione del 1867. Vi fu poi una fioritura sostenuta, sebbene meno pregevole, nel tormentato decennio 1870-1880.

Per quanto riguarda lo studio delle scene innevate attuato dagli impressionisti, Courbet fu per questi ultimi una frequente e visibile fonte di validi esempi cui fare riferimento. Alcuni di tali artisti avevano ovviamente analizzato il soggetto ancor prima della personale di Courbet del 1867; la più memorabile di tutte queste prime scene impressioniste con la neve fu la splendida tela di Camille Pissarro *Rive della Marna in inverno*, concepita in dimensioni monumentali, e realizzata con un ampio uso della spatola. Da un punto di vista tecnico, quest'opera costituiva probabilmente un deliberato omaggio a Courbet. In essa vi erano grandi e spesse spatolate di colore "bianco" per creare l'impressione del "biancore" della neve, tuttavia un esame più attento rivela una complessità cromatica ben superiore al semplice bianco puro.

Courbet era assolutamente consapevole delle sottigliezze cromatiche della neve. In una sua lettera a Castagnary aveva scritto: «Guarda l'ombra della neve, com'è azzurra!»[9] *Alberi sotto la neve* (cat. n. 109) è un ottimo esempio per capire il modo in cui Courbet affrontava questo soggetto estremamente effimero. Le ombre sono effettivamente una mesco-

lanza di grigi-azzurri chiari e scuri; niente è in realtà d'un bianco puro, vi sono invece rosa, grigi-azzurri e bruni chiari. Tutte queste zone chiare di neve prendono l'impronta cromatica dalle zone più scure circostanti e dallo sfondo marrone cupo. Il cielo è reso con un plumbeo rosa e grigio acciaio. L'effetto globale è di un notevole peso e potenza così da generare un drammatico "chiaroscuro della natura". Se si guarda la sostanza fisica del colore steso con la spatola, si scopre un espressivo equivalente della presenza fisica della neve. È altamente improbabile che questo studio sia stato dipinto *in loco*, poiché l'immagine dei due faggi ricorre in vari altri quadri, eseguiti fra il 1858 e il 1866 circa, alcuni dei quali erano scene invernali, mentre altri erano ambientati in diversi momenti dell'anno. Si tratta, piuttosto, di uno studio che tenta un'osservazione ravvicinata della natura.

Il virtuosismo crescentemente semiastratto, raggiunto da Courbet nell'uso del colore in questi esercizi, fu innegabilmente apprezzato da una sempre più ampia cerchia di ammiratori; è, tuttavia, ben diverso dalla rappresentazione più chiara, più colorata e meno stratificata della neve, che si incontra in paesaggi impressionisti a partire dagli anni più tardi del decennio 1860-1870. C'era anche una fondamentale differenza nel trattamento del soggetto. Nel profondo dell'animo, Courbet era un uomo di campagna, mentre gli impressionisti, nonostante il loro semi-isolamento in ritiri rurali come Vétheuil, Giverny o Pontoise, conservavano una sensibilità quasi urbana. Raramente erano soli nella natura, i loro vagabondaggi con il cavalletto e la scatola dei colori non li portavano mai troppo lontani dalla porta di casa; perciò molte delle loro scene invernali con la neve raffigurano la coltre bianca su vie suburbane o su strade di campagna, piuttosto che su sentieri fuori mano, nel cuore dei boschi, come invece soleva fare Courbet. Gli impressionisti erano ovviamente interessati a dipingere la città e la campagna durante tutti i periodi dell'anno, diversamente dalla maggior parte dei loro predecessori, i quali erano paesaggisti del bel tempo, pronti a starsene all'aperto con album e cavalletto nei mesi dell'estate e altrettanto pronti a ritirarsi nei loro studi con il freddo dell'inverno. Quando Courbet trascorreva l'inverno nella Franca Contea, era un paesaggista che rappresentava qualsiasi fenomeno meteorologico dell'anno, dunque anche la neve. Ma l'ambiente da lui scelto era molto diverso e, inoltre, vi erano i temi ricorrenti della caccia e della vita rurale della regione.

Vi fu comunque un impressionista che conservò un interesse per le scene con la neve, che raggiunsero il loro apice all'inizio del decennio 1890-1900 con le serie dei "covoni" e della facciata della "cattedrale di Rouen", che includevano anche alcuni esempi di scene innevate. In queste straordinarie meditazioni pittoriche, soprattutto nei covoni, Monet – paradossalmente in una serie che appare concentrata sulla ripetuta osservazione della stessa ora del giorno nella stessa stagione – creò quadri che sono altrettanto interessati alla costruzione fisica della superficie dipinta. Così, in certa misura, egli rispecchiava, di sicuro inconsciamente, le prime indagini di Courbet relative all'effetto di luce debole sulla neve e ai molti mezzi stratificati con cui si poteva attuarne la rappresentazione pittorica.

Courbet fu per molti aspetti diverso dagli impressionisti, ma senza il suo esempio e, talvolta, senza i suoi metodi, il loro sviluppo avrebbe preso forse un'altra strada. Questa riflessione è soprattutto vera, se ci si riferisce agli esiti rimarchevoli, raggiunti da Courbet nella raffigurazione della neve, un soggetto dalle infinite sottigliezze e fragilità, ma nel contempo un soggetto che dà un'incontestata testimonianza dell'asprezza e dell'inospitalità della natura.

Traduzione dall'inglese di Viviana Tonon

[1] J. House, *Monet. Nature into Art*, New Haven-Londra 1986, p. 137.

[2] E. About, *Nos artistes au Salon de 1857*, Parigi 1858, p. 147.

[3] Citato in J. Lindsay, *Gustave Courbet. His Life and Art*, Bath 1973, p. 114.

[4] Ibid., p. 162.

[5] G. Mack, *Gustave Courbet*, New York 1970, p. 216.

[6] Si veda la figura n. 157 in J. H. Rubin, *Courbet*, Londra 1997, p. 248.

[7] Mack, *Gustave Courbet* cit., p. 216.

[8] «Ho scritto a M. Delaroche chiedendogli un riflettore in modo da poter lavorare di notte. Ho una serie di paesaggi con neve che sarà simile alle marine», in P.ten-Doesschate Chu, *Letters of Gustave Courbet*, Chicago-Londra 1992, lettera a M. Bardenet, 31 gennaio 1867, p. 303.

[9] P. Courthion, *Courbet, raconté par lui-même et par ses amis*, II, Ginevra 1950, p. 61.

Sous la neige qui tombe sans arrêt

Fabrizio D'Amico

«Oggi ho dipinto, per qualche ora, sotto la neve che cade senza requie; avreste sorriso nel vedermi tutto bianco, la barba coperta di pezzetti di ghiaccio a mo' di stalattiti»: così Monet scriveva a Gustave Geffroy, in una lettera datata Sandviken, 26 febbraio 1895. Da una ventina di giorni, poco più, è arrivato in Norvegia, dove l'ha spinto la preoccupazione di Alice Hoschedé che vuol avere notizie del figlio maggiore, Jacques, trasferitosi ad Oslo (Cristiania, allora): come si trovi, quando progetti di rientrare in Francia. Ma certo, a portarlo così lontano da Giverny che già ama (e di cui non cessa di parlare ad Alice, nelle lettere che le indirizza, secondo una consuetudine ormai antica, quasi quotidianamente), è soprattutto la voglia di vedere quello sconosciuto «grande Nord» che immagina «coperto d'una crosta di ghiaccio e di neve, le case per metà inghiottite, la solitudine, il silenzio, la morte d'un inverno che sembra eterno», come scriverà a Geffroy.[1]

Qualcosa conferma queste sue attese, mentre qualcosa – alla prima – sembra deluderlo. In parte, i dubbi sono gli stessi di sempre, gli stessi che lo colgono in occasione di ciascun viaggio, che è ogni volta per lui soprattutto una «campagna di pittura»: il paese così diverso, le difficoltà a muoversi in un ambiente che non conosce, gli obblighi sociali cui è costretto a sottostare, la rapidità dei cambiamenti atmosferici. In parte: ma c'è qualcos'altro, a dividere quest'esperienza da altre analoghe sperimentate da Monet nei suoi viaggi precedenti; inerisce sia all'altra e opposta suggestione che gli deriva dall'incontro con quel nuovo paesaggio, talora folgorato da una luce tersa e netta che scandisce i profili delle cose e che, davanti al Kolsaas, lo spinge a ripensare al Monte Fuji, a Hiroshige e Hokusai, al Giappone scoperto in gioventù («si direbbe il Giappone, cosa del resto frequentissima qui», scrive allora all'altra figlia adottiva, Blanche Hoschedé, che andrà sposa al figlio maggiore di Monet, Jean[2]); sia – e ciò forse pesa ancor più – concerne la consapevolezza, che presto ha intera, del suo viaggio in Norvegia come esperienza non ripetibile, nella quale tutto il lavoro dovrà dunque essere concluso nelle poche settimane di quel soggiorno. E ciò veniva a confliggere con una prassi che si era talora configurata negli anni ottanta, ma che il successivo decennio aveva reso normativa. Già nei *Covoni*, infatti, poi ancora nei *Pioppi* e nelle *Cattedrali di Rouen*, per stare solo alle "serie" più celebri, la «campagna di pittura» prevedeva per lo meno due tempi distinti di lavoro nello stesso luogo, reiterati nella medesima stagione – dunque in condizioni meteorologiche analoghe – a distanza di un anno. Prassi, questa, che si ripeterà identica anche negli anni seguenti: prima sulla costa amatissima di Normandia, a Pourville, dove si recherà nel 1896 e nel 1897, fra fine gennaio e aprile («Avevo bisogno di rivedere il mare», scriveva a Paul Durand-Ruel,[3] quel mare che tanto gli era mancato in Norvegia); poi su un braccio della Senna sempre fra 1896 e 1897, in autunno – e verranno i *Mattini sulla Senna*; infine a Londra, dove sarà per tre anni consecutivamente (dal 1899 al 1901).

Dunque Monet ha coscienza del passo diverso che dovranno assumere le opere norvegesi rispetto alle usuali di quel suo decennio perfetto; ha coscienza del rischio che da quel lavoro possano uscire tele che non siano «né delle impressioni», alle quali ormai non sa e non vuole più fermarsi, «né delle tele più finite»,[4] sulle quali si stratifichino i tempi successivi del lavoro, e con essi i sensi di

Claude Monet
Il monte Kolsaas in Norvegia, 1895
Musée d'Orsay, Parigi

253

un'ideazione più complessa e ambiziosa. Non per caso, uniche fra le opere appartenenti alle grandi "serie" degli anni novanta, le tele norvegesi saranno consegnate a Durand-Ruel poco dopo il rientro in patria, senza eccessive remore o indugi, e saranno da costui presentate nella propria galleria già nel maggio del 1895, nella mostra stessa in cui trionfarono le *Cattedrali*, i dipinti ove Monet aveva «cercato l'impossibile»,[5] quelle tele che per tre anni aveva negato al suo mercante, tornando ogni giorno a riguardarle e perfezionarle in studio, dopo le due campagne di pittura condotte a Rouen nel 1892 e nel 1893.

Un'altra volta, nel prosieguo del tempo, Monet contrarrà in un solo soggiorno una sua "campagna di pittura" lontana da Giverny: a Venezia, nel 1908. Ma allora il tempo assai più avanzato dell'esistenza, un sentimento di stanchezza che provava e, non molto dopo il suo rientro, la morte di Alice Hoschedé, velarono i suoi occhi di altri rimpianti, di altri e più fondi dolori, la rinunzia al ritmo che, nel precedente decennio, aveva dato alla sua ricerca (e che in un primo momento si riproponeva di rinnovare anche a proposito delle tele veneziane, delle quali scrive a Geffroy che non sono altro, per allora, che «delle prove, dei bozzetti»).[6] D'altronde, l'idea delle "serie", nel tempo estremo di Giverny, perde di pregnanza; altri assilli, diverse – né meno grandi – prospettive motivavano allora il suo lavoro. Ma mentre il giudizio dello stesso Monet sulla sua opera veneziana fu probabilmente severo o per lo meno disincantato, la percezione ch'egli ebbe del lavoro condotto in Norvegia fu complessivamente positiva (l'esatto contrario dell'accoglienza che pubblico e critica riservarono ai due gruppi d'opere: tiepida quella destinata ai dipinti norvegesi, con tutta l'attenzione catturata dalle *Cattedrali*, ed entusiastica quella tributata alle opere veneziane, esposte da Bernheim nel 1912).

E ciò senza dubbio perché l'incontro che, in quella terra lontana, egli fece con la neve seppe infondergli fiducia ed entusiasmo. Scrive a Blanche, dalla Norvegia: «Avrei tante cose differenti da fare, ed è proprio per ciò che m'adiro di più: perché è impossibile vedere effetti più straordinari che qui. Dico effetti di neve assolutamente stupefacenti, ma d'inaudita difficoltà, soprattutto perché il tempo è mutevole.»[7] Trova, lì, quell'«immensità bianca»[8] che ha da sempre al fondo del suo sguardo. Ritrova, persino, parole antiche, che per altro verso potrebbero, adesso, apparirgli desuete: quando scrive, ad esempio, degli «effetti di neve» che scopre nel paesaggio. E sembra di riascoltare, in parole come queste, il pittore che Monet è stato, quando l'impressionismo era ancora da battezzare, quando, sulla metà degli anni sessanta, o poco dopo, egli dipingeva l'inverno, sulla strada fra Trouville e Honfleur, e prospettive che sfondavano lo spazio al centro, sgusciando veloci verso l'infinito.

Sono quadri, quelli, che cercano, ancora: molto prossimi al racconto raccolto e minuto, sussurrato appena nel biancore che assorbe ogni voce, di certe piccole tele di Pissarro appena più tarde, dipinte a Louveciennes. Talora sono state fatte prossime, quelle prove che sono le prime di Monet

Claude Monet
La strada verso la fattoria, Saint-Siméon, Honfleur. Effetto di neve, 1866-1867
per cortesia del Fogg Art Museum
Harvard University Art Museum
Cambridge MA, lascito di Grenville
L. Winthrop

Claude Monet
Ghiaccio sulla Senna a Bougival
1867-1868, Musée d'Orsay, Parigi

pittore di neve, all'incisione giapponese dell'*Ukiyo-e* che, come è fin troppo noto,[9] Monet conosceva (anche se rimangono incerti la data e il tramite del suo primo contatto con il mondo di Hiroshige ed Hokusai, le cui incisioni poi largamente collezionò). Certe marine databili al 1866; l'inquadratura analoga dello spazio – alterno fra primi piani incombenti e improvvise lontananze – che sottostà a dipinti fra loro per altro verso assai diversi come *L'asilo* o *Terrazza a Sainte-Adresse*, ma già il nitore con cui si muovono o stanno *Donne in giardino* ovvero *Jeanne Marie Lecadre in giardino*; e persino un dipinto perduto – in qualche misura programmatico di un'adesione al mondo dell'*Ukiyo-e*, a giudicare almeno dal titolo – come *Quadri cinesi con bandiere*:[10] sono infiniti i casi, tra 1866 e 1868, che dimostrano un'attenzione all'arte giapponese. Fra i primi quadri di neve di Monet (sorretti, ritengo, da un altro e diverso pensiero, che risale al *Pavé de Chailly*, allo *Chemin sous bois* e che è ancora egemone nel *Déjeuner sur l'herbe* – un pensiero inteso a riprodurre sulla tela quella densità emotiva del paesaggio che più tardi Monet indicherà come «quel qualcosa che sta fra me e la natura») l'unico che s'iscriva sulla linea di ricerca «japonisante» è forse *Ghiaccio sulla Senna a Bougival*, con le isole di ghiaccio che formano bianchissime figure astrattamente ritagliate sullo specchio dell'acqua.[11] Dipinto, questo, non per caso diversissimo dai precedenti, come pure dallo straordinario *La gazza*, che di un poco lo segue.

In questa grande tela (130 centimetri di base; eseguita nell'inverno del 1869 per essere inviata al *Salon* di quell'anno, ove fu respinta dalla giuria) si riscontra, ancor prima e ancor più che negli studi celeberrimi sull'acqua condotti a fianco di Renoir alla Grenouillère nel settembre del 1869, un primo, perfettamente compiuto esito della nascente pittura impressionista. Sulla neve, dunque, e non sull'acqua era destinato a compiersi per la prima volta intero quel tragitto di forma che Monet aveva intrapreso, in solitudine, da almeno cinque anni. Sulla neve: non per un caso. Courbet, che fu in quegli anni d'avvio della *nouvelle peinture* guida e termine ineludibile di confronto per Monet e i suoi compagni di strada, aveva dato poco prima, nella sua vasta personale allestita al *rond-point* dell'Alma nel 1867, largo spazio proprio ai suoi "paesaggi di neve". E su quei quadri s'appuntarono gli sguardi di Monet e dei suoi compagni di strada, piuttosto che su altri ove il naturalismo del maestro di Ornans rischiava di farsi aulico e declamato (così apparve – e fu infatti guardato con sospetto dai giovani della *nouvelle peinture*, mentre era ammirato dal sovrintendente alle Belle Arti di Napoleone, il conte di Nieuwerkerke – il nudo carnale, orgoglioso, "antico" di *Donna con il pappagallo*, che Courbet, dopo averlo esposto al *Salon* del 1866, volle porre al cuore del suo padiglione all'Alma). Ed è certo che Monet, nel porre mano alla gran tela con *La gazza*, che fin nelle dimensioni inusitate si riferiva a taluni dei maggiori paesaggi innevati di Courbet, abbia pensato, pur in termini dialettici, a un'opera come *La povera del villaggio* ove Courbet, senza rinunciare a nutrire il dipinto degli usuali significati simbolici e fin scopertamente "politici" («un quadro socialista», lo definì), indagava gli effetti della luce radente sul manto nevoso.[12]

Claude Monet
La gazza, 1869
Musée d'Orsay, Parigi

Claude Monet
Papaveri a Argenteuil, 1873
Musée d'Orsay, Parigi

È certo, parimenti, che *La gazza* scavalchi infine di un gran passo le ricerche di Courbet, che le aveva dato il primo impulso. E non tanto per essere un quadro interamente condotto *en plein air*: la qual cosa si riflette nell'andamento libero e franto delle pennellate, lasciate evidenti soprattutto sul primo piano (tanto quelle di Courbet appaiono interne al manto della pittura, e quasi in esso nascoste). Né solo per la straordinaria qualità di trasparenza delle ombre, non più che una pausa breve d'accensione cromatica in quel grembo ovattato, silenzioso e tutto percorso da un unico, vibrante diapason luminoso. Ma soprattutto per quel modo che qui Monet trova – guidato dall'istinto, certo; fuori e lontano da ogni progetto, ma pure in maniera ormai del tutto consapevole, e al grado più assoluto – di proporre la sua immagine come invaso spaziale non prospettico, di realizzare in essa uno spazio raccolto, stretto come nel pugno di una mano, ove niente, ormai, "accade"; ove nulla ha più bisogno d'essere narrato. È lì, in quel luogo raccolto, al riparo dal rumore del mondo che l'assedia, che la pittura potrà d'ora in avanti vivere; libera finalmente da ogni obbligo referenziale; fatta soltanto di luce, linee e colore tracciati su una superficie.

Per vedere lavori occasionati da un panorama innevato che eguaglino in splendore e lungimiranza il dipinto del 1869, occorrerà attendere il ciclo straordinario dei dipinti sul disgelo, dieci anni più tardi. Ma durante gli anni settanta Monet non rinunciò, seppur saltuariamente, a confrontarsi con il tema. Ne vennero dipinti, per lo più isolati nei pochi giorni o settimane in cui le condizioni meteorologiche lo consentivano, nei quali Monet sembra riversare le sapienze altrove acquisite, e il frutto di ricerche altrove esperite, piuttosto che farsi essi stessi luoghi di nuove sperimentazioni. Così avviene, ad esempio, in *Veduta di Argenteuil, neve* (cat. n. 118) che, dipinto durante un periodo di freddo e di precipitazioni nevose occorso nel dicembre del 1874, sembra ripensare – con quel punto di stazione rialzato che adotta, e quell'orizzonte alto donde discende una concavità ampia e capiente, come una pagina che si srotoli lentamente su se stessa – la spazialità medesima che Monet aveva scoperto nelle praterie invase dal sole del magico 1873, in *Papaveri a Argenteuil*, segnatamente, esposto alla Prima esposizione impressionista del 1874, o ancora in *Prato vicino Argenteuil*, quadri entrambi ove Monet, in sintonia perfetta con analoghe e coeve ricerche di Renoir, aveva sperimentato ancora quello spazio emozionato e raccolto in un pugno, eminentemente antiprospettico e tutto di superficie, che *La gazza* gli aveva un tempo svelato.

In *Veduta di Argenteuil, neve*, in altre parole, e non diversamente nel coevo *Effetti di neve, strada a Argenteuil* quanto più s'ammira è il talento di rendere una distesa spaziale i cui contrafforti, spalti e ancoraggi propedeutici a una "normale" digressione dell'occhio verso la profondità siano come velati, ottusi, sottratti, dal biancore unificante della neve; e come solo il colore e la luce, grigia azzurra nel primo dipinto, dorata nel secondo, consentano quella plausibilità di visione altrimenti interdetta. Con ciò, lontanissimo appare il metro di forma della pittura giapponese, sovente richiamato a proposito di questi dipinti; permanendo in particolare in Hiroshige (*Due donne che conversano nella neve*, ad esempio) o in Hokusai (*Ricostruzione del Ponte di Sano nella Provincia di Kozuke*: per dire di due opere segnalate di recente come possibili fonti per Monet[13]), al di là di mere e peraltro non definitivamente evidenti convergenze iconografiche, un'idea di spazio peren-

Claude Monet
Lavacourt, 1880
Dallas Museum of Art
Munger Fund

nemente in bilico fra primi piani specchianti e profondissimi affondi, curioso sempre d'ogni accidente, favoloso e inemotivo, che ha poco a che spartire con il frangente della ricerca monettiana
espresso dagli "effetti di neve" degli anni settanta.

Chiesa di Vétheuil, neve, (cat. n. 123) databile nell'inverno tra 1878-1879, è fra i primissimi quadri di neve compiuti a Vétheuil, dove Monet si stabilì nell'autunno del 1878, e dove trascorse tre
anni che si sarebbero rivelati per molti versi decisivi. La malattia e presto la morte di Camille (settembre 1879), con il conseguente chiarimento della sua posizione nei confronti di Alice Hoschedé, si accompagnarono ad una svolta nel suo rapporto con il gruppo impressionista. Indotto certo
a quel passo, in prima istanza, dalla risoluzione di Renoir di esporre al *Salon* del 1878, e soprattutto dal successo ottenuto dall'amico al successivo *Salon* del 1879 (con *Madame Charpentier e i suoi
figli*), Monet decideva di tornare anch'egli a misurarsi con l'istituzione e con la sua giuria, e contemporaneamente dunque di sottrarsi alle mostre di gruppo di quella che era stata la *nouvelle
peinture*. Parallelamente, aveva la prima mostra personale (diciotto quadri esposti alla galleria di
«La Vie Moderne» di Georges Charpentier, con prefazione in catalogo di Duret) nel giugno del
1880. Le vendite che vi realizzò, unitamente al riscontro che ebbe una tela importante come
Lavacourt al *Salon* di quell'anno, e presto gli acquisti divenuti nuovamente regolari da parte di
Durand-Ruel (oltre a una situazione complessiva, politica e culturale, che per la prima volta dopo
la Comune riammetteva almeno la liceità d'una vocazione moderna) fecero sì che proprio al giro
del decennio la posizione, sia emotiva che professionale, di Monet potesse dirsi radicalmente
mutata. Al cuore di questo tempo (giugno 1880), l'intervista – di cui difficilmente si potrebbe
sopravvalutare l'importanza – rilasciata a Émile Taboureux per «La Vie Moderne»[14] conferma che
una nuova consapevolezza del proprio stato lo accompagna, e che sta nascendo quella nuova strategia nel dichiarare da una parte il suo ruolo di capofila nell'avanguardia impressionista e dall'altra
il superamento in atto nella propria pittura di quelle ormai lontane premesse.

Quando pone mano ad alcuni dipinti di neve nell'inverno del 1878-1879, Monet – da poco stabilitosi a Vétheuil – è ancora dolorosamente incerto rispetto ad ogni prospettiva, sia economica
che d'affetti. Scriverà la sua disperazione in una nobile lettera ad Ernest Hoschedé, pochi mesi più
tardi, in cui, «sempre più esacerbato», confessa d'essere «assolutamente scoraggiato, non vedendo,
non sperando alcun avvenire», e proponendo al marito della donna che pur sta amorevolmente
assistendo sua moglie, e che Monet certamente già ama, di interrompere la singolare convivenza
delle due famiglie che da tempo si prolunga e alla quale egli sente di non poter più assicurare il
necessario contributo, non soltanto economico ma ormai neppur più di slancio emotivo («Credo
che non si possa essere [mia moglie ed io], per voi e Mme Hoschedé, una compagnia piacevole.»)[15] Il lento giro della Senna davanti ai tetti innevati di Vétheuil dice anche, o forse soprattutto,
questo stato dell'animo di Monet. L'impressione, l'orgogliosa certezza di risolvere in un attimo
l'immagine cede il passo, visibilmente, a un rapporto più pensoso con l'occasione visiva: così, la
velocità con cui sono tradotti, sul primo piano, i riflessi della neve sull'acqua s'eclissa, in alto, nelle
stesure rilassate del colore quasi uniforme, ove una luce lenta e grigia si fa esclusivo argomento
narrante del dipinto. E certe preziose sapienze tonali di cui Monet si è sin'ora solo episodicamente
interessato, e che l'occuperanno d'ora innanzi con tanta maggiore insistenza, nascono proprio di
qui: davanti alla neve, un'altra volta.

Poco dopo, dall'aprile al maggio di quello stesso 1879, Monet partecipava (seppur con scarso
entusiasmo, come farà poi in occasione della settima mostra, del 1882)[16] alla Quarta esposizione
impressionista. Vi esponeva, almeno, tre quadri di neve, fra i quali appunto *Chiesa di Vétheuil,
neve*, oltre a due dipinti del 1875. Non per caso, pur in una mostra cui non teneva particolarmente e nella quale la selezione dei dipinti fu in parte responsabilità di Caillebotte, Monet dimostrava
in quest'occasione, per la prima volta in modo così scoperto, una preoccupazione che sarà sua
lungo tutti gli anni ottanta e ancora all'avvio dei novanta: quella di dimostrarsi, al pubblico e alla
critica, un pittore in grado di governare tutti gli aspetti e le condizioni del paesaggio, ivi compresi

i più ostici, quali erano – per lui che continuava ad imbastire la tela all'aperto – quelli riscontrabili in un paesaggio freddo e innevato. Questa preoccupazione diventa infine esplicita nel 1886, quando scrive a Durand-Ruel, da Kervilahouen, ove dipinge, in condizioni sovente estreme, il mare in tempesta di Belle-Île: «Sono entusiasta di questo paese sinistro e proprio perché esce da quel che ho l'abitudine di fare; del resto, lo confesso, devo molto sforzarmi e faccio fatica a rendere quest'aspetto scuro e terribile [della natura]. Sarò anche, come amate dire, l'uomo del sole: [ma] non bisogna specializzarsi su un unico timbro.» E quando, lo stesso giorno, ricordando ad Alice le sollecitazioni ricevute da Durand-Ruel perché vada a dipingere nel Midi, le scrive: «Ebbene! Si finirà per considerarmi una cosa sola con il sole! Bisogna fare di tutto, ed è per questo che son felice di star facendo quel che faccio», di fronte a «questo tempo terribile.»[17]

Codesta preoccupazione di Monet durerà almeno sino ai primi del successivo decennio, e si presenterà ancora in occasione della prima "serie" cui pone mano, quella dei *Covoni*, quando, pur essendo ormai altri i problemi che intende prioritariamente affrontare (che corcernono adesso il tempo della visione, protratto dall'istante alla durata, e l'«enveloppe», l'involucro atmosferico, come unico soggetto della pittura),[18] almeno undici di quei dipinti studiano gli effetti della neve o del disgelo. Ma certo il momento in cui più scopertamente Monet dichiara l'intenzione d'essere il primo paesaggista dell'epoca moderna, annettendo a questa rivendicazione il corollario d'un registro amplissimo dei temi che aveva saputo trattare, coincide con la mostra con Rodin, tenuta da Georges Petit, nella lussuosa galleria di Rue de Séze, nel 1889: vero evento della stagione artistica parigina nell'anno in cui pur vi si teneva l'Esposizione universale che presentava la Tour Eiffel. Era l'occasione espositiva più ampia ed importante che Monet avesse avuto; l'unica che avesse pervicacemente voluto negli ultimi anni, e per la quale s'era apertamente battuto, vincendo le resistenze di Petit e l'assai più flebile interesse di Rodin (al solito a lungo latitante, per poi amareggiare Monet disponendo da solo, all'ultim'ora, le proprie opere, con una disattenzione assoluta per l'allestimento previsto dal suo occasionale compagno); quella infine alla quale riconobbe lucidamente che sarebbe stato affidato il compito di statuirne il ruolo di primo pittore vivente di Francia.[19]

Centoquarantacinque dipinti, che coprivano venticinque anni d'attività: fu una vera, grande retrospettiva quella che volle e riuscì ad allestire Monet, nonostante l'atteggiamento sospettoso, e comprensibilmente geloso, che tenne nei suoi confronti Durand-Ruel, restio a prestare largamente opere di sua proprietà. Dopo quella mostra, nulla sarebbe stato come prima, nelle intenzioni del pittore, e il grande successo registrato dall'esposizione gli diede ragione anche in questo. Scelse le opere, una ad una: e ritrovare fra esse tanti dipinti sul tema della neve è l'ultima prova, incontrovertibile, dell'importanza che Monet annetteva a questa sua ricerca. Il primo dipinto risale al 1869 (una delle vie innevate di Louveciennes); un secondo al 1873 (un *Effetto di neve, Argenteuil*); il terzo, *Il treno nella neve*, del 1875, uno dei quadri più importanti di quell'anno per la capacità che ha di preannunciare le ricerche condotte poi alla Gare Saint-Lazare; quindi alcuni dipinti sul disgelo del 1880, fra i quali quello rifiutato al *Salon* di quell'anno; e ancora un dipinto del 1886, prima di due *Covoni* dispersi nel gelo.

Nella mostra del 1889, comprensibilmente, una parte importante era tesa a documentare la straordinaria, breve stagione che vide Monet impegnato, sulle rive della Senna prima e poi più lungamente a studio, a dar figura alla *débâcle* del 5 gennaio 1880, quando un celere rialzo della temperatura generò l'improvviso disgelo del ghiaccio che gli ultimi giorni dell'anno precedente, d'un inusitato rigore, avevano disteso sulla Senna. Le acque del fiume, allora, furono teatro di uno spettacolo prima drammatico e minaccioso, con i grandi lastroni in corsa devastante lungo le rive, poi vieppiù rarefatto e malinconico, percorso da luci lente e ovattate.[20] A queste immagini, concepite in vasta e variata serie, alcune altre, appena precedenti e pur di tema diversissimo, possono dirsi legate e, in qualche modo, propedeutiche: le nature morte con fagiani di cui fa menzione in due lettere, datate dicembre 1879 e gennaio 1880, Alice Hoschedé al marito Ernest. In esse (una delle quali venduta tempestivamente e con gran soddisfazione a Petit)

Claude Monet
Disgelo, 1880
Shelburne Museum, Vermont

Claude Monet
Natura morta con fagiani e pivieri
1879, The Minneapolis Institute
of Arts, dono di Anne Pierce Rogers
in memoria di John DeCoster Rogers

Monet raccoglie su un primo piano ravvicinatissimo la cacciagione che, in prossimità della chiusura della stagione della caccia, egli attendeva ansiosamente, di giorno in giorno. Era costretto a casa, allora, dal tempo inclemente: quel tempo che temeva e amava, al tempo stesso; e quei fagiani, quando gli giunsero e quando furono disposti sulla tovaglia bianca per essere dipinti, furono in fondo un pretesto per dipingere, in interno, un po' della neve che vedeva, fuori, cadere copiosa e coprire della sua coltre il paesaggio. Ché non altro che un manto di neve è infine quella tovaglia d'un abbacinante biancore su cui posano gli uccelli morti, vibratile e cangiante come poteva essere la neve sotto la luce radente di un sole al tramonto.

Non appena gli fu possibile, poi, Monet andò alla Senna, e sulle sue rive dipinse il disgelo, immaginando quadri, talora assai prossimi l'uno all'altro (come in una primissima prefigurazione dell'idea seriale che avrebbe guidato la sua pittura dieci anni più tardi), che si pongono ad un vertice qualitativo della sua produzione di Vétheuil, e che aprono splendidamente un decennio – il meno studiato, a tutt'oggi – di straordinaria mobilità, e di variatissimi interessi, nella produzione di Monet.

[1] G. Geffroy, *Claude Monet. Sa vie, son œuvre* [1924], ed. cons. Parigi, Éditions Macula, 1980, pp. 347-349.

[2] D. Wildenstein, *Claude Monet. Biographie et catalogue raisonné*, tomi I-V, Losanna-Parigi 1974-1991; tomo III, 1979, lettera n. 1276.

[3] Ibid., lettera n.1324.

[4] Ibid., lettera n. 1283, ad Alice Hoschedé.

[5] Ibid., lettera n. 1151, a Paul Durand-Ruel.

[6] Geffroy, *Claude Monet. Sa vie* cit., p. 421.

[7] Wildenstein, *Claude Monet* cit., lettera n.1276.

[8] Ivi.

[9] Cfr. ora, per un'esaustiva disamina del tema, *Monet &Japan*, catalogo della mostra, Canberra-Perth, 2001, a cura di V. Spate e G. Hickey; e, fondamentale per ricondurre il problema nella sua più corretta prospettiva (ed entro limiti, anche, che sovente sono stati travalicati), V. Farinella, *"Le bionde allegrie della natura": qualche verifica sul giapponismo di Monet*, in *Monet. Atti del convegno*, a cura di R. Rapetti, M. Stevens, M. Zimmermann, M. Goldin, Conegliano (Treviso), Linea d'ombra Libri, 2003, pp. 218-229.

[10] Wildenstein, *Claude Monet* cit., tomo I, 1974, n. 107. Nonostante la diffusa interscambiabilità dei termini «japonais» e «chinois» (con i quali s'intese a lungo battezzare come un'unica esperienza estetica quelle in realtà provenienti da due mondi distanti), può peraltro porsi ragionevolmente il dubbio che, a questa data ormai assai avanzata della diffusione del giapponismo nella cultura francese, in particolare per un attento conoscitore dell'arte giapponese qual era indubbiamente Monet, i due termini permanessero equivalenti.

[11] Il dipinto, di proprietà del Musée d'Orsay, è schedato da Wildenstein al n. 105.

[12] Per i "quadri di neve" di Courbet, ai quali il pittore si dedicò largamente almeno fra 1856 e 1876, e per una traccia dei rapporti fra i due dipinti di Courbet e Monet, si veda ora E. E. Rathbone, *Monet, Japonisme and Effets de Neige*, in *Impressionists in Winter. Effets de Neige*, catalogo della mostra, The Phillips Collection, Washington, D.C., 1999, pp. 30-31.

[13] Rathbone, *Monet, Japonisme* cit., pp. 28-29, 98.

[14] E. Taboureux, *Claude Monet*, in «La Vie Moderne», Parigi, 12 giugno 1880.

[15] Wildenstein, *Claude Monet* cit., tomo I, 1974, lettera n. 158.

[16] Cfr. R. Pickvance, *Contemporary Popularity and Posthumous Neglect*, in *The New Painting. Impressionism 1874-1886*, catalogo della mostra, a cura di C. S. Moffett, National Gallery of Art, Washington, 1986; Seattle, University of Washington Press, 1986, pp. 243-265.

[17] Wildenstein, *Claude Monet* cit., tomo II, 1979, lettere 727 e 726.

[18] J. Sallis, *Ombre del tempo. I Covoni di Monet*, [1991], ed. cons. Siracusa, Tema Celeste Edizioni, 1992.

[19] Per l'esaustiva ricostruzione della mostra confronta *Claude Monet-Auguste Rodin. Centenaire de l'exposition de 1889*, catalogo della mostra, a cura di J. Vilain, A. Beausire, J. Durand-Révillon, C. Judrin, S. Patin, Parigi, Musée Rodin, 1989. Per gli atteggiamenti di Rodin, sovente indisponente nei confronti dei suoi colleghi in occasione di esposizioni collettive, cfr. G. Lista, *Medardo Rosso. Scultura e fotografia*, Milano, 5 Continents Editions, 2003.

[20] Per quelle straordinarie condizioni meteorologiche, si veda l'utile paragrafo di E. E. Rathbone, *Winter Weather Chronology. December 1864 through January 1893*, in *Impressionists in Winter* cit., pp. 221-233.

Tra il selvaggio e il sapiente,
qualche ettaro di neve nell'opera di Monet

Alain Tapié

Beffarda e rabbiosa quando fu pronunciata da Louis Vaucelle, l'apostrofe impressionista deve il suo successo e la sua longevità alla parte di verità che essa racchiude.

La cultura illusionista, quella dell'Antichità così come quella del Rinascimento, le sue teatralità narrative, spiritose e decorative, si dissolvono quando nel XVIII secolo, sotto l'occhio accorto di Diderot, nelle esperienze vedutiste degli acquerellisti inglesi, vede la luce una pittura che possiamo qualificare «di assorbimento», per usare le parole di Mickaël Field.

Si riduce il confine tra lo sguardo e lo spazio contemplato. L'assorbimento di una oggettività pittoresca nell'immagine divenuta materia, offre le primizie di una soggettività gestuale e di una nuova oggettività visiva. Questa anti-teatralità in germe nella pittura dei giardini inglesi nel XVIII secolo, fa dei paesaggi una terra d'elezione.

Dettagli e continuazione del reale si lasciano invadere dalle suggestioni naturaliste. Con Constable, il paesaggio accoglie gli squilibri nella rappresentazione degli elementi reali, che tendono al sublime grazie all'invasione e alla sovrapposizione degli elementi più volatili. Il paesaggio si inventa come luogo di una realtà sviata e dilatata. Dopo Turner, ne sono in Francia gli artefici Georges Michel, Paul Huet e Gustave Courbet. Essi fanno dello spettatore il pittore muto, immobile, intontito dalla propria estasi visiva.

Nella rappresentazione dell'estremo, del cielo, del mare, della neve, della roccia, della pianura, il soggetto colto nell'immagine-materia elude la forza conduttrice del grafismo. L'impressione riportata sulla tela è già memoria, anche quando l'artista dipinge sul modello. Il quadro è, innanzitutto, luogo di memoria sostenuto da numerosi segni tratti dall'identità locale del soggetto, un brulichio di particolari senza struttura realista.

I pittori inducono già il gesto di Monet e di Boudin, un gesto che costituirà la forza del movimento impressionista. In «La République française» del 25 aprile 1874, Philippe Burty lo analizza così: «È la chiarezza del colore, la nitidezza delle masse, la qualità delle impressioni, a scapito del rifinito, del chiaroscuro e della amabilità dei siti»; insomma, tutto ciò che nell'immagine-materia proviene dagli elementi, concepiti nella loro densità e nella loro struttura.

Nella tradizione della scena di genere, la neve occupa un posto importante fra gli elementi oggetto del quadro; è così già in Courbet in una scena di genere non priva di esacerbazione espressionista, e in Monet, nella sua doppia identità: plastica naturalista in Normandia, realista nella campagna parigina e in particolare ad Argenteuil.

Come ogni altra rappresentazione di elementi che lascino su un piano assorto la realtà pittoresca e sociale, Monet affronta tra il 1865 e il 1870 la visione della neve con gravità, e persino pesantezza, senza rinunciare a qualche segno del tempo e dell'istante, come il

Claude Monet
Neve a Argenteuil, II, 1875
National Museum of Western Art
Matsukata Collection, Tokio

Claude Monet
*La Charrette, strada
sotto la neve a Honfleur*, 1865
Musée d'Orsay, Parigi

carretto o le impronte di passi che accompagnano la massa fluida, senza inquadrarla veramente né determinarla. Il captare le tessiture di una neve immacolata sul fianco del sentiero e del tetto della fattoria, ammaccata e calpestata, in *La Charrette, strada sotto la neve a Honfleur*, imponeva al pittore di sopprimere due personaggi in piedi accanto al carretto. Così, solo, come una macchia nera sul bianco illimitato, il veicolo non può più distrarre. Esso fissa la funzione memoriale del quadro e alimenta la composizione con un luogo precostituito per la pura meditazione.

Nel 1867, Monet dipinge una *Strada di fronte alla fattoria Saint-Siméon* con l'auspicio di dipingere la bellezza meteorologica costituita dalla neve immediata e immobile. Essa incastona i particolari. Tuttavia l'espressività di queste falde di neve forza l'adesione e localizza l'impressione non sull'oggetto ma sulla fissazione incantata, come se l'elemento non rinviasse a nient'altro che a uno specchio opaco e vuoto. La modestia del quadro, tangibile per l'assenza di modelli, fa sì che l'atemporale e l'effimero silenziosamente entrino in collisione.

In questi spazi chiusi e compatti non si manifesta ancora il ritorno di quel sublime romantico che punta già nei colpi di vento e nelle onde rivierasche dipinti in questo decennio. Le orme dei passi anche qui sottolineano e lumeggiano la sensazione ingenua del rinnovamento.

Con *La gazza*, dipinto nel 1869, Monet annuncia già la nuova tendenza che sarà la sua, costituita da un materismo più gentile, da una poesia più loquace affiorante sulla superficie del quadro. Al di là dell'eccezionale qualità pittorica di questo istante privilegiato, quando l'uccello si posa sulla sbarra, l'artista sembra voler riprendere qualche essenza plastica non priva di ispirazione "japoniste" dispiegando sapientemente giochi di graffiature nero su bianco. Un disordine congegnato attorno al modello generatore della *Gazza*.

Passando dal selvaggio al sapiente, Monet ha dunque già abbandonato nella sua mente quella Normandia il cui genio naturale tra terra, cielo e mare punta a superare il pittoresco, a poggiare sulla realtà interiore del modello, a dipingere il tempo? *La gazza* è uno di quei luoghi di pittura che prefigura una ricostruzione della visione, dieci anni prima del trasloco ad Argenteuil e dell'adozione di una pratica più realista che prende le distanze dai semplicismi primitivi normanni.

I quadri di neve degli anni sessanta esprimono una semplicità naturale delle superfici immacolate sui fianchi di un sentiero già imbrattato. Sprovvisti di struttura aneddotica, questi paesaggi propongono campi liberi, in cui il senso dello spazio non è fondato sulla linea d'orizzonte ma sulla pienezza unificata della materia, come lo sono il cielo, il mare e la terra nelle opere dell'epoca. La neve ha il privilegio di favorire l'illusione di un al di là dell'inquadratura. Essa offre al luogo prescelto, per la sua estrema banalità, una relazione intima e immensa. Lo sguardo vi penetra senza fermarsi ai dettagli. La neve è qui come l'acqua, ma senza movimento. Contenuta dalla saldezza della terra presente e invisibile, essa rinvia all'immagine di una tela vergine che cancella le identificazioni generate dalla retorica della pittura e dal riconoscimento topografico. Essa appartiene al primo romanticismo, liberato dalle pesantezze di quel pessimismo di fondo che la letteratura aveva impresso nelle sue descrizioni della vita. Corot, Paul Huet, fin dagli anni trenta, Courbet più tardi, si erano già liberati da questa scoria ante-*Gazza,* luogo di meditazione rinsavito, composizione quasi compassata. Monet non era ancora molto attento alla resa sociale indispensabile alla memoria "turistica" del quadro. Manipolava l'immagine attraverso la reinquadratura del modello al fine di comporre il luogo per esprimere la propria necessità interiore. Le innovazioni tecniche consistevano nell'accentuare l'effetto d'istantaneità, di movimento naturale senza la velleità di forgiare un'idea del Bello fondata su canoni artistici. In quegli anni, il suo sguardo sempre romantico trasmetteva le cose vissute e le coglieva nella loro immanenza espressionista. A forza di plasmare la fisica degli elementi, lo sguardo – come il tocco – era ruvido e forzava l'adesione. Al modo di Courbet, di Boudin o di Jongkind, il pittore faceva sentire l'atmosfera del luogo, ma non ancora la costruzione di una visione mentale.

Con i suoi artifici, *La gazza* del 1869, è già prova di una visione mentale, che nel decennio 1870-1881 sarà abitata da un materismo sociale dei sobborghi o della capitale. Ritorna nei quadri di Monet la retorica di un romanticismo più inquadrato. Dalle *Nevi ad Argenteuil* emanano un equilibrio brillante, uno spazio diretto verso un orizzonte naturale, una misura in questo rinnovamento, portato dalla neve, immediatamente domato e trasformato dal ristagno quotidiano della civiltà.

Traduzione dal francese di Alberto Folin

Gli impressionisti e la neve

Belinda Thomson

Per i nordeuropei la neve ha da tempo la funzione di significante stenografico dell'inverno. In Francia il pittore impressionista Camille Pissarro riconobbe tacitamente questo fatto allorché per designare l'inverno – una delle "quattro stagioni" che aveva avuto l'incarico di dipingere come soprapporte – utilizzò una scena panoramica con la neve (*Inverno*). E proprio «nivôse» (nevoso), dal latino «nivosus», fu il nome attribuito nel calendario rivoluzionario al mese che durava dal 21 dicembre al 19 gennaio. Ma, anche se vi è una probabilità statistica ragionevolmente alta che in quel periodo dell'anno, o subito dopo, si verifichino nevicate, tale eventualità varia da regione a regione. La neve è rara in Bretagna dove l'influsso dell'Atlantico impedisce che gelo intenso o periodi di freddo prendano il sopravvento; lì ci sono in media uno o due giorni di neve all'anno, mentre nevicate più forti sono una realtà nelle regioni montuose della Francia centrale e orientale, oppure nelle Alpi e nei Pirenei; invece, nelle zone vicine al Mediterraneo, la neve, sebbene non sconosciuta, è estremamente rara. Nella Francia settentrionale e nella regione parigina, dove gli impressionisti lavoravano la maggior parte del tempo, la neve non era certamente un evento categorico; proprio in virtù di tale infrequenza essa fu, dunque, un fenomeno inevitabilmente interessante per quei paesaggisti dediti ai metodi *en plein air* e impegnati a catturare gli effetti effimeri del tempo atmosferico e della luce. Così, nonostante la difficoltà di lavorare all'aperto con temperature gelide, questi pittori generalmente accoglievano con gioia l'arrivo della neve, e quasi in ogni esposizione impressionista fra il 1874 e il 1886 vi furono tele con il titolo *Effetto di neve*. Ma quale retaggio culturale veniva associato alla neve dalla generazione impressionista? Quali erano i significati della neve per la *mentalité* francese del XIX secolo?

Per l'artista che dipingeva quadri incentrati sulla storia della Francia, soprattutto per colui che cercava di rappresentarne gli accadimenti più recenti, i significati associati all'inverno e alla neve non erano affatto neutri, in quanto proprio la neve aveva avuto un ruolo di primo piano nella configurazione di quegli eventi. Le condizioni invernali erano state la causa diretta della sconfitta di Napoleone durante la sua campagna di Russia nel 1812, quando la neve, il freddo e la fame avevano provocato un numero di morti di proporzioni epiche, e il ricordo terribile di quei fatti era ancora vivo. Il resoconto fornito dal generale Ségur degli orrori patiti dalla *Grande Armée* durante la ritirata da Mosca, pubblicato sulla scia degli eventi e intorno al 1825 disponibile anche in traduzione inglese, fa costante riferimento alle condizioni intensamente invernali: «Talvolta la neve cedeva sotto i loro piedi, ma più spesso, poiché la sua superficie vitrea non forniva loro alcun sostegno, essi cadevano a ogni passo e proseguivano la marcia di caduta in caduta. Ogni volta che, esausti, si fermavano per un attimo, l'Inverno allungava su di loro la sua pesante mano gelida, pronto ad afferrare la sua preda.»[1] A distanza di una generazione dall'evento, il pittore ventiduenne Boissard de Boisdenier dipinse con gran-

265

de *pathos* una scena di tal genere in *Ritirata da Mosca*, un'opera che produsse un notevole effetto al *Salon* del 1835. Questa raffigurazione dell'epico massacro non fu di certo un esempio isolato.

Sebbene nei suoi scenari miniaturizzati delle campagne napoleoniche, i quali furono popolari fin quasi al 1900, Ernest Meissonier non si soffermasse sull'immagine della sconfitta, nei due decenni tra il 1860 e il 1880 comparvero paesaggi innevati in diversi dei suoi quadri militari, soprattutto nel celebre *1814, la campagna di Francia*. Mentre nel suo studio di Poissy, appena fuori di Parigi, lavorava a questa composizione che lo impegnò per diversi anni, Meissonier fu felice di un giorno di neve nell'inverno del 1863, perché ciò gli consentì sia di osservare e rendere il desiderato effetto di un terreno innevato calpestato dagli zoccoli dei cavalli sia di trovare il tono giusto per il volto di Napoleone irrigidito dal freddo contro un cielo grigio.[2] Esposto dapprima al *Salon* del 1864, quindi alle due Esposizioni universali del 1867 e del 1889, *1814, la campagna di Francia*, allorché rimesso in vendita nel 1890, conquistò il primato del più costoso dipinto di artista contemporaneo mai venduto in Francia fino ad allora.

Le condizioni climatiche di intenso gelo ebbero un ruolo rilevante anche durante la guerra franco-prussiana e l'assedio di Parigi. La neve cadde nel mese di dicembre del 1870 e nel gennaio del 1871, proprio quando molti abitanti maschi della città, arruolatisi nella Guardia nazionale, si trovavano a presidiare le fortificazioni in servizio di sentinella; fra loro non mancavano gli artisti. Lo scultore Alexandre Falguière decise di sfruttare al meglio quei momenti e in poche ore creò una scultura di neve, *La Resistenza*, che ci rimane documentata in un'incisione di Félix Bracquemond e nella rivista «L'Illustration». L'esecuzione della scultura e il soggetto scelto furono un gesto di sfida simbolica in faccia alla superiorità del "barbaro" invasore. Come molti nudi allegorici, l'immagine di Falguière, che connotava sia la città di Parigi sia il concetto astratto della resistenza, aveva una mescolanza non plausibile di caratteristiche sessuali: grazia, bellezza e forza fisica. Neppure le donne e i bambini sfuggirono alla dura prova dell'assedio, le une e gli altri costretti dalla scarsezza di cibo a mettersi in fila, nella strada, per ricevere la propria razione. Dipingere un lieve strato di neve sul selciato, come fece Charles-Henri Pille in *Mensa municipale durante l'assedio di Parigi* (1871, Musée Carnavalet, Parigi) fu un modo efficace di aggiungere *pathos* all'immagine della capitale assediata. Durante quel periodo traumatico, per sfuggire alla minaccia dell'esercito prussiano che stava avanzando, Camille Pissarro e la sua famiglia abbandonarono la loro casa di Louveciennes e si rifugiarono presso Ludovic Piette, un vecchio amico dell'artista che viveva in una remo-

Boissard de Boisdenier
Ritirata da Mosca, 1835
Musée des Beaux-Arts, Rouen
dono di J.-M. Darcel, 1852

Ernest-Jules Meissonier
1814, la campagna di Francia, 1864
Musée d'Orsay, Parigi

Charles-François Daubigny
Paesaggio di neve al tramonto, 1873
Musée d'Orsay, Parigi

ta fattoria a Montfoucault, in Mayenne. Poco tempo dopo si trasferirono temporaneamente a Londra dove alloggiarono in casa di alcuni parenti. In una lettera a Pissarro scritta nel gennaio del 1871, Piette menzionava l'arrivo della neve come un segno di malaugurio che prediceva la sconfitta – poi di fatto avvenuta – dell'esercito francese: «Ancora neve fitta, sembra fare apposta. I cacciatori se ne vanno allegramente a caccia come se il nemico fosse a mille miglia.»[3]

Come si comprende dalla lettera di Piette, se le sofferenze della guerra erano inasprite dalle condizioni invernali, la caccia risultava invece più proficua e gratificante, e per il paesaggista tale attività era un ovvio soggetto con cui ravvivare una scena innevata. Ma se alcuni pittori della Scuola di Barbizon – soprattutto Courbet, che veniva da una nevosa regione della Francia orientale – perpetuarono questo tipico tema del realismo nordeuropeo, gli impressionisti per lo più evitarono di rappresentare tale festoso passatempo: la loro posizione estetica sembra rifiutare la spettacolarizzazione del tema della neve. Per esempio, nella tela di Sisley *Inverno, effetto di neve* (cat. n. 120) nessun'aura di eccezionalità si lega alla presenza della diligenza gialla sulla strada, in netto contrasto con il dipinto di Courbet *Diligenza bloccata nella neve* (1860 circa, National Gallery, Londra). In un'ampia visione panoramica, una fitta nevicata ha, in questo caso, inghiottito tutto il paesaggio e l'artista ritrae gli inutili sforzi dei cavalli per liberare la diligenza gialla da un cumulo di neve. Il dipinto di Courbet, quantunque registri un incidente di cui il pittore era stato testimone, è in sintonia con l'approccio alla natura maggiormente retorico adottato dalla generazione di Barbizon e presente anche in *La brina* di Rousseau (1845-1846, Walters Art Gallery, Baltimora, Maryland) e nella tela *Paesaggio di neve al tramonto* dipinta a Auvers parecchi anni dopo da Daubigny. Quest'opera, con la sua tavolozza quasi monocroma e i suoi spogli alberi neri contro un incombente cielo giallognolo, era di un genere che poteva piacere alla romantica sensibilità di Van Gogh. Ed è, in effetti, con lo stesso spirito alquanto sconsolato di tali quadri di Barbizon che Van Gogh, dalla finestra del presbiterio paterno, dipinse la sua veduta della lontana e solitaria chiesa di Nuenen, evidenziando i muretti dei giardini, i tetti e gli alberi con uno strato di bianco.

Perciò la scelta degli impressionisti di privilegiare l'aspetto banale della neve, piuttosto che la sua atmosfera nostalgica o spettacolare o aneddotica o romantica, segnò una rottura con varie tradizioni: nelle loro opere gli effetti di neve sono goduti in quanto tali, non bardati dall'artista ai fini di una determinata aura di malinconia. Gli impressionisti dipinsero molti "effetti di neve" nel periodo immediatamente successivo all'assedio di

Camille Pissarro
Louveciennes, 1872
Museum Folkwang
Essen

Camille Pissarro
Neve a Louveciennes,
1871-1872
The Art Institute
of Chicago
donazione in memoria
di Mr e Mrs Lewis
Larned Coburn

Parigi, ma le loro immagini non trasmettono alcun ricordo infelice; al massimo potremmo dire che celebrano il potere della neve di trasformare un paesaggio familiare. Dai vari riferimenti nelle loro lettere alle possibilità di lavoro offerte dalla neve, appare chiaro che Pissarro e Piette amavano entrambi dipingere in un ambiente innevato e che Piette considerava Pissarro un maestro di tali effetti. Per esempio, nel dicembre del 1871, Piette scrive: «Ecco la neve! Non ho ancora potuto farne, ma non tarderò. E voi? Dovete essere in pieno lavoro, come mi piacerebbe vedervi!»[4] Piette ritornò sull'argomento durante un periodo di freddo nel febbraio del 1876,[5] e scrisse: «E voi, mio caro amico? Dovete averne fatti molti, soprattutto con la neve! A meno che la prudenza non sia intervenuta a mitigare con acqua fredda l'entusiasmo che avete e che condivido con voi per questo genere di esercizio. Come sarei felice di vedere tutto ciò!»[6]

L'impatto di una forte nevicata era inevitabilmente più intenso in aperta campagna che non nelle regioni abbastanza popolate intorno a Parigi. Il rigido inverno del 1874 trovò Pissarro ospite di Piette a Montfoucault e possiamo pensare che, vista la sua ubicazione in un luogo tanto remoto, la fattoria sia rimasta isolata nella neve per diversi giorni. Pissarro si dimostra ben conscio di tale situazione nella sua sorprendente scena innevata *La casa di Piette a Montfoucault* (1874, Williamstown, Massachusetts), in cui adotta una veduta simmetrica della fattoria letteralmente sommersa in un paesaggio carico di neve. Ma, nel contempo, suggerisce un ambiente senza tempo, quasi intimo, quasi autosufficiente. Il cancello del cortile è incorniciato da due abeti coperti di neve, mentre due piccole figure sono affaccendate a procurare legna e fieno per il bestiame.

Noi, oggi, tendiamo ad apprezzare i sorprendenti e magici effetti visivi della neve, l'unica forma di precipitazione in grado, nel giro di poche ore, di trasformare silenziosamente l'aspetto di un paesaggio, occultandone i contorni e i colori e unificando il tutto con il suo soffice manto lucente e specchiante. Probabilmente il merito di questo nostro atteggiamento dovrebbe in parte andare agli impressionisti il cui modo fresco e senza pretese di vedere la neve ha innegabilmente influenzato il nostro gusto. Le loro piccole tele hanno svelato come la luminosità della neve sia determinata dalla qualità della luce del cielo sovrastante. In alcune opere una coltre di neve bianca è posta al di sotto di una coltre di pesanti e minacciose nuvole grigie, in una composizione che in questo modo stravolge il consueto equilibrio tonale fra terra e cielo. Vediamo questo effetto sorprendente in due quadri di Sisley: *Strada per Saint-Germain a Marly* (1874-1875, Stiftung Sammlung E. G. Bührle, Zurigo) e *Neve a Louveciennes* (cat. n. 124). Anche alcuni dei paesaggi innevati di Pissarro sono caratterizzati da condizioni di luce altrettanto smorzate, ciò nonostante non mancano mai di armonia o di solidità strutturale grazie ai forti contrasti di bianco sul muro di pietra o di mattoni, sul tetto di rosse tegole o di ardesia, sul tronco scuro dell'albero.

Fritz Thaulow
Giornata d'inverno in Norvegia
1886, Musée d'Orsay, Parigi

Per altro verso, le ombre proiettate su una coltre di neve color bianco puro assumono, rischiarate dal sole, toni accecanti e sgargianti. Sisley, pittore non retorico per natura, catturò il sole invernale con ottimi risultati in due tele del 1874: *Gelata bianca. Estate di San Martino* (cat. n. 117) e *Effetto di neve a Louveciennes* (cat. n. 116) registrano momenti diversi di un inverno eccezionalmente freddo. «Estate di San Martino» è l'espressione tradizionale con cui i francesi designano il periodo fra Ognissanti (1 novembre) e il giorno di San Martino (11 novembre) durante il quale spesso il tempo è bello.[7] In questo caso, i cieli tersi hanno prodotto una brina notturna i cui effetti Sisley riesce a catturare con la materia pittorica: una lucente brina bianca addensata nei solchi della carraia e del campo e un merletto di ghiaccio che dà risalto agli spogli ramoscelli rosati. In *Effetto di neve a Louveciennes*, dipinto probabilmente nel mese di dicembre quando le carte meteorologiche registrano forti nevicate nella regione parigina, si osserva che è realmente caduta molta neve, ma che sta già cominciando a sciogliersi al sole: non vi è per esempio traccia di neve né sugli alberi né sui tetti. Il cumulo bianco che, in primo piano, blocca drasticamente la vista è interrotto dallo spettacolare triangolo azzurro pastello di un'ombra proiettata da sinistra: è, questo, l'unico indizio vitale dell'esistenza di una struttura, di una profondità tridimensionale, di un'ora del giorno.

Non è raro che le scene innevate degli impressionisti rivisitino vedute già dipinte in condizioni di tempo normali; ciò è vero nel caso di Monet, Pissarro e Sisley. *Neve a Louveciennes* (cat. n. 124), il quadro eseguito da quest'ultimo nel 1878, presenta lo stesso viottolo fra due giardini che in precedenti tele l'artista aveva osservato da un punto di vista lievemente diverso (*Neve a Louveciennes*, 1874, The Phillips Collection, Washington). Laddove possibile, il paesaggista trovava legittimo dipingere la sua veduta da una finestra, evitando in tal modo i rigori del freddo. Come Van Gogh, che nel 1885 aveva riprodotto lo scenario visibile dalla casa dei suoi genitori a Nuenen, anche Pissarro, nel 1894, ormai non più in grado di sfidare gli elementi e lavorare in ogni tipo di condizioni atmosferiche come soleva fare in passato, approfittò della veduta che si godeva dalla sua casa per dipingere *Effetto di neve a Eragny* (cat. n. 142). Per gli impressionisti non era necessario abbracciare un vasto panorama o includere un evento narrativo in una scena con la neve; comprendevano però l'importanza di scegliere l'appropriato «coin de nature» (angolo di natura), di dare l'impressione che uscendo si potesse posare il piede nella neve appena caduta, di guidare l'osservatore lungo la strada indicata, di comunicare sentimenti d'amore per il luogo scelto.[8]

Albert Lebourg, artista originario di Rouen, raggiunse la fama come pittore di paesaggi tonali in cui la neve aveva un ruolo importante. Lebourg trascorse un periodo di formazione ad Algeri nel decennio 1870-1880, insegnando disegno all'*École Libre des Beaux-Arts*. Di ritorno dal Nord Africa portò con sé dipinti carichi di luminosità e nel 1879 e

1880 espose insieme agli impressionisti alcuni sensibili disegni tonali a carboncino con nature morte e figure in interni, ma ci fu un critico che giudicò queste opere fuori luogo nel contesto dell'impressionismo. Successivamente un collezionista di Rouen, che Lebourg aveva conosciuto presso il mercante Portier, prese l'artista sotto la propria protezione e rapidamente riunì una cerchia di ammiratori disposti a pagare 200 franchi per ognuno dei suoi piccoli lavori a olio. Lebourg riuscì a venderne un numero considerevole, circa 100 in un solo anno![9]

Nel 1883 cominciò a esporre nuovamente al *Salon* ufficiale; nel 1886 ottenne grande plauso per il suo paesaggio innevato, enorme e di grande respiro, dal titolo *Neve in Alvernia* (*Salon* del 1886, Musée des Beaux-Arts, Rouen), il prodotto di un deliberato soggiorno pittorico, durante l'inverno precedente, nel villaggio di Pont-du-Château in Alvernia. Il dipinto, largo due metri e mezzo, raffigura un paesaggio fluviale coperto di neve con un ponte sulla sinistra. Come altre scene innevate dell'artista, anche questa tela è completamente priva di ogni attività umana. Verso la fine del decennio 1880-1890 Lebourg passò a lavorare per Georges Petit, un mercante d'arte allora in gran voga, e fu invitato a "Les Vingt". Negli anni tra il 1890 e il 1900 partecipò regolarmente al *Salon de la Société Nationale des Beaux-Arts*, dove espose otto opere fra cui, nel 1893, *Notre Dame de Paris con la neve* (cat. n. 137). A Rouen esiste un'altra versione del medesimo soggetto, con lo stesso primo piano scandito ritmicamente nel tema delle botti di vino imbiancate di neve, un indizio che il punto di stazione dell'artista doveva essere nelle vicinanze degli stabilimenti vinicoli di Bercy. Vi è un'analoga coincidenza tra la veduta *La Senna e l'isola Lacroix a Rouen in inverno* (cat. n. 136) e una più sommaria veduta con lo stesso soggetto conservata a Rouen. Alquanto stranamente, al *Salon de la Nationale* del 1893 fu esposta la versione di Rouen. Nel 1895 lo Stato acquistò uno dei paesaggi innevati di Lebourg (ora a Dunquerque).

È piuttosto sorprendente trovare una consistente produzione di paesaggi con neve nel corso di tutta la carriera di Paul Gauguin, visto che generalmente questo artista viene associato alla luce e al colore dei tropici. È invece meno sorprendente che vi siano diverse somiglianze tra i primi scenari innevati di Gauguin e quelli di Pissarro, in quanto fu proprio Pissarro che nei tardi anni del decennio 1870-1880 insegnò a Gauguin le tecniche del paesaggismo impressionista. Per esempio, l'ambiziosa veduta di quest'ultimo raffigurante *La Senna al ponte d'Iéna. Tempo nevoso* (cat. n. 122) ricorda la solidità di alcune vedute fluviali di Pissarro, mentre la sua più delicata immagine di un giardino innevato visto attraverso uno schermo di alberi spogli, *Neve a Vaugirard II* (cat. n. 126) fa pensare a *Neve a Louveciennes* di Pissarro.

È interessante notare che nella sua serie delle quattro stagioni Pissarro, per rendere gli effetti di neve come voleva, scelse una vista panoramica dei tetti di Louveciennes, creando una certa discordanza fra questa tela e le altre tre, nelle quali raffigurò i campi aperti intorno a Pontoise. Ma i soggetti architettonici drammatizzano gli effetti della neve appena caduta, lo spigolo di un tetto d'ardesia o di un muro piatto viene infatti messo momentaneamente in evidenza da quello strato di polvere bianca, allo stesso modo gli scuri comignoli risaltano più nettamente del solito. Così un cronista che riferiva della forte nevicata verificatasi a Parigi nel 1874 cercava di spiegare il fascino di questo effetto: ai parigini che venivano dalla montagna, diceva, la «foresta di neri comignoli con la sommità imbiancata» poteva facilmente dare l'impressione di una «foresta d'abeti.»[10]

Sebbene Gauguin non facesse parte di questa categoria d'artisti, sia lui sia Caillebotte furono in varie occasioni colpiti dall'aspetto dello *skyline* parigino sotto la neve, e le tele dipinte di conseguenza hanno una robustezza che le rende alquanto diverse dagli altri paesaggi impressionisti con la neve. Le tele di Caillebotte rientrano nel suo progetto di dipingere scene della Parigi moderna haussmannizzata osservabili da angolazioni inusuali nei dintorni dell'*Opéra Garnier*, il quartiere in cui egli abitava. Più sorprendente è la decisione di Gauguin di dipingere *Parigi d'inverno* (cat. n. 141), in quanto tale scelta giungeva subito dopo il primo viaggio dell'artista a Tahiti, un'area del mondo in cui ovviamente non nevica mai. Il quadro risale quasi per certo agli inizi del 1894 e fu probabilmente dipinto dal vero. Da una lettera che Gauguin scrisse a Daniel de Monfreid alla fine di febbraio 1894, poco dopo il suo ritorno da un viaggio a Bruxelles, apprendiamo che in quel periodo faceva molto freddo: «Allora Algeri non ha una temperatura meravigliosa? Anche qui si gela in questo momento.»[11] Dunque a ispirargli questa composizione fu con ogni probabilità una nevicata, insieme forse al ricordo di Caillebotte da poco scomparso.

Nell'analizzare Gauguin come pittore di scene innevate, vale la pena di ricordare che il suo ex cognato, l'artista Fritz Thaulow, era diventato più o meno uno specialista della neve.[12] Originario della Norvegia (fu lui nel 1895 che convinse Monet a visitare questo paese), aveva chiaramente innumerevoli occasioni di dipingere la neve. Tra il 1880 e il 1890 Thaulow inviò regolarmente al *Salon* di Parigi quadri con paesaggi innevati, fra cui la vasta tela *Giornata d'inverno in Norvegia*, che, dopo la sua ricomparsa all'Esposizione universale del 1889, fu acquistata dallo Stato francese. Nel decennio successivo Thaulow espose vari lavori con scenari innevati al *Salon de la Société Nationale des Beaux-Arts*, di cui era socio fondatore. Il suo talento artistico non era tenuto in grande stima da Gauguin, che includeva Thaulow nell'ampia categoria di quei pittori che lavoravano in tutta sicurezza con uno stile naturalista e impressionista allo stesso tempo. Sia Thaulow sia Lebourg erano, in un certo senso, esempi di questa tendenza. Non è tuttavia escluso che l'animosità di Gauguin fosse esacerbata dall'invidia: Thaulow non soltanto era riuscito a liberarsi di un infelice legame coniugale, ma aveva anche saputo conquistarsi una rimarchevole fama internazionale. Gauguin, reduce da una tiepida accoglienza in Europa, si trovò faccia a faccia con tale realtà nel 1894, quando al *Salon de la Libre Esthétique* di Bruxelles s'imbatté in alcuni quadri di Thaulow appesi accanto a opere di Lerolle, Carrière e Knopff. Stilando un breve resoconto di quell'esposizione, Gauguin non seppe astenersi da una caustica frecciata: «Chi diavolo è riuscito a rendere famoso il norvegese Thaulow?» Lo riteneva un debole e ignorante imitatore: «Le sue case sono trasparenti come la sua acqua e crolleranno al primo soffio di vento.»[13]

Alquanto stranamente, l'ultima tela cui Gauguin lavorò nella sua vita sembra essere *Villaggio bretone sotto la neve*. Questo dipinto fu acquistato da Victor Ségalen nelle Isole Marchesi poco dopo la morte dell'artista avvenuta nel 1903: «E, con un paradosso finale, l'opera degli ultimi momenti, ripresa in questo paese di luce, fu una gelida visione di un inverno bretone – riflessi di neve che si scioglie sui tetti di paglia, sotto un cielo molto basso, striato di esili alberi – la quale ricevette le ultime pennellate dell'uomo morente.»[14] Le parole di Ségalen ci fanno meditare. Finora la datazione della tela è stata per lo più assegnata al 1894 sul presupposto che fosse collegata all'ultimo soggiorno dell'artista a Pont-Aven; è tuttavia improbabile che Gauguin abbia portato con sé, nei Mari del Sud, una tela con un paesaggio bretone; è anche altamente improbabile, come sottolinea Michel Hoog,[15] che sia nevicato durante gli ultimi mesi trascorsi dal pittore in Bretagna. Alcuni altri dettagli gettano dubbi sulla data del 1894. Sebbene la configurazione del terreno e la relazione fra le case e la chiesa possano far pensare alla valle nella quale si trova il villaggio di Pont-Aven, il modo generico in cui viene raffigurata la guglia della chiesa ci dice che forse l'artista non aveva più sott'occhio il soggetto originale. La chiesa di Saint-Joseph a Pont-Aven, come Gauguin aveva mostrato in diverse vedute del villaggio e in un disegno dell'album conservato nell'Armand Hammer Collection, era un edificio peculiare in quanto presentava timpani triangolari e finestre abbinate a livello della cella campanaria – non finestre singole come nell'opera in discussione –, inoltre aveva una muratura a bugne rustiche sulla guglia ottagonale. E ancora, i toni bruni utilizzati dal pittore nel suo quadro non coincidono con il colore grigio chiaro del granito di questa particolare chiesa e delle altre presenti nell'area di Pont-Aven. Sembra allora più probabile che la composizione sia stata concepita e realizzata a distanza di tempo e spazio dalla scena ispiratrice. Né questo sarebbe stato l'unico caso in cui Gauguin aveva affrontato uno scenario innevato mentre si trovava nei Mari del Sud: l'ultima consegna di tele che l'artista aveva inviato a Vollard includeva una veduta con quel soggetto intitolata *Villaggio sotto la neve*. Sono, queste, evocazioni semplificate, persino sentimentali, di una coesa comunità di villaggio avvolta nella neve, immagini che in qualche misura ricordano l'intimità della veduta invernale di Pissarro con la fattoria di Montfoucault. Sono sicuramente scene ricordate con nostalgia, che l'artista, in conseguenza della sua lontananza da casa, investiva di un significato particolare. Nonostante l'apparente atteggiamento antieuropeo di Gauguin, il fenomeno nordeuropeo della neve e i significati ad esso collegati sembrano aver mantenuto una forte presa sull'immaginazione dell'artista anche alla fine della sua vita.

Traduzione dall'inglese di Viviana Tonon

[1] Cit. in Ackerman, *Repository of the Arts, Literature, Fashions, etc.*, serie 3, vol. 6, 1825, pp. 40-41.

[2] Si veda *Ernest Meissonier*, catalogo dell'esposizione, Musée des Beaux-Arts, Lione 1993, pp. 191, 200-201.

[3] «Encore la neige épaisse, c'est comme exprès. Les chasseurs chassent gaiement comme si l'ennemi était à cent lieues», in J. Bailly-Herzberg (a cura di), *Mon cher Pissarro, Lettres de Ludovic Piette à Camille Pissarro*, Parigi 1985, p. 50. Alcune opere di Piette furono incluse in due delle esposizioni impressioniste: la terza e la quarta, rispettivamente del 1877 e del 1879. Si trattò di un omaggio postumo a Piette voluto da Pissarro.

[4] «Voici la neige, je n'ai pu encore en faire, mais cela ne va pas tarder. Et vous? Vous devez en abattre, je voudrais bien voir cela», ibid., p. 68.

[5] Il gennaio del 1876 fu, come sottolineò il «Journal Illustré», un mese particolarmente freddo, con un'intera settimana di nevicate – che insolitamente imperversarono anche nel sud della Francia. Si veda *Impressionists in Winter: Effets de Neige*, The Phillips Collection, Washington 1998, p. 225.

[6] «Et vous, mon cher ami? Vous avez dû en abattre, de la neige surtout! A moins que la prudence ne soit venue mitiger d'eau froide l'enthousiasme que vous avez et que je partage pour cet exercice. Que je serais heureux de voir cela!», ibid., p. 125.

[7] Informazione dedotta dalla didascalia di Frances Fowle relativa al dipinto, in *Alfred Sisley: Poeta dell'impressionismo*, catalogo della mostra, Ferrara, 2002, p. 158.

[8] In una lettera non datata, inviata a un impreciso destinatario, Sisley scrisse: «Lo spettatore dovrebbe essere sulla strada che il pittore gli indica e fin dall'inizio gli si dovrebbe far notare ciò che l'artista ha provato», in *Impressionists in Winter* cit., p. 172.

[9] F. Lespinasse, *L'école de Rouen*, Rouen 1995, pp. 41-52. Questo fatto è riferito anche da Fénéon nel 1920.

[10] *Chronique de sept jours*, in «La Presse Illustrée», 19 dicembre 1874; *Impressionists in Winter* cit., 1998, p. 224.

[11] «Alors Alger n'est pas d'une température merveilleuse? Ici aussi il gèle en ce moment», in *Lettres de Paul Gauguin à Daniel de Monfreid*, Parigi 1930, p. 34.

[12] Poco dopo il matrimonio di Gauguin con la danese Mette Gad nel 1873, Thaulow sposò la sorella minore di quest'ultima, Ingeborg; divorziarono nei primi anni successivi al 1880.

[13] P. Gauguin, *Exposition de la Libre Esthétique*, in «Les essais d'art libre», febbraio, marzo, aprile 1894, p. 32.

[14] «Et dans un dernier paradoxe, l'œuvre des derniers moments, reprise en ces pays de lumière, c'était une glaciale vision d'hiver breton – reflets de neige fondant sur les chaumes, sous un ciel très bas strié d'arbres maigres – qui reçut les derniers coups de pinceau de l'agonisant», in V. Ségalen, *Gauguin dans son dernier décor*, in «Mercure de France», giugno 1904.

[15] M. Hoog, *Paul Gauguin, Life and Work*, New York 1987, p. 231.

104. Gustave Courbet, *Paesaggio innevato
nello Jura con capriolo*, 1866 circa
olio su tela, cm 60 x 76
Musée d'Art Moderne, Troyes
dono di Pierre et Denise Lévy

105. Gustave Courbet, *Il capriolo*, 1873
olio su tela, cm 38 x 46
Muzeum Narodowe w Warszawie, Varsavia

106. Gustave Courbet, *Neve nei boschi*, 1875 circa
olio su tela, cm 59,5 x 73,2
National Gallery of Canada, Ottawa
dono di H. S. Southam, Ottawa, 1950

107. Gustave Courbet, *Villaggi sotto la neve*, 1872
olio su tela, cm 44,5 x 54
Städelsches Kunstinstitut, Francoforte

108. Gustave Courbet, *Paesaggio innevato*, 1876
olio su tela, cm 50 x 61
Musée Départemental Gustave Courbet, Ornans

109. Gustave Courbet, *Alberi sotto la neve*, 1865
olio su tela, cm 72 x 91,5
National Gallery of Scotland, Edimburgo
offerto da Sir Alexander Maitland in memoria
della moglie Rosalind, 1960

110. Gustave Courbet, *Paesaggio invernale con cervo*
1868, olio su tela, cm 195 x 120
Salander-O'Reilly Galleries, New York

111. Gustave Courbet, *Neve*, 1868
olio su tela, cm 68 x 96
Museu Nacional de Arte Antiga, Lisbona

112. Gustave Courbet, *Caprioli nella neve*, 1876
olio su tela, cm 54 x 65
Banque Cantonale Vaudoise, Losanna

113. Adolphe Monticelli
Neve a Saint-Paul-lès-Durance, 1871-1873 circa
olio su tavola, cm 32,5 x 52
Musée des Beaux-Arts, Lione

114. Edouard Manet, *Effetto di neve
a Petit-Montrouge*, 1870
olio su tela, cm 59,7 x 49,7
National Museums & Galleries of Wales, Cardiff

115. Camille Pissarro, *Gelata bianca*, 1873
olio su tela, cm 65 x 93
Musée d'Orsay, Parigi
legato di Enriqueta Alsop a nome del Dottor
Eduardo Mollard, 1972

116. Alfred Sisley, *Effetto di neve a Louveciennes*, 1874
olio su tela, cm 54 x 65
collezione privata, U.K.

117. Alfred Sisley, *Gelata bianca.*
Estate di San Martino, 1874
olio su tela, cm 46,5 x 55,5
collezione privata
per cortesia di Milmo-Penny Fine Art, Dublino

118. Claude Monet, *Veduta di Argenteuil, neve*
1874-1875, olio su tela, cm 54,61 x 65,1
The Nelson-Atkins Museum of Art, Kansas City
dono di Laura Nelson Kirkwood Residuary Trust, 44-41/3

119. Claude Monet, *Neve a Argenteuil*, 1875
olio su tela, cm 55 x 74
Musée d'art et d'histoire, Ginevra

120. Alfred Sisley, *Inverno, effetto di neve*, 1876
olio su tela, cm 46 x 55
Palais des Beaux-Arts, Lille

121. Alfred Sisley, *Il pendio della montagna*
Cœur-Volant a Marly-le-Roy sotto la neve, 1877-1878
olio su tela, cm 46 x 55,5
Musée d'Orsay, Parigi
dono del Dottor Albert Charpentier e Signora, 1951

122. Paul Gauguin, *La Senna al ponte d'Iéna.*
Tempo nevoso, 1875
olio su tela, cm 63 x 92,5
Musée d'Orsay, Parigi
legato di Paul Jamot, 1941

123. Claude Monet, *Chiesa di Vétheuil, neve*
1878-1879, olio su tela, cm 52 x 71
Musée d'Orsay, Parigi
legato di Gustave Caillebotte, 1894

294

124. Alfred Sisley, *Neve a Louveciennes*, 1878
olio su tela, cm 61 x 50,5
Musée d'Orsay, Parigi
legato del Conte Issac de Camondo, 1911

125. Alfred Sisley, *L'argine a Billancourt, neve*, 1879
olio su tela, cm 46,04 x 55,72
The Nelson-Atkins Museum of Art, Kansas City
lascito dalla collezione di Mr. and Mrs. W. J. Brace, 75-6

126. Paul Gauguin, *Neve a Vaugirard II*, 1879
olio su tela, cm 60 x 81
Szépművészeti Múzeum, Budapest

127. Alfred Sisley, *Neve a Veneux-Nadon*
(La Senna e la Marna), 1880 circa
olio su tela, cm 55 x 74
Musée d'Orsay, Parigi
legato del Conte Issac de Camondo, 1911

128. Claude Monet, *Il disgelo a Vétheuil*, 1880
olio su tela, cm 72,3 x 99,3
Palais des Beaux-Arts, Lille

129. Claude Monet, *Disgelo*, 1882
olio su tela, cm 61,5 x 100
Kunstmuseum Bern, Berna
legato Eugen Loeb

130. Armand Guillaumin, *Palaiseau, effetto di neve e covoni*, 1883
olio su tela, cm 50 x 81
Musée du Petit Palais, Ginevra - Modern Art Foundation

131. Gustave Caillebotte, *Boulevard Haussmann, effetto di neve*, 1880
olio su tela, cm 81 x 66
Musée du Château de Flers

132. Emile Bernard, *Lungosenna a Clichy*
(Passeggiata sotto la neve a Asnières), 1887
olio su tela, cm 39 x 59
Musée départemental Maurice Denis "Le Prieuré"
Saint-Germain-en-Laye
deposito del Musée d'Orsay, Parigi
legato Pierre Farcy

133. Vincent Van Gogh, *Il giardino del presbiterio
di Nuenen*, 1885
olio su tela, cm 53 x 78,2
The Armand Hammer Collection, Los Angeles
dono di the Armand Hammer Foundation
UCLA Hammer Museum

134. Claude Monet, *Brina a Giverny*, 1885
olio su tela, cm 53 x 69
collezione privata, Channel Islands

135. Claude Monet, *Strada di Giverny in inverno*, 1885
olio su tela, cm 65,5 x 81,5
collezione privata

136. Albert Lebourg, *La Senna e l'isola Lacroix
a Rouen in inverno*, 1893
olio su tela, cm 50 x 73
Palais des Beaux-Arts, Lille

137. Albert Lebourg, *Notre Dame de Paris con la neve*
1891, olio su tela, cm 46 x 65
Palais des Beaux-Arts, Lille

138. Claude Monet, *Covoni, effetto di neve*, 1891
olio su tela, cm 65 x 92
National Gallery of Scotland, Edimburgo
lascito di Sir Alexander Maitland, 1965

139. Claude Monet, *Lastre di ghiaccio al crepuscolo*
1893, olio su tela, cm 60 x 99,7
Museum Langmatt Stiftung Langmatt Sidney
und Jenny Brown, Baden

140. Paul Gauguin, *Villaggio bretone sotto la neve*, 1894
olio su tela, cm 62 x 87
Musée d'Orsay, Parigi
donazione canadese anonima, 1952

141. Paul Gauguin, *Parigi d'inverno*, 1894
olio su tela, cm 71,5 x 88,3
Van Gogh Museum (Vincent van Gogh Foundation)
Amsterdam

142. Camille Pissarro, *Effetto di neve a Eragny*, 1894
olio su tela, cm 73,5 x 92,5
Musée d'Orsay, Parigi
legato del Conte Isaac de Camondo, 1911

143. Claude Monet, *Il villaggio di Sandviken*, 1895
olio su cartone, cm 37 x 52,5
Ārzemju Mākslas Muzejs, Riga

144. Claude Monet, *Sandviken, Norvegia,*
effetto di neve, 1895
olio su tela, cm 73,5 x 92
Næringslivets Hovedorganisasjon, NHO, Oslo

145. Claude Monet, *Case nella neve
e monte Kolsaas*, 1895, olio su tela, cm 65 x 92
Fujikawa Galleries Inc., Tokio

La neve del mondo

La fine di un lungo cammino. Un quadro. Il luogo in cui tutti i percorsi si chiudono, sigillati in una notte chiara. Ma prima, ogni contrada d'Europa percorsa sotto diversi cieli, nelle precise condizioni di luce, e notte e giorno e vento. E neve affondante e neve sparente. Sui bordi del mare misterioso, ghiacciato, o sui confini di una terra non conosciuta, dove al bianco succede unicamente il bianco. Una neve dipinta così, colma di ogni distinzione possibile, di peso e materia, di geografia e sostanza, di spirito e memoria. Il bianco di una purezza senza limiti, il giallo spento di una neve sopra cui si posa il fiato pallido di un'alba livida. Tutte le nevi raccolte, una dopo l'altra clamanti, nel silenzio pieno solo di silenzio, mentre la natura, da ogni parte, si manifesta. Lì dove i grandi freddi paiono toccare l'ultima linea del mondo, o i fiocchi dilaganti del tramonto lasciano il bianco non spento. O la terra bruna inabitata ha bianchi diradati sotto nuvole del primo mattino.

Ma alla fine viene questo quadro. Solo. Alla fine di un lungo cammino. Punto conclusivo e punto del principio, dove le storie si sommano, annullandosi, e dove la vita pare poter ricominciare. Storia nuova dell'inizio, origine, manifestarsi di ciò che era allo scoccare dei tempi. Il tempo passato e il tempo futuro, il ricordo e la previsione, ciò che è stato e ciò che sarà, uniti in una sola immagine. Proprio per questo al termine del cammino, grande spalto spalancato su ogni tempo, incurante della paura e della profezia, luogo del tutto possibile, dove la pittura si serra nel suo volto universale. Dove non è più descrizione delle cose, non più solo quelle cose stesse prescelte. Eppure, vi sono effettivamente nominate. Boschi, neve, fantasmi di case, mare affondante, una costa dilavata dalla notte bianca, stelle a milioni, luce della luna. Tutte cose dunque nominate, vive perché dette. E il pittore, che crea miracoli, nomina per sottrarre al regno della morte il suo potere. Ciò che appare e non scompare. E trasforma il non detto, il non dicibile, in ciò che non era neppure immagine, colore, stato dell'aria e della notte, polvere rappresa di cielo e mare.

Tutto si modifica in un'altra cosa dalla pittura precedente, in questo quadro. Posto qui, alla fine e al principio di tutto, nel punto esatto in cui un secolo muore e un altro si apre, nella continuità del tempo e del sogno. Dove nessuna storia più viene raccontata, può anche semplicemente esserlo. Dove si sospendono la narrazione e l'epica, le gesta non contano più, neppure la neve calpestata lieve da passi leggeri in un pomeriggio di sole, poco prima che sia il tramonto. Tutto accade per se stesso, nell'unica condizione possibile dello spirito che si annuncia specchiandosi nella notte chiara, sparsa di neve senza fine. La pittura è cosa dell'essere, è il guardare e la scomparsa dello sguardo, subito dopo. Ciò che si vede e quanto rimane nascosto. Eppure la pittura lascia che galleggi, un momento, solo un momento prima di affondare, mentre si crede, s'immagina, che tutto resti inavvistato. Tutte le nevi possibili, tutto ciò che si è scoperto finora, bello di una bellezza talvolta incomparabile, stordente, miracolosa, si chiude qui, nell'estremo Nord, nel silenzio vuoto di tutto e colmo solo della natura. Nel segreto, nel non apparire, nel non essere dichiarato pur essendo descritto. In questo prodigio di presenza e assenza, la neve si mescola al tempo e tutto assume il senso di un destino non eludibile.

Il pittore si sporge dal suo punto di vedetta, alto sopra il fiordo di Cristiania. Vede in basso il mare gelato coperto di neve. Vede la notte tempestata di stelle. La notte bianca, chiara di una luce che rivela e parla. Ricorda di quando lascia i suoi quadri alla pioggia, al vento, alla neve perché assumano, sopra e dentro di essi, la bufera degli spazi. Siano anzi il colore medesimo di quegli spazi, loro sostanza e materia. Il loro spirito. Vede la discesa dei boschi, delle abetaie verdi fatte buie dall'ombra della notte rovesciata. D'incanto il bianco della neve tra gli alberi, specchiato dalla luna e dal gelo. Quel freddo che svela e distingue il mondo. Il pittore vede il grande mare adagiarsi immobile contro una riva, toccare un confine, sentire quello spazio come un riparo dalla vastità non conosciuta, e dall'altra parte fuggente. Sente l'assoluto della notte, il bianco che da ogni parte sfavilla. Fuochi, lanterne di stelle, fiati d'aria nel cielo. Ogni cosa riflessa in quel gorgo che sprofonda infinito verso il centro di tutto. Il pittore sente che terra e universo, cielo e mare, luci e notti tendono a un solo centro. Di un tempo senza fine, consumato e riannodato, lucidato dal gelo e dalla luna. Capisce che il solo gesto possibile, umanissimo e straziato, dolce delle cose nel loro fluire via, sia l'atto del dipingere. E a notte fonda, alto su tutta la neve del mondo, trae fuori una tela e i colori. Come chi sfili dalla faretra una freccia, lanciandola dentro l'immensità.

Marco Goldin

Catalogo delle opere

Russia

a cura di Vladimir Kruglov

1. Alexander Beggrov
(Pietroburgo 1841 - Gatchina 1914)
Il lungoneva, 1876
olio su tela, cm 53,5 x 93
In basso a sinistra: *St. Petersbourg. Neva*
Firmato e datato in basso a destra: *A. Beggrow. 1876*

Provenienza: Palazzo Aleksandrovskij, Tsarskoe Selo. Ж-2858 (1897); Pietroburgo, The State Russian Museum.

Figlio del pittore K. P. Beggrov, studia all'Accademia Imperiale delle Belle Arti con M. K. Klodt nel 1870 e, negli anni 1871-1874, con A. P. Bogoljubov e L. Bonn a Parigi. Dal 1878 al 1914 opera come pittore del Ministero della Marina. Viene nominato accademico per la pittura nel 1899 e membro onorario dell'Accademia Imperiale delle Belle Arti nel 1912. Abita a Parigi negli anni delle prime esposizioni degli impressionisti, e nel decennio 1870-1880 dipinge delle marine secondo lo stile dell'impressionismo "moderato", facendo trasparire un interesse verso i motivi industriali, interesse insolito per i suoi contemporanei. Nel 1877, a Parigi, viene eletto membro fondatore della Società dei pittori russi.
In questo quadro viene ritratta la periferia operaia di Pietroburgo che incrocia le navi dirette in città lungo il loro percorso verso l'accesso principale e "interno" alla capitale, con la Dogana, l'Ammiragliato e una moltitudine di palazzi. La neve appena caduta sottolinea i contrasti di colore e l'impressione di confusione originata dalle costruzioni nell'immenso spazio dello stabilimento dell'Ammiragliato. E qui, in una moltitudine di edifici industriali dai tubi fumanti, si stagliano le pareti luminose della chiesa dal gusto bizantino e della villa in stile impero. L'impressione della vita che pulsa con forza è rafforzata dalle chiatte e dai vaporetti che si muovono lungo la Neva, tra romantici velieri intrap-polati dal ghiaccio ai piloni d'ormeggio. L'artista comunica in modo magistrale il candore e la luminosità della prima neve, l'at-mosfera umida della città di mare, la luce delle grigie giornate di inizio inverno e la vivace vibrazione dell'acqua, che assorbe una moltitudine di immagini e riflessi.

2. Fyodor Buchholtz
(Vlozlavsk, Governatorato di Varsavia (attuale Polonia) 1857 - Leningrado 1942)
Pietroburgo, inverno, 1887
olio su tela applicata su cartone cm 19,6 x 22,4
In basso a sinistra il monogramma: *TV*
Datato in basso a destra: *1887*

Provenienza: Leningrado, 1988 da A. I. Cherno, Ж-11730; San Pietroburgo, The State Russian Museum.

Pittore, disegnatore, insegnante, studia all'Accademia Imperiale delle Belle Arti con P. P. Cistjakov e V. I. Jakob. Membro fondatore, nel 1909, della Società dedicata ad A. I. Kuindzhi, insegna alla Scuola di disegno della Società promotrice delle Belle Arti come professore dal 1893 al 1919.
Assimilati i principi della pittura *en plein air* già negli anni di studio all'Accademia, Buchholtz di tanto in tanto realizza delle opere impressioniste secondo generi diversi. E-merso dall'immediatezza della visione, questo paesaggio invernale e soleggiato è descritto in maniera viva e passionale, e ritrae uno scorcio della zona centrale della città incorniciato entro una finestra dell'Accademia. Oltre la massa di alberi del giardino Solovievsky, in primo piano, si vedono gli edifici rossi dell'esclusiva Scuola Militare sull'isola Vasilevsky e lo specchio della Neva ghiacciata; ancora oltre, accerchiata da una moltitudine di costruzioni, la mole dell'Ammiragliato con la sua guglia dorata che brilla al sole. Le pennellate rosa-argento e lilla-argento, a volte larghe a volte minute, riproducono il gioco di chiaroscuri sulla neve tra gli alberi spogli. Le loro folte chiome, ri-svegliatesi dopo il gelo invernale, sono rese dal pittore mediante scovoli nei toni viola-argento. Per rendere la neve scintillante sui tetti ai raggi del sole, il pittore ricorre a una biacca pulita, arricchisce la pittura della Neva coperta di neve e ingombra di ghiacci con pennellate nei toni grigio-blu.

3. Yuly Klever
(Derpt, oggi Tartu, Estonia 1850 - Leningrado 1924)
Inverno, 1870-1880
olio su tela, cm 37 x 70
A destra in basso vi è una scritta illeggibile, seguita dalla firma: *J Klever*

Provenienza: Leningrado, tribunale comunale, Ж-10571(1982); San Pietroburgo, The State Russian Museum.

Considerato uno dei più celebri paesaggisti di Pietroburgo, Klever inizia la sua formazione negli anni 1867-1870, all'Accademia imperiale delle Belle Arti di Pietroburgo, con S. M. Vorobiev e M. K. Klodt, senza terminare però il corso di studi. Nominato accademico per la pittura (1878), e professore (1881), dal 1902 insegna alla Scuola di disegno della Società promotrice dei pittori di Pietroburgo.
A giudicare dalla pittura minuziosamente piena e dal semplice colore grigio-ocra, il quadro in esame appartiene al suo primo periodo di attività. Vi sono raffigurate le abitanti della zona meno popolosa della vecchia Estlandia, patria dell'autore, mentre sono impegnate a lavare e chiacchierare. Nel modo in cui le figure umane e gli edifici in lontananza stabiliscono una correlazione con le forme "primordiali" del paesaggio, nell'interesse verso gli effetti di illuminazione, nella struggente sensazione di desolazione e di solitudine dell'anima, è già riconoscibile il futuro Klever, autore di luminose composizioni romantiche. In questa tela appare come maestro ormai formato che, grazie al raggiungimento dell'espressività dell'immagine, unisce abilmente l'amore per i particolari con uno stile sintetico, dando vita a una pittura "scorrevole". La costruzione com-

patta e "fisica", ottenuta mediante pennellate di biacca e toni nel grigio chiaro dalla consistenza ora ruvida, ora liscia, trasmette la sensazione e lo scintillio dei raggi del sole sulla neve e il leggero sfarfallio della luce nell'ombra.

4. Yuly Klever
(Derpt, oggi Tartu, Estonia 1850 - Leningrado 1924)
Il cimitero dimenticato, 1890
olio su tela, cm 178,5 x 153,7
Firmato e datato in basso a sinistra: *Julij Klever' 1890*

Provenienza: Voronez, museo dell'Università di Voronez (?) Ж-2849 (1917); San Pietroburgo, The State Russian Museum.

Questo quadro è un esempio tipico della pittura di Klever negli anni intorno al 1890. È uno dei primi, tra i suoi contemporanei, ad adottare in una serie di opere il tema del "tempo andato" che ben presto, tra il XIX e il XX secolo, sarà tema fra i più amati e più celebrati dalla grande letteratura europea e dalla pittura simbolista russa. Il vecchio cimitero è rappresentato con le sue croci storte e le lastre tombali, la recinzione in rovina e i resti del cancello rococò divelto dalla porta; il tutto in contrasto con l'illuminazione dei chiari raggi del tramonto e con le pesanti tenebre della tempesta che avanza all'orizzonte, e che ha già inghiottito la chiesa e il villaggio in lontananza. L'effetto di vitalità e movimento è qui ottenuta, in larga misura, grazie all'abile utilizzo della tecnica impressionista. Sottile colorista, Klever, come Arkhip Kuindzhi, dipinge ora in maniera generica – mettendo a confronto ampi piani di colore con la precisione delle *nuance* sulla macchia –, ora con pennellate isolate per fissare lo scintillio, i giochi di sfumature dei raggi al tramonto attraverso i cristalli di

neve sui rami. La bellezza della vista che si apre allo sguardo rafforza l'effetto drammatico dell'immagine, permeata da un sentimento di solitudine.

5. Arkhip Kuindzhi
(Mariupol', Governatorato di Ekaterinoslav 1842(?) - Pietroburgo 1910)
Effetto di tramonto, 1885-1890
olio su carta applicata su tela
cm 39 x 53

Provenienza: Leningrado, 1930, dalla Società A. I. Kuindzhi, Ж-6298; San Pietroburgo, The State Russian Museum.

Dopo un periodo di studio presso l'Accademia imperiale delle Belle Arti, diviene, nel 1892, professore e membro effettivo della stessa Accademia. Promotore della Società dei pittori (in seguito denominata Società A. I. Kuindzhi, 1909-1931), Klever è stato un artista importante per lo sviluppo delle tendenze impressioniste di tutta l'arte russa, e ha sempre mantenuto una forte influenza sui suoi studenti all'Istituto superiore d'Arte presso l'Accademia imperiale delle Belle Arti.
Il motivo dell'interno del bosco d'inverno, illuminato dai raggi del sole accesi al tramonto, nello studio *Effetto del tramonto* richiede al pittore una soluzione particolare. Qui gli alti alberi in primo piano, abbracciati dalla densa oscurità della sera, formano delle specie di "quinta" teatrale piatta, attraverso la quale si apre lo spettacolo chiaro, penetrante e solenne dell'"imminenza" della natura sotto forma della luce del giorno. Le peculiarità dell'illuminazione impongono al maestro la laconicità della forma. Il balenio della luce sulle estremità degli alberi innevati, sulla neve e sui cumuli, sulla nuvola in lontananza è stato reso, dal pittore, mediante piatte macchie rosso corallo dai contorni bizzarri, che contrastano sia con i piani della neve in ombra, nei colori rosa madreperlaceo e lilla, sia con gli alberi che sprofondano nella notte in un'aurea rosso-marro-

ne. Il vivo sentimento per la natura e un occhio preciso hanno aiutato Kuindzhi a evitare quell'effetto "poster" che, talvolta, attende al varco i pittori alla ricerca della concisione del linguaggio pittorico.

6. Arkhip Kuindzhi
(Mariupol', Governatorato di Ekaterinoslav 1842(?) - Pietroburgo 1910)
Luce lunare nel bosco, inverno
1898-1908
olio su carta applicata su tela
cm 40,3 x 53,5

Provenienza: Pietrogrado (San Pietroburgo), Società A. I. Kuindzhi, Ж-1514 (1914); San Pietroburgo, The State Russian Museum.

Come l'opera precedente, il quadro qui in esame (nonostante le dimensioni ridotte) si differenzia notevolmente per la sintesi della forma e la grandiosità. Tipici del maestro sono il senso impeccabile della misura, l'amore per la natura, per i suoi colori vivi e in continuo mutamento: tutto ciò gli consentì sempre di evitare il decorativismo convenzionale. Lo studio *Luce lunare nel bosco, inverno* col suo preciso stile cromatico e la bellezza della forma è tipico, in uguale misura, sia delle opere impressioniste, sia dello stile moderno. Nelle forme naturali, spirituali ed elastiche del paesaggio e nella ricca gamma dei toni argentei si cela una forte energia vitale intrinseca.

7. Isaak Levitan
(borgo di Kibarta, Governatorato di Suvalkskij (attuale Lituania) 1860 - Mosca 1900)
Primavera, ultima neve, 1895
olio su tela, cm 25,5 x 33,3

Provenienza: Mosca (1901), raccolta di A. I. Levitan, fratello del pittore, Ж-4261; San Pietroburgo, The State Russian Museum.

Pittore, disegnatore, insegnante, negli anni 1873-1885 studia all'Istituto professionale di Mosca per la pittura, la scultura e l'architettura con A. I. Savrasov e V. I. Polenov. Nominato accademico per la pittura (1898), insegna presso questo stesso Istituto dal 1898 al 1900. Studente prediletto di Savrasov, Isaac Levitan è stato il principale maestro del "paesaggio degli stati d'animo". Come il suo insegnante, egli prova interesse verso la trasposizione delle complesse condizioni della natura con il trascorrere del tempo, dei giorni e degli anni. Delicatissimo lirico del paesaggio questo pittore realizza, durante la propria attività artistica, una serie di capolavori indiscussi della pittura impressionista russa nei decenni 1880 e 1890, quali *Ponticello. Savvinskaja Sloboda*, *La prima vegetazione*, *Boschetto di betulle*, *Marzo*, *Burrone*. Nella sua breve vita Levitan dipinse numerosi paesaggi invernali e primaverili, sviluppando i motivi del disgelo e dell'inizio della primavera. A queste appartiene la tela *Primavera, ultima neve* con la sua diafana luce primaverile, i blocchi di neve che si stanno sciogliendo e l'acqua gelida nelle pozze, con la terra che comincia a riscaldarsi e il boschetto di betulle, in lontananza, che si risveglia. La tela è costruita sul sonoro contrasto tra i toni del bianco, del blu e del marrone dorato applicati come in uno schizzo, con uno stile fortemente sintetico, e la ricchezza e la precisione delle *nuance* nella macchia di colore. Lo studio si distingue per la bellezza del colore, per l'individualità e l'eleganza dello stile pittorico.

8. Isaak Levitan
(borgo di Kibarta, Governatorato di Suvalkskij (attuale Lituania) 1860 - Mosca 1900)
Inizio di primavera, 1898-1899
olio su tela, cm 41,5 x 66,3
In basso a sinistra: *I Levi*
In basso a destra: *I Levitan'*

Provenienza: Mosca (1899), dall'autore, Ж-4260; San Pietroburgo, The State Russian Museum.

Quest'opera – tra le ultime di Levitan – conferma la sua fama di finissimo lirico della natura russa e maestro del "paesaggio degli stati d'animo". Essa appartiene, in egual misura, allo stile moderno e all'impressionismo con la sua attenzione concentrata sui processi dinamici della vita della natura. È qui ritratta una veduta dei dintorni di Mosca – un fiume dalle acque profonde che scorre lento, con boschetti grigio-marrone lungo le rive ancora innevate, sotto un cielo grigio e nuvoloso. Questa tela che ritrae il ritmo lento della vita, intrisa di malinconia inconsapevole e di un senso di mancanza di rifugio, si presenta come un paesaggio concreto e, nel contempo, come il "ritratto" dell'anima dell'artista. Il pittore trova nella natura le condizioni adatte alla propria disposizione d'animo e alle emozioni che un po' tutti provavano alla "fine del secolo". Questo effetto è ottenuto, in larga misura, mediante la precisione musicale delle decisioni coloristiche – l'armonia raffinata dei toni grigio-azzurro, grigio-marrone e bianco. Il quadro qui descritto in maniera sintetica si distingue per la laconicità e l'elegante maestria di esecuzione. Le opere di questo genere di Levitan esercitarono una forte influenza sulla pittura russa nel periodo di transizione tra Ottocento e Novecento.

si, si dedica all'insegnamento presso l'Istituto professionale di Mosca per la Pittura, la Scultura e l'Architettura, dove ha come allievi Konstantin Korovin e Isaak Levitan.
Principale esponente del movimento lirico nella pittura paesaggista russa della seconda metà del XIX secolo, Savrasov esercita una forte influenza sullo sviluppo delle tendenze impressioniste nell'arte russa. Studente del romantico moscovita Karl Rabus, egli si entusiasma all'idea di fissare le delicate condizioni "di passaggio" nella vita della natura. In occasione dei suoi viaggi a Londra (1862) e Parigi (1862, 1867) il giovane pittore percepisce, davanti alle tele di John Constable e degli artisti di Barbizon, una corrispondenza con le proprie ricerche. Il quadro *Inverno*, intriso di un senso struggente della poesia delle strade deserte, delle natie distese infinite, è affine alle immagini della poesia russa e delle ballate cantate, nonché opera tipica di Savrasov. Qui le fitte pennellate nei toni grigio-lilla, grigio-giallo e rosa, unite alla biacca pulita, stimolano l'illusione di un gioco della luce distratta sul manto di neve, trasmettono i ritmi rallentati della vita nella natura d'inverno, scoprono la bellezza non vistosa del paesaggio di pianura con radi villaggi tra i campi e i boschetti. Piene di incanto si tendono verso il cielo le fragili giovani betulle e gli arbusti, come le persone che lì abitano, fungendo da esempio di resistenza e vitalità in un clima rigido.

sionale di Mosca per la Pittura, la Scultura e l'Architettura con I. I. Levitan, viene nominato accademico per la pittura nel 1907, e membro dell'Unione dei pittori russi (1907). Insegna nel proprio studio a Mosca, ma dal 1923 si trasferisce a Varsavia.
Compone le sue migliori opere, rappresentative dell'impressionismo russo classico, nella seconda metà del primo decennio del 1900. La tela qui in esame riflette la popolarità di cui godeva l'idea dell'impressionismo tra i pittori moscoviti negli anni intorno al 1890 e la precoce maturità artistica dell'autore, all'epoca ancora studente presso l'Istituto di pittura. Lo stile scrupoloso trasmette con cura un'immagine nota e instancabilmente interessante per lo sguardo: la trasformazione della natura nel periodo primaverile. L'angolazione inattesa, lo spazio frammentato, il gioco vivace dei balenii di luce e dei riflessi, le ombre grigio-lilla che ondeggiano sul terreno in disgelo e sulla neve: tutto contribuisce a rafforzare l'effetto d'immediatezza e di freschezza di questo quadro. Da questa sinteticità emerge finemente lo stile dell'opera. La neve è resa, qui, con pennellate di biacca e toni grigio-lilla e grigio-gialli; in questa pittura dai punti vivamente illuminati, l'unione della biacca con le *nuance* grigio-lilla crea un effetto di tremolio dei riflessi rosa e giallognoli. In mostra alla esposizione della Compagnia degli Ambulanti, questa tela del pittore alle prime armi fu acquistata dal Museo Russo, da poco istituito.

9. Alexey Savrasov
(Mosca 1830 - 1897)
Inverno, 1870
olio su tela, cm 53,5 x 71,5
Firmato in basso a destra:
A. Savrasov'
Provenienza: Ufficio Belle Arti presso il Soviet dei Commissari del popolo della Repubblica Socialista Sovietica Russa, Ж -4115 (1945); San Pietroburgo, The State Russian Museum.

Oltre che pittore e disegnatore, anche Savrasov, come molti artisti rus-

10. Stanislav Zhukovsky
(masseria di Endrikhoviza, Governatorato Grodnenskij 1875 - campo di concentramento "Prushkov", vicino Varsavia 1944)
Acqua di primavera, 1898
olio su tela, cm 79,3 x 121
Firmato e datato in basso a sinistra:
S. Zhukovskij 98

Provenienza: Mosca (1899), dall'artista, Ж-4318; San Pietroburgo, The State Russian Museum.

Dopo aver studiato negli anni 1892-1901 presso l'Istituto profes-

Est Europa

*a cura di Anna Szinyei Merse
con la collaborazione di
Anna Rudzińska, Piotr Kopszak*

Austria

11. Josef Engelhart
(Vienna 1864 - 1941)
Vista dalla mia finestra, 1892
tempera su cartone, cm 65 x 50
Firmato e datato in basso a destra:
Engelhart / 17. Fevri (sic!) 92 / Paris

Provenienza: Vienna, Österreichische Galerie Belvedere (acquisto statale dal pittore nel 1909).
Bibliografia: B.-E. Werl, *Josef Engelhart* (tesi di laurea), Università di Innsbruck, 1987, n. 96; G. Tobias Natter, in *Grenzenlos idyllisch. Garten und Park in Bildern von 1880 bis heute*, catalogo della mostra, Halbturn, 1992, s. n.
Esposizioni: Vienna, Künstlerhaus, 1893, *Mostra di acquerelli*, n. 9; Vienna, Secession, 1909, *XXXIV mostra*; Halbturn, Castello, 1992, *Grenzenlos idyllisch. Garten und Park in Bildern von 1880 bis heute*, n. 9.

Allievo di J. C. Herterich e di L. Löfftz all'Accademia di Belle Arti di Monaco di Baviera, tra il 1883 e il 1886, Engelhart è uno dei più tipici personaggi della vita artistica viennese, con la sua pittura naturalistica, dai toni chiari, che rappresenta scene popolari viennesi. Nel 1890 si stabilisce a Parigi, sul Montmartre, entra in contatto con H. de Toulouse-Lautrec, tra gli austriaci con E. Charlemont, Robert Russ e soprattutto con Eugen Jettel. Dopo un viaggio di studio in Spagna e in Italia, dal 1892 torna a Vienna. La sua maniera pittorica diviene sempre piú libera. Trovandosi in contrasto con la direzione del Künstlerhaus, nel 1897 rassegna le dimissioni per fondare, insieme a diciotto compagni, la nuova associazione artistica, Secession, di cui sarà presidente dal 1899 al 1900, e poi dal

1910 al 1911. Rimarrà sempre fedele alla Secession anche dopo la crisi del 1905, e l'allontanamento di Klimt. I suoi scritti, pubblicati due anni dopo la sua morte, costituiscono una fonte preziosa per tutti coloro che s'interessano della Vienna artistica (*Ein Maler erzält. Mein Leben und meine Modelle*).
Il soggiorno parigino offre a Engelhart lo slancio per un maggiore sviluppo, anche se egli lavora già dal principio *en plein air*.
Il lavoro in esame è uno scorcio di natura racchiusa tra il complicato labirinto di elementi architettonici e tra i rami spogli degli alberi. Tutto è addolcito dai grandi cuscini di neve sparsi qua e là, e dagli accenti gialli e soprattutto color mattone. È un paesaggio cittadino pieno di luce, ma anche molto umano, pur senza la concreta presenza dell'uomo – non lontano dalla concezione di certi impressionisti.
A. Sz. M.

12. Anton Romako
(Atzgersdorf, presso Vienna 1832 - Vienna 1889)
La valle di Gastein con la nebbia
1877 circa
olio su tela, cm 42 x 55
Firmato in basso a sinistra:
A. Romako

Provenienza: New York, Galerie St. Etienne; Vienna, Österreichische Galerie Belvedere.
Bibliografia: F. Novotny, *Anton Romakos Gasteiner Landschaften*, in *Alte und Neue Kunst I.*, 1952, p. 363; Id., *Der Maler Anton Romako*, Vienna-Monaco, 1954, pp. 37-38, 91, n. 229; G. Frodl, S. Grabner, in *Der aussenseiter Anton Romako. Ein Maler der Wiener Ringsstrassezeit*, catalogo della mostra, Vienna, 1992, p. 256; S. Grabner, in *Colore e luce. Tendenze impressionistiche nella pittura del paesaggio austriaco da Schindler a Klimt*, catalogo della mostra, Tokio, 1996, p. 202, tav. 30.
Esposizioni: Vienna, Neue Galerie, 1936, n. 7; New York, Galerie St. Etienne, 1950, *Austrian Art of the*

19th century from Waldmueller to Klimt, n. 24; Vienna, Österreichische Galerie, 1954, *Österreichische Landschaftsmalerei des 19. Jahrundert*, n. 168; Vienna, Österreichische Galerie, 1992, *Der aussenseiter Anton Romako. Ein Maler der Wiener Ringsstrassezeit*, n. 93; Vienna, Kunsthistorisches Museum, 2003, *Zeit des Aufbruchs, Budapest und Wien zwischen Historismus und Avantgarde*, n. 4.1.13; Vienna, Österreichische Galerie, 2004, *Stimmungsimpressisonismus*, n. 114.

Orfano di genitori, Romako viene ammesso presto, all'età di quindici anni, all'Accademia di Belle Arti di Vienna, nella classe di F. G. Waldmüller. Compie alcuni viaggi di studio in Italia (1854-1855), in Spagna (1856), poi si perfeziona nell'acquerello con Karl Werner a Venezia. Dal 1857 vive a Roma, dove sono apprezzati i suoi ritratti, paesaggi e le scene di genere. Il suo salotto letterario-artistico è frequentato da personalità eminenti (tra gli altri da A. Feuerbach e Franz Liszt). Dopo un periodo piuttosto difficile, segnato soprattutto dalla cattiva accoglienza che trova al suo rientro a Vienna, nel 1876, sceglie di lavorare in solitudine, cambiando spesso luogo o città: nel 1877 è vicino a Salisburgo e Monaco, nel 1878 e 1884 a Parigi, nel 1879 a Venezia e in Ungheria, nel 1880 e 1884-1885 a Roma, tra 1882 e 1884 a Ginevra e a Parigi. Dopo la morte di Makart, suo grande rivale, ritorna a Vienna, ma la sua arte che già in qualche modo anticipava tratti dell'espressionismo, verrà compresa solo nel Novecento.
Durante i suoi numerosi soggiorni all'estero, Romako ha modo di sperimentare gli influssi più diversi, tra i quali quelli della scuola realistica di Monaco, del colorismo accentuato dei macchiaioli italiani, delle tendenze impressionistiche francesi e straniere. E certi parallelismi con l'impressionismo sono ravvisabili anche in questa composizione con la neve e con la nebbia. Questo dipinto è stato realizzato durante il soggiorno a Badgastein, nella provincia di Salisburgo, l'autunno del 1877, quando s'innamora della bellissima e pittoresca valle del Gastein, e decide di rappresentarla nelle più svariate condizioni atmosferiche, in diverse ore del giorno e in diverse stagioni. La predilezione per i quadri in serie, rintracciabile anche in altri autori austriaci, è molto

diversa, tuttavia, dal concetto di serie di Claude Monet, artista molto più rigoroso, soprattutto dal punto di vista tecnico.

Questi quadri di Romako, seppure non costituiscano una serie compatta, appartengono però ai suoi paesaggi migliori, soprattutto per la resa sintetica, la pennellata pastosa e la tavolozza finissima.

A. Sz. M.

13. Emil Jacob Schindler
(Vienna 1842 - Sylt 1892)
Atmosfera di marzo (Primavera precoce nella Foresta di Vienna)
1879-1884
olio su tela, cm 130,5 x 100,5
senza firma, timbro di lascito

Provenienza: Vienna, Carl Moll; Vienna, Österreichische Galerie Belvedere (lascito di C. Moll, dal 1945).
Bibliografia: H. O. Miethke, *Katalog LXXXVI. Kunstauktion, J. E. Schindlers Künstlerische Nachlass*, Vienna 1892, p. 17, n. 15; C. Moll, *E. J. Schindler Bildnisstudie*, Vienna 1930, tav. 22; K. Demus, *E. J. Schindlers Zyklus "Die Monate" und der Stimmungsimpressionismus*, in *Mitteilungen der Österreichischen Galerie*, Vienna 1959, pp. 35-38; H. Fuchs, *E. J. Schindler, Zeugnisse eines ungewöhnlichen Künstlerlebens*, Vienna 1970, p. 226, n. 467; M. Haja, *E. J. Schindlers Zyklus "Die Monate"*, in *Belvedere, Zeitschrift für bildende Kunst*, Vienna, Österreichische Galerie Belvedere, febbraio 2002, pp. 9, 12; E. Kamenicek, *E. J. Schindler zwischen Tradition und Moderne*, in *Stimmungsimpressionismus*, catalogo della mostra, Vienna, 2004, pp. 274-275; H. Giese, *Der gemeinsame Nenner?*, ibid., pp. 30-32.
Esposizioni: Vienna, Künstlerhaus, 1885, *XV. Wiener Jahresausstellung*; Vienna, Galleria del XIX. secolo, 1942, *Mostra commemorativa E. J.*

Schindler, n. 12; Vienna, Österreichische Galerie, 2004, *Stimmungsimpressionismus*, n. 141.

Il protagonista del cosiddetto *Stimmungsimpressionismus* austriaco è inizialmente allievo del paesista Albert Zimmermann all'Accademia di Vienna tra 1860 e 1869. Mentre i suoi compagni di studi, E. Jettel, R. Ribarz si stabiliscono in Francia, Schlinder – tranne qualche viaggio – rimane sempre in Austria. Raggiunge molto presto il successo con la sua poetica pittura di paesaggio intimo influenzato dai maestri di Barbizon, conosciuti alle mostre di Vienna e di Monaco di Baviera nel 1868, 1869 e 1873. Dal 1869 diviene membro del Genossenschaft bildender Künstler (Comunità degli artisti figurativi) di Vienna e partecipa a numerose mostre in Austria, Germania, alle Esposizioni universali di Parigi del 1878 e 1889. I suoi successi viennesi iniziano nel 1868 con l'acquisto statale di un suo paesaggio istoriato romantico per la Pinacoteca dell'Accademia di Belle Arti di Vienna. Tuttavia, già due anni dopo, quando lavora già in piena autonomia nei pressi di Vienna, la sua pittura non possiede più nulla del romanticismo precedente: l'*Imbarcadero di piroscafi sul Danubio presso i mulini imperiali* (1870 circa, Vienna, Österreichische Galerie) è un'istantanea sommaria presa dal vero, con dei freschi colori accesi dal sole.

L'altro aspetto della sua pittura, la vena elegiaca, è deducibile in parte dal tono grigio-argenteo che domina i suoi quadri. Questo aspetto è rafforzato dalla conoscenza della pittura di paesaggio olandese del Seicento e dei suoi contemporanei della Scuola dell'Aia. Il lato formale è comunque meno importante per Schindler, che desidera evocare nei suoi quadri l'aspetto divino della natura. Normalmente completava quasi tutti i suoi quadri in studio; mentre *en plein air* nascono soprattutto gli schizzi e gli studi preparatori. Pochi sono i suoi motivi preferiti – paesaggi fluviali o lacustri, mulini, viali di pioppi, orti – che ritornano regolarmente nelle sue opere. Si concentra sul motivo *en plein air* per ore, anche senza dipingerlo, appunto per poter penetrare nella sostanza del soggetto già conosciuto altre volte e per poter andare al di là del fenomeno ottico osservato. Per questo crea anche delle serie, dove ritrae lo stesso frammento del

paesaggio nelle più diverse condizioni e nelle diverse parti del giorno e delle stagioni, suggestionato anche dal proprio stato d'animo.

Il dipinto qui presentato appartiene a un ciclo progettato, ma solo in parte realizzato, dei mesi. Contrariamente alle serie di Monet, per Schlinder non erano importanti le variazioni dell'illuminazione, quanto piuttosto i cambiamenti dell'atmosfera. Desidera catturare e fermare sulla tela lo speciale e tipico contenuto atmosferico e affettivo del mese scelto. Se si paragona il quadro presente, che raffigura il mese di marzo, con quello che raffigura febbraio, si può notare subito che si tratta di due diversi dettagli della Foresta di Vienna, con al centro l'acqua del ruscello (tanto amato dal maestro, come simbolo del mutamento eterno dei fenomeni e del flusso incessante del tempo). La tavolozza corrisponde perfettamente alle sensazioni coloristiche tipiche per il mese scelto. Nel quadro di febbraio c'è più neve, sono accentuati i contrasti chiaroscurali con l'abbondante utilizzo dei bruni, e vi sono pochi segni del risveglio nella natura. Nel dipinto di marzo, invece, l'aria umida sembra quasi tremare per lo scioglimento della neve. Si vede una sola macchia di neve, ma in compenso tutto è in movimento: i tocchi minuscoli e nervosi fanno percepire magistralmente l'energia irresistibile della vita rinascente dalla compressione invernale del gelo. Le magiche sfumature finissime sono fissate con una pennellata quasi divisionista che lascia penetrare la luce nell'atmosfera vaporosa: caratteristiche simili sono riconoscibili anche nei quadri contemporanei di Claude Monet.

Negli appunti di diario del febbraio e marzo del 1879 Schindler accenna alle sue escursioni nei dintorni di Vienna e parla di un «Rodauner Februar-Bild» (quadro di febbraio di Rodau), poi di un «Dornbacher Märzbild» (quadro di marzo di Dornbach). In base a questi appunti, la nuova ricerca anticipa all'anno 1879 la datazione generalmente accettata per gli anni attorno al 1884.[1]

A. Sz. M.

[1] E. Kamenicek, *E. J. Schlinder zwischen Tradition und Moderne* cit., pp. 274-275.

14. Theodor von Hörmann
(Imst 1840 - Graz 1895)
Torrente vicino Lilienfeld in inverno, 1878
olio su tela applicata su cartone
cm 37 x 53,7
Firmato e datato in basso a sinistra:
Theod. v. Hörmann Sylvester 78 Lilienfeld

Provenienza: St. Pölten, Niederösterreichisches Landesmuseum (acquisto del 1961, da una collezione di Vienna).
Bibliografia: T. Braunegger, *Theodor von Hörmann (1840-1895) österreichischer Landschaftsmaler* (tesi di laurea), Università di Innsbruck, 1970; T. Braunegger, M. Hörmann-Weingartner, *Th. v. Hörmann*, Vienna 1979, fig. 5; P. Weninger, P. Müller, *Die Schule von Plankenberg. E. J. Schindler und der österreichische Stimmungsimpressionismus*, catalogo della mostra, Graz, 1991, fig. 54; K. Kos, *Il pittorico e il turistico. Sui motivi classificati degni d'essere rappresentati e sulle mode nella pittura di paesaggi del XIX secolo*, in *Faszination Landschaft. Österreichische Landschaftsmaler des 19. Jahrhunderts auf Reisen*, catalogo della mostra, Salisburgo, Residenzgalerie, 1995, p. 246; H. Giese, *Der gemeinsame Nenner?*, in *Stimmungsimpressionismus*, catalogo della mostra, Vienna, Österreichische Galerie, 2004, ill. p. 40.
Esposizioni: Vienna, Galerie Schebesta, 1965, *Th. v. Hörmann*, n. 8; St. Pölten, Kulturamt, 1966, *Th. v. Hörmann, Wegbereiter moderner Malerei in Österreich*, n. 4; Berlino, 1969, *Barock und Biedermeier*, n. 191; Mürzzuschlag, Kunsthaus, 1994, *Natürlichere Natur - Österreichische Malerei des Stimmungsrealismus*, p. 191; Grafenegg, Castello, 1995, *Die Schule von Plankenberg*; Grafenegg, Castello, 1998, *Landpartien*.

Il pittore tirolese, che tra gli austriaci s'avvicina di più all'impressionismo, inizia la carriera come ufficiale, e insegna disegno a mano libera presso diverse scuole militari. È già trentatreenne, quando comincia a frequentare l'Accademia di Belle Arti di Vienna, tra il 1873 e il 1875. Abbandona definitivamente l'esercito nel 1884, e dal 1886 al 1889 si reca in Francia. Studia a Parigi e, durante l'estate, lavora all'aperto nei pressi di Fontainebleau e nella Bretagna. Espone al *Salon* del 1888 e riceve una *mention honorable* all'Esposizione Universale del 1889.

Nel 1890 si stabilisce a Znaim (ora Znojmo, Boemia). Sebbene dal 1884 fosse membro del Genossenschaft der bildenden Künstler (Comunità degli artisti figurativi) di Vienna, era in contrasto con la direzione conservativa. Lottò invano per la costituzione di una galleria moderna statale, e contribuì alla fondazione di un'associazione artistica indipendente, che nacque poi con il nome Secession (Secessione) nel 1897, due anni dopo la morte di Hörmann.

La prima fase artistica di Hörmann, tra 1869 e 1881, è legata al realismo: essendo insegnante di disegno nelle scuole militari, doveva rappresentare con precisione quello che vedeva attorno a sé. L'incontro con le opere dei pittori di Barbizon all'Esposizione universale di Vienna nel 1873 fu certamente più importante dell'insegnamento di Eduard von Lichtenfels all'Accademia.

La critica ha spesso messo in rilievo l'importanza del suo incontro decisivo con Schindler nel 1875, ma in realtà i due pittori s'incontrarono in quel tempo assai raramente, soprattutto d'inverno.

In quest'opera, il realismo quasi fotografico, che riempie il paesaggio invernale nei pressi di Lilienfeld, dimostra non solo la maestria di Hörmann nella ricerca dei sempre giusti valori coloristici e nella perfetta costruzione spaziale, ma ci offre anche la testimonianza dell'infinita pazienza del pittore nel rimanere lunghe ore davanti al motivo scelto, persino nelle circostanze più difficili.

A. Sz. M.

15. Theodor von Hörmann
(Imst 1840 - Graz 1895)
Il mio paese natio. Motivo nei pressi di Lundenburg, 1892
olio su tela, cm 113 x 155
Firmato e datato in basso a sinistra: *Theod. v. Hörmann 1892*

Provenienza: Innsbruck, Tiroler Landesmuseum Ferdinandeum (acquisto dal lascito del pittore, 1896).
Bibliografia: T. Braunegger, *Theodor von Hörmann (1840-1895) österreichischer Landschaftsmaler* (tesi di laurea), Università di Innsbruck, 1970, p. 160, n. 123; T. Braunegger, M.Hörmann-Weingartner, *Th. v. Hörmann*, Vienna 1979, pp. 55, 205, n. 35; T. Braunegger, in *Th. v. Hörmann*, catalogo della mostra, Innsbruck, Tiroler Landesmuseum Ferdinandeum, 1995, p. 20; M. Kausch, in *Th. v. Hörmann* cit., pp. 39, 40.
Esposizioni: Vienna, Künstlerhaus, 1894, *III. mostra internazionale*, n. 27; Vienna, Künstlerhaus, 1895, *Mostra del lascito Hörmann*, p. 11, n. 66; Innsbruck, Adlersaal, 1896, *Th. v. Hörmann*; Innsbruck, Tiroler Landesmuseum Ferdinandeum, *Gemäldesammlung*, 1928, catalogo della mostra permanente, p. 107, n. 921.

L'espressione diretta del sentimento è rarissima nella pittura di Hörmann, che in generale è più obiettivo dei suoi colleghi connazionali, appartententi allo *Stimmungsimpressionism*. In questo quadro regna però una tale tristezza, da conquistare definitivamente la critica sempre ostile circa il talento poetico ed espressivo del maestro. «In confronto ai precedenti dipinti orrendi ecco finalmente un'opera del più feroce impressionista, che piace agli occhi diffidenti del critico legato alla tradizione»; così si legge su un quotidiano. Se consideriamo i cambiamenti stilistici prima, durante e dopo il soggiorno parigino di Hörmann, davvero ci sorprende questo fine naturalismo sentimentale, che s'inserisce però benissimo nel quadro generale del naturalismo internazionale attorno al 1890. Prima, Hörmann era contrario al contenu-

to sociale di un Millet o di un Courbet. Le sue figure fissate nei quadri, non contenevano un'idea morale: erano solo degli elementi complementari del paesaggio. Qui, invece, tutto è impregnato dall'atmosfera della desolazione profonda che investe la povera protagonista della scena. Il pittore viveva in quel periodo nell'antica città della Moravia, a Znaim (ora Znojmo), situata sulla riva del fiume Thaya, che, dopo il 1919, era divenuto fiume di frontiera tra l'Austria e Cecoslovacchia. Lundenburg – che compare nel sottotitolo del quadro – si trova sulle rive dello stesso fiume. Ora si chiama Breclav (ma prima apparteneva alla Monarchia) ed è una stazione di frontiera tra i due paesi. Schindler, circa dieci anni prima di morire, intorno al 1882, lavorò con i suoi allievi in quella città: è forse possibile che Hörmann ripensasse all'amico nel dipingere questa tela? Dato che da parecchio tempo progettava un'ampia mostra retrospettiva, forse avrebbe voluto destinare anche questa composizione di dimensioni importanti all'esposizione, per poi, magari, venderla a un museo? Dopo tante opere impressioniste, derise dalla critica, forse era a questo punto desideroso di dar prova anche del suo talento soggettivo-espressivo? Forse non avremo mai una sola risposta, sul perché Hörmann dipinse così questa tela; una tela che, tuttavia, qualunque fossero le sue motivazioni, incanta persino oggi con le sue luci quasi irreali di uno strano, violaceo crepuscolo invernale.
A. Sz. M.

16. Theodor von Hörmann
(Imst 1840 - Graz 1895)
Pattinatori sul fiume Thaya presso Lundenburg, 1893
olio su tela, cm 70,5 x 103

Provenienza: Vienna, Josef Engelhart; Vienna, Neue Galerie (dal 1942); Vienna, Österreichische Galerie Belvedere.
Bibliografia: B. Grimschitz, *Österreichische Maler vom Biedermeier zur Moderne*, Vienna 1963, p. 37;

H. Fillitz, *Kunst aus Österreich. Die Landschaft*, Bad Vöslau, 1964; T. Braunegger, *Th. v. Hörmann (1840-l895) österreichischer Landschaftsmaler* (tesi di laurea), Università di Innsbruck, 1970, p. 166, n. 136; T. Braunegger, M.Hörmann-Weingartner, *Th. v. Hörmann*, Vienna 1979, pp. 73, 205, n. 34.
Esposizioni: Vienna, Künstlerhaus, 1895, *Mostra del lascito Hörmann*, n. 58; Vienna, Österreichische Galerie, 1942, *Nuovi acquisti*; Düsseldorf, 1959, *Österreichische Malerei 1800-1930*, n. 62; Mechelen 1960, *Ein Jahrhundert österreichische Malerei*, n. 37; Vienna, Galerie Schebesta, 1965, *Th. v. Hörmann*, n. 42; St. Pölten, Kulturamt, 1966, *Th. v. Hörmann, Wegbereiter moderner Malerei in Österreich*, n. 34; Innsbruck, Tiroler Landesmuseum Ferdinandeum, 1995, *Th. v. Hörmann*, n. 28; Vienna, Österreichische Galerie, 2004, *Stimmungsimpressionismus*, n. 66.

Come prima August von Pettenkofen, poi Tina Blau – accennando ora agli austriaci – anche Hörmann si libera dalle costrizioni del paesaggio intimo quando va in Ungheria, dove l'atmosfera speciale della grande pianura era adatta a una rappresentazione più ampia e più compatta della natura. La pratica di rispecchiare gli effetti di luce variabili, l'esperienza cromatica di una tavolozza chiara e vivace, l'aiutano in seguito anche a Parigi nella conquista di una pittura personale, non lontana dall'impressionismo. Con la tecnica primaria, con i tocchi energici, egli riesce a cogliere la vita pulsante della metropoli. Dopo il suo ritorno in patria, riutilizza spesso la maniera impressionista, come in questo quadro. Lo slancio della pennellata segue la direzione dei movimenti per niente veloci: il pattinaggio è un passatempo dal ritmo tranquillo, di persone che vengono tratteggiate sulla tela con macchie grosse, omogeneamente con il paesaggio. I colori un po' trattenuti, quasi monotonali, con le sfumature brunastre e grigie, riproducono delicatamente l'atmosfera invernale sotto il cielo coperto (e in questo ricorda i procedimenti spesso usati dagli artisti appartenenti alla Scuola dell'Aia). Un altro paesaggio invernale, ma più variopinto, *Znaim sotto la neve* (1892, Vienna, Österreichische Galerie) dal gusto un po' *naiv*, ricorda vagamente Pieter Bruegel il Vecchio e testimonia la

varietà di stili in cui si espresse Hörmann. Come all'inizio della sua carriera, anche nel periodo conclusivo, il maestro dipinse per lunghissime ore all'aperto, malgrado il freddo invernale. Fu così che si ammalò e morì precocemente.
A. Sz. M.

17. Olga Wisinger-Florian
(Vienna 1844 - Grafenegg 1926)
Inverno, 1890 circa
olio su tela, cm 105 x 82,5
Firmato in basso a destra: *O. Wisinger Florian*

Provenienza: St. Pölten, Niederösterreichisches Landesmuseum (acquisto da una collezione di Vienna, 1989).
Bibliografia: P. Weninger, P. Müller, *Die Schule von Plankenberg, Emil Jacob Schindler und der österreichische Stimmungsimpressionismus*, catalogo della mostra, Graz, 1991, pp. 45-48, 125, fig. 82; M. Schwab, *Olga Wisinger-Florian* (tesi di laurea), Vienna 1991; B. Holaus, *O. Wisinger-Florian. Arrangement mit dem "Männlichen" in der Kunst*, in catalogo della mostra, Vienna, 1999, pp. 84-94; H. Giese, in W. Krug, H. Hollein (a cura di), *Waldmüller, Schiele, Rainer. Meisterwerke des Niederösterreichischen Landesmuseum St. Pölten*, Vienna-Monaco 2000, p. 144; B. Holaus, *O. Wisinger-Florian - Weibliches Talent mit "…riesiger maennlicher Energie"*, in *Stimmungsimpressionismus*, catalogo della mostra, Vienna, Österreichische Galerie, 2004, pp. 230-232, 293-298.
Esposizioni: Vienna, Niederösterreichisches Landesmuseum, 1991, *Die Schule von Plankenberg*; Grafenegg, Castello, 1995, *Die Schule von Plankenberg*; Vienna, Kunstforum Bank Austria, 1999, *Jahrhundert der Frauen. Vom Impressionismus zur Gegenwart. Österreich*

1870 bis heute, n. 171, fig. p. 99; Krems, Kunsthalle, 2000, *Waldmüller, Schiele, Rainer*.

Abbandonata precocemente una brillante carriera come pianista, per dei problemi a un polso, Olga Wisinger-Florian, inizia a prendere lezioni di pittura nel 1875 da M. Fritsch e da A. Schaeffer von Wienwald. Nel 1880 diviene la prima allieva di Emil Jakob Schindler con l'aiuto del quale è introdotta nella cerchia degli artisti viennesi. Dal 1881 espone regolarmente nel Künstlerhaus, e riceve in Austria e in Europa svariati premi. Viaggia in Italia (1888), Parigi e in Francia, in Germania, nel 1894 e nel 1893 negli Stati Uniti. Dal 1883 comincia a dare lezioni di pittura anche alle principesse della famiglia imperiale. Contribuisce alla fondazione, nel 1885, dell'"Associazione austriaca di scrittrici e di pittrici", che dirige dal 1900 al 1916. Nel 1900 è una delle fondatrici del gruppo "Otto artisti femminili", con le quali organizza le prime mostre di donne artiste in Austria. Ammalatasi seriamente nel 1910 si ritira dalla vita sociale e artistica.
Il suo sviluppo artistico è velocissimo: parte da un romanticismo tardivo e arriva presto al *plein air* poetico. Si libera dall'influenza di Schindler assai presto, già verso la metà degli anni ottanta. Elabora man mano un linguaggio coloristico personale, sorprendentemente vigoroso, orientato verso un cromatismo espressivo, basato sui colori puri e sui valori pieni della sua tavolozza. Come per il suo maestro, anche per la Florian la lavorazione di quadri in serie è un compito pieno di interesse. Intorno al 1880, si dedica a rappresentare i paesaggi forestali. Dal 1882 in poi, seguono i quadri con i diversi mesi, realizzati come composizioni con mazzi di fiori multicolori, caratteristici di quel mese, circondati da diversi ambienti naturali. Alla fine del 1884, i dodici abbozzi per i mesi sono pronti e la critica li considera una sorta di «appendice floreale femminile» al «ciclo paesaggistico maschile» di Schindler. Nell'autunno 1889, la pittrice riprende l'idea dei mesi – appunto per dimostrare la sua autonomia dal maestro – con una composizione di bacche, e poi dipinge un quadro con rose di neve, completando la sua serie con quadri ormai finiti. Nei suoi appunti di diario del 1890 si legge riguardo al mese di dicembre: «Composizione

di neve con uccello morto, che dovrebbe essere il presente dipinto.» Quando Schindler muore nel 1892, la Wisinger-Florian termina tutto il ciclo, quasi una sorta di omaggio al maestro. I diari c'informano anche sul ritocco di alcune composizioni tra il 1895 e il 1902 per renderle più vive, più moderne. Dal dipinto di dicembre si conoscono due varianti: una fu esposta nel 1961 alla 551ª asta del Dorotheum di Vienna (n. 125); l'altra è il quadro qui in esame. Il primo è più concreto, più realistico, il secondo è più moderno, più aperto, con una pennellata molto pastosa. La discussione sulla datazione è ancora aperta: alcuni lo collocano nel 1890, altri suggeriscono una data intorno al 1900. Per quanto riguarda l'oggetto del quadro, la pittrice, non avendo trovato un fiore per caratterizzare l'inverno, sceglie una soluzione più simbolica. Sul paesaggio regna il sonno e il trapasso: come *memento mori* rappresenta una cornacchia morta sulla neve, dipinta di riflessi lividi-bluastri-rosei. L'atmosfera crepuscolare con i suoi speciali effetti di luce suggerisce, nel contempo, anche la possibilità di un risveglio.
A. Sz. M.

Polonia

18. Józef Chełmoński
(Boczki 1849 - Kuklówka 1914)
Notte d'inverno in Ucraina, 1877
olio su tela, cm 68 x 127
Firmato e datato: *Józef Chelmoński. Parigi 1877*

Provenienza: Varsavia, Muzeum Narodowe w Warszawie (inv. MP 957 MNW, acquistato nel 1928).
Bibliografia: K. Czarnocka, *Józef Chelmoński*, Varsavia 1957; S. Maslowski, *Józef Chelmoński*, Varsavia 1969; A. Ligocki, *Józef Chelmoński*, Varsavia 1984, p. 46 ill. 47; T. Matuszczak, *Józef Chelmoński*, Muzeum Narodowe Poznan, catalogo della mostra, vol. I, Poznan 1987, nr 14, ill. 11, p. 26.

Esposizioni: Radom, Muzeum Okregowe, giugno-ottobre 1985, *W kregu Józefa Brandta*; Poznan, Muzeum Narodowe Poznan, 21 novembre 1987-19 giugno 1988, *Józef Chelmoński*; Lowicz, Muzeum, 29 giugno-30 settembre 1995, *Krajobrazy polskie w malarstwie od pol. XIX do pocz. XX w.*; Varsavia, Muzeum Literatury, 18 aprile-18 luglio 2001, Józef Chelmoński.

Dopo aver intrapreso gli studi nel 1871 all'Accademia di Monaco sotto la direzione di Alexander Strähuber (Antikenklasse) e Herman Anschütz (classe di disegni dal naturale), risente dell'influsso di altri artisti polacchi che operavano a Monaco, in particolare Józef Brandt e Maksymilian Gierymski. Nel 1870 si reca per la prima volta in Ucraina, terra che diverrà successivamente uno dei soggetti più rappresentati nella sua pittura. Tra il 1875 e il 1887 vive a Parigi, dove nel 1876 le sue opere ottengono un grande successo al *Salon*, procurandogli diversi nuovi acquirenti in Francia, negli Stati Uniti, dove il mercante Goupil vendeva i suoi quadri. Durante il suo soggiorno parigino, Chelmoński continua a dipingere "a memoria" i paesaggi dell'Ucraina e scene di campagna, i vecchi temi preferiti. Dopo il ritorno in Polonia, Chelmoński si stabilisce in campagna a Kuklówka, dove si dedica alla pittura paesaggistica. È unanimemente considerato uno dei pittori realisti di maggior rilievo dell'arte polacca del XIX secolo, nonostante si tratti, nel suo caso, di "realismo romantico", la cui paternità andrebbe riconosciuta più ad Ernst Meissonnier che a Gustave Courbet.
Ineguagliabili sono le sue figure di contadini ucraini, abilmente osservati, i tiri a cavalli e le grandi distese, tutti liberamente dipinti. La rappresentazione della ragazza ucraina *Fine Estate*, presentata a Zacheta nel 1875, non fu accolta con favore e questo divenne uno dei motivi della partenza di Chelmoński per Parigi. In un periodo più tardo la sua pittura comincia ad avvicinarsi al simbolismo. I paesaggi, dipinti a Kuklówka, si caratterizzano per la perfezione della composizione e per i delicati cromatismi, oltre che per la graduale semplificazione della forma, e sono l'espressione convincente di un rapporto quasi religioso, mistico, dell'artista con la natura.
Le vedute di slitte che attraversano

veloci le steppe innevate dell'Ucraina appartengono ai motivi preferiti di Chełmoński. In *Notte d'inverno in Ucraina*, dipinto durante il soggiorno a Parigi, Chełmoński si allontana dalla pittura di genere, fino ad allora praticata, a favore del paesaggio. Un tema simile era già stato raffigurato nell'opera *L'arrivo alla battuta di caccia* (1874, Muzeum Narodowe, Poznan). Cani e slitte sulla neve erano presenti anche in *Triade. In Viaggio* (1875 (Muzeum Okregowe, Bydgoszcz), dove l'artista ritrae una locanda, cavalli e tiri, uno in arrivo e uno che si allontana verso la strada, segnata appena dalle tracce delle slitte sulla neve. La scena è rappresentata dal punto di vista di un viandante in piedi sulla strada, quasi che l'osservatore stesso dovesse poco dopo proseguire il cammino, oppure sostare alla locanda. All'inizio del XX secolo il critico Jan Topass, che svolgeva la propria attività a Parigi, nel suo libro *L'Art et les Artistes en Pologne* definiva Chełmoński un artista di difficile collocazione, poiché nella sua pittura il realismo si mescolava all'idealismo e questo quadro ne è un ottimo esempio. Alle collezioni del Muzeum Narodowe di Varsavia appartiene anche il quaderno degli schizzi dell'artista che comprende il disegno preparatorio (n. inv. *Disegni Polacchi* 5957, p. 10 *verso*) raffigurante alcuni fabbricati, cani e carreggiate sulla neve. Chełmoński tuttavia non include nel quadro i fabbricati che nel disegno si trovavano a destra della locanda, ma vi aggiunge i tiri e i cavalli. Quest'opera è la dimostrazione evidente della sua maestria nel rendere le scene in una luce attenuata – in questo caso la luce della luna – e testimonia la sua grande originalità nell'osservazione della natura.
P. K.

19. Józef Chelmoński
(Boczki 1849 - Kuklówka 1914)
***Ghiandaia nella foresta**, 1892
olio su tela, cm 173 x 138
Firmato e datato a destra: *JÓZEF Chełmoński. 1892*

Provenienza: Aleksandrów Kujawski, collezioni di Edward Rejcher; Varsavia, Muzeum Narodowe (n. inv. MP 564 MNW, acquistato nel 1925; trafugato e portato all'estero durante la guerra, venne richiesto dall'U.R.S.S nel 1956, e negli anni settanta prestato al Parlamento (Sejm) della RPP; Varsavia, Muzeum Narodowe w Warszawie.
Bibliografia: Catalogo delle collezioni di Edward Rejcher, Vienna 1918, p. 6, ill.; *Towarzystwo Zachety Sztuk Pieknych*, n. 25, Varsavia 1927, p. 29; *Józef Chełmoński*, catalogo della mostra, Muzeum Narodowe, Varsavia, 1978, p. 15, ill; *Ein Seltsamer Garten*, catalogo della mostra, Lucerna, 1980, p. 30, n. 11; A. Ligocki, *Józef Chełmoński*, Varsavia 1984, ill. 70; T. Matuszczak, *Józef Chełmoński, Muzeum Narodowe (Museo Nazionale) di Poznan*, mostra monografica, vol. I, catalogo della mostra, Poznan, 1987, n. 42, ill. 33.
Esposizioni: Varsavia, Zacheta, Mostra TZSP (Associazione di Incentivazione delle Belle Arti), luglio 1927; Varsavia, Muzeum Narodowe, 1978, *Józef Chełmoński*; Lucerna, 13 luglio-9 settembre 1980, *Ein Seltsamer Garten, Polnische Malerei des 19. Jh.*; Poznan, Muzeum Narodowe, Poznan, 21 novembre 1987-19 giugno 1988, *Józef Chełmoński*; Lowicz Muzeum, 29 giugno-30 settembre 1995, *Krajobrazy polskie w malarstwie od pol. XIX do pocz. XX w.*; Baden-Baden, 6 dicembre 1997-1 marzo 1998, Staatliche Kunsthalle, *Impressionismus und Symbolismus*; Bruxelles, Palais des Beaux-Arts, 3 ottobre 2001-6 gennaio 2002, e

Varsavia, Zacheta, 2002, *L'avant-printemps. Pologne 1880-1920*; Gniezno, Muzeum Poczatków Panstwa Polskiego, 30 aprile-31 agosto 2004, *Akademizm*.

Le opere di Chełmoński, dopo il suo ritorno in Polonia e la permanenza in campagna, sono sempre più caratterizzate da paesaggi e vedute boschive, dove gli animali sono il soggetto principale. Gli uccelli compaiono nel paesaggio anche in due opere precedenti, una delle quali gli valse l'"Ehrendiplom" alla Internationale Kunstausstellung di Berlino nel 1891). *Ghiandaia*, in confronto, è un'opera di maggiore serenità, nella quale Chełmoński tenta di fissare l'insolito fenomeno dell'apparizione di un uccello colorato in una gelida giornata di sole. Dopo la mostra di Berlino, la critica paragonò la sua pittura all'opera di Bruno Liljefors, noto animalista svedese. La decisione di tagliare i legami con la civiltà, e di vivere in campagna aveva una ragione di carattere anche personale (la separazione dalla moglie), e fece sì che il pittore cercasse conforto nella natura e nella religione. Guardando questo quadro, si può pensare che fosse riuscito a trovarlo. Nelle collezioni del Muzeum Narodowe di Varsavia si trova lo schizzo del quadro (Blocco degli Schizzi n. inv. *Disegni Polacchi* 5955), nel quale venivano rappresentati, uno accanto all'altro, due uccelli, uno chiaro e uno scuro.
P. K.

20. Józef Czajkowski
(Varsavia 1872 - 1947)
***Frutteto d'inverno**, 1900
olio su tela, cm 52,6 x 72
Firmato e datato in basso a destra: *Józef Czajkowski 1900*

Provenienza: Collezione Feliks Jasieński; dono di quest'ultimo al Museo Nazionale di Cracovia 1920; Cracovia, Muzeum Narodowe w Krakowie.
Bibliografia: I. Huml, in *Slownik*

Artystów Polskich, Varsavia 1971, vol. I; K. Sroczyńska (a cura di), *La peinture polonaise du XVIe au debut du XXe siècle*, catalogo della mostra, Varsavia, Museo Nazionale, 1979, pp. 145-146; M. Golab, A. Lawniczakowa, in *The Naked Soul*, catalogo della mostra, North Carolina Museum of Art, Raleigh, 1993, p. 34; S. Krzysztofowicz-Kozakowska, in catalogo della mostra, Cracovia, 1995, p. 71; S. Kozakowska, in Z. Golubiew (a cura di), *Modern Polish Painting, The Catalogue of Collections, Part 2: Polish Painting from around 1890 to 1945*, Cracovia, Museo Nazionale, 1998, p. 112, n. 277.
Esposizioni: Cracovia, 1907, XV. mostra della Societá di Artisti Polacchi "Sztuka" (Arte), n. 16; Cracovia, Museo Nazionale, 1995, *Sztuka Kręgu Sztuki 1897-1950*, n. 30.

Versatile come artista e noto più nelle arti decorative e nell'architettura, Józef Czajkowski studia all'Accademia di Belle Arti di Monaco di Baviera, dove è allievo di J. e L. Herterich e K. Marr. Una volta a Parigi, s'iscrive all'*Académie Julian*, ma frequenta anche l'*atelier* di J. A. McNeil Whistler. Dopo gli studi si stabilisce a Cracovia e partecipa a diverse mostre sia in patria, sia all'estero (dal 1899 Parigi, Vienna, Monaco, Lipsia, Bruxelles). Nel 1901 diviene membro della Società di Artisti Polacchi "Arte" (Sztuka) e nello stesso anno è uno dei fondatori della Società Polacca d'Arte Decorativa (Polska Sztuka Stosowana). Dal 1903 partecipa alla progettazione degli interni del teatro vecchio di Cracovia, dipinge sempre meno e dopo il 1906 si occupa esclusivamente di architettura per interni e di arti applicate (arti grafiche, vetrate, tappeti, mobili).
Dall'opera pittorica di Czajkowski sono generalmente noti solo i pochi dipinti conservati nei musei polacchi: ritratti, qualche quadro di genere, soprattutto quelli con scene di vita contadina, nature morte e paesaggi. Si tratta di opere equilibrate sia nella composizione, sia nell'uso dei colori. La critica parla di un'influenza diretta di Jan Stanislawski che dal 1897 diresse la classe della pittura di paesaggio alla Scuola di Belle Arti di Cracovia e fu attivo, similmente a Czajkowski, nelle due società artistiche. Per quanto riguarda questo bel paesaggio invernale, non sembra che Czajkowski fosse influenzato dal collega, i cui paesag-

gi contemporanei sono caratterizzati qualche volta da una sorte di stilizzazione. *Frutteto d'inverno* è una felice conclusione sintetica dell'osservazione accurata di un motivo semplice della natura invernale sotto i raggi del sole. Sono gli effetti luminosi e coloristici che rendono ricco questo spettacolo comune ed è l'immediatezza della resa pittorica a far sì che questo quadro venga apprezzato dallo spettatore.
A. Sz. M.

21. Julian Falat
(Lwowa 1853- Śląsku 1929)
Battuta di caccia a Staszów, 1893
gouache, acquarello su cartoncino
cm 54 x 99,5
Firmato e datato: *Jul Falat / 93*

Provenienza: Varsavia, Muzeum Narodowe w Warszawie (n. inv. 128976, conservato presso la famiglia Potocki di Krzeszowice, dal 1946).
Bibliografia: *Towarzystwo Przyjaciól Sztuk Pieknych w Krakowie. Katalog retrospektywnej wystawy obrazów Juliana Falata (1870-1925)*, catalogo della mostra retrospettiva dei quadri di Julian Falat, Cracovia 1925, nr. 8; Red. M. Kunz, A. Morawinska, *Ein Seltsamer Garten. Polonische Malerei des 19. Jahrhunderts: Romantik, Realismus und Symbolismus*, Lucerna 1980, nr. 15, ill.
Esposizioni: Cracovia, Associazione degli Amici delle Belle Arti, dicembre 1925-gennaio 1926, *Towarzystwo Przyjaciól Sztuk Pieknych*, Lucerna, Kunstmuseum, 13 luglio-9 settembre 1980.

Pittore di paesaggi, scene di caccia e di genere, pedagogo, è uno degli artisti polacchi più popolari del tempo. Pur provenendo da una famiglia contadina, studia alla Scuola delle Belle Arti di Cracovia, e successivamente presso l'Accademia delle Belle Arti di Monaco.
Il 1886 è un anno decisivo per la sua carriera, grazie al soggiorno a Nieswiez (oggi Bielorussia) dove partecipa alla battuta di caccia organizzata dal principe Antoni Radziwill per Guglielmo principe di Prussia, il futuro Imperatore Guglielmo II. Viene presentato all'o-

spite come l'artista che avrebbe fedelmente dipinto le scene reali di caccia. Qualche mese dopo riceve l'invito a recarsi a Berlino dove viene assunto in qualità di pittore ufficiale delle battute di caccia di corte. Questo incarico, durato quasi 10 anni, gli fa ottenere una posizione di rilievo nell'ambiente artistico di questa parte d'Europa. La carriera di Julian Falat come pittore di scene di caccia e paesaggi invernali inizia nel 1886, dopo la partecipazione dell'artista alle leggendarie cacce all'orso organizzate, da generazioni, dai principi Radziwill a Nieswiez. L'artista ricordava dopo anni: «L'emozione di quattro settimane in una foresta in mezzo alla neve alta, con il gelo che raggiungeva i 18 gradi sotto zero e la cattura di 19 orsi in uno scenario sempre diverso, nella confusione della caccia, la suggestione pittorica delle profondità della foresta, il vigore dei cacciatori, l'analisi dei caratteri di personaggi insoliti – tutto questo trovava espressione nei miei quadri e negli schizzi, nei quali mostravo il mio impeto [...]. Al mio ritorno a Varsavia ero un altro artista. [Il soggiorno] in condizioni così insolite, il periodo forse più intenso della mia vita, l'osservazione di persone di un altro ceto sociale, tutto influì sul mio modo di concepire l'uomo, aumentando la fiducia in me stesso e conferendomi maggiore autorevolezza.»[1] Nell'autunno di quell'anno presenta la collezione degli acquarelli di Nieswiez appena fuori Berlino, presso la tenuta di caccia di Guglielmo di Prussia e successivamente, in veste di pittore di corte delle battute di caccia del principe, poi imperatore, a Berlino e a Varsavia, fatto che consolidò il favore incontrato dal nuovo tema proposto. Sull'esempio dei Radziwill, anche i rappresentanti di altre nobili casate polacche erano lieti di ospitare Falat alle battute di caccia organizzate nelle rispettive tenute, per abbellire poi le loro dimore con le opere ispirate in occasione di queste visite. Una di queste ebbe luogo nel 1893 nei dintorni di Staszów, località situata al centro dei grandi possedimenti terrieri appartenenti alla famiglia dei conti Potocki di Krzeszowice presso Cracovia, organizzatori della battuta di caccia rappresentata.
Gli anni novanta sono i migliori per la carriera di Falat. Il suo stile evolve di pari passo con lo sviluppo della sua carriera artistica. *Partenza*

per la battuta di caccia a Staszów mostra chiaramente la sua evoluzione. A differenza delle opere prodotte negli anni ottanta, nelle quali i soggetti erano rappresentati in modo realistico, spesso con dovizia di particolari e mantenendo le caratteristiche individuali dei personaggi, le opere dei primi anni novanta assumono un carattere più libero e disinvolto. Sono caratterizzate da cromatismi freddi, con predominanza di azzurri e viola, che lo stesso artista definiva vicini all'impressionismo. Nelle sue pagine diaristiche, Falat riporta le discussioni con l'imperatore Guglielmo II e la sua corte riguardanti le nuove tendenze artistiche, sollevate principalmente «a causa del movimento modernista, che io difendo apertamente, riconoscendo – come artista – il valore e il significato delle tendenze persino più estreme [...]. L'avversione alla tendenza modernista, dimostrata dalla Corte, si manifestava soprattutto con l'attacco ai colori azzurro e viola. In queste discussioni mi appoggiava, con cautela, il professore di elettrotecnica del politecnico di Charlottenburg, Sig. Slaby [...]. Raccontava, fra l'altro, delle strane proprietà dei raggi violetti, cosa che usai poi come argomento di difesa dell'impiego del viola nei quadri modernisti.»[2]
A. R.

[1] J. Falat, *Pamietniki* (Diari), Katowice 1987 (2ª ed.), pp. 158-159.
[2] Ibid., p. 172.

22. Stanislaw Witkiewicz
(Poszawsze, Lituania 1851 - Lovrano, Istria 1915)
Vento meridionale sulle montagne Tatra, 1895
olio su tela, cm 93 x 142
Firmato e datato in basso a destra:
Stanislaw Witkiewicz / Zakopane 1895

Provenienza: Jerzy Lilpop; dono di quest'ultimo al Museo Nazionale di Cracovia (1945); Cracovia, Muzeum Narodowe w Krakowie.
Bibliografia: J. K. Ostrowski, *Die polnische Malerei vom Ende des 18.*

Jahrhunderts bis zum Beginn der Moderne, Monaco 1989, pp. 97-98; M. Porębski, *Das Nationalmuseum in Kraków, Galerie der Polnischen Malerei und Skulptur des 19. Jahrhunderts in der Tuchhallen*, Cracovia 1991, p. 53; A. Król, in catalogo della mostra, Francoforte 2000, pp. 55, 162-165; B. Malkiewicz, in Z. Golubiew (a cura di), *Modern Polish Painting, The Catalogue of Collections, Part 1. Polish Painting of the 19th Century*, Cracovia, Museo Nazionale, 2001, p. 378, n. 1044.
Esposizioni: Varsavia, 1896, Mostra della Società promotrice delle Belle Arti-Zachęta; Parigi, Galeries Nationales du Grand Palais, 1977, *L'esprit romantique dans l'art polonais XIXᵉ-XXᵉ siècles*, n. 188; Cracovia, Museo Nazionale, Mostra permanente dell'Ottocento; Francoforte, Schirn Kunsthalle, 2000, *Die vier Jahreszeiten: polnische Landschaftsmalerei von der Aufklärung bis heute*, n. 48.

Pittore, teorico e critico d'arte, attivo anche in campo architettonico, dal 1869 al 1871 frequenta l'Accademia di Belle Arti di San Pietroburgo, poi studia nel 1872-1874 all'Accademia di Monaco di Baviera. Nel 1875 condivide uno studio comune con J. Chelmoński, A. Chmielowski, A. Piotrowski e S. Maslowski, con i quali forma il primo gruppo artistico polacco, di programma naturalistico. Dal 1883 al 1887 è il direttore artistico del settimanale «Wędrowiec», strumento di diffusione del realismo e del naturalismo polacco. In questo periodo comincia a pubblicare le sue monografie su alcuni grandi pittori polacchi. Dal 1890 si stabilisce nelle montagne Tatra, a Zakopane, dove trascorre l'estate già negli anni 1886-1888. Dipinge numerosi paesaggi delle montagne, anche invernali, e studia la vita e l'arte popolare degli abitanti. La maggior parte dell'opera paesaggistica di Witkiewicz nasce nel suo periodo di Zakopane. Era talmente legato – sia dal lato affettivo sia da quello intellettuale – alla montagna, che non solo la dipinse, ma le consacrò anche un volume di cronaca *Na przełęczy* (Al passo del monte) con il sottotitolo: *Impressioni e immagini dalla Tatra*. Qui descrisse tutto quello che vide durante le sue escursioni, non solo le usanze della popolazione, ma anche le sensazioni naturali provate. Nel testo si può riconoscere una sorta di traduzione letteraria del

quadro qui in esame in tutti i suoi dettagli. Witkiewicz amava i paesaggi notturni poiché, grazie ai forti contrasti luce-ombra poteva esprimere esemplarmente la tensione drammatica che riempiva l'insieme delle enormi masse montuose. Questo dipinto, sebbene rispecchi fedelmente la realtà – in conformità agli ideali naturalistici dell'artista-teoretico –, sembra più collocarsi in una fase transitoria verso il tentativo del pittore di rendere nei suoi quadri un'atmosfera quasi cosmica, soprannaturale, che lo avvicinerà al simbolismo. Il culto patriottico della Tatra era presente nella pittura polacca sin dal romanticismo e diverrà nuovamente attuale tra 1800 e 1900, proprio grazie all'attività di Witkiewicz. Anche questo capolavoro fu accolto con lodi all'occasione della sua presentazione nel 1896 a Varsavia.
A. Sz. M.

Repubblica Ceca

23. Antonín Chittussi
(Ronov, presso Doubrava 1847 - Praga 1891)
Inverno, 1886
olio su tavola, cm 25,5 x 35
Firmato e datato in basso a sinistra: *Chittussi 1886*

Provenienza: Praga, Societá Cecoslovacca di Assicurazioni; Praga, Národní galerie v Praze.
Bibliografia: R. Prahl, *Antonín Chittussi*, Praga, Galleria Nazionale, 1996, p. 66, fig. p. 67, n. 116.[1]
Esposizioni: Hlinsko, Galerie Klubu pracujících, 1967, *A. Chittussi*, n. 34; Praga, Galleria Nazionale, 1972, *Arte boema dell'Ottocento*, n. 105; Nové Město na Moravě, Horácká galerie, 1974, *A. Chittussi*, n. 52; Gottwaldov, Galerie umení, 1975-76, *A. Chittussi*, n. 33; Praga, Galleria Nazionale, 1980-1990, *Arte boema dell'Ottocento*, s. n.

Noto pittore del paesaggio intimo, Chittussi studia all'Accademia di Belle Arti di Praga, di Monaco e di Vienna. A Praga, all'esposizione francese del 1870 vede alcune opere dei pittori della Scuola di Barbizon, e rimane impressionato soprattutto da Daubigny. Nel 1879 si trasferisce a Parigi, e, da questo momento espone regolarmente al *Salon*. Nel dipingere i diversi scorci della foresta di Fontainebleau, o i paesaggi della Senna, dell'Eure o anche della Normandia, Chittussi rimane sempre fedele al *plein air* realistico, senza mai arrivare all'impressionismo, la cui audacia egli criticò in molte lettere. Sia nelle vedute urbane soleggiate o crepuscolari che rappresentano diverse parti di Parigi, sia nei paesaggi con locomotive sbuffanti, Chittussi conserva il suo realismo oggettivo. Dopo un'esposizione-asta di sessanta dipinti all'Hôtel Drouot nel 1884, l'anno seguente ritorna in patria e partecipa alle grandi mostre di Praga. Individuato il *couleur* locale della sua terra natale, la sua pittura paesaggistica raggiunge l'apice, riuscendo a esprimerne anche il carattere malinconico, che corrispondeva, del resto, alla sua inclinazione per la solitudine. Per quanto riguarda il tema dell'inverno, Chittussi vi si era cimentato già dal 1876 (come in *La riunione degli uccelli*, 1878-1879, Praga, Galleria Nazionale), e alcuni paesaggi con la neve rivelano una freschezza sorprendente. La tavoletta qui esposta, dipinta dopo il suo ritorno dalla Francia a Vysočina, evidenzia la sensibilità cromatica del maestro. Mentre rende puntualmente la luce fioca del sole invernale con dei toni e dei valori luministici finissimi, egli riesce a suggerire anche la profonda quiete della natura. Questo tipo di pittura – rimasto popolarissimo nel collezionismo della Boemia fino ai giorni nostri – fu molto apprezzato dalla giovane generazione dei paesaggisti cechi che iniziarono la loro carriera attorno al 1890.
A. Sz. M.

[1] Si desidera ringraziare il prof. Dr. Roman Prahl dell'Università di Praga per la sua gentile collaborazione.

24. Jakub Schikaneder
(Praga 1855 - 1924)
Neve, 1899
olio su tela, cm 116 x 181
Firmato e datato in basso a destra: *J.Schikaneder.1899.*

Provenienza: Praga, Národní galerie v Praze.
Bibliografia: T. Vlček, *J. Schikaneder*, Praga 1986; id., *J. Schikaneder*, in catalogo della mostra, Praga, 1998, p. 50, fig. pp.42-43.
Esposizioni: Praga, 1926, *Vystava tři: F. Engelmüller, J. Kalvoda, J. Schikaneder*, Praga, Stredoceská galerie, 1977-1978, *Mostra retrospettiva J. Schikaneder*; Praga, Galleria Nazionale, 1998, *J. Schikaneder, pittore di Praga a cavallo dei due secoli*, n. 31.

Iniziati precocemente gli studi artistici all'età di quindici anni, nel 1878 è a Parigi, poi s'iscrive all'Accademia di Belle Arti di Monaco, nella classe di Gabriel Max. Nel 1880 partecipa con successo al concorso per la decorazione del Teatro Nazionale di Praga. Insieme con l'ex-compagno d'accademia, E. K. Liška, decora con un fregio il palcoscenico reale. Ma, in seguito all'incendio nel 1881 del teatro, quando i suoi dipinti pur rimasti intatti, vengono sostituiti con altre opere, inizia a maturare altri interessi e altre tematiche per la sua pittura. S'interessa sempre più alla gente semplice e si dedica a rappresentare diversi aspetti della vita femminile.
Il suo approccio realistico di un'estrema sensibilità psicologica evidenzia, al principio, qualche parallelismo con i contemporanei studi sociali di Van Gogh. Analizzando le diverse possibilità della resa pittorica di soggetti colti soprattutto nel loro aspetto emotivo, negli anni ottanta Schikaneder crea intense immagini ricche di *pathos* psichico. Non a caso alcune sue composizioni esprimono un'alienazione profonda, che ben riflette le tendenze del pensiero e della filosofia del tempo (si pensi al pessimismo schopenhaueriano). Le sue stanche figure femminili sopportano con rasse-

gnazione la loro sorte triste, e la natura circostante, con i suoi toni grigi, partecipa all'atmosfera elegiaca di questa malinconia universale. Questo tipo di pittura era molto attuale nell'Europa di fine secolo, soprattutto nei paesi nordici e nelle opere di Edvard Munch. Dopo aver osservato i morbidi effetti chiaroscurali di una poetica intimità di Rembrandt, Schikaneder stesso fece delle ricerche approfondite sul significato simbolico della luce. S'interessò all'interazione tra la luce come elemento materiale e come elemento spirituale; inoltre, seguendo le attuali ricerche scientifiche, studiò anche la corrispondenza delle onde luminose e di quelle tonali. Nelle opere migliori riuscì così a giungere a una sorta di "struttura ottico-musicale" della pittura. Con il grandioso, e nello stesso tempo intimissimo, dipinto *Neve* Schikaneder mira all'integrazione dei ritmi luminosi e della consonanza musicale della composizione. Nella scena notturna bluastra, molto onirica, c'è un bel contrasto tra gli effetti di luce calda artificiale e tra quelli lunari, freddi e misteriosi. L'abituale solitudine dei personaggi di Schikaneder qui è accentuata da una nota di incertezza e di mistero: non si sa da dove vengono e neppure dove vanno. In questa serie di quadri invernali e notturni dei due decenni a cavallo tra Ottocento e Novecento, riappaiono a volte diversi angoli pittoreschi della vecchia Praga, piena d'atmosfera fiabesca che attenua l'insieme tetro influenzato dallo stato d'animo mesto delle figure.
A. Sz. M.

25. Antonín Slavíček
(Praga 1870 - 1910)
Bufera invernale, 1902 circa
olio su tavola, cm 26,5 x 35
Firmato in basso a destra: *Panu A. Švagrovskému A. Slavíček*

Provenienza: Augustin Švagrovsky; Roudnice, Mestská galerie A. Švagrovského; Galerie moderního umění v Roudnici nad Labem, příspěvková organizace.

Bibliografia: D. Šindelář, *Chvíle zastavení s Antonínem Slavíčkem*, in «Vytvarné umění», V, 1955, fig. 214; M. Hovorková, L. Karlíková, *A. Slavíček 1870-1910, catalogo delle opere*, Praga, Jízdárna Pražského Hradu, 1961, pp. 93-94, n. 161; M. Hovorková, L. Karlíková, *A. Slavícek 1870-1910, catalogo delle opere*, Praga 1965, pp. 140-141, n. 188; J. Toměs, *A. Slavíček*, Praga 1966, n. 135.

Esposizioni: Praga, Padiglione Kinsky, 1910, *XXXI mostra dell'Associazione degli artisti Mánes: mostra postuma A. Slavíček*, n. 128; Roudnice, 1921-1922, *Collezione A. Švagrovsky*, n. 23; Roudnice, Mestská galerie A. Švagrovského, 1929, n. 90; Praga, Sala Mánes, 1932, *Mostra giubilare A. Slavíček*, n. 47; Praga, Sala Mánes, 1955, *A. Slavíček - J. Mařatka*, n. 36; Praga, Jízdárna Pražského Hradu, 1961, *A. Slavíček 1870-1910*, n. 161.

Principale rappresentante delle tendenze impressionistiche nella pittura boema del paesaggio, Slavíček frequenta l'Accademia di Praga, dove è allievo di J. Mařák tra il 1887 e il 1889, poi tra il 1894 e il 1899. Dopo la morte del maestro, Slavíček dirige temporaneamente la sua classe di pittura di paesaggio, ma non riceve mai una nomina come professore.

Dal 1903 al 1906 lavora in una scuola privata di pittura a Praga, ma durante l'estate si trasferisce con la famiglia a Kameničky.

Come altri paesisti residenti a Praga, anche Slavíček fu impressionato nel 1892 dalla mostra retrospettiva di A. Chittussi, un loro connazionale attivo precedentemente per anni in Francia. Quel *plein air* realistico, ancora legato alla Scuola di Barbizon, non fu però copiato dal giovane assai autonomo nella propria ricerca artistica. Slavíček sapeva già allora tradurre sulla tela con originalità le sue osservazioni raccolte nelle foreste ai dintorni di Praga; sapeva affrontare i problemi della luce e del colore. A partire dal 1900, Slavíček dipinge sempre più dettagli della sua città natale. Si sistemava davanti al motivo con il suo quaderno per abbozzi e soprattutto con delle tavolette, poi schizzava velocemente quello che vedeva e quello che sentiva durante l'incontro diretto con la natura. Completando poi i lavori in studio, riusciva a mantenere la vivezza dell'impressione ottica e emotiva,

così che anche le grandi composizioni diffondono una spontaneità e una freschezza senza pari nella pittura boema contemporanea. Questa tavoletta appartiene alla serie delle vedute invernali semplici degli anni attorno al 1902, dove c'è un primo piano spazioso e relativamente accentuato. Questa struttura rende partecipe lo spettatore e crea un rapporto immediato tra il pittore e tra il suo pubblico. La tavolozza assai chiara, basata su grigi e marroni ariosi, è arricchita dai capricciosi giochi luministici dell'atmosfera temporalesca, nonché dagli effetti di neve ancora compatta e di quella già sciolta. È una vera "istantanea", resa con dei tocchi decisi, che anticipa la vivacità coloristica e formale del suo periodo seguente, tra 1906 e 1908, quando l'espressività sarà sottolineata dall'utilizzo più evidente e vigoroso delle macchie.

A. Sz. M.

Slovenia

26. Rihard Jakopič
(Lubiana 1869 - 1943)
Kamnitnik sotto la neve, 1903
olio su tela, cm 49 x 59,5

Provenienza: Lubiana, Free Trade Union (Zveza Svobodnih Sindikatov; Lubiana, National Gallery of Slovenia.

Bibliografia: F. Albrecht, *Jakopičev jubilejni zbornik*, Lubiana 1929, p. 86; A. Podbevšek, *Rihard Jakopič*, Lubiana 1941, p. 92; Z. Kržišnik, L. Menaše, *Rihard Jakopič*, Lubiana-Milano, 1971, s. n. fig. 6.; T. Brejc, *Slovenski impresionizem*, Lubiana 1977, p. 67, fig. 6; A. Smrekar et al., *Rihard Jakopič, To sem jaz, umetnik*, Lubiana, Narodna Galerija, 1993, p. 60; F. Stelè, *Slovene Impressionism*, Lubiana 1994, s. n.; B. Jaki, A. Smrekar et al., in *National Gallery of Slovenia, Guide to the Permanent Collection*, Lubiana 1998, pp. 99, 108

Esposizioni: Lubiana, Moderna galerija, 1970, *Rihard Jakopič*, n. 44; Lubiana, Narodna galerija, 1993, *Rihard Jakopič*, n. 215; Lubiana, Moderna galerija, dal 1998, *Mostra permanente [Rihard Jakopič]*, n. 157.

Capogruppo spirituale dei cosiddetti "impressionisti sloveni" e organizzatore principale della vita artistica nella Slovenia, Jakopič studia all'Accademia di Vienna con F. Rumpler nel 1887, e a quella di Monaco di Baviera con K. Raupp nel 1890. In seguito frequenta la nuova scuola privata di pittura del suo compatriota Anton Ažbè: nel 1891-1892 regolarmente, negli anni successivi solo d'inverno. Nei primi anni di attività, dipinge i dintorni di Monaco, durante l'estate, e proprio in questa città inizia a esporre nel 1892; l'anno seguente a Lubiana, dove ritornerà stabilmente nel 1900. Qui collabora alla fondazione della Società d'Arte Slovena e organizza non solo la loro prima mostra nel 1900 a Lubiana, ma anche quelle successive in diverse città europee. Tra il 1902 e il 1906 lavora a Škofja Loka. Per completare gli studi, l'autunno del 1903 andò a Praga per sei mesi dal prof. Vojtěch Hynais.

Jakopič nel suo primo periodo si associa con entusiasmo al metodo moderno di Ažbè che aveva un forte senso del colore, della luce, delle minime sfumature e degli effetti atmosferici, ma non permise mai ai suoi allievi di mescolare i colori puri sulla tavolozza e sulla tela. Anche se non andò mai in Francia, il maestro aveva avuto modo di vedere le opere impressioniste e post-impressioniste alle mostre internazionali di Monaco, di Vienna e di Venezia (dove fu una sola volta). Conosceva le teorie dei colori, ed era aggiornato circa alcuni risultati delle ricerche fisiche e fisiologiche dell'ottica, quando aveva composto la sua teoria della "cristallizzazione del colore" e della sfera (si veda Cézanne!). Aveva elaborato i suoi consigli didattici sulla forma, sulla superficie, sulla macchia e su altri componenti fondamentali della pratica pittorica.[1] Jakopič così racconta di quel periodo: «Mi sta diventando chiaro che non è l'oggetto ciò che bisogna disegnare, ma che in un certo senso tutto si muove e muta. Nel mio nativo ambiente lubianese potevo senz'altro meglio osservare i cambiamenti della natura in ogni stagione.»[2] Il lungo soggiorno a Škofja Loka lo aiuta ancora di più ad addentrarsi empiricamente nel paesaggio e a mettere a punto il suo speciale luminismo prismatico, di cui questo quadro è un bel risultato. Il pittore aveva già dipinto nel 1900 la collina Kamnitnik nei pressi della cittadina, allora sotto la pioggia, con un certo gusto naturalistico. Il paesaggio invernale invece rivela qualche influenza del divisionismo. La sua trasfigurazione coloristica dell'oggetto allude e rimanda a una dimensione quasi spirituale, e si comprende bene perché la critica attribuì al pittore un talento visionario e mistico. Qui, ad esempio, i vigorosi, ma nello stesso tempo, leggeri tocchi pastosi, fanno percepire la continua pulsazione dell'energia della luce, che s'irradia su tutta la superficie, come su tutto l'universo. Jakopič arriva nel 1903 alle soglie dell'astrattismo con la tela *Versante del colle soleggiato*, e due anni dopo con *Paesaggio d'inverno* (entrambi alla Galleria Nazionale di Lubiana), quadro dalla viva superficie ricca di riflessi multicolori. Nelle opere seguenti, specialmente dopo il 1906, riprende elementi figurativi, con colori sempre più accesi, e non disdegna contenuti con riferimenti personali.

A. Sz. M.

[1] Si veda F. Stelè, *Anton Ažbè comme pedagogue*, in *Anton Ažbè in njegova šola*, Lubiana, 1962, pp. 133-135; K. Ambrozic (ed.), *Wege zur Moderne und die Ažbè-Schule in München*, catalogo della mostra, Wiesbaden, Museum, 1988.

[2] Citazione tratta da E. Cevc, in *Impressionisti sloveni*, catalogo della mostra, Milano, 1981, p. 15.

Colgo l'occasione per ringraziare il dott. Ferdinand Šerbelj, della Galleria nazionale di Lubiana, per le informazioni riguardo alcuni dati tecnici di questa scheda [N. d. T.].

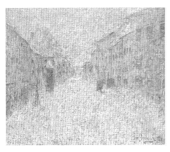

27. Ivan Grohar
(Spodnja Sorica 1867 - Lubiana 1911)
Bufera di neve a Škofja Loka
1905
olio su tela, cm 87,5 x 99
Firmato e datato in basso a destra:
Iv.Grohar 05

Provenienza: Škofja Loka, Franc Dolenc; Preddvor, Danica Slanc; Lubiana, National Gallery of Slovenia.
Bibliografia: F. Stelè, *I. Grohar*, Lubiana 1960, n. 207; E Cevc, A. Cevc, in *Slowenische Impressionisten und ihre Vorlaufer aus der Nationalgalerie in Lubiana*, catalogo della mostra, Vienna 1979, pp. 44-45; M. Haja, in *Landschaft im Licht. Impressionistische Malerei in Europa und Nordamerika 1860-1910*, catalogo della mostra, Colonia-Zurigo 1990, pp. 165-166, 455; P. H. Feist, in *Impressionism* (a cura di I. F. Walter), Colonia, 1993, vol. II. p. 529; A. Smrekar, *I. Grohar*, catalogo della mostra, Lubiana, Galleria Nazionale, 1997, p. 89; A. Smrekar, in B. Jaki (a cura di), *National Gallery of Slovenia, Guide to the Permanent Collection*, Lubiana 1998, p. 100, ill. 104.
Esposizioni: Berlino, Galerie Wertheim, 1905, *Mostra d'arte*; Londra, Earls Court, 1906, *Imperial Royal Austrian Exhibition*; Belgrado, Museo nazionale, 1907, *Mostra d'arte jugoslava*; Trieste, Biblioteca Civica, 1907, *Prima mostra d'arte slovena*; Lubiana, Padiglione Jakopič, 1910, *Terza mostra d'arte*; Vienna, Österreichische Galerie, 1979, *Slowenische Impressionisten und ihre Vorläufer aus der Nationalgalerie in Lubiana*, n. 4; Milano, Castello Sforzesco, 1981, *Impressionisti sloveni*, s. n.; Amsterdam, Niewekerk, 1983, I*mpressionisti sloveni*; Colonia, Wallraf-Richartz-Museum, Zurigo, Kunsthaus, 1990, *Landschaft im Licht. Impressionistische Malerei in Europa und Nordamerika 1860-1910*, n. 65; Lubiana, Galleria Nazionale, 1997, *I. Grohar*, n. 24; Lubiana, Galleria Moderna dal 1998, *Mostra permanente [I. Grohar]*, n. 147.

Il più lirico tra i cosiddetti impressionisti sloveni, originalmente contadino montanaro, inizia gli studi artistici presso pittori locali, poi a Zagabria. Solo dopo il lungo servizio militare studia nella scuola provinciale di disegno a Graz (1892-94), ma non viene ammesso all'Accademia di Vienna. Nell'ottobre del 1895, giunge a Monaco di Baviera, dove copia i dipinti di Velázquez, Murillo e Böcklin nei musei, e si entusiasma per le opere di Giovanni Segantini, ammirate in una mostra. L'estate del 1896 dipinge a Škofja-Loka e stringe amicizia con Jakopič che lo convince a ritornare a Monaco per iscriversi alla scuola privata di Ažbè, frequentata soprattutto da giovani pittori slavi (tra gli altri da Kandinsky e Jawlensky). Nel 1900 si trasferisce a Lubiana e partecipa all'organizzazione della prima mostra della "Società d'Arte Slovena".
Lo sviluppo artistico assai veloce del pittore è influenzato soprattutto dalle esperienze vissute a Monaco, in primo luogo dal suo incontro con il mondo contadino idealizzato di Segantini. Come scrisse nel 1981 il prof. Franco Barbieri «si riconoscono le affinità con il divisionismo di Segantini in Grohar non solo per la tecnica, inconfondibile, quanto per alcuni aspetti del contenuto, moraleggiante e didascalico su di una larga piattaforma di interessi sociologici» (introduzione al catalogo dell'esposizione slovena di Milano). Ciò spiega, perché Grohar si dedicò alla celebrazione del lavoro e della fatica umana. Come gli altri tre compagni, anche Grohar opta per l'impressionismo. La tecnica pittorica viene sviluppata da Grohar intuitivamente, nel corso della continua pratica, prima di tutto a Škofja Loka. Con l'arrivo di Grohar, poi di Jakopiče Sternen, la pittoresca cittadina diviene una sorta di "Barbizon sloveno", dove i pittori reciprocamente si confrontano e si incoraggiano a vicenda. Spesso sceglievano motivi simili nei dintorni, come la collina Kamnitnik (della quale Jakopič aveva fatto una serie di quadri dal 1903). Due anni dopo, anche Grohar dipinge un'immagine poetica della stessa collina coperta di neve (*Kamnitnik d'inverno*, 1905, Lubiana, Galleria nazionale), di dimensioni maggiori, ma molto simile, nel tocco pittorico, a quello di Jakopič. Il vero capolavoro del suo periodo divisionista è però questa tela. La nevicata è resa dal pittore come un fantastico turbinio che avvolge dinamicamente il quadro, mentre, per contrasto, risaltano le case tutte chiuse durante la bufera. Il quadro racchiude i risultati istintivi della scomposizione luministica, e anche dell'impressionante resa atmosferica. In questa serie di quadri ambiziosi (del 1905 circa: paesaggi puri o con figura), si manifesta da un lato la contemplazione intensa del motivo anche in situazioni difficili, dall'altro la concentrazione sull'interazione reciproca dei colori e della luce vivificante. Non si sa cosa Grohar conobbe dell'opera tardiva di Monet, per cui non si possono avanzare supposizioni circa possibili influenze concrete. Certo è che la veemenza espressiva è un tratto senz'altro comune a entrambi.
A. Sz. M.

Ungheria

28. László Mednyánszky
(Beckó 1852 - Vienna 1919)
Disgelo in montagna
1890 circa
olio su tela, cm 40,5 x 50
Firmato in basso a destra: *Mednyánszky*

Provenienza: Budapest, Gyula Wolfner; Budapest, Magyar Nemzeti Galéria.
Bibliografia: I. Brestyánszky, *Mednyánszky László*, Budapest 1963, p. 13; A. Szinyei Merse, in *Tendenze del plein air in Ungheria*, catalogo della mostra, Szolnok, Galleria di Szolnok, 2001, p. 25, tav. XV.
Esposizioni: Budapest, Museo Ernst, 1969, *Pittura ungherese 1896-1945*, s. n.; Bukarest, Muzeul de Arta, 1960, *Mednyánszky*, n. 33; Budapest, Galleria Nazionale Ungherese, 1979, *Mostra commemorativa László Mednyánszky*, n. 91; Cracovia, Palac Sztuki, 2000, *In the Impressionist Current: Hungarian Painting 1870-1920*, s. n.; Budapest, Galleria Nazionale Ungherese, 2003, *Mednyánszky*, n. 70; Budapest, Galleria Nazionale Ungherese, 2004, *Vienna e Budapest tra storicismo e avanguardia 1873-1920*, n.

Uno dei maestri più complessi della pittura ungherese, studia prima a Monaco di Baviera con O. Seitz, in seguito, dal 1874, a Parigi con I. Pilz. A Monaco, può farsi una prima idea della pittura di Barbizon, attraverso la mediazione dei paesaggisti bavaresi, come, ad esempio, Eduard Schleich senior. Nei mesi estivi di 1875 e di 1877, egli stesso lavora a Barbizon, mentre a Parigi visita le grandi mostre retrospettive di Corot, di Millet, poi di Diaz. Espone ai *Salon*, all'*Esposizione universale* del 1878, e dopo un lungo viaggio in Italia, ritorna in patria. Dal 1881 alterna i suoi soggiorni tra Vienna e l'Ungheria, pur con lunghi soggiorni a Parigi, dove dipinge i senzatetto della città, cercando di rappresentare i più profondi segreti dello spirito umano. Questo aspetto della sua pittura viene notato dal critico Adrien Remacle, che elogiò il suo mondo artistico, pieno di profondità rembrandtiana, tanto singolare nella sua straordinarietà.
Era una caratteristica, questa che l'artista coltivava fin da ragazzo quando, girovagando per i prati e i monti del suo paese natale, stringeva amicizia con pastori e zingari, e conosceva così in modo ravvicinato il proprio ambiente naturale e umano. Un mondo che ritrasse e dipinse sempre con passione, e al quale ritornava nei momenti di crisi e d'incertezza legate alla propria professione.
Di temperamento prevalentemente malinconico, fu sempre un osservatore attento e coscienzioso nel rapportare di continuo lo spettacolo offertogli dalla natura, di volta in volta, con i propri stati d'animo. Non a caso, in simili occasioni, dipinse delle tele ricche di toni fini, tutte giocate su toni grigi, emananti un'atmosfera cupa e misteriosa (una modalità espressiva, questa, che ritornerà anche più tardi nella sua pittura.)
In base alle sue osservazioni precedenti, scrisse poi nei diari, che «un fenomeno oggettivo si trova così raramente in natura, come un'apparenza puramente soggettiva nell'immaginazione. Dal rapporto reciproco di questi due elementi sono deducibili tutte le tendenze anteriori e future dell'arte.»[1] Un nuovo soggiorno parigino, intorno al 1890,

arricchisce finalmente la sua pittura di colori più chiari, carichi di luce, e di una pennellata più vigorosa. Le approfondite analisi sul vero lo conducono anche a una percezione più completa dell'impressionismo.

Il paesaggio raffigurato in questo quadro segnala in modo esemplare questo cambiamento: è una rarità trovare un altro suo quadro dove il tocco delle pennellate vibri in modo continuo su tutta la superficie. Altri suoi paesaggi invernali, più fortemente soleggiati, rendono i pieni valori della luce. Qui invece, il cielo, di un bianco quasi lattiginoso, è coperto, e nella morbida luce diffusa non risaltano efficacemente i colori freschi della vegetazione che emerge sotto la neve che si sta sciogliendo.

A. Sz. M.

[1] Nota del 16 dicembre 1895, in I. Brestyánszky (a cura di), *Diario di László Mednyánszky*, Budapest 1960, p. 4l.

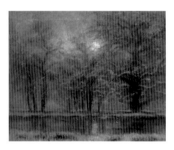

29. László Mednyánszky
(Beckó 1852 - Vienna 1919)
Paesaggio d'inverno con la luna
1900 circa
olio su tela, cm 50 x 70
Firmato in basso a destra: *Mednyánszky*

Provenienza: Budapest, B. Mihályi; Budapest, Tibor Gyurkovich (dal 1971); Mosonmagyaróvár, Hansági Múzeum, Collezione Gyurkovich.
Bibliografia: T. Almási, Z. Székely, *Mednyánszky*, in *Gyurkovich-gyűjtemény* (collezione Gyurkovich), Mosonmagyaróvár, Hansági Múzeum, 2000, pp. 212-213.
Esposizioni: Mosonmagyaróvár, Hansági Múzeum (dal 1989), mostra permanente; Budapest, Galleria Nazionale Ungherese, 2003, *Mednyánszky*, n. 146.

«Nebbia invernale con la neve e con qualche chiaro di luna rilucente [...]. Lo stato confidenziale e nello stesso tempo mistico delle atmosfere nebbiose, l'incontro di questi due elementi rinvenibili tanto raramente insieme.»[1] Così annota il pittore riguardo a uno dei suoi temi preferiti nel 1895, quando si occupava anche della fisiologia dei colori. Descrive, inoltre, l'evolversi del suo interesse per gli effetti di luce più difficilmente rappresentabili: «I miei primi esperimenti mirati a una generalizzazione li facevo con l'aiuto della nebbia [...]. Solo dopo venivano il raggio di luna e di sole. In questo caso il colore locale scompare quasi totalmente e lascia il posto alla luce. (In un certo senso ecco la spiritualizzazione della natura).»[2] Mednyánszky dipinge in successione i paesaggi invernali diurni, crepuscolari o notturni, frequentemente con una moltitudine di alberi spogli o coperti di neve, come un finissimo velo di trine. I motivi preferiti venivano rappresentati dal pittore nelle condizioni atmosferiche più diverse: non solo con la nebbia, ma anche in primavera o in autunno, facendo così ricorso a una più ricca scala cromatica, e componendo delle splendide sequenze. Quelli della nebbia, conformemente al desiderio del maestro, sono quelli che maggiormente raccontano «l'incanto delle profondità tra realtà e sogno»,[3] grazie alla luce calda che si espande nel mistico turbinio giallastro. I raggi del sole – o della luna, come in questo dipinto –, si moltiplicano specchiandosi nell'acqua (una tecnica che ritroviamo in numerosi quadri), e fondono gli elementi primordiali di cielo, terra e acqua, trasformandoli in puri fenomeni atmosferici. La preferenza per i quadri in serie, e la predilezione per il folto delle selve, lo apparentano con Schindler, protagonista dello *Stimmungsimpressionismus* austriaco. Il "vagabondo" ungherese, che, dal 1880, soggiornò più volte a Vienna, scrisse spesso nel diario quanto fosse importante la connessione tra umore atmosferico e disposizione d'animo. Dopo la sua prima, e ben accolta, mostra retrospettiva presso la Galerie Georges Petit, in partenza per la patria, notò a Parigi nel diario: «Bisogna estendere il colore locale in ogni singolo umore su tutto e bisogna situare gli oggetti in questo tono umido (alla prima).»[4]

A. Sz. M.

[1] Nota del 26 ottobre 1895, in I. Brestyánszky (a cura di), *Diario di László Mednyánszky*, Budapest 1960, p. 33.
[2] Nota senza data (ma 1896-1897 circa), Parigi, ivi, p. 48.
[3] Nota del 4 agosto 1897, Parigi, ivi, p. 51.
[4] Ibid.

30. László Mednyánszky
(Beckó 1852 - Vienna 1919)
Paesaggio montuoso con lago
1900 circa
olio su tela, cm 80 x 100
Firmato in basso a destra: *Mednyánszky*

Provenienza: New York, collezione privata; Budapest, Magyar Nemzeti Galéria.
Bibliografia: A. Szinyei Merse, *A magyar tájfestészet aranykora 1820-1920 (L'eta d'oro del paesaggio ungherese)*, Budapest 1994, p. 104; A. Szinyei Merse, in *Alla ricerca del colore e della luce: pittori ungheresi 1832-1914*, catalogo della mostra, Firenze, Galleria d'arte moderna di Palazzo Pitti, 2002, p. 120.
Esposizioni: Budapest, Pinacoteca della Capitale, 1952, *Mednyánszky*, n. 42; Budapest, Galleria Nazionale Ungherese, 1979, *Mednyánszky*, n. 138; Citta del Messico, Museo San Carlo, 1983, *La pintura hungara en el siglo XIX*, s. n.; Roma, Chiesa del Complesso monumentale di San Michele, 1987, *Arte figurativa in Ungheria tra il 1870 e il 1950*, n. 92; Berlino, Nationalgalerie, 1988, *Ungarische Malerei des 20. Jahrhunderts*, n. 78; Cracovia, Palac Sztuki, 2000, *In the Impressionist Current: Hungarian Painting 1870-1920*, s. n.; Szolnok, Galleria di Szolnok, 2002, *Tendenze del plein air in Ungheria*, s. n.; Firenze, Galleria d'arte moderna di Palazzo Pitti, 2002, *Alla ricerca del colore e della luce: pittori ungheresi 1832-1914*, n. 43; Vienna, Kunsthistorisches Museum, 2003, *Zeit des Aufbruchs, Budapest und Wien zwischen Historismus und Avantgarde*, n. 4.1.15; Budapest, Galleria Nazionale Ungherese, 2003, *Mednyánszky*, n. 162; Budapest, Galleria Nazionale Ungherese, 2004, *Vienna e Budapest tra storicismo e avanguardia 1873-1920*, n. 5.1.30.

Artista dal carattere inquieto, Mednyánszky, era solito interrompere spesso i suoi lunghi soggiorni all'estero con improvvisi ritorni a casa. Queste oscillazioni si riflettono anche nella sua produzione, e i dipinti della Tatra, ad esempio, compaiono ciclicamente nella sua opera. Attratto dalla dimensione metafisica della natura, Mednyánszky non poteva non risentire del fascino delle grandi montagne, delle loro proporzioni sovrumane, della loro luminosità e del loro cromatismo variabile, ma anche della sensazione di minaccia e di pericolosità. Sappiamo dai suoi diari che visitò le Alpi, anche se era intimamente legato alla montagna Tatra fin dalla giovinezza. Proprietario del castello familiare di Nagyőr (ora Strazky, Slovacchia) poco distante dai monti, aveva modo, nei suoi vagabondaggi solitari, di osservare il paesaggio montuoso in ogni stagione e in ogni possibile condizione di luce, come testimoniano numerosi dipinti della Tatra. Nel diario descrive puntualmente – qualche volta di ora in ora – i sempre nuovi effetti coloristici. Poi riprendeva il lavoro sui quadri, a casa, in studio, a volte anche dopo anni (un procedimento che praticò lo stesso Monet.) Mednyánszky non aveva la pazienza di aspettare che il colore a olio seccasse: perciò, dipinge contemporaneamente più opere, riprendendole in seguito; per questo motivo è estremamente difficile datare i suoi dipinti. Adottò questo procedimento anche con i paesaggi invernali. Le sommità ricoperte di neve, in lontananza, sono sempre presenti in queste opere; d'altronde è lui l'autore ungherese che dipinse più frequentemente la natura durante l'inverno; malgrado le ripetute malattie, il barone non temeva il freddo e l'umidità. La sua spiritualità, influenzata dal buddismo, trionfò sulla debolezza fisica. Così, della natura, riuscì sempre a cogliere ed esprimere, non solo la precarietà e la fugacità, ma anche l'aspetto particolare di eternità. Ciò è evidente anche in questo dipinto, dove traspare la freschezza dell'impressione momentanea di una dolce e precoce primavera: ai piedi delle cime ricoperte di neve colorata, da riflessi caldi e freddi, pulsa una vita multicolore.

A. Sz. M.

31. Pál Szinyei Merse
(Szinye-Újfalu 1845 - Jernye 1920)
Disgelo, 1884-1895
olio su tela, cm 47,3 x 60,6
Firmato e datato in basso a destra:
Szinyei Merse Pál 1895

Provenienza: Budapest, conte Gyula Andrássy; New York, Emil Kiss; Budapest, Museo di Belle Arti (dal 1935); Budapest, Magyar Nemzeti Galéria.
Bibliografia: B. Lázár, *Szinyei Merse Pál*, Budapest 1913, p. 70; S. Meller, *Szinyei Merse Pál élete és müvei* (Vita e opere di P. Sz. M.), Budapest 1935, p. 113; E. Hoffmann, *Szinyei Merse Pál*, Budapest 1943, p. 36, n. 142; A. Szinyei Merse, *Szinyei Merse Pál élete és müvészete (Vita e arte di P. Sz. M.)*, Budapest 1990, pp. 108, 116, 123, 198, n. 156; A. Szinyei Merse, *A magyar tájfestészet aranykora 1820-1920 (L'età d'oro del paesaggio ungherese)*, Budapest 1994, p. 76; A Szinyei Merse in *Budapest 1869-1914: Modernité hongroise et peinture européenne*, catalogo della mostra, Digione, Musée des Beaux-Arts, 1995, p. 102.
Esposizioni: Budapest, Palazzo d'arte, 1895-1896, Salone invernale n. 60; Parigi 1900, Esposizione universale, n. 440; Berlino, Sezession, 1910, *Pittura ungherese*, n. 182; Monaco, Galerie Heinemann, 1910, *Retrospettiva Pál Szinyei Merse*, n. 19; Roma, 1900, Esposizione internazionale, n. 264; Saint Louis (USA), 1915, Esposizione universale; San Francisco, 1916, Mostra internazionale; Panama, *Pacific International Exhibition*, 1933; Budapest, Galleria Nazionale Ungherese, mostra permanente (dal 1957); Budapest, Galleria Nazionale Ungherese, 1990, *Pál Szinyei Merse e la sua cerchia*, s. n.; Digione, Musée des Beaux-Arts 1995, *Budapest 1869-1914: Modernité hongroise et peinture européenne*, n. 21; Londra, Royal Academy, 2000, *Year 1900: Art at the crossroads*, n. 198; Villandry, Chateau, 2001, *La Hongrie ensoleillée*, s. n.

Il maggior colorista dell'Ottocento ungherese, appartenente alla nobiltà terriera nell'Ungheria settentrionale, frequenta dal 1864 al 1869 l'Accademia di Belle Arti a Monaco di Baviera, e già nelle opere giovanili si nota una ricerca autonoma. Sin nelle sue prime opere, Merse si avvicina al paesaggio con umiltà, schiettezza e senza alcun preconcetto: gli era infatti estraneo il metodo tradizionale della paesaggistica, insegnato all'Accademia. Il suo modo spontaneo di vedere e interpretare la natura era completamente diverso dall'interesse storico, aneddotico e letterario del suo ambiente. I suoi schizzi del 1869, *Altalena* e *Panni al sole* (Budapest, Galleria Nazionale Ungherese) costituiscono i primi risultati dell'impressionismo ungherese e mitteleuropeo. Nel 1872, a Monaco, dipinse la sua opera principale, *Picnic in maggio* (Budapest, Galleria Nazionale Ungherese) sorprendentemente vigorosa nella sua vasta gamma coloristica.
La pittura *en plein air* di Szinyei Merse, con i suoi colori freschi e luminosi, sviluppata indipendentemente dai francesi, trova un'incomprensione totale in Ungheria, nella Baviera e in Austria. Se, in un primo momento, pensò di stabilirsi a Firenze, vicino all'amico pittore Arnold Böcklin, e in seguito di recarsi nella Baviera, nel 1875, con la morte del padre, è costretto a rinunciare a tutti i viaggi all'estero. Si trasferisce con la famiglia nel castello con tenuta dei suoi avi nell'Ungheria settentrionale; qui, lontano dalla vita artistica e a contatto con un ambiente ben poco stimolante, dipinge sempre meno. Dopo un anno trascorso a Vienna, riprende a dipingere, questa volta paesaggi realistici, nella speranza che questo cambiamento potesse portargli dei riscontri più favorevoli; cosa che di fatto accadde: *Disgelo*. divenne un capolavoro del realismo ungherese, frutto dell'interpretazione essenziale e grandiosa della madreterra. Szinyei Merse stesso raccontò a Simon Meller, suo biografo, che iniziò a dipingere il quadro nel 1884, un giorno di fine inverno, verso mezzogiorno, nella vicinanza dello studio a Jernye (ora Jarovnice, Slovacchia). Era quasi terminato, quando interruppe il lavoro per il pranzo. Quando, nel pomeriggio, tornò al quadro, l'illuminazione era cambiata, la neve sciolta, ma lui — fedele alla prima impressione resa tanto sinteticamente — decise di

non toccare più la tela. In primo piano, sul fondo della fossa, non a caso si vede un animale ferito, preda di uccelli rapaci: un chiaro riferimento alla propria delusione per le ripetute critiche mortificanti ai suoi quadri impressionistici. Quasi simbolicamente, quest'opera segna l'inizio di un lungo periodo di silenzio, che durerà ben dieci anni, e che nasce dal rifiuto dell'artista di scendere a compromessi con un gusto da lui considerato retrogrado. Il cielo e le nuvole vennero aggiunti alla composizione solo undici anni dopo, quando il pittore, ormai affermatosi, lo riprese in mano. Alla grande rassegna d'arte del 1896, in occasione dei festeggiamenti per l'Ungheria millenaria, furono finalmente esposte anche le sue migliori opere, lungamente nascoste al pubblico. Sia il magnifico *Picnic in maggio* del 1873, sia *Disgelo* da poco terminato, furono una vera rivelazione per la nuova generazione di giovani pittori ungheresi, come testimoniano le memorie degli artisti.[1] Fu un riconoscimento tardivo per il maestro, quando *Disgelo* nel 1900 vinse a Parigi la medaglia d'argento all'Esposizione universale, mentre lui stesso poté visitare la città un'unica volta nel 1908. Il quadro fu molto apprezzato nel 1911 anche a Roma: diversi musei vollero acquistarlo, ma rimase a lungo di proprietà dell'acquirente ungherese, che lo concesse in prestito solo in occasione di mostre.
A. Sz. M.

[1] I. Csók, *Szinyei Merse Pál emléke*, in «Magyar Müvészet», Budapest 1926, p. 33; I. Réti, *Szinyei Merse, Ferenczy, Thorma* in «Magyar Müvészet», 1938, p. 66.

32. Pál Szinyei Merse
(Szinye-Újfalu 1845 - Jernye 1920)
Inverno, 1901 circa
olio su tela, cm 91,5 x 119
Firmato in basso a sinistra: *Szinyei*

Provenienza: Hatvan, József Hatvany e signora; Budapest, Magyar Nemzeti Galéria.

Bibliografia: B. Lázár, *Szinyei Merse Pál*, Budapest 1913, p. 95; A Szinyei Merse, *Szinyei Merse Pál élete és müvészete (Vita e arte di P. Sz. M.)*, Budapest 1990, p. 123, n. 173; A. Szinyei Merse, in *The 19ʰ Century European and Hungarian Paintings*, catalogo della mostra, Fukuoka, Art Museum - Matsuyama, 1994, pp. 94, 160.
Esposizioni: Budapest, Salone Nazionale, 1907, *Prima mostra di gruppo*, n. 102; Budapest, Galleria Nazionale Ungherese, 1990, *Pál Szinyei Merse e la sua cerchia*, s. n.; Fukuoka, Art Museum - Matsuyama, Ehime Prefectural Museum of Art - Tokio, Bunkamura Museum of Art - Sendai, Miyagi Museum of Art, 1994, *The 19ʰ Century European and Hungarian Paintings*, n. 54.

«Nell'interpretare la natura orientavo i miei obiettivi sempre sugli effetti di colore [...]. Il paesaggio e le figure li segnavo appena con il carboncino e mettevo subito il colore sulla tela. Poi modellavo questo colore, ne studiavo l'effetto e da esso sviluppavo il disegno, la forma, i gradi dell'illuminazione, il tono, tutto.» Così scrive nella sua "ars poetica" del 1906 il grande colorista dell'Ottocento ungherese, Pál Szinyei Merse.[1]
Nell'età matura rievocò lo slancio degli anni giovanili proprio attraverso il colore. In questo modo riuscì a realizzare opere nuove, capaci di infondere in lui quell'ottimismo così necessario soprattutto nei periodi più difficili della sua carriera. Cercando, sin dall'inizio, i luoghi e le scene più variopinte del suo ambiente, il maestro dipingeva volentieri d'estate, ma prediligeva la natura primaverile e autunnale, quando gli era possibile applicare la giustapposizione dei colori complementari e contrastanti con più variazioni. Al contrario, il quadro in esame, è il suo unico paesaggio invernale conosciuto. Soggetto a reumatismi, aveva una certa avversione per la stagione fredda, per il lungo lavoro in condizioni ambientali e climatiche poco favorevoli. Per questo, risulta piacevolmente sorprendente lo zelo con cui si abbandonò allo studio del finissimo colorito trasparente di questo paesaggio invernale, quasi monocromo. I riflessi arancione-violacei del sole e delle nuvole basse, illuminano i rami degli alberi e si riflettono sul terreno ricoperto di neve. Le pennellate leggere, unitamente al colo-

rismo magistrale, basato su precisi valori della ristretta gamma cromatica usata, producono un effetto pittorico molto vicino all'immagine impressionista. Ma Szinyei Merse rimane piuttosto realista nel suo secondo periodo. Non s'interessa solo allo splendore vibrante della superficie, anzi, riesce a produrre una perfetta illusione spaziale. Dopo il 1905, quando viene nominato direttore dell'Accademia di Belle Arti a Budapest, non smette mai di raccomandare agli allievi di dipingere le fronde degli alberi in modo "arioso", come se dovessero essere attraversate sempre da voli di uccelli. Egli stesso ne dà esempio, con i paesaggi di quest'epoca, nei quali applica il principio della chiarezza e della semplicità strutturale. Predilesse sempre la composizione per diagonali, a lui più congeniale, che ritorna in numerosi varianti nelle sue opere, anche in *Inverno*. Le proporzioni del cielo e della terra e l'inclinazione del pendio sono riscontrabili, pur variate, anche in altri suoi quadri, persino in *Picnic in maggio*, opera derisa dai contemporanei, e poi ammirata dai posteri.
A. Sz. M.

¹ A. Szinyei Merse (a cura di), *A Majális festője közelről (Il pittore del Picnic in maggio da vicino. Corrispondenza, autobiografie, memorie di P. Sz. M.)*, Budapest 1989, p. 278.

Germania

a cura di Sabine Schulze

33. Paul Baum
(Meissen 1859 - Santa Lucia/San Giminiano 1932)
Casa delle Fiandre, 1894
olio su tela, cm 64 x 81,2
Firmato in basso a destra: *Baum 1894*

Provenienza: Kunstsammlungen Chemnitz.
Bibliografia: W. Hitzeroth, *Paul Baum (1859-1932). Ein Leben als Landschaftsmaler*, Marburgo 1988, 42v, p. 533, fig. F86, p. 153; D. Gordon, *Modern Art Exhibitions 1900-1916*, Monaco 1974, Vol. 1, n. 82, p. 119, vol. 2, p. 67.
Esposizioni: Berlino, Siebente Kunstausstellung der Berliner Sezession, 1903, n. 9; Belgrado, Nationalmuseum, Sarajevo, Collegium Artisticum e Zagabria, Kunsthalle, Kunstmuseum Karl-Marx-Stadt, 1990, n. 7; Lubiana, Narodna Galerija, 1990, *Smeri Razvoja Nemske Umetnosi od 1880 do 1933*, n. 6.

Nato a Meissen, Baum inizia a lavorare nella locale fabbrica di porcellane come decoratore di fiori. Nel 1877 ottiene un congedo per poter frequentare l'Accademia di Belle Arti a Dresda. In seguito, dopo essersi iscritto alla Scuola d'Arte di Weimar, Baum decide di dedicarsi esclusivamente alla pittura. Intraprende numerosi viaggi che lo conducono in Olanda e nelle Fiandre, finché entra a far parte della Colonia dei pittori di Dachau nel 1888. Qui inizia a coltivare il "paysage intime" secondo l'esempio di Barbizon. Nel 1890, durante un viaggio a Parigi, incontra gli impressionisti Monet, Pissarro e Sisley. L'inizio del secolo determina una svolta stilistica di rilievo, soprattutto dopo aver conosciuto le opere del divisionista Theo van Rysselberghe. La sua opera è contraddistinta dalla rappresentazione esclusiva di paesaggi, completamente privi di presenze umane o di qualsiasi traccia di civilizzazione.
Il soggetto, con le case bianche, i tetti rossi sul prato colorato davanti al cielo blu, lo affascina molto.

Dopo il suo arrivo a Knokke sur Mer, Baum osserva e dipinge le abitazioni fiamminghe con qualsiasi tempo e in qualsiasi momento della giornata. Quello che cambia, a seconda dell'atmosfera, sono lo stile e il colore. La luce estiva spinge Baum verso un tratto più disinvolto che dissolve i contorni nonostante i colori accesi. È Monet l'ispiratore di questa spontaneità che Baum aveva potuto ammirare nei quadri del maestro francese a Parigi, nel 1890. Il paesaggio invernale, invece, viene reso in modo molto più preciso. I colori vanno dal marrone al grigio, le brevissime pennellate presentano un chiaro influsso di Pissarro, con il quale Baum discute diffusamente a Knokke. Ma, nonostante la tecnica da *plein air*, la sua predilezione per la linearità grafica e la rappresentazione precisa ha il sopravvento. Per lui è un gioco da ragazzi trasformare il quadro in una litografia a colori, rendendolo così accessibile ad un'ampia cerchia di collezionisti. È proprio questo armonico paesaggio invernale che renderà Baum noto come pittore impressionista a Dresda e a Weimar. Non è quindi il turbinio di colori, bensì la forma domata e l'atmosfera glaciale che portano al successo il nuovo stile in Germania.

34. Eugen Bracht
(Morges/Lago di Ginevra 1842 - Darmstadt 1921)
Dalle Alpi Vallesi, 1888
olio su tela, cm 120 x 200
Firmato e datato in basso a destra: *Eugen Bracht, Berlino 1888*

Provenienza: Darmstadt, Städtische Kunstsammlungen; Darmstädter Kunstgalerie des 19. Jahrhunderts, Haus Deiters; Darmstadt, Städtische Kunstsammlung.
Bibliografia: M. Grosskinsky, *Eugen Brache (1842-1921)*, catalogo della mostra di Darmstadt, Mathildenhöhe, Darmstadt 1992, pp. 230-231; *Darmstädter Galerie des 19. Jahrhunderts, Haus Deiters*, Darmstadt 1992, pp. 21-23.
Esposizioni: Monaco, 1888, *III. Internationale Kunstaustellung im Kö-*

niglichen Glaspalaste, n. 705; Darmstadt, 1981-1982, *Arte dal patrimonio cittadino di Darmstadt*, n. 382.

Eugen Bracht cresce in una famiglia di orientamento liberale che lo introduce alla pittura sin da piccolo. Dal 1859 frequenta la Scuola d'Arte di Karlsruhe, dove Johann Wilhelm Schirmer gli insegna come osservare la natura e come rappresentare adeguatamente il paesaggio. Nel 1861 prosegue la propria formazione all'Accademia di Düsseldorf, dove la consistenza contenutistica della sua pittura paesaggistica si rafforza grazie ai suggerimenti di Carl Friedrich Lessing. Dal 1870 al 1874, visto lo scarso successo ottenuto come pittore, Bracht gestisce un negozio a Berlino. Il matrimonio con la figlia di un pittore lo riconduce alla sua antica professione, e nel 1875 torna all'Accademia di Karlsruhe per due anni. È il paesaggio della brughiera arricchito di dettagli storici che lo porterà al successo in occasione delle grandi mostre annuali di Berlino, Monaco e Dresda. Grazie ad Anton von Werner diventa professore di pittura paesaggistica all'Accademia di Berlino. Bracht riceve numerose commesse per panorami, per esempio *La battaglia di Sedan*, e progetta inoltre arredamenti orientaleggianti e scenografie. Nel 1886 e nel 1888 compie dei viaggi sulle Dolomiti e sulle Alpi Vallesi che gli si rivelano in tutta la loro magnifica imponenza.

Bracht definisce i propri paesaggi d'alta montagna degli ultimi anni ottanta come «consapevolmente realistici, ma severi.» Il soggetto del quadro si riconosce immediatamente: si tratta della catena del Weisshorn con le cime del Gabelhorn, della Wellenkuppe, del Trifthorn con il ghiacciaio, del Zinalrothorn e del Schallihorn. È noto che il pittore si serve di una foto scattata nel 1887 dall'italiano Vittorio Sella, immagine che vale come indiscussa ispirazione per questo stile lineare e "fotorealistico". Ad ogni modo, è l'aspetto pittorico a prevalere sul carattere documentaristico, come testimonia un critico dell'epoca: «Questa massa sconvolgente e mostruosa, la maestosità imperturbabile della natura d'alta montagna, in cui tutto l'esistente sembra finire, trova la migliore espressione in questa rappresentazione.» In questa veduta alpina Bracht rinuncia ai simboli storici, tipici per lui, e al *pathos* della forza della natura. L'altopiano deserto non presenta alcuna traccia di civilizzazione capace di attirare l'attenzione su di sé. All'orizzonte si stagliano le vette coperte di neve davanti a un cielo dal blu splendente. Il suolo pietroso dell'altopiano, palcoscenico ideale per il viandante immaginario, si trasforma nei toni caldi del marrone, mentre i laghi riflettono il blu limpido del cielo. Nonostante la "protocollare imitazione della natura" e l'iperrealismo, le Alpi Vallesi rimangono una cornice naturale di grandissimo effetto compositivo.

35. Max Clarenbach
(Neuss 1880 - Colonia 1952)
Il fiume Erft d'inverno, 1905 circa
olio su tela, cm 50,5 x 59,8
Firmato in basso a destra: *M. Clarenbach*

Provenienza: Düsseldorf, Galerie Paffrath.
Bibliografia: *Max Clarenbach*, catalogo della mostra, Galerie Paffrath Düsseldorf 2001, p. 80, ill. p. 81.
Esposizioni: Düsseldorf, Galerie Paffrath, 2001, *Max Clarenbach*.

Sin dal 1893 Clarenbach viene ammesso all'Accademia d'Arte di Düsseldorf. Durante i numerosi viaggi in Olanda trae ispirazione sia dal paesaggio sia dalla scuola di pittura dell'Aia. Il suo soggetto preferito sono il porto e la spiaggia, tanto che si dedicherà alla rappresentazione di superfici d'acqua per tutta la vita. Nel 1902 si impone all'attenzione del pubblico in occasione della Mostra d'arte nazionale di Düsseldorf con la scena fluviale *Il giorno tranquillo*. Si reca per la prima volta a Parigi nel 1905 e, da quel momento in poi, subirà l'influenza della pittura impressionista. Si adopera con decisione per il riconoscimento degli artisti francesi lavorando come organizzatore delle mostre del Sonderbund di Düsseldorf. Divenuto professore di pittura paesaggistica all'Accademia di Düsseldorf, rimarrà artisticamente legato alle vedute del basso Reno.

Dal 1905 i pioppi sulla riva dell'Erft sono il soggetto preferito di Clarenbach, ed è proprio qui che mette in gioco sapientemente il suo talento. L'acqua del fiume domina la scena, la fila degli alberi è tagliata e solo sulla linea dell'orizzonte i pioppi si presentano in tutta la loro lunghezza, sebbene i contorni si dissolvano in lontananza. Anche la rifrazione dell'acqua ci sottrae la vista diretta sugli alberi. La maestosità delle fronde è sfocata dal riflesso del fiume, i contorni scompaiono per il lieve movimento delle onde luccicanti. Questo sguardo illusorio e straniante cattura con maestria l'incanto dell'acqua e dell'aria. È possibile che Clarenbach abbia visto la serie di *Pioppi* sulla riva dell'Epte di Monet durante il suo soggiorno a Parigi nel 1905?

36. Jean Paul Kayser
(Amburgo 1869 - Donaueschingen 1942)
Il Falkenberg sotto la neve, 1896
olio su tela, cm 46 x 74

Provenienza: Amburgo, Hamburger Kunsthalle (dono Sig. Console Generale Eduard Behrens "Sammlung von Bildern aus Hamburg").
Bibliografia: C. Meyer-Tönnesmann, *Der Hamburgische Künstlerclub von 1897*, Amburgo 1985, p. 61; U. Luckhardt, U. M. Scheede (a cura di), *Die Sammlung von Bildern aus Hamburg*, Amburgo 2002, n. 22.

Dopo aver seguito alcuni corsi di scenografia, dal 1889 Kayser frequenta la scuola d'artigianato di Dresda e poi di Monaco. Inizia a lavorare ad Amburgo e, contemporaneamente, prosegue gli studi di pittura da autodidatta. Durante la *Mostra di Primavera* del 1894 conosce un gruppo di artisti che, come lui, amano dipingere all'aperto. Tre anni più tardi fondano il "Club degli artisti di Amburgo" che trova sostegno e commesse grazie al direttore del museo Alfred Lichtwark. Quest'ultimo infatti intende dar vita a una collezione per la Kunsthalle di paesaggi e rappresentazioni di carattere moderno, aventi come soggetto la vita della città anseatica. Solo quando l'osservatore conosce l'oggetto rappresentato può comprendere a prima vista che «l'opera non è una riproposizione meccanica, più o meno precisa, bensì l'espressione di un essere particolare che percepisce forma, spazio e colore con i propri occhi e che è dotato di una più o meno accentuata simpatia per le cose di questo mondo.»

Il paesaggio del quadro in esame, ampio e poco spettacolare, presenta colori delicati. Una leggera foschia, che nel nord della Germania non si dirada mai, nemmeno quando c'è il sole, e circonda gli oggetti come un velo sottile. L'orizzonte cede il passo alla neve che diventa protagonista per tre quarti del dipinto, offrendo quindi la possibilità di godere di tutta la gamma cromatica del bianco. Ecco i toni cangianti del violetto caldo, del blu glaciale; ecco spuntare un marrone terroso dalla superficie poco coprente, e, infine, un verde intenso sbuca qua e là sotto il manto bianco e lascia presagire la primavera. Solo i rami degli alberi sono ancora spogli. A parte alcune impronte che sembrano condurre lontano, la scena rappresentata è deserta. È primo mattino e sta sorgendo un sole che presto illuminerà la neve.

37. Max Liebermann
(Berlino 1847 - 1935)
Vista sullo zoo dalla finestra del soggiorno dell'artista, 1900
pastello su carta, cm 60 x 80

Provenienza: Amburgo, Henry P. Newmann (in seguito proprietà degli eredi); Bullach-Zurigo, Alfred Wurmser; Lempertz Colonia, 1964, asta 478, *Arte del XX Secolo*, n. 385; Friburgo (Brisgovia), collezione privata; Vienna, Mimi Eisenberger.
Bibliografia: *Max Lieberman in seiner Zeit*, catalogo della mostra, Berlino e Monaco, 1979-1980, p. 568, fig. 571; *Max Liebermann und die französischen Impressionisten*, catalogo della mostra Vienna, Jüdisches Museum, 1997-1998, Colonia 1997, pp. 108-109.

Esposizioni: Berlino, Galleria Bruno Cassirer, 1927, *Max Liebermann, Pastelle*, n. 7; Berlino, Nationalgalerie, Monaco, Haus der Kunst, 1979-1980, *Max Liebermann in seiner Zeit*, n. 302; Vienna, Jüdisches Museum, 1979-1980, *Max Liebermann und die französischen Impressionisten*, pp. 108-109.

Max Liebermann nasce in una famiglia ebrea dell'alta borghesia. Durante i primi anni di scuola gli vengono impartite lezioni private di pittura, ma è contro il parere dei genitori che, nel 1868, decide di trasferirsi a Weimar per frequentare l'Accademia d'Arte. Il suo primo viaggio in Olanda nel 1871 è determinante per lo sviluppo del suo stile, tanto da ritornarci regolarmente per il resto della vita. Nel 1872 debutta con le "Gänserupferinnen" (le spennatrici d'oche) alla Mostra dell'Accademia di Berlino dove la critica, ad eccezione di Adolf Menzel, che chiede di conoscere il giovane collega, è inorridita dalla presunta bruttezza del quadro. Nel 1870 Liebermann si trasferisce a Parigi dove lavorerà fino al 1878, nonostante il momento difficile che i tedeschi vivono nella capitale francese. In seguito va ad abitare a Monaco e lì conosce Wilhelm Leibl e Fritz von Uhde. Dal 1884 risiederà stabilmente a Berlino, il suo nuovo punto di riferimento, anche se continuerà a recarsi frequentemente a Parigi. Nel 1897 gli viene dedicata una mostra nell'ambito dell'esposizione d'arte di Berlino, a cui segue la nomina a professore titolare, incarico che gli permette di diventare membro dell'Accademia Prussiana d'Arte. Sotto la sua presidenza viene fondata, nel 1890, la Secessione berlinese, il cui programma di esposizioni domina, da quel momento in poi, la vita culturale tedesca. Liebermann continua inoltre a dedicarsi alla raccolta di quadri e disegni degli impressionisti, una passione che gli varrà duri attacchi da parte di molti. Nel 1911, dopo essersi occupato degli impressionisti, assegna il proprio ruolo di Presidente della Secessione a Lovis Corinth e si ritira in una villa sul Wannsee, il cui giardino diventa il suo soggetto preferito. Nel 1933 anche Liebermann è vittima delle leggi razziali che gli impediscono di dipingere: da quel momento in poi conduce una vita ritirata nella sua casa sulla Pariser Platz. Proprio dalla finestra di questa abitazione così rappresentativa

all'apice della carriera realizza alcune vedute.

Solitamente non dipinge vedute cittadine, e questo pastello è il primo ritratto della sua città natale. La scena potrebbe avvenire dovunque, l'artista non sceglie di proposito uno scenario topograficamente riconoscibile della capitale dell'impero tedesco. Predilige, invece, uno scenario comune rappresentando ora l'ex Sommerstrasse davanti alla propria casa. La linea dell'orizzonte è costituita dagli alberi spogli dello zoo innevato. Sulla Charlottenburger Chaussee, che conduce direttamente a ovest e che oggi si chiama Strasse des 17. Juni, si incontrano due vetture pubbliche a cavalli. Sulla destra un poliziotto osserva i passanti che attraversano con cautela la strada ghiacciata, mentre il margine sinistro del quadro è percorso da un tram giallo. Colore dominante è il marrone che viene contrapposto ai lampi di bianco che guizzano sui marciapiedi. Il tutto per completare uno sguardo sulla vita quotidiana di Berlino con un inclemente tempo invernale.

38. Gotthardt Kuehl
(Lubecca 1850 - Dresda 1915)
Il ponte Augustin a Dresda con la neve, 1895-1909
olio su tela, cm 75,5 x 110
Firmato in basso a sinistra: *Gotthardt Kuehl*

Provenienza: Dresda, Galerie Neue Meister, Staatliche Kunstsammlungen Dresden (acquisto dall'artista nel 1900).
Bibliografia: G. Minde-Pouet, *Gotthardt Kuehl*, in «Westermanns Monatshefte», vol. 125, 1918; *Gotthardt Kuehl 1850-1915*, a cura di Gerhard Gerkens, Horst Zimmermann, Lipsia 1993, pp. 63-65, fig. p. 126; *Staatliche Kunstsammlungen Dresden, Gemäldegalerie Neue Meister*, Berlino 2001, p. 114.
Esposizioni: Dresda, Stadtmuseum, 1983, *Gotthardt Kuehl*; Dresda, Galerie Rähnitzgasse, *225 Jahre Hochschule der Bildenden Künste*; Dresda, Stadtmuseum, 1992 *Stadt-*

bild Dresden,; Dresda, Albertinum, Lubecca, Kunstmuseum, 1993, *Gotthardt Kuehl*; Dresda, Stadtmuseum, 1997, *Stadtansichten 1900 bis 1945*.

Grazie a una famiglia che assecondò le sue aspirazioni artistiche, Gotthardt Kuehl studia prima a Monaco, dove frequenta le lezioni di Wilhelm Dietz ed entra in contatto con la cerchia di Leibl, quindi, nel 1879, si stabilisce a Parigi e dal 1881 espone regolarmente al *Salon*. Grazie a un viaggio in Olanda, con Fritz von Uhde nel 1882, inizia a dedicarsi alla pittura *en plein air*. Dopo dieci anni di soggiorno a Parigi, Kuehl ritorna in Germania e si stabilisce a Monaco dove, nel 1892, diviene uno dei membri fondatori della Secessione. Tre anni più tardi è nominato docente di pittura di genere all'Accademia di Dresda, e nel 1902 dà vita con altri artisti all'associazione "Elbier" che negli anni successivi avrebbe presentato in tutte le maggiori città tedesche le opere dell'impressionismo di Dresda.

Kuehl non è un pittore di paesaggi, il suo soggetto preferito sono gli interni inondati di luce che, da abile pittore architettonico, riesce a riprodurre con le atmosfere della Dresda barocca.

Seguiamo lo sguardo dall'*atelier* di Kuehl che si trova al secondo piano dell'appena ultimata Accademia di Belle Arti sulla Brühlsche Terrasse. Da qui l'artista scopre la città: questo panorama contiene tutti i motivi dei suoi quadri dedicati a Dresda. Essi presentano delle sfaccettature sorprendenti, messe in risalto da impercettibili variazioni del punto di vista, spesso dal medesimo punto di osservazione. Il tema del ponte, colto in tutti i momenti della giornata e in ogni possibile situazione, lo tiene costantemente occupato fino al 1908. Questo soggetto gli permetterà di realizzare circa 12 quadri ad olio e numerosissimi disegni a colori. Con questi lavori Kuehl si inserisce nell'illustre tradizione delle vedute di Dresda inaugurata da Bernardo Bellotto. Ma nonostante ciò il pittore lascia vagare il proprio sguardo attraverso una città moderna: non per nulla il Ponte è percorso da vetture pubbliche. Ciò che domina i suoi quadri non è però l'imponente cornice dello Zwinger, dell'Hôtel Bellevue o della Semperoper, quanto invece l'alone giallognolo delle lampade a gas che irradiano una luce morbida e soffusa. Ne risulta un quadro affa-

scinante caratterizzato da un tratto elegante e morbido, tipico dei pastelli, che lambisce i contorni e avvolge le bellezze architettoniche di Dresda in un trasognato inverno.

39. Hugo Mühlig
(Dresda 1854 - Düsseldorf 1929)
Musicanti che tornano a casa in inverno, 1885 circa
olio su tela, cm 49 x 79,5
Firmato in basso a destra: *Hugo Mühlig*

Provenienza: Germania, collezione privata.
Bibliografia: H. Paffrath, *Meisterwerke der Düsseldorfer MAlerschule, 1819-1918*, Düsseldorf 1995, p. 182, fig. 183.

Proveniente da una famiglia di artisti (il nonno lavorava come scenografo a Dresda e godeva di una buona fama come ritrattista; il padre si dedicava alla pittura paesaggistica e di genere), Mühlig a sedici anni inizia a frequentare i corsi di Ludwig Richter alla Kunstakademie di Dresda. Dopo varie vicissitudini familairi ed economiche, nel 1888 si trasferisce a Düsseldorf, città in cui trascorre tutta la vita lavorando con successo.

La natura è la sua maggior fonte d'ispirazione: egli infatti amava dipingere nei dintorni di Düsseldorf e in riva al Mare del Nord o al Mar Baltico. Lo interessavano le diverse atmosfere delle stagioni, anche se il suo tratto distintivo rimane indubbiamente l'abbagliante luce del sole che si posa sui campi o sulla neve. In questi quadri che emanano luminosità, emerge l'influenza degli impressionisti francesi. Nonostante i riflessi della luce, i contorni non si dissolvono mai completamente, mentre qualcosa di concreto pervade sempre i suoi dipinti. Anche l'uomo rimane costantemente al centro, preso dalle sue occupazioni quotidiane.

In questo quadro, la diagonale che si spinge in profondità e l'orizzontale statica caratterizzano questa tipica composizione. Il giorno volge alla fine, le ombre si allungano sensibilmente, il sole ha ammorbidito la neve nelle impronte lasciate per terra, e le chiome degli alberi non sono più ghiacciate. La neve comincia a scendere; in mezzo al campo si incontrano una coppia ben vestita – lui addirittura con l'uniforme da parata – e due musicanti. Hugo Mühlig rappresenta una tranquilla domenica. I suoi quadri raccontano di professioni legate alla tradizione, di contadini, cacciatori o, come in questo caso, di suonatori di paese. I paesaggi di genere di Mühlig devono il loro successo probabilmente al contrasto con la vita frenetica di Düsseldorf. Negli ultimi anni del XIX secolo Düsseldorf si trasforma in una grande città moderna con fabbriche e agglomerati urbani. Solo durante il fine settimana gli abitanti della città possono sfuggire dal rumore e dall'aria insalubre per rifugiarsi nella natura. Nei quadri di Mühlig permane l'impressione di un'ideale esistenza contadina che sembra riuscire a preservarsi da un futuro segnato dall'industrializzazione.

40. Victor Müller
(Francoforte sul Meno 1830 - Monaco 1871)
Vecchio ponte sul Meno d'inverno, 1860
olio su tela, cm 46,3 x 61,3

Provenienza: Otto Scholderer ed eredi; Francoforte, J. P. Schneider jr.
Bibliografia: *Victor Müller, Gemälde und Zeichnungen*, catalogo della mostra di Francoforte, Städelsches Kunstinstitut, 1973-1974, pp. 40-41; E. Lehmann, *Der Frankfurter Maler Victor Müller, 1830-1871*, Francoforte 1976, pp. 142-144; *Courbet und Deutschland*, catalogo della mostra, Amburgo, Hamburger Kunsthalle 1978, Francoforte, Städelsches Kunstinstitut, 1979, Colonia 1978, pp. 258-259; *Frankfurter Stadtansichten*, catalogo della mostra, Francoforte, negozio d'arte J. P. Schneider jr., 1994, pp. 24-25.
Esposizioni: Francoforte, Städelsches Kunstinstitut, 1973-1974, *Victor Müller, Gemälde und Zeich-*

nungen, n. 21; Amburgo, Kunsthalle e Francoforte, Städelsches Kunstinstitut, 1978-1979, *Courbet und Deutschland*, n. 374; Francoforte, Negozio d'arte J. P. Schneider jr., 1994, *Frankfurter Stadtansichten*.

Di famiglia benestante, Müller, nel 1849, dopo aver frequentato per tre anni la Städelschule, si trasferisce prima ad Anversa, poi, nel 1851, a Parigi, dove coltiva l'interesse per gli artisti e il paesaggio di Barbizon. L'anno successivo entra a far parte dell'*atelier* di Couture. Partecipa all'*Esposizione Mondiale* del 1855 ed entra in contatto con Gustave Courbet che ha partecipato alla manifestazione con undici quadri. Il maestro francese inoltre espone altri quaranta lavori in un padiglione nelle immediate vicinanze, dove si possono ammirare, tra gli altri, *Il funerale di Ornans* e *Lo studio del pittore*. Nel 1858 Courbet si trasferisce per alcuni mesi a Francoforte. La vita in comune nell'*atelier* al n. 44 di Kettenhofweg testimonia il buon spirito di collaborazione instauratosi tra i pittori tedeschi e il caposcuola francese. Dopo il 1865 Müller si stabilisce a Monaco e comincia a frequentare Wilhelm Leibl e la sua cerchia di amici, che rende partecipi della concezione del colore appresa a Francoforte da Courbet. Nonostante i numerosi influssi che gli giungono da altri artisti, Müller riesce a sviluppare uno stile personale, come testimonia chiaramente questo quadro invernale.
Ciò che colpisce è innanzitutto lo scorcio poco rappresentativo scelto da Müller. Generazioni di pittori prima di lui preferiscono il panorama stilisticamente più piacevole del Sudovest, ovvero "lo sguardo italiano" rivolto al duomo che lambisce l'intricata città imperiale ricca di tradizioni e abitazioni medievali, caratterizzata da numerose scene di mercato e da un fitto traffico marittimo. Müller decide quindi di sfumare le scene di vita quotidiana rinunciando alle costruzioni storicamente significative. Lo sguardo che dall'edificio della Deutschherrenhaus a Francoforte-Sachsen prosegue fino ai primi archi del Ponte Vecchio sul Meno ignora dettagli architettonici e scene di genere, per concentrarsi sull'atmosfera di un cupo pomeriggio invernale. I toni luminosi del bianco lasciano spazio a un grigio pastoso e sporco. Il modo di stendere i colori in parabole continue, tecnica che coinvol-

ge anche gli strati sottostanti non del tutto asciutti, contribuisce in maniera determinante alla rappresentazione di questa atmosfera fredda e umida. Il punto in cui il fiume e la riva innevata sembrano fondersi l'uno con l'altro domina il quadro, mentre gli edifici scuri rimangono come sospesi. È così, la città viene avvolta da un'impressione di torpore invernale.

41. Hans Olde
(1855 Süderau/Holstein - Kassel 1917)
Casa rossa nella neve, 1893
olio su tela, cm 104 x 136
Firmato in basso a sinistra: *Hans Olde Seekamp 1893*

Provenienza: lascito dell'artista; Kunstverein dello Schleswig-Holstein per la Kunsthalle di Kiel; Kunsthalle zu Kiel.
Bibliografia: H. Kauffmann, *Kieler Brief*, in «Kunstchronik», 54, 30, 1918-1919, p. 573; F. von Boetticher, *Malerwerke des 19. Jahrhunderts. Beitrag zur Kunstgeschichte*, Dresda 1891-1901, p. 180, n. 16; G. Gronau, *Hans Olde*, in «Velhagen & Klasings Monatshefte», 34, Berlino-Bielefeld-Lipsia 1920, p. 510; L. Mrtius, *Die schleswig-holsteinische Malerei im 19. Jahrhundert*, Neumünster 1956, p. 375; H. Gantner, *Hans Olde* (Dissertazione filosofica), Tubinga 1970, p. 57; *Brokmanns Lexikon der Münchner Kunst. Münchner Malerei im 19. Jahrhundert*, vol. III, Monaco 1982, p. 240, n. 382; I. Kähler, *Vom Realismus zum Expressionismus*, in *Norddeutsche Malerei 1870 bis um 1930. Aus dem Bestand der Kunsthalle zu Kiel*, Kiel 1984, p. 122; J. Schlick, *Der Schleswig-Holsteinische Kunstverein 1843-1970*, in *Das Jubiläum. Eine Festschrift zum 150-jährigen Jubiläum des Schleswig-Holsteinische Kunstvereins*, Kiel 1993, pp. 80-81.
Esposizioni: Berlino, 1893, *Grosse Berliner Kunstausstellung*, n. 1150; Monaco, Internationale Kunstausstellung des Vereins Bildender Künstler "Sezession", 1893, n. 401;

Kiel, Kunsthalle, 1893, *Hans Olde*; Berlino, 1913, *Grosse Berliner Kunstausstellung*, n. 452; Kassel, Kunstverein, 1918, *Hans Olde*, n. 3; Amburgo, Altonaer Museum, Norddeutsches Landesmuseum, Tokio, Daimaru Museum, Osaka, Navio Museum of Art (e altri), 1993-1994, *Das Licht des Nordens. Skandinavische und norddeutsche Malerei zwischen 1870 und 1920*, n. 71.

Primogenito di una famiglia di contadini, Hans Olde sembra essere destinato alla gestione della fattoria paterna. Dopo la maturità, su pressioni del padre, segue un corso professionale alla scuola di agraria e, nel 1879, approda all'Accademia d'Arte di Monaco dopo aspri litigi con i genitori. All'inizio del 1886, con Lovis Corinth, frequenta l'*Académie Julian* a Parigi, da cui trae stimoli e ispirazione per la sua pittura all'aperto. Contemporaneamente rimane colpito dal "sano realismo" di Francois Millet. Sempre nel 1886, Olde partecipa con successo al *Salon* di Parigi dove, tre anni più tardi, gli verrà conferita una medaglia in occasione dell'esposizione mondiale. Di nuovo a Monaco, decide di aderire ai primi movimenti antiaccademici guidati da Fritz von Uhde per poi diventare, nel 1892, uno dei membri fondatori della Secessione. Vede per la prima volta le opere di Van Gogh, Degas e Monet durante un viaggio a Parigi nel 1891: dopo questa esperienza il suo stile comincerà ad avvicinarsi alla rarefazione cromatica tipica degli impressionisti.
Così descrive alla moglie il proprio entusiasmo dinanzi ai quadri di Monet, alla Galerie Durand-Ruel: «All'inizio non capivo bene i quadri, mi lasciavano sbalordito […] ma ieri ho trascorso lì tutto il pomeriggio e non sono riuscito a staccarmene fino al calar del sole. Ogni singolo quadro, dopo un'attenta osservazione, mi affascinava così tanto da credere che quello fosse il più bello […].» Due anni più tardi, a Bruxelles, questa sensazione viene ulteriormente accentuata dall'incontro con il neo-impressionismo. Queste due esperienze formative sembrano fondersi in questo quadro dal tema invernale, realizzato nel 1893 nella sua casa di Seekamp. L'applicazione del colore sulla tela si attua con un movimento pastoso, in alcune porzioni è steso come se si trattasse di un ornamento, mentre la sua luminosità aumenta grazie al

contrasto tra il bianco, il blu, il rosso e il giallo. I contorni si confondono, l'accecante sole di mezzogiorno si riflette sulle masse nevose, le ombre mandano bagliori bluastri e la luce sembra vibrare, e avvolgere tutta la superficie del quadro.

42. Christian Rohlfs
(Lezen/Holstein 1849 - Gagen/Vestfalia 1938)
Strada per Gelmeroda in inverno
1892 circa
olio su tela, cm 41 x 51
Firmato in basso a destra:
Chr. Rohlfs

Provenienza: Weimar, Stiftung Weimarer Klassik und Kunstsammlungen; Berlino, collezione Lipperheide; Weimar, Stiftung Weimarer Klassik und Kunstsammlungen.
Bibliografia: T. Bender, *Christian Rohlfs* (tesi di laurea), Marburgo 1942, n. 153, fig. 297; P. Vogt, *Christian Rohlfs, Oeuvre Katalog der Gemälde*, Recklinghausen 1978, n. 138; R. Bothe, *Kunstsammlungen zu Weimar: Schlossmuseum*, Monaco 1994, p. 159, n. 88.
Esposizioni: Weimar, Permanente Kunstasstellung, 1889; Weimar, Kunstsammlungen, 1960, *Weimarer Malerschule*, n. 75; Weimar, Kunstsammlungen, 1963, *Christian Rohlfs*, n. 27; Weimar, Kunstsammlungen, 1980, *Die Weimarer Malerschule*, n. 243; Eisenach, Thüringer Museum, 1992, *Christian Rohlfs*.

Christian Rohlfs è il figlio più giovane di una famiglia di contadini. La sua formazione artistica è rallentata da una grave forma di reutmatismi (nel 1874 gli viene amputata una gamba) e dalla mancanza di mezzi economici. Nel 1889 espone le sue opere a una personale alla *Permanenten Ausstellung* (mostra d'arte permanente) sulla Karlsplatz (oggi Goetheplatz) di Weimar. Sempre a Weimar vede, nel 1890, per la prima volta alcune opere degli impressionisti francesi, tra cui spicca *Sulla spiaggia di Pourville* di Claude Monet. Rohlfs si appropria rapidamente delle radicali innova-

zioni degli impressionisti, diventando così un esempio per tutta la pittura *en plein air* di Weimar.
In questo quadro, l'artista appone una sigla in basso a destra con un vivace tratto rosso, una firma che è un'orgogliosa traccia sopra lo strato di colori a olio che copre la tela, una sorta di conferma delle proprie ambizioni. In qualità di artista vuole trasformare il mondo visibile in pittura, sull'illustre esempio francese. Per realizzare ciò si serve del paesaggio a lui familiare e che lo affascina da sempre, ovvero i dintorni di Weimar. Si trova così a riprodurre le curve che si snodano dolcemente sulla strada per Gelmeroda in momenti diversi del giorno e con tutte le variazioni climatiche dell'anno. Rohlfs non si lascia intimorire dalle cupe atmosfere invernali; anzi, riesce a strappare a quel grigio monocromatico innumerevoli gradazioni. Attraverso contrasti stridenti tenta di catturare figurativamente la malinconia, mentre la scintillante luminosità della superficie della neve mette alla prova la sua abilità artistica. Rohlfs riesce a trarre tutte le sfumature della rifrazione cromatica spruzzando il dipinto di cinabro e blu. La neve non è caduta di recente ed è già diventata poltiglia sui bordi della strada. Si prova quasi compassione per quelle persone che stanno andando a Gelmeroda a piedi.

43. Christian Rohlfs
(Lezen/Holstein 1849 - Gagen/Vestfalia 1938)
Cimitero in inverno, 1892-1893
olio su tela, cm 42,5 x 58,5

Provenienza: Karl Ernst Osthaus - Museum der Stadt Hagen.
Bibliografia: G. Render-Eger, *Rohlfs, Anfänge und die Weimarer Malerschue mit Oeuvre-katalog der Werke bis 199*, Marburgo 1952, n. 120; P. Vogt, *Christian Rohlfs, Katalog der Gemälde*, Recklinghausen 1978, n. 146; *Bestandskatalog Karl Ernst Osthaus-Meuseum Hagen*, 1961, p. 52, fig. 3.
Esposizioni: Hagen, Karl Ernst

Osthaus-Bund, 1929-1930, *Mostra per l'ottantesimo compleanno*; Kiel, Kunsthalle, 1949, *Christian Rohlfs*, n. 10; Hagen, Museo Karl Ernst Osthaus, 1949-1950, *Christian Rohlfs*, n. 8; Dortmund, Museo am Ostwall, *Christian Rohlfs*, 1959, n. 4 Vienna, 1961, Akademie der Bilden-den Künste, *Christian Rohlfs. Dipinti, Fogli a tempera ad acqua, Grafica*, n. 3; San Francisco, Museum of Art, Eugene, Museum of Art, University of Oregon, 1966, *Christian Rohlfs*, n. 3; Lussemburgo, Musée National, Nancy, Musée des Beaux Arts, Reims, Musée del'Ancien Collège des Jesuites, 1979, *Christian Rohls, Peintures à l'huile, Aquarelles, Détremps, Dessins, Gratures sur bois et sur lino-leum*, n. 4; Münster, Westfälisches Landesmuseum, Weimar, 1989-1990, *Collezioni d'arte, Christian Rohlfs, dipinti*, n. 23; Monaco, Kunsthalle der Hypo-Kulturstiftung und Wuppertal, Von der Heydt-Museum, 1996, *Christian Rohlfs 1849-1938*, n. 23.

La predilezione di Rohlfs per i quadri solitari d'ambiente lo spingerà sempre a cercare il tema della neve. La luminosità accecante della neve mette alla prova la sua capacità di far risaltare il colore come luce e come valore plastico. Egli stesso testimonia infatti più tardi che la pittura francese l'ha «stimolato moltissimo dal punto di vista coloristico.» Stilisticamente il quadro si divide in due piani. Le tombe in rovina sulla collina sono caratterizzate da pennellate piene di temperamento, con il colore che appoggia delicatamente sulla tela, a simboleggiare il peso dei resti di neve sporca. Diversamente, la fila di case sullo sfondo è tratteggiata con un velo di colore quasi impercettibile, tanto che si riesce a riconoscere la struttura della tela sotto le lievi sfumature cromatiche. Questo dipinto di Rohlfs, concepito insolitamente in piccole porzioni, non simboleggia altro che la romantica comparazione tra vita e morte. Una sensazione di solitudine e commiato avvolge la scena, al centro della quale una donna vestita di nero fa presagire lutto e perdita.
È questa la via alternativa percorsa dagli artisti tedeschi, capaci di sviluppare la pittura all'aperto a partire dalla rappresentazione realistica di una quotidianità senza privilegi, una pittura che rimane legata per lo più allo studio d'ambiente.

44. Fritz von Uhde
(Wolkenburg/Sassonia 1848 - Monaco 1911)
Dopo una breve sosta, 1894
olio su tela, cm 130,6 x 168,8
Firmato e datato in basso a sinistra:
F. v. Uhde 94

Provenienza: Stoccarda, Consigliere di Commercio, signora Julie v. Siegle; Prestito del Galerieverein di Stoccarda, 1906; Stoccarda, Staatsgalerie Stuttgart.
Bibliografia: K. Lange, *Verzeichnis der Gemäldesammlung im Königlichen Museum der Bildenden Künste di Stoccarda*, Stoccarda 1907, n. 910a; H. Rosenhagen, *Uhde*, Stoccarda 1908, pp. 146-147; catalogo della Staatsgalerie di Stoccarda, Stoccarda 1931, p. 201; catalogo della Staatsgalerie di Stoccarda, edito dal Galerieverein di Stoccarda, Stoccarda 1957, p. 300; *Fritz Uhde, Vom Realismus zum Impressionismus*, catalogo della mostra, Brema, Kunsthalle, Lipsia, Museum der bildenden Künste, Monaco, Bayerische Staatsgemäldesammlung, 1999, p. 134.

Nato in una famiglia benestante, Uhde frequenta l'Accademia di Dresda, ma, deluso da questo percorso formativo, intraprende la carriera militare. Nel 1876 una visita a Hans Makart a Vienna risveglia il suo desiderio di dipingere, e decide di trasferirsi a Monaco per entrare a far parte dell'*atelier* di Karl von Piloty. Qui incontra Max Liebermann, incontro che segna una svolta nel suo modo di dipingere a partire dal 1880, momento in cui emerge la sua propensione sia per la pittura *en plein air*, sia per la rappresentazione della vita semplice. Questa tendenza viene ulteriormente rafforzata da un viaggio in Olanda, dove Franz Hals diventa il suo indiscusso modello. Max Liebermann gli regala nel 1884 *Gesù a dodici anni nel tempio*, un quadro che provoca gran scalpore vista l'interpretazione realistica del tema cristiano. Sono in molti ad essere interessati alla rappresentazione di racconti biblici, ma, mentre per Liebermann l'elaborazione di storie sacre rimane un episodio, Uhde scopre la propria vocazione professionale grazie a questi dipinti. Nello stesso anno nasce il quadro monumentale *Lasciate che i bambini vengano a me*, con Gesù Cristo come maestro di paese in una fattoria della Germania del nord. Con questo dipinto Uhde riceve la medaglia d'oro alla Mostra dell'Accademia di Berlino.

È inverno e i campi sono innevati. Sul sentiero sono impresse le orme di due sposi che, sfiniti, si sono appoggiati al cadente recinto di legno. Le scena rappresenta le difficoltà di una coppia senza casa e senza lavoro. Dalla sega che porta con sé, si intuisce che l'uomo è un carpentiere. Fu lo sciopero dei carpentieri del 1889 ad attirare l'attenzione sull'alto tasso di disoccupazione, anche se il quadro non viene immediatamente interpretato dai contemporanei come una critica sociale. In quel momento è gradita solo la rievocazione del racconto biblico in cui Maria e Giuseppe sono alla ricerca di un alloggio. Però per Uhde la narrazione sacra non è tanto una tradizione storicamente conclusa, quanto invece un impegno che si estende a tutta la contemporaneità. Guardando il paesaggio, gli abitanti di Monaco possono facilmente riconoscere le paludi di Augustenfeld che si trovano sulla strada per Dachau. Uhde infatti ha catturato con grande meticolosità la scena in numerosi studi, aggiungendovi una nebbia suggestiva per rafforzare il messaggio dell'opera. Non c'è dubbio che il quadro, nonostante gli studi *en plein air* e il critico appello sociale, faccia leva sul dramma dei due personaggi che stanno soli al freddo, senza alcun riparo, anche se forse quella fascia rossa nel cielo fa ancora sperare nella salvezza.

Svizzera

a cura di Valentina Anker

45. Alexandre Calame
(Vevey 1810 - Mentone 1864)
Il Wetterhorn, 1863
olio su tela, 268 x 210 cm

Provenienza: Ginevra, *atelier* di Calame; Ginevra, Musée d'art et d'histoire (tela donata dai figli dell'artista, Arthur e John Calame, nel 1908).

Bibliografia: *Alexandre Calame: Catalogue de mes ouvrages à l'huile et à l'aquarelle* (manoscritto, archivio privato), pagina datata «1862»; Fotografia Poncy, *Il Wetterhorn*, 1863 circa, archivio privato; E. Rambert, *Alexandre Calame, sa vie, son œuvre d'après les sources originales*, Parigi 1884, p. 559, n. 20 della lista B «Quadri non menzionati nel Livres de commandes o rimasti incompiuti» e pp. 463-468; *Resoconto del Conseil d'administration de Genève*, 1908; V. Anker, *Alexandre Calame, Vie et œuvre. Catalogue raisonné des peintures*, Friburgo 1987, n. 788, p. 309, ill. n. 103, p. 165, tav. c. n. 230, p. 309, pp. 27, 77, 78, 129, 159, 164, 166, 168, 221; ead., *Alexandre Calame. Catalogue raisonné des dessins*, Berna, 2000, p. 310, n. 21.

Esposizioni: Ginevra, Musée Rath, 9 luglio-20 settembre 1987, *Retrospettiva Alexandre Calame* (si veda il catalogo ragionato di V. Anker come catalogo d'esposizione).

Alexandre Calame, poverissimo, si stabilisce a Ginevra nel 1824. Colora stampe per turisti per sopravvivere e nel 1834 apre il proprio *atelier* di corsi di disegno. Espone a Lipsia e al *Salon* parigino. Comincia a eseguire delle litografie per Durand-Ruel. Nel 1839 il suo *Temporale alla Handeck*, esposto al *Salon*, diventa il manifesto della pittura alpestre. La clientela ricca e aristocratica – monarchi e imperatrici di tutta Europa – affluisce nel suo *ate-*

lier ginevrino. Nel 1838 inizia una serie di viaggi che lo porteranno in Olanda, a Düsseldorf, a Roma a Napoli, e poi ancora in Belgio e in Olanda, fino al trasferimento nel sud della Francia.

Da un lato, Calame si è consacrato al "sublime" della montagna svizzera: il governo bernese lo porta come esempio ai giovani pittori per sviluppare un'arte nazionale, che abbandoni la tematica delle rovine classiche e della natura italiana a favore del paesaggio alpestre svizzero. Calame riprende la tematica dell'idillio svolta da Rousseau nella *Nouvelle Héloïse* e nelle *Confessioni*, il mito rassicurante della natura svizzera: l'idillio serve da contrappunto alla solitudine. Cime più alte che mai, baratri profondi, laghi che evocano l'abisso sono il nucleo dell'opera di Calame, dove l'essere umano è quasi inesistente. I drammi delle prime opere sono superati per giungere alla sublime armonia degli ultimi quadri, soprattutto i Wetterhorn. Appassionato del lavoro *d'après nature*, percorre i sentieri delle montagne svizzere nonostante un difetto al piede e i violenti dolori di testa che gli provoca l'altezza; il suo senso personale del dramma e l'anelito metafisico fanno sì che sviluppi una maniera pittorica basata sui contrasti violenti e sulla rapidità del tocco, caratteristiche che fanno di lui uno dei principali maestri del romanticismo svizzero.

La neve è soprattutto quella dei ghiacciai del Wetterhorn, montagna magica, simbolo della verticalità, geometria di giganti e, al tempo stesso, forma organica di tenerezza e fusione. Il quadro in esame è l'ultimo quadro di Calame, il più grande dei suoi *Wetterhorn*, tentativo estremo di riannodarsi alla vita, alla scalata impossibile, alla neve eterna. Quadro riassuntivo di tutti i ghiacciai dipinti in precedenza; ai piedi della montagna, gli alberi divelti, il torrente purissimo e intralciato da rami caduti traducono una sensazione di vertigine e di schiacciamento, di impossibilità di raggiungere la purezza del ghiaccio.

46. Auguste Baud-Bovy
(Ginevra 1848 - Davos 1899)
Crepuscolo nella valle
(*La valle di Lauterbrunnen*)
1891
olio su tela, cm 116,5 x 90
Firmato in basso a destra: *Baud-Bovy/Männlichen*

Provenienza: Fondation Gottfried Keller, Succession A. Baud-Bovy; Ginevra, Musée d'art et d'histoire (deposito della Fondation Gottfried Keller, 1940, n. 892).

Bibliografia: *Livre de commandes* (manoscritto), archivio privato, Svizzera: «1891. An Männlichen, La vallée de Lauterbrunnen / crépuscule dans la vallée/Ch. de Mars 92 / en dépôt à Henri Garnier (116 x 89 cm)»; *Liste des principaux tableaux, copiée par André Valentin*, 1891, Archivio privato, Svizzera; R. Marx, *Auguste Baud-Bovy, un peintre de la montagne (1848-1899)*, Parigi-Ginevra, 1924, pp. 12, 13; B. Weber et al., *Die Alpen in der Malerei*, Rosenheim 1981, n. 124; V. Anker, *Auguste Baud-Bovy (1848-1899)*, Berna, 1991, tav. p. 154, ill. p. 232, pp. 149, 152, 153, 158, 170; *La peinture suisse entre réalisme et idéal (1848-1906)*, catalogo della mostra, Ginevra, Musée Rath, 5 giugno-13 settembre 1998, ill. p. 42.

Esposizioni: Parigi, Champ-de-Mars, 1892, *Exposition de tableaux d'Auguste Baud-Bovy* (*Crepuscolo nella valle. Valle di Lauterbrunnen*); Ginevra, 1896, *Exposition nationale suisse à Genève* (*Crepuscolo nella valle. /Lauterbrunnen*), n. 26; Parigi, Galerie Durand-Ruel, 24 novembre-8 dicembre 1897, *Exposition de tableaux d'Auguste Baud-Bovy*, n. 9 (*Crepuscolo nella valle. /Lauterbrunnen*); Ginevra, Musée Rath, marzo 1900, *L'œuvre du peintre Auguste Baud-Bovy*, n. 138, p. 7, tav. XIV;

Berna, Kunstmuseum, aprile-ottobre 1942, *Exposition de la Fondation Gottfried Keller*; Salisburgo, Residenz-Galerie, giugno-settembre 1960, *Die Alpen*, n. 5; Ginevra, Musée Rath, 6 giugno-27 ottobre 1991, *Auguste Baud-Bovy, 1848-1899, La Suisse un paradis perdu?* (con la monografia di Valentina Anker come catalogo).

Allievo di Barthélémy Menn, Baud-Bovy lavora dal 1862 al 1868 alla decorazione murale del castello di Gruyères, quindi espone regolarmente al *Salon* di Parigi, dove si stabilisce dal 1882 al 1888, anno in cui abbandona la città per vivere la vita dei pastori di montagna dell'Oberland bernese, nello *chalet* di Aeschi, sopra il lago di Thun. Nel 1891 realizza, con E. Burnand, F. Furet e altri, il *Panorama delle Alpi bernesi* (112 m. di circonferenza, 17 metri di altezza, 2000 m² di pittura in tutto). Dopo esser stato presentato a varie esposizioni universali, il quadro, in viaggio per Dublino, viene lacerato dal vento e i ghiacciai bernesi finiscono definitivamente in fondo al mare. La montagna diventa la tematica preponderante della sua opera, ammirata anche da Puvis de Chavannes e Rodin. Dopo il *Panorama*, Baud-Bovy si consacra a una pittura di paesaggio che cerca di trascendere il visibile attraverso il simbolo e attraverso la resa di una luce interiorizzata di orizzonti sognanti. In *Armonia della sera* (1895, Musée d'Orsay, Parigi), il lago Lemano, illuminato dai raggi del sole che tramonta, somiglia a una distesa d'oro fuso e acquista una dimensione simbolica.
La neve è sulle cime del *Panorama* di Baud-Bovy, di cui una parte rappresenta la valle di Lauterbrunnen, dove i pittori e i turisti del Settecento sostavano in estate e inverno per rappresentare la famosa cascata dello Staubbach, che Caspar Wolf ha dipinto gelata. In Baud-Bovy la cascata quasi sparisce, è giusto un piccolo dettaglio della grandiosa vallata che si chiude con le cime nevose. Nel quadro *Crepuscolo nella valle. La valle di Lauterbrunnen* si accentua la predominanza dei colori freddi: la freschezza, la nebbiolina azzurra del mattino o della sera, rendono la neve ancora più desiderabile, come un velo che nasconde le cose per lasciar più spazio all'immaginazione.

47. Ferdinand Hodler
(Berna 1853 - Ginevra 1918)
La valanga (I), 1887
olio su tela, cm 126 x 98
Monogrammato e datato in basso a destra: *F. H. 1887*

Provenienza: proprietà dell'artista fino al 1898, data in cui viene acquistata dalla Confederazione svizzera (anche se Oscar Miller et Max Leu, avevano avuto il desiderio di comprarla); proprietà della Confédération suisse, Office fédéral de la culture, Berna. Deposito in prestito di lunga durata al Kunstmuseum Solothurn.

Bibliografia: O. Miller, *Von Stoff zu Form. Essays*, Frauenfeld, Huber, 1904 (altre edizioni: 1906, 1907, 1913), pp. 84-85 (*Avalanche*, non datato); H. Mühlestein, *Ferdinand Hodler. Ein Deutungsversuch*, Weimar, Kiepenheuer, 1914, p. 95 (*Lawine*, 1887), pp. 115-121, 131, 145, 146, 155, 156, 276; J. Widmer, *Ferdinand Hodler. (Première période de 1870 à 1891)*, in «Pages d'art», aprile1916, pp. 1-63, p. 63 ill. (*L'avalanche*, 1887); H. Trog, *F. Hodler. Erinnerung an die Hodler-Ausstellung im Zürcher Kunsthaus, Sommer 1917*, Zurigo, Rascher, 1918, pp. 31 (*Die Lawine*, 1887), 32, 48, 49, ill. tav. VIII; C[arl] A[lbert] Loosli: *Generalkatalog*, in C[arl] A[lbert] Loosli, *Ferdinand Hodler. Leben, Werk und Nachlass*, Berna, Suter, 1921-1924, vol. IV, n. 1241 (*Die Lawine*, 1887); E. Bender, *Die Kunst Ferdinand Hodlers. Gesamtdarstellung. Band 1. Das Frühwerk bis 1895*, Zurigo, Rascher, 1923, pp. 13, nota 1 (*Die Lawine*, 1887), 18, 84, [235] ill. 169 (*Die Lawine II*. Versione, 1886/87,315 nota; M. Waser, *Wege zu Hodler*, Zurigo-Lipsia, Rascher, 1927, p. [28a] ill. (*Die Lawine*, 1887), pp. 30-31, 32; W. Y. Müller,

Die Kunst Ferdinand Hodlers Gesamtdarstellung. Band 2. Reife und Spätwerk 1895-1918, Zurigo, Rascher, 1941 [per il vol. I si veda: E. Bender, *Das Frühwerk bis 1895*, Zurigo, Rascher, 1923], p. 104 (*Die Lawine*, non datato), Landschaftskatalog n. 155; Mühlestein / Schmidt 1942, pp. 221 (*Die Lawine*, 1887), 239, 253, 254, 293, 453, ill. 30 Hugelshofer 1952, pp. (*Die Lawine*, 1887), 37, ill. 23, 56, Langenthal 1953, p. 15, nota (*Die Lawine*, non datato); J. Brüschweiler, *Ferdinand Hodler im Spiegel der zeitgenössischen Kritik* [Zurigo], Club du Livre, Ex Libris; Losanna, Editions Rencontre, 1970 [ed. francese: *Ferdinand Hodler. Anthologie critique*, 1971], p. [36] ill. Col. (*Die Lawine*, 1887), 37; P. Vignau-Wilberg, *Gemälde und Skulpturen. Museum der Stadt Solothurn*, Zurigo, Schweizerisches Institut für Kunstwissenschaft, 1973 (Schweizerisches Institut für Kunstwissenschaft, Zurigo. Kataloge Schweizer Museen und Sammlungen 2), n. 174 (*Die Lawine*) [*L'avalanche*, 1887], p. 164, [165] ill. col. 166; F. Zelger, *Der frühe Hodler. Das Werk 1870-1890*, Pfäffikon (SZ), Seedammkulturzentrum, 1981, catalogo a cura di Lukas Gloor. Berna, Benteli, 1981 (Hodler-Publikation 3), p. 109 (*Die Lawine*, 1887); J. Brüschweiler, *Ferdinand Hodler (Bern 1853-Genf 1918). Chronologische Übersicht; Biographie, Werk, Rezensionen*, in *Ferdinand Hodler*, Berlino, Nationalgalerie; Parigi, Musée du Petit Palais; Zurigo, Kunsthaus Zürich, 1983, p. 80 (*Die Lawine*, 1887), 81 con ill. 491; G. Magnaguagno, *Landschaften. Ferdinand Hodlers Beitrag zur symbolistischen Landschaftsmalerei*, in *Ferdinand Hodler*, Berlino, Nationalgalerie; Parigi, Musée du Petit Palais; Zurigo, Kunsthaus Zürich, 1983, Zurigo, Kunsthaus, 1983, p. 311 (*Die Lawine*, 1887); H. Mühlestein, G. Schmidt, *Ferdinand Hodler. Sein Leben und sein Werk* (prefazione di W. Rotzler; scelta delle opere di K. Jost), nuova ed., Zurigo, Unionsverlag, 1983 [nuova ed. della prima stampa del 1942 accresciuta di una parte illustrativa], p. 221 (*Die Lawine*, 1887), 239, 253, 254, 293, 453, ill. 30; J. Becker, *Die Natur als Fläche sehen, Untersuchungen zur Landschaftauffassung Ferdinand Hodlers*, tesi, Università Giessen, 1990. Bergisch Gladbach, Colonia, Eul, 1992 (Kunstgeschichte 6), pp. 59-66 (*Die Lawine*,1887),

127, nota 11, 153, 182, 214, 228, ill. 6; J. Brüschweiler, *Genèse du style dans le paysage*, in *Ferdinand Hodler. Le paysage*, Ginevra, Musée Rath, 2003-2004; O. Bätschmann et Al., *Genève: Musées d'Art et d'Histoire*, Parigi, Somogy, 2003, p. 22 con ill. col. 6 (*L'Avalanche*, 1887), 23.

Esposizioni: Ginevra, Bâtiment électoral, 1887, *Catalogue par ordre alphabétique des œuvres d'art qui sont exposées*, n. 77 (*Nature alpestre*, non datato); Basilea, Kunsthalle Basel, 1898, *Katalog der fünften Nationalen Kunst-Ausstellung der Schweiz*, n. 132 (*Paysage d'hiver*; *Winterlandschaft*, s. d.); Ginevra, Salle Thellusson, 1909, *Catalogue des oeuvres de peintres du XIXᵉ siècle*, n. 84 (*L'avalanche au Wetterhorn*, s. d.); Berlino, Paul Cassirer, 1911, *Ferdinand Hodler (XIV. Jahrgang. I. Ausstellung)*, n. 37 *Die Lawine*, 1900); Zurigo, Kunsthaus, 1917, *Ausstellung Ferdinand Hodler im Zürcher Kunsthaus, Vollständiges Verzeichnis der ausgestellten Werke*, n. 102 (*Die Lawine*, 1887); Venezia, 1920, Berna, Kunsthalle Bern, 1920, *Vor-Ausstellung der Schweizergruppe für die Internationale Kunstausstellung F. Gos, Jean Lurçat, José Sanz Arizmendi, Alb. Jak. Welti*, n. 9 (*Die Lawine*, s. d.); Venezia, 1920, *XII. Esposizione Internazione d'Arte della Città di Venezia. Biennale*, 1920, n. 8 (*Winterlandschaft*, *Lawine*, 1887), p. 39; Berna, Kunstmuseum Bern, 1921, *Hodler-Gedächtnis-Ausstellung*, n. 195 (*Die Lawine*, [*Grindelwald e Wetterhorn*], 1887), ill. tav. 14; Basilea, Kunsthalle Basel, 1934, *F. Hodler*, n. 35 (*Die Lawine*, 1887); Künstlerhaus am Karlsplatz, 1937, *Schweizer Kunst der Gegenwart*, n. 22 (*Winterlandschaft, Lawine*, 1887); Berna, Kunstmuseum Bern, 1938, *Ferdinand Hodler-Gedächtnisausstellung, veranstaltet zur Ehrung des Meisters bei Anlass der zwanzigsten Wiederkehr seines Todestages*, introduzione: C[onrad] v. Mandach, n. 52 (*La valanga*, 1887); Lucerna, Kunstmuseum Luzern, 1943, *Die Kunstpflege des Bundes seit 1887*, Auszug aus den Protokollen von Paul Hilber, Luzern: Keller, 1943, n. 21 (*Die Lawine*, 1887), p. 10 [parte illustrativa] ill.; Aarau, Aargauer Kunsthaus, 1962, *Die Entdeckung der Alpen in der Malerei. Gemälde und Graphik vom 18. Jahrhundert bis zur Gegenwart*, n. 47 (*Die Lawine*, 1887), p. 36, ill.; Zurigo, Kunsthaus Zurich, 1964, *Ferdinand*

Hodler. Landschaften der Reife und Spätzeit, senza catalogo; Berna, Kunstmuseum Bern, 1968, *Ferdinand Hodler. Ausstellung zum 50. Todestag*, n. 22 (*Die Lawine*, 1887); F. Zelger, *Der frühe Hodler. Das Werk 1870-1890*, Pfäffikon (SZ), Seedammkulturzentrum, 1981, catalogo della mostra a cura di Lukas Gloor, Berna, Benteli, 1981 (Hodler-Publikation 3) n. 123 (*Die Lawine*, 1887), p. 152, ill. 123, 108, ill.c. 107; Solothurn, Kunstmuseum Solothurn, 1981, *Kunst im Kanton Solothurn vom Mittelalter bis End 19. Jahrhundert. Ausstellung zum Jubiläum "1481-1981. 500 Jahr eidgenössischer Stand Solothurn"*, n. 167 (*Die Lawine*, [*L'avalanche*], pp. 38, 39 ill. col. 1887), 168, 169, ill.; Trubschachen, 1982, *10. Gemäldeausstellung Trubschachen. 22 Künstler mit rund 190 Werken, Oelgemälden, Aquarellen, Zeichnungen und Grafiken*, n. 47 (*Die Lawine*, 1887), p. 19 ill.; Solothurn, Kunstmuseum Solothurn, 1996; Francoforte, Schirn Kunsthalle, 1996-1997, *Freundschaft und Kunstsinn. Die ehemaligen Solothurner Ferdinand Hodler-Sammlungen*, p. [33], ill. col. [18] (*Die Lawine*, [*L'avalanche*], 1887); Kulturverein Trubschachen, 1997, *15. Gemäldeausstellung Trubschachen. Schweizer Maler von A. Anker bis heute*, n. 5 (*Winterlandschaft, Lawine*, 1887), p. 11.

Hodler comincia a dedicarsi alla pittura di paesaggio a Thun, presso il pittore di vedute svizzere Ferdinand Sommer (1822-1901). Nel 1871 è a Ginevra per copiare le opere di Alexandre Calame e il pittore Barthélémy Menn l'invita a seguire le sue lezioni all'*École des Beaux-Arts*. Raggiunge il successo nel 1900, in seguito all'invio di *Il giorno*, *La notte*, *L'Euritmia*, all'Esposizione universale di Parigi, e diventa membro della Secessione di Vienna e di Berlino, partecipando così a tutte le grandi esposizioni mondiali.

Il suo soggetto preferito sono i colossi delle montagne svizzere: Stockhorn, Wetterhorn, Niesen, Eiger, Mönch, Jungfrau, Blumisalp. Dipinge la roccia con passione, e la neve diventa materiale scultoreo che afferma la solidità della roccia e, al contempo, si rivela ricettacolo dei colori del cielo. La luce diventa sempre più il soggetto principale di Hodler, soprattutto nell'ultima serie di quadri, quelli del Monte Bianco

e del lago Lemano, eseguiti, in fin di vita, dalla finestra della sua abitazione a Ginevra.

Nel 1887 dipinge, a Grindelwald *La valanga* (terzo premio al Concorso Calame). Il concorso chiedeva un quadro del Wetterhorn: Calame ne esegue due esemplari, che in seguito saranno intitolati *La valanga*: uno di questi esemplari è ancora in corso di studio all'Istituto svizzero di studi dell'arte di Zurigo. *La valanga* viene descritta dallo stesso pittore come «una valanga di polvere e di neve, che, vista ad una certa distanza, è come un velo ondeggiante tra delle pareti o come delle nuvole di nebbia. Da lontano si vede solo polvere.» Il Wetterhorn della valanga di Hodler è impassibile, fermo, apparentemente estraneo alla massa nevosa e distruttrice che scende nel canalone tra i due colossi del massiccio del Wetterhorn, dal lato di Grindelwald. Si riesce a immaginare il boato della valanga, l'amplificazione del suono tra le due pareti rocciose del canalone, e il suo prolungamento in onde luminose e sonore che producono una serie di semicerchi concentrici, che fanno a gara con il biancore delle nuvole. Nessun pino, nessun abete: il verde è assente in questo quadro. I minuscoli appezzamenti di prato visibili hanno il colore di un autunno avanzato, dell'inverno o della prima primavera, l'erba è giallastra, secca. Gli alberi e i cespugli senza foglie, dai grigi raffinati e fragili, ricordano un po' la tradizione olandese trasmessa da Calame. Tra le due sponde nevose, il torrente dall'azzurro fondo e dall'acqua viva, vivace, fluida: il contrario del ghiaccio. Il torrente fa pensare a quello della collezione Schmidt-Heini, dove le macchie bianche di luce sembrano neve, luce bianca come neve. Neve e luce giocano la stessa partita: quella del bianco.

* Un ringraziamento sentito a Paul Muller dell'Istituto Svizzero per lo Studio delle Arti che sta preparando il catalogo ragionato delle opere di Hodler.

48. Cuno Amiet
(Solothurn 1868 - Oschwand 1961)
Paesaggio invernale (Paese di contadini in un paesaggio di neve, Winistorf), 1895
olio su tela, 55 x 63 cm
Firmato e datato in basso a sinistra: *Amiet 95*

Provenienza: Biberist, Oscar Miller; V. Radlach, Cuno Amiet, Giovanni Giacometti, *Briefwechsel*, Zurigo 2000, lettere nn. 71, p. 181, 74, p. 189, 76, p. 194; Svizzera, collezione privata.

Bibliografia: G. Mauner, *Cuno Amiet*, Zurigo 1984, ill. n. 10, p. 82.

Esposizioni: Solothurn, Kunstmuseum, 20 giugno-30 agosto 1998, *Oscar Miller. Sammler und Wegarbeiter der Schweizer Moderne*, (inv. 20); Berna, Kunstmuseum, 3 dicembre-27 febbraio 2000, *Cuno Amiet. Von Pont-Aven zur "Brücke"*, n. 38; Ginevra, Musée Rath, 31 agosto 2000-7 gennaio 2001, *Cuno Amiet-De Pont-Aven à "Die Brücke"*, n. 28

Allievo, a Solothurn, del pittore Frank Buchser, nel 1886, si reca a Monaco, dove studia disegno all'Accademia e, nel 1887, incontra Giovanni Giacometti, la cui amicizia durerà tutta la vita. All'Esposizione internazionale delle Belle Arti a Monaco sono ambedue impressionati da Bastien-Lepage e da Whistler. I due amici decidono di continuare gli studi a Parigi, dove frequentano gli artisti svizzeri, ma dove, all'*Académie Jullian*, si trovano con Bonnard, Vuillard, Denis e Sérusier – il gruppo dei Nabis. Nel 1891, al *Salon du Champ-de-Mars*, rimane colpito da *La Notte* (1890) di Hodler. Dal 1892 al 1893 soggiorna a Pont-Aven, dove incontra Bernard, Sérusier, H. E. de Chamaillard, Maufra, Séguin, e l'irlandese Roderik O'Conor. Tornato, suo malgrado, in Svizzera, incontra Hodler a Berna nel 1893. La partecipazione, con Hodler e G. Giacometti al *Panorama dell'Engadina* di Segantini, non avrà luogo, perché l'opera non sarà mai realizzata. Nel 1904 partecipa, con Hodler, alla Secessione di Vienna, e inizia il suo periodo "espressionista": incontra qui Moll, Klimt, Moser e Mahler. Nel 1905 le sue esposizioni continuano a non avere successo, ma entra in contatto con i futuri membri della "Brücke". Wilhelm Worringer. A Monaco incontra Kandinsky, Münter, Klee, Moilliet, Macke e Campendonk. In seguito, soggiornerà spesso a Parigi. Pittore della neve, Amiet la dipinge nei modi più diversi che consentono alla sua arte una continua evoluzione. La neve fa da supporto alle sue teorie sul colore, e i suoi paesaggi d'inverno sono spesso coloratissimi, spesso animati da lunghe e guizzanti pennellate luminose come nel *Frutteto ricoperto di neve* del 1909 (assolutamente vicino a Roderik O'Conor). I paesaggi di neve del 1907 giungeranno a una semplificazione totale del motivo, vicina all'astrazione, e si trasformano in studi di luce e di colore su un supporto di piccole pennellate quadrate o rettangolari vicine al puntinismo.

In questo quadro è riconoscibile il tocco per segmenti allungati, una tecnica molto vicina a quella degli artisti di Pont-Aven, la cui lezione gli è stata trasmessa da Roderik O'Conor attraverso le opere di Gauguin e Van Gogh. I tratti degli alberi dei boschi o delle tegole dei tetti, tuttavia, non sono guizzanti come quelli di Van Gogh, o intricati come saranno quelli di Segantini. Al contrario, gli alberi del primo piano e del piano centrale, spogli di foglie, sono fulvi, ardenti, come quelli di un autunno immaginario che si prolunga su un paesaggio ricoperto dalla neve; il ciglio della strada è denso di luce. Le ombre sulla neve sono blu, e il contrasto tra la superficie totalmente nevosa e quella degli abeti e del cielo determina un contrasto caldo-freddo. Gli appezzamenti nevosi tra gli alberi sono rosa, mentre i primi piani tendono al bianco giallo riscaldato dai colori fulvi dei rami.

49. Cuno Amiet
(Solothurn 1868 - Oschwand 1961)
Paesaggio invernale con stagno
1900
olio su tela, cm 51 x 64,5
Monogrammato e datato in basso a destra: *C. A. 1900*

Provenienza: Biberist, Oscar Miller; Wilihof bei Luterbach (Solothurn), sig.ra Frei-von Vigier; Attiswil, 1962, Ministro Hans Zurlinden; 1970 dono del Ministro Hans Zurlinden al Kunstmuseum Solothurn; Solothurn, Kunstmuseum.
Bibliografia: C. von Mandach, *Cuno Amiet*, Berna 1925, tav. 11; Resoconto del Museo della città di Solothurn, per l'anno 1970, p. 30; M. Huggler, *Cuno Amiet*, Losanna 1971, p. 50; P. Vignau-Wilberg, *Gemälde und Skulpturen*, Museum der Stadt Solothurn, Schweizerische Institut für Kunstwissenschaft, Zurigo, Kataloge Schweizer Museen und Sammlungen 2, ill. 112, p. 116, pp. 14, 117; V. Radlach, *Cuno Amiet, Giovanni Giacometti: Briefwechsel*, Zurigo 2000.
Esposizioni: Solothurn, Kunstmuseum Solothurn, 2 aprile-1 maggio 1938, *Cuno Amiet, 1868-1938, Ausstellung aus öffentlichem und privatem Solothurner Besitz zum 70. Geburstag des Künstlers*, n. 22; Zurigo, Kunsthaus Zürich, 14 maggio-12 giugno 1938, *Cuno Amiet*, n. 124; Solothurn, Museum Solothurn, 25 settembre-31 ottobre 1948, *Cuno Amiet*, n. 21; Pont-Aven, Musée de Pont-Aven, 26 giugno 1982-11 settembre 1982, *Cuno Amiet, 1868-1961*, n. 13; Ginevra, Musée Rath, 31 agosto 2000-7 gennaio 2001, *Cuno Amiet, De Pont-Aven à "Die Brücke"*, n. 34bis (esposto, ma non riprodotto nel catalogo).

La neve, in questo quadro, dà un'impressione di leggerezza, come soffiata dal vento sulle fronde degli alberi. I tronchi e i rami sembrano il disegno di una trama leggera. La neve, che ricopre ogni cosa, si confonde con la nebbia che è come un velo che lascia trasparire, in alto a sinistra, le forme scheletriche degli

alberi che sembrano una scrittura elementare, simile a quella che comparirà nei giardini di Klee. Gli alberi del bosco, al limite estremo del quadro, danno un senso di unità al paesaggio. La luce rosata, grigia e azzurra, dà continuità pittorica e le sue linee curve addolciscono tutto il dipinto. Lo stagno accentua la sensazione di freddo e richiama alla memoria i versi di Mallarmé nell'*Erodiade* quando la protagonista si contempla in uno specchio che viene da lei assimilato a «una fredda acqua gelata dalla noia.» Ricordiamo la lettera inviata da Mallarmé a Henri Cazalis nell'ottobre del 1894: «Ho cominciato finalmente la mia *Erodiade*, con terrore perché invento una lingua che deve necessariamente sorgere da una poetica nuova, che potrei definire in due parole *dipingere non la cosa, ma l'effetto che essa produce*». I versi devono comporsi non di parole, ma di intenzioni, e tutte le parole devono cancellarsi di fronte alle sensazioni.» E, in un'altra lettera del marzo 1865, ancora a Cazalis, aveva scritto, sempre a proposito di *Erodiade*: «Ho trovato là un modo intimo e singolare di dipingere e di notare delle impressioni molto fuggitive. Aggiungi […] che queste *impressioni* si susseguono come una sinfonia, e che per delle giornate intere mi chiedo qual'è la loro parentela e il loro effetto.»

50. Giovanni Giacometti
(Stampa 1868 - Glion 1933)
La raccolta, 1897
olio su tela, cm 104,5 x 180
Firmato e datato in basso a destra: *G. Giacometti 1897*

Provenienza: Basilea, collezione R. Preiswerk-Bernoulli; Lucerna, Galerie Fischer; Svizzera, collezione privata.
Bibliografia: A. F. [Albert Fleiner], *Kunstkronik. Die Ausstellung im Künstlerhaus*, in «Neue Zürcher Zeitung», 23 aprile 1898; A. Gessler, *Die fünfte nationale Kunstausstellung der Schweiz in Basel*, in «Die Kunst für Alle» (Monaco), 14, 3, novembre 1898, p. 43; *Die V Nationale Kunstausstellung der Schweiz*

A. Landschaften (3), in «National Zeitung» (Basilea) 223, 23 settembre 1898, 2 foglio; L., [per Giovanni Giacometti], in «Der freie Rätier» (Coira), 151, 30 giugno 1900, I foglio; *Giovanni Giacometti: Segantini und das Engadin*, 28 gennaio 1926 (testo non pubblicato, segnalato da Schwarz, Zurigo 1966, p. 249); G. Giacometti, *Come conobbi Giovanni Segantini: Memorie di Giovanni Giacometti*, in «Almanacco die Grigioni» (Coira), 1930, pp. 31-36; id., *Wie ich Giovanni Segantini kennen lernte*, in «Neue Zürcher Zeitung», 2462, 15 dicembre 1929; E. E. Köhler, *Giovanni Giacometti 1868-1933. Leben und Werk*, Zurigo, Fischer-Druck-Verlag, 1969, pp. 15-16; D. Schwarz, *Giovanni Giacometti, 1868-1933, Leben und Werk*, vol. I, Schweizerische Institut für Kunstwissenschaft, Zurigo, 1996, p. 47, tav. a colori, pp. 48-49; P. Müller, V. Radlach, *Giovanni Giacometti 1868-1933, Werkkatalog der Gemälde*, vol. II, 1, Schweizerische Institut für Kunstwissenschaft, Zurigo 1997, n. 1897-1903, p. 156, ill. p. 157; V. Radlach, *Giovanni Giacometti. Briefwechsel mit seinen Eltern, Freunden und Sammlern*, Zurigo, Scheidegger & Spiess, 2003 [lettera di Giovanni Giacometti a Oscar Miller, Biberist, 1 luglio 1897, n. 64, pp. 123-124; lettera di Max Leu, Basilea, a Giovanni Giacometti, Sils-Maria, Basilea, 14 settembre 1898, n. 188, p. 177; lettera di Giovanni Giacometti, Borgonovo, a Oscar Miller, Biberist, 14 maggio 1901, n. 185, p. 249].
Esposizioni: Hôtel Steinbock, Coira, 20-28 novembre 1897, *Registro dei quadri*; Zurigo, Künstlerhaus, aprile 1898, *Hodler-Amiet-Giacometti*, n. 21; Basilea, Kunsthalle Basel, 11 settembre-23 ottobre 1898, *V Nationale Kunstausstellung der Schweiz*, n. 110; Kunstausstellung, Glasspalast, 1901, *Internationale*, n. 638; Lucerna, 1994, *Giovanni Giacometti*; Winterthur, Kunstmuseum Winterthur, 1 settembre-24 novembre 1996, e Coira, Bündner Kunstmuseum, 20 giugno-14 settembre 1997, *Giovanni Giacometti (1868-1933)*, tav. a colori, pp. 48-49; Losanna, Musée cantonal des Beaux-Arts, 8 marzo-1 giugno 1997, *Giovanni Giacometti 1868-1933*, tav. a colori, pp. 56-57.

Inizia la sua formazione artistica a Monaco (dal 1886 al 1888), dove conosce e frequenta il pittore svizze-

344

ro Cuno Amiet – cui lo legherà una lunga amicizia –, e dove rimane colpito dall'opera di Jules Bastien-Lepage e James Mc Neil Whistler, viste all'*Internationale Kunstausstellung* del 1888. Nel 1888 è a Parigi a studiare all'*Académie Julian* con W. A. Bouguerau. Lascia lo studio nel 1891 per mancanza di mezzi finanziari, e dopo un viaggio in Italia nel 1893, trascorrerà in patria tutto il resto della sua vita, ritraendo paesaggi alpini e aspetti della vita di montagna. Nel 1894 viene a sapere che il pittore Giovanni Segantini si è stabilito a Maloja e trova in lui un mentore e un amico. Nell'estate 1896 riceve la visita di Cuno Amiet che lo accoglie nel gruppo dei pittori di Pont-Aven. Nell'aprile 1898 partecipa all'esposizione, con Amiet e Hodler, al Künstlerhaus di Zurigo, e tre anni dopo venderà a un amico, per la prima volta dei quadri, tra cui l'*Autoritratto davanti a un paesaggio invernale* del 1899 (e il *Paesaggio* del 1900). Studia intensamente Van Gogh, e, a Parigi con Amiet e Franz Baur, ha modo di vedere la retrospettiva su Cézanne. *La raccolta* è un quadro dal colore incandescente dell'estate in montagna, accentuato dalla neve sulle cime che lo rendono estremamente terso: azzurro acceso per il cielo, giallo oro e pennellate rosso fuoco per il fieno. L'orizzontalità panoramica è segantiniana, ma il realismo ci ricorda che Giacometti è un grande ammiratore di Bastian-Lepage. *La raccolta* è un quadro dove culmina la tematica contadina di fine Ottocento. Honoré de Balzac, nell'introduzionc al suo romanzo *I contadini*, dice di voler mettere il rilievo «le figure di un popolo dimenticato.» Giacometti evidenzia e racconta il rito ancestrale della raccolta del fieno, prima falciato e poi ammassato; un rito destinato a scomparire nel tempo. Cuno Amiet, l'amico di sempre, troverà questo quadro magnifico, tradizionale: la risposta di Giacometti sarà *Autoritratto davanti a un paesaggio invernale*, del 1899. Qui, nel paesaggio bianco di neve, tristissimo, il volto del pittore avrà dei colori "fauve" e si allontanerà, programmaticamente, dal realismo.

51. Giovanni Segantini
(Arco, Trento 1858 - Pontresina 1899)
***Primavera sulle Alpi**, 1887*
olio su tela, cm 116 x 227
Firmato e datato in basso a destra:
G. Segantini 1897

Provenienza: commissionato dal pittore Rosenthal, Monaco, per la Galleria Stern, San Francisco e dato in prestito permanente a The Fine Arts Museum, Palace of the Legion of Honour, Sig. e Sig.ra Jacob Stern Collection, San Francisco; per discendenza, a Madeleine Haas Russel; San Francisco, The Fine Arts Museum; New York, French & Company.

Bibliografia: D. Tumiati, *Giovanni Segantini*, in «Il Marzocco», 42 e 44, Firenze, 21 novembre e 4 dicembre 1897; id., *Di un'arte simbolica*, in «Fanfulla della Domenica», n. 10, Roma, 1897; *"La figurazione della primavera", penultimo quadro di G. Segantini*, in «La Domenica del Corriere», 41, Milano, 1899; P. Levi, *Il primo e il secondo Segantini*, in «Rivista d'Italia», III, Roma, novembre 1899, p. 673; F. Cifariello, *Estratto di lettera*, in «Gazzetta degli artisti», n. 12, Venezia, 1900; *Concours et expositions étrangers*, in *La Chronique des arts et de la curiosité*, Parigi, 16 febbraio 1901; L. Villari, *Giovanni Segantini: Story of his Life*, Londra 1901; F. Servaes, *Giovanni Segantini: Sein Leben und sein Werk*, Vienna 1902, p. 120, n. 102; K. Gassmann, *Segantini intimo - una intervista inedita col maestro*, in «Verde e azzurro», 8-9, Milano 1903; M. Monod, *Giovanni Segantini, le peintre des Alpes grisonnes*, in *Foi et Vie*, Parigi 1904; R. Marx, *Notes sur l'Exposition de Milan*, in «Gazette des Beaux-Arts», 48, III, t. 36, Parigi, 1 novembre 1906; F. Monot, *Une exposition de peintres italiens à Paris*, in «Art et decoration», 10, Parigi, ottobre 1907; B. Segantini, *Da Vienna la figlia di Giovanni Segantini lamenta il disinteresse degli Italiani per suo Padre*, in «Corriere della Sera», XXXV, 2225, Milano, 15 agosto 1910; M. Montandon [W. Ritter], *Segantini*, in «Kunstler Monographica», 72, Bielefeld-Lipsia, 1911; N. Giucovascaia, *Giovanni Seganti-ni*, in «Lukomorie», 17, Pietroburgo, 18 agosto 1914; M. Montandon [William Ritter], *Segantini*, Bielefeld-Lipsia 1925; G. Segantini, *Giovanni Segantini in Bregaglia*, in «Quaderni Grigioni Italiani», 3, 1935; R. Roedel, *Giovanni Segantini*, Roma-Gubbio 1944, tav. 49; G. Segantini, *Giovanni Segantini, Zurigo*, in M. Salmi, *L'arte italiana*, Firenze 1949; H. Zbinden, *Giovanni Segantini, Leben und Werk*, Berna 1951; G. Segantini et al., *Giovanni Segantini pittore* ("Collana di artisti trentini" a cura di R. Maroni), Trento 1955, p. 29, ill.; L. Budigna, *G. Segantini*, Milano 1962; T. Fiori, *Archivi del Divisionismo* (raccolti e ordinate da Teresa Fiori con un saggio introduttivo di Fortunato Bellonzi), Roma 1969, II, pp. 341, 383; M. C. Gozzoli, *L'opera completa di Segantini* (presentazione di Francesco Arcangeli), Milano 1973, p. 120, n. 376; S. Berresford, *Italian Divisionism*, in *Post-Impressionism, Royal Academy of Art*, Londra 1979-1980, p. 250, n. 384.

Esposizioni: Monaco, 1897, *Internationale Kunstausstellung*; Pietroburgo, 1914, *Segantini Exhibition*; New York, Cultural Center, *Ottocento Painting in American Collections*; Boston, Massachussets Institute of Technology, ill. p. 7; Columbia Museum of Arts; Cummer Gallery Jacksonville, Florida, 1972-1973; San Pietroburgo, 1914, *Segantini*; The California Palace of the Legion of Honor, 1972-1973, *Ottocento Paintings in American Collections* (prestito del Manhattan, New York Cultural Center), p. 105, n. 52, ill.; Londra, Royal Academy of Arts, e Washington, National Gallery of Art, 1979-1980, *Post Impressionism*, p. 250, n. 384; Varese, Villa Minafoglio Litta-Panza, e Venezia, Peggy Guggenheim Collection, 2000-2001, *Giovanni Segantini. Luce e simbolo*, n. XI, p. 72 e copertina; Museo d'arte moderna e contemporanea, 15 dicembre 2002 - 28 aprile 2003, *Le stanze dell'Arte*, ill. 27, p. 527.

Massimo rappresentante del divisionismo italiano, riconosciuto dal simbolismo internazionale, Segantini è un pittore amato da tutti. Le lunghe pennellate si giustappongono o si intrecciano nel tessuto di vividi verdi di vallate o nei bianchi fulgenti delle cime. La sua inquietudine interiore lo conduce verso una ricerca sempre più serrata, a un corpo a corpo con la pittura che culmina, alla fine della sua vita, nei temi universali e simbolici della vita umana. Trentino irredento, Giovanni Segantini nasce ad Arco, vicino al lago di Garda, allora occupato dagli austriaci. La sua educazione artistica si svolge all'Accademia di Brera, a Milano. I suoi mentori e mercanti saranno Vittore e Alberto Grubici, che gestiranno i suoi quadri e suoi conti. Italiano, ma senza documenti, austriaco per gli austriaci, svizzero per gli svizzeri, che però non vogliono prolungargli il permesso di residenza. Italiano certamente, ma che ha passato i suoi tredici anni più creativi a Savognino e Maloja nei Grigioni svizzeri. Per lui, comunque, la città di riferimento sarà sempre Milano. La sua inquietudine interiore lo spinge a vagabondare di continuo. Si stabilisce per un po' a Pusiano e a Casella, dove vive il pittore Longoni, a Ca' dii Strii (casa delle streghe). I quadri dipinti da Longoni e Segantini per Grubici e firmati *G. S.* suscitano complessi problemi di attribuzione. Dipinge una Brianza crepuscolare e malinconica, il cui paesaggio non ha la forza del paesaggio trentino e dove le greggi di pecore illustrano la sua tenerezza nei confronti degli animali. Fuggiasco, egli porta in sé il paesaggio dell'infanzia, che ogni esule cerca di ritrovare altrove: in una luce, in una montagna, in una valle. E sarà finalmente l'Engadina che trasmuterà in luce le forze oscure che lo tormentano. La luce accecante del *Mezzogiorno sulle Alpi* sembra frammentare l'immenso silenzio delle Alpi. I temi legati a simboli della sua immaginazione si svolgono spesso su fondo di neve. Così la serie *Le cattive madri* (tra 1894 e 1895) o *Il castigo delle lussuriose*. La luminosità dei quadri è concentrata sulla catena di montagne nevose e le pennellate, dai diversi toni di bianco illuminano o smorzano la neve. *Processioni al cimitero*, o *Ritorno al paese natìo* in cui l'emigrato dei Grigioni viene ricondotto in patria per esservi sepolto: la bara è sul carro, il padre del morto guida il cavallo. Questo *memento mori* è l'antitesi, ma al tempo stesso il monito che sarà implicito in *Primavera delle Alpi*. Il trittico della natura (elaborazione a posteriori del *Panorama* mai eseguito) sarà un riassunto simbolico dove la neve è viva, dinamica e lontana in *La vita*; a chiazze in *La natura*; onnipresente in *La morte*.
Nel quadro in esame, Segantini ha

rappresentato una paesana che guida con fierezza due pesanti cavalli da tiro, sul sentiero che va dal campo arato e dall'abbeveratoio verso lo spettatore. La donna ha in sé qualcosa di epico, somiglia a una "Proserpina d'alta montagna", che presiede ai riti di trasformazione della terra e che, appena sparita la neve, è pronta a fare ripetere l'eterno ciclo della germinazione. A destra un cane sorveglia e, a sinistra, un contadino semina le colture estive. La catena di montagne in primavera è innevata fino ai prati, mentre d'estate la neve resterà sulle cime e nei nevai: è un mondo di fiera solitudine e di fraternità con gli animali domestici; una sorta di eternità, di primavera mitica.

Paesi Bassi

a cura di Fred Leeman

52. Lodewij Apol
(L'Aia 1850 - 1936)
Paesaggio invernale al tramonto
1879
olio su tela, cm 99,2 x 157,4
Firmato e datato in basso a destra:
Louis Apol ft 79

Provenienza: venduto dall'artista nel 1979; Dordrecht, Dordrechts Museum (n. d'inv. DM/845/210).
Bibliografia: E. E. Haagens, *Album Dordrechts Museum*, Dordrecht [1898], n. 6; F. de Graaf, P. Nieuwenhuizen, *Echte winters. Nederlandse landschapschilders 1875-1940*, catalogo della mostra, Stadsmuseum, Woerden 2003, p. 16, fig. p. 17.
Esposizioni: Rotterdam, Academie van Beeldende Kunsten en Technische Wetenschappen, giugno 1879, *Schilder- en kunstwerken*, n. 10; L'Aia, Pulchri Studio, 1930, *Eeretentoonstelling Louis Apol*; Woerden, Stadsmuseum, 2003-2004, *Echte winters. Nederlandse landschapschilders 1875-1940*.

Come molti dei suoi colleghi della Scuola dell'Aia, anche Apol frequenta l'Accademia di Belle Arti e si dedica al paesaggio secondo i precetti della tradizione romantica. È soltanto nel 1875, allorché la sua tela *Sera d'inverno nei boschi dell'Aia* ottiene un ampio consenso e viene acquistata dallo Stato olandese che l'artista decide di specializzarsi nella resa di soggetti invernali, sicuramente sollecitato, in questa scelta, dalla Casa d'arte Goupil. Così Apol ottiene la sicurezza economica, ma allo stesso tempo si vede relegato nel ruolo di artista minore della Scuola dell'Aia. La sua importanza di innovatore non va, tuttavia, sottovalutata. Mentre il paesaggio invernale romantico, in imitazione di molti scenari invernali dei pittori olandesi del passato, è popolato di personaggi che si divertono o, al contrario, che svolgono qualche attività faticosa, Apol si astiene dall'aggiungere qualsiasi «elemento decorativo»; concentra invece tutti i suoi sforzi nel rendere l'effetto di un paesaggio innevato nelle diverse situazioni atmosferiche. *Paesaggio invernale al tramonto* è un dipinto monumentale che raffigura

una delle fasi della giornata preferite dall'artista. Il sole sta scendendo al di sotto della linea dell'orizzonte e una luce rosso-arancione si diffonde su tutta la scena. Apol rende la natura con un'attenzione per i particolari tipica della maniera romantica, ma la sua composizione estremamente asimmetrica conferisce al dipinto l'impressione della realtà così come questa di fatto appariva agli occhi del pittore. Tuttavia, non è tanto la tecnica utilizzata che rende l'opera innovativa quanto la mentalità che essa rivela. L'assenza di esseri umani salva la scena dalla banalità; Apol voleva che «la natura parlasse da sé, suggestiva nella sua atmosfera pittoresca e nella sua grande semplicità», come scrisse un critico del tempo. Questa decisione può essere meglio compresa se si considera la predilezione che i pittori della Scuola dell'Aia avevano per lo «stemming» («Stimmung», «stato d'animo»); per loro, come per i poeti romantici, la natura era emblematica dell'emozione umana. Nel dipinto di Apol l'unica presenza umana è quella dell'osservatore, che, nell'immergere lo sguardo dentro il vasto spazio del campo innevato o fra i rami neri degli alberi spogli, inevitabilmente pensa alla morte e alla transitorietà delle cose terrene. Presto regneranno le tenebre e tutto sarà gelidamente immobile.

53. Albert Baertsoen
(Gand 1866 - 1922)
Cordai sui bastioni, 1895
olio su tela, cm 135,7 x 184
Firmato e datato in basso a destra:
Alb. Baertsoen / Nieuport / 95

Provenienza: Salone di Gand, 1895; Gand, Museum voor Schone Kunsten (inv. 1895-A).
Esposizioni: Salone di Gand, 1895.

Come Buysse, anche Baertsoen proviene da una famiglia benestante della città di Gand; il padre, titolare di una fabbrica, è un musicista dilettante. Albert riceve i primi insegnamenti da Gustave Den Duyts, in seguito frequenta l'Accademia di

Belle Arti di Gand. Baertsoen è una figura attiva nella vita artistica del Belgio, benché le sue opere discrete e silenziose possano dare di lui un'impressione diversa. È stato uno dei massimi sostenitori dell'associazione di artisti "L'Essor", di cui entra a far parte nel 1885-1886, dopo lo scisma intervenuto nel gruppo più progressista "Les Vingt". Nel 1888 comincia a esporre al *Salon* di Parigi e rimane nella capitale francese fino al 1889. Qui entra a contatto soprattutto con pittori del *just-milieu*, quali Alfred Roll, ma incontra anche gli impressionisti, ad esempio Monet e Sisley.

Le città fiamminghe divengono il suo principale terreno di lavoro. L'artista, tuttavia, non produsse un enorme numero di vedute urbane, forse a causa dell'ingombrante metodo operativo che utilizzava. Come Breitner, anche lui preparava le sue composizioni molto accuratamente, quantunque non si sia certi che ricorresse a fotografie. Dapprima eseguiva una grande quantità di schizzi, poi, quando era soddisfatto di qualche grande disegno a carboncino, lo trasferiva sulla tela mediante quadrettatura. Alcuni dipinti venivano inizialmente eseguiti in una versione più piccola e più abbozzata, per essere poi realizzati in un formato di dimensioni maggiori.

Pur consapevole dell'importanza dell'impressionismo per il proprio lavoro, Baertsoen non lo accolse mai completamente. Innanzi tutto, il suo senso di costruzione spaziale si oppone al modo impressionista di comporre con maggiore libertà; la profondità gli è altrettanto cara di un motivo armonioso sulla superficie della tela. In secondo luogo, si sente a suo agio soprattutto nell'atmosfera di un umido crepuscolo, che tende a ridurre i colori a toni delicatamente sfumati.

Cordai sui bastioni nasce durante un soggiorno dell'artista a Nieuwpoort, una città presso la costa del Mare del Nord. Baertsoen era ovviamente attratto dallo spettacolo dei cordai che seguitano a lavorare anche durante i periodi di freddo. Le loro corde, che conducono lo sguardo dentro lo spazio, sono come linee prospettiche naturali. La scena è rischiarata da un sole invernale basso e triste, ma la luce viene dispersa dall'atmosfera umida; tutto sembra avvolto in un velo grigio-azzurro. Proprio come Emile Claus, o suo cognato Georges Buysse, anche Baertsoen prende dall'impressionismo

ciò di cui ha bisogno, senza sacrificare i propri obiettivi di pittura realista. Nel 1905 dichiara: «L'impressionismo è evidentemente soltanto una fase – quella di ieri – della costante evoluzione dell'arte […]. Tutta la produzione contemporanea ne è come impregnata. In un senso generale, tutta la nostra arte ne è stata vivificata.»

54. George Hendrik Breitner
(Rotterdam 1857 - Amsterdam 1923)
Vecchi ronzini nella neve, 1890 circa
olio su tela, cm 100 x 152
Firmato in basso a sinistra: *G. H. Breitner*

Provenienza: venduto dall'artista a W. H. van Bilderbeck Lamaison nel 1890; Dordrecht, Dordrechts Museum (in prestito da Netherlands Institute for Cultural Heritage (ICN), Amsterdam / Rijswijk), n. d'inv. VBL/24.
Bibliografia: R. Zwikker, *Willem Hendrik van Bilderbeek, een verwoed verzamelaar*, in «Dordrechts Museum Bulletin», 22, 1999, pp. 24-25; *Kees keijer*, catalogo della mostra, Breitners Amsterdam, Historisch Museum, Amsterdam, 2004, pp. 111, 114.
Esposizioni: Dordrecht, Teekengenootschap Pictura, 1893-1894, *Tentoonstelling*; Dordrecht, Dordrechts Museum, 1904, *Verzameling W. H. van Bilderbeek*, n. 3; Rotterdam, Rotterdamse Kunstkring, 1910, n. 3; Rotterdam, Rotterdamse Kunstkring, 1911, *Schilderijen uit de verzameling Bilderbeek*, n. 11; Venezia, 1922, *XIII Esposizione Internazionale d'Arte della Città di Venezia*, n. 39; L'Aia, Haags Gemeentemuseum, 1928, *Breitner*, n. 94; Amsterdam, Stedelijk Museum, *Breitner*, 1933; Dordrecht, Dordrechts Museum, 1957, *Een keuze uit de Rijksverzameling Van Bilderbeek-Lamaison*, n. 14; Schiedam Stedelijk Museum, *Mens en paard*, 1958; Eindhoven, Galerij De Zonnewijzer, *Breitner, schilder / fotograaf*; Apeldoorn, Gemeentelijke Van Reekumgalerij, 1971, n. 32; Dordrecht, Dordrechts Museum,

1978, *Verzameling van Bilderbeek*, n. 22; Bruxelles, Centre de Conférences Albert Borschette, 1991, *L'invitation au voyage. Art Contemporain des Pays-Bas*, Amsterdam, Stedelijk Museum, *G. H. Breitner, schilderijen, tekeningen en foto's*; Rotterdam, Kunsthal, 1994-1995, n. 48.

Mentre, nel 1882, lavora all'Aia insieme a Van Gogh, Breitner scrive a un suo mecenate: «Dipingerò l'uomo della strada e della casa; la strada e la casa che lui ha costruito, la vita innanzi tutto. Cercherò di diventare "le peintre du peuple" ("il pittore della gente"), anzi questo è ciò che sono perché voglio esserlo.»[1] Una carriera come «pittore della gente» non era affatto una scelta logica, eppure, dopo i contatti con gli appartenenti alla Scuola dell'Aia e il periodo trascorso a Parigi – dove diviene allievo di Fernand Cormon insieme a Toulouse-Lautrec –, nel 1886 si trasferisce ad Amsterdam, dove cerca i suoi soggetti nei quartieri del centro con i loro canali, ma anche nelle nuove aree conquistate dalla città in continua espansione. Gli altri artisti della *bohème* di Amsterdam (come il suo amico Willem Witsen, nonché gli scrittori e i poeti soprannominati «Tachigers», ossia «Uomini degli anni Ottanta»), lo considerano il pittore per eccellenza della vita moderna.

In questo quadro Breitner sceglie, come in molte precedenti occasioni, di raffigurare una città coperta di neve. Tre cavalli stanno tirando un pesante carro oltre un ponte scivoloso, in cima al carico siede un enorme barrocciaio. L'animale grigio, accompagnato da un garzone, viene probabilmente aggiunto per dominare i pendii innevati. Alcune giovani servette fanno largo alla minacciosa manifestazione di potenza dei cavalli, che evapora nel fiato degli animali condensato nell'aria. Nel cielo, gabbiani attratti dal freddo verso la città, si mescolano con le nuvole e completano l'impressione visiva della scena. Il quadro si concentra comunque su un evento minimo della vita di strada. Una pennellata sciolta accresce la nostra sensazione di essere testimoni di un momento fuggevole. La tela ha questo in comune con le altre versioni – più piccole – della stessa scena, forse eseguite dal vero. Ma nel quadro grande Breitner decise di trasformare la situazione in un evento eroico, reso con un'angolazione barocca da sotto in su.

[1] P. Hefting, *G. H. Breitner. Brieven aan A. P. van Stolk*, L'Aia 1970, lettera a A. P. van Stolk, 28 marzo 1882, p. 31.

55. George Hendrik Breitner
(Rotterdam 1857 - Amsterdam 1923)
Lo Zandhoek, 1903
olio su tela, cm 85,5 x 161,5
Firmato in basso a destra: *G. H. Breitner*

Provenienza: L'Aia, Gemeentemuseum Den Haag (n. d'inv. 16-1942).
Bibliografia: K. Keijer, *Breitners Amsterdam*, Bussum 2004, pp. 132-133.

Oltre ad essere un pittore, Breitner è anche un fotografo fecondo. Nel 1892 comincia a utilizzare l'apparecchio fotografico per fissare una determinata posa dei modelli in studio e per catturare la vita delle strade di Amsterdam, ma anche per cogliere silenziose vedute della città che stimolavano la sua fantasia. Quando vagabondava per Amsterdam, portava sempre con sé la macchina fotografica. È soltanto nel 1961 che si scopre questo aspetto della sua creatività e vengono esposte le sue foto. Ben presto ci si accorge che molti dei suoi dipinti sono strettamente collegati alle fotografie da lui scattate. Le istantanee attente a cogliere la vita moderna influenzano le sue composizioni pittoriche: inquadrature con figure tagliate, contrasti estremi fra il primo piano e lo sfondo, forti contrasti chiaroscurali e, in generale, un senso di movimento e transitorietà. All'inizio del nuovo secolo l'artista è solito partire, per la composizione dei suoi quadri, da una fotografia. La vita della strada, che aveva avuto la massima importanza nelle opere anteriori, scompare quasi del tutto dalle sue tele; il «pittore della vita moderna», quale era stato nei suoi lavori precedenti, diviene un entusiasta del pittoresco presente nella vecchia Amsterdam. Nel 1903, l'anno in cui dipinge *Lo Zandhoek*, Breitner è già un pittore famoso nei Paesi Bassi. Aveva uno studio ad Amsterdam, nel Prinseneiland, molto vicino allo Zandhoek, un'isola creata nel XVII secolo come quartiere commerciale, con produttori di catrame, banchine di attracco, raffinerie di sale e magazzini pieni di tabacco, cioccolata e sapone. Una foto dello Zandhoek scattata da Breitner mostra ottimamente il carattere di questo ambiente, con i suoi magazzini e le sue fabbriche. I ceppi di legno che galleggiano sull'acqua del canale creano un formidabile effetto spaziale, che deve aver colpito il pittore in modo particolare, visto che nel dipinto copia letteralmente la fotografia ricorrendo sia al metodo della quadrettatura sia al ricalco dei contorni su carta trasparente. Nella versione finale l'artista, rispetto alla fotografia, cambia due elementi importanti. Prima di tutto, traduce l'immagine fotografica (che mostra una giornata semplicemente piovosa), in una scena invernale, aggiungendo la presenza della neve sui ceppi, sulle strade e sui tetti. Secondariamente elimina l'alta ciminiera sulla sinistra, che era stata impietosamente registrata dall'obiettivo, ma che si sarebbe imposta sulla composizione pittorica in un modo evidentemente ingombrante per l'idea che Breitner aveva di una pittoresca giornata invernale ad Amsterdam.

56. Georges Buysse
(Gand 1864 - 1916)
Neve al crepuscolo, 1900 circa
olio su tela, cm 110 x 83
Firmato in basso a destra: *G. Buysse*

Provenienza: donato da Madeleine Maus, 1927; Bruxelles, Musée d'Ixelles (n. d'inv. O.M.24).
Bibliografia: F. Maret, *Georges Buysse*, Bruxelles 1959, fig. 20.
Esposizioni: Bruxelles, Salon de la Libre Esthétique, 1900, n. 21;

Gand, Salon Triennal, giugno-agosto 1922; Deinze, Museum van Deinze en Leiestreek, 1984, *Retrospektive George Buysse*; Silly, Maison Communale, 1993, *L'impressionnisme belge*; Molenbeek-St-Jean, Château du Karreveld, 1994, *L'impressionnisme belge*.

Pittore "per diletto" Georges Buysse è solito dipingere nel suo tempo libero, dato che, nato in una famiglia benestante di industriali di Gand, intorno al 1885 assume la direzione dell'azienda familiare. Sposa la sorella di uno dei più importanti impressionisti della città, Albert Baertsoen, e, in veste di amministratore della Maatschappij tot Bevordering der Schone Kunsten (Associazione per la Promozione delle Belle Arti) di Gand, diviene amico di Emile Claus. Restio a partecipare a mostre, soltanto nel 1900 Buysse espose per la prima volta i propri lavori nel suo paese di origine. Octave Maus lo invita al *Salon de la Libre Esthétique* di Bruxelles, dove diventa una presenza regolare fino alla morte prematura, conseguente a una malattia mentale.
Neve al crepuscolo è il dipinto che presenta all'esposizione del 1900. Octave Maus è talmente colpito da quest'opera che decide di acquistarla. La scena raffigura un viottolo tra gli alberi che conduce probabilmente alla chiesa di Wondelgem, il villaggio in cui Buysse si era fatto costruire una casa di campagna. Nel 1901 l'artista esegue un quadro analogo, di dimensioni più grandi con un punto di vista spostato verso la chiesa; raffigura inoltre entrambi i lati del viottolo (*La chiesa di Wondelgem*, 1901, 137 x 176 cm, Museum voor Schone Kunsten, Gand). Come ogni dilettante, insiste un po' sul digradare del filare d'alberi verso il fondo. Anche se la sua tavolozza rivela i colori luminosi che Emile Claus gli aveva insegnato a usare, egli non possiede l'abilità che l'amico aveva nell'applicare le sue pennellate. Richiamandosi alla tradizione locale, costruisce una solida superficie con il colore. Diversamente dai maestri di spatola, quali Guillaume Vogels, interrompe tale superficie disponendo abilmente i suoi colori con varietà tonali o contrasti attenuati (come, ad esempio, fra i tronchi verdi e l'atmosfera violacea del crepuscolo). Nel quadro grande di Gand, Buysse ha scelto una diversa ora del giorno. Nel sole invernale luminoso e basso, gli albe-

ri gettano una sequenza di ombre sulla neve lucente. Forse sono state proprio le serie di Monet a insegnare a Buysse come raffigurare l'aspetto mutevole della realtà in circostanze atmosferiche differenti.

57. Emile Claus
(Sint-Eloois-Vijve 1849 - Astene 1924)
Inverno, 1900 circa
olio su tela, cm 87 x 114
Firmato in basso a sinistra: *Emile Claus*

Provenienza: Anversa, Koninklijk Museum voor Schone Kunsten (n. inv. 1356).
Bibliografia: J. De Smet, *Emile Claus, 1849-1924*, Gand 1997, p. 54, fig. 49.

Quando adotta la tavolozza luminosa degli impressionisti intorno al 1890, Emile Claus è già un artista affermato. Dopo un periodo di formazione presso l'Accademia di Anversa tra il 1869 e il 1874, egli sviluppa uno stile moderatamente realista (quadri di genere ispirati alla vita rurale e ritratti), influenzato dal lavoro di Jules Bastien-Lepage – a quell'epoca una celebrità di livello europeo. Nel 1883, dopo che il pittore si stabilisce ad Astene, sul fiume Leie, la sua casa, Villa Zonneschijn (Villa del sole), diviene un punto di incontro per artisti, scrittori e poeti. Su suggerimento del critico Claude Lemonnier, soggiorna per tre anni a Parigi, dove risente dell'influsso del pittore Henri le Sidaner e delle sue sognanti variazioni sull'impressionismo. Nel 1894 Claus espone le sue prime opere impressioniste al *Salon de la Libre Esthétique*. La sua non è affatto una conversione improvvisa: «Ci ho messo dieci anni a pulire la mia tavolozza», dichiara in seguito il pittore (De Smet, p. 51). Da allora diviene una presenza costante ai *Salon de la Libre Esthétique*. Nel 1904 fonda il gruppo "Vie et Lumière". Intorno al 1900, epoca in cui dipinge *Inverno*, probabilmente una vedu-

ta del fiume Leie, Claus aveva ormai sviluppato pienamente il suo personale "impressionismo". L'artista non sacrifica mai la struttura della composizione né l'illusione delle forme nello spazio per indulgere al colore in quanto materia, come invece tanto spesso fecero Monet, Sisley e Pissarro. Le sue pennellate di colori luminosi sono applicate su una solida composizione realista. Tale metodo ha fatto sì che alcuni critici parlassero, nel suo caso, di «impressionismo accademico».
In quest'opera Claus dipinge, con un'alta nota di colore, una veduta virtuosistica del placido fiume entro le sue rive gelate. A eccezione del grazioso motivo delle anatre, non vi è alcun indizio che riveli l'intenzione dell'artista di realizzare un quadro piacevole. Colpito dalla luce di una mattinata gelida, egli si impegna al massimo nel rendere con il colore la propria sensazione visiva e tattile della natura.

58. Gustave Den Duyts
(Gand 1850 - Elsene/Ixelles 1897)
Effetto di neve, 1889
olio su tela cm 120 x 210
Firmato e datato in basso a destra: *Gustave Den Duyts / 1889*

Provenienza: venduto dall'artista nel 1889; Gand, Museum voor Schone Kunsten (n. d'inv. 1889-D).
Esposizioni: Salone di Gand, 1889.

Per lo più autodidatta, Den Duyts diviene pittore *en plein air* di paesaggi e marine, e dipinge soprattutto ad Afsnee, nelle Fiandre orientali. Il suo carattere lo porta a specializzarsi in scenari autunnali e invernali, che rende prestando particolare attenzione alle sottili modulazioni cromatiche. Considerato acquarellista di grande talento da una ristretta cerchia di ammiratori, sebbene avesse di frequente esposto le sue opere, non riuscirà mai a conquistarsi una fama più ampia e morirà in povertà. Ora è conosciuto soprattutto come maestro del più celebre Albert Baertsoen.
Den Duyts fu un tempo appropriatamente definito da P. Lambotte, nel suo *Les peintres de portraits*

(1918), «paesaggista delicato, sognatore, interprete nato delle spaziose, umide Fiandre con i loro piatti orizzonti intersecati da filari d'alberi.» È affascinante mettere in relazione l'amore di Den Duyts per i filari di alberi visti con una severa prospettiva «alla cinese» e il fatto che l'artista era essenzialmente autodidatta. Quasi non sapesse resistere alla tentazione di dimostrare la propria abilità nel suggerire lo spazio su una superficie piatta. Poi, però, questa ingenuità viene sfruttata in un modo alquanto sofisticato. La severità della costruzione spaziale contribuisce notevolmente alla malinconia, se non anche all'impressione di irrealtà che il dipinto ispira. In molte sue opere, inoltre, Den Duyts evidenzia un profondo interesse per l'intreccio a trina dei rami che si stagliano contro il cielo serale. In seguito, i surrealisti belgi, fra cui René Magritte e Paul Delvaux, sfrutteranno tali effetti prospettici ottenendo un'eccezionale atmosfera estraniante.

In Den Duyts questi aspetti rispondono a obiettivi alquanto diversi, ad esempio a rendere l'effettiva esperienza sensoriale di una passeggiata durante una serata d'inverno. Nel dipinto in esame, alcune figure si affrettano a rientrare alle proprie fattorie, nascoste tra gli alberi. Il cielo serale si riflette sull'acqua creata dallo scioglimento della neve, dentro le impronte di passi e nei solchi di carro sulla fangosa strada di campagna. Dietro gli alberi, la presenza di un villaggio fa pensare a un riparo sicuro dal freddo della notte. La creazione di questa peculiare atmosfera viene ben presto notata dai critici. Presentata dall'artista al *Salon* di Gand nel 1883, l'opera viene così descritta: «Nel crepuscolo tragico di una sera d'inverno, una larga strada fangosa e dissestata scende, diritta, verso lo spettatore al centro del quadro. Su entrambi i lati, la campagna spoglia; alcuni esili alberi, senza foglie, elevano, verso un cielo accigliato, gli arabeschi neri dei loro rami. Sullo sfondo, qualche costruzione rustica e alcuni passanti che quasi si confondono con la notte, che sopraggiunge umida e triste» («L'art moderne», 3, 43, 28 ottobre 1883, p. 342).

59. James Ensor
(Ostenda 1860 - 1949)
I bracconieri, 1882
olio su tela, cm 115 x 165
Firmato e datato in basso a destra:
James Ensor / 82

Provenienza: Calais, Collezione Delory; Berlino, Collezione R. Sostberg; collezione privata.
Bibliografia: E. Verhaeren, *James Ensor*, Bruxelles 1908, p. 109; G. Le Roy, *James Ensor*, Bruxelles-Parigi 1922, p. 175; X. Tricot, *James Ensor, catalogo ragionato dei dipinti*, Anversa 1992, n. 212.
Esposizioni: Bruxelles, Palais des Beaux-Arts, VII esposizione annuale, 1882-1883, *L'Essor*, n. 59 "1881"; Bruxelles, 1909, *Le Sillon*, n. 28; Hannover, Kestner-Gesellschaft; Dresda, Galerie neue Kunst Fides; Berlino, Galerie Paul Cassirer, 1927, *James Ensor*, n. 14; Bruxelles, Musées Royaux des Beaux-Arts, 1999, *Ensor*, n. 49.

Nel 1882, quando dipinge quest'opera ambiziosa, Ensor è appena divenuto membro dell'associazione artistica "L'Essor", che proponeva un'alternativa all'annuale *Salon des Beaux-Arts*, preservando tuttavia l'idea di una giuria composta da artisti. Ensor espone al loro *Salon* del 1882, ma l'opera *I bracconieri* è presentata soltanto al loro *VII Salon*, l'ultimo cui l'artista partecipa; nel 1883 è uno dei dissidenti dell'Essor che fondarono "Les Vingt". Nel dipinto non vi è niente dell'Ensor sardonico che si sarebbe rivelato nelle maschere e negli scheletri dopo il 1885. Come negli altri suoi quadri realizzati per "L'Essor" nel 1883, che recano titoli inequivocabilmente realisti quali *Un fumista* o *Vagabondo ammalato che si riscalda*, anche *I bracconieri* sembra rientrare nella tradizione realista che si era radicata in Belgio da quando Courbet aveva visitato Bruxelles e vi aveva esposto le proprie opere nel decennio 1860-1870.

Ensor si inserisce relativamente tardi in questa corrente realista. Nel 1880 lascia l'Accademia di Belle Arti di Bruxelles dopo aver conse-

guito il suo decimo (e ultimo) premio di pittura e si stabilisce con i suoi genitori a Ostenda. Frequenta l'ambiente di Bruxelles, dove trova sostegno da parte della famiglia Rousseau e dove, nel 1881, entra a far parte dell'associazione artistica "La Chrysalide", presso la quale espone le sue opere; subito dopo partecipa all'Essor. Nel 1882 un grande e ambizioso dipinto di Ensor, *Nel paese dei molti colori* (o *Il mangiatore d'ostriche*) (ora al Museum voor Schone Kunsten, Anversa) viene rifiutato da una giuria di Anversa, perciò l'artista ha un buon motivo per ritenersi un *outsider* avanguardista. Il critico Émile Verhaeren interviene in sua difesa sostenendo che la sua opera era la prima «opera chiara» dipinta in Belgio.

Come spesso accade, il rifiuto del mondo artistico ufficiale nei confronti di Ensor ha infine un risvolto positivo, in quanto produce il grande artista del tutto peculiare che oggi conosciamo. Un rifiuto forse provocato in parte dal pittore stesso, poiché in diverse sue opere egli cerca di scioccare l'estetica convenzionale dipingendo, su grandi dimensioni, scene crudamente realiste. In questo genere di dipinti, cui appartiene anche *I bracconieri*, Ensor presta scarsa attenzione al dettaglio realista, invece delinea i suoi soggetti con grandi spatolate. L'esempio del cosiddetto «tachisme» di Guillaume Vogels, che egli conosceva, potrebbe averlo stimolato in qualche modo; ma sembra invece delinearsi il ricordo di Courbet, che aveva utilizzato un'analoga strategia per giungere alla celebrità: quadri di grandi dimensioni, incentrati su soggetti del ceto basso, resi con uno stile diretto e sommario. Circa vent'anni prima Courbet aveva dipinto *Bracconieri nella neve* (1867, Galleria Nazionale d'Arte Moderna, Roma), lo stesso soggetto che viene trattato da Ensor e che probabilmente era noto a quest'ultimo grazie a una riproduzione. Nel suo quadro Ensor addirittura supera Courbet nel far grandeggiare i suoi eroi proletari in modo che dominino sull'orizzonte e nel dare loro piedi molto solidi, non diversamente da ciò che in quel momento stava facendo Constantin Meunier. Forse le vistose ombre azzurre che si allungano per terra rivelano una certa conoscenza delle teorie impressioniste sul colore.

60. Anton Mauve
(Zaandam 1838 - Arnheim 1888)
Pecore nella neve, 1888
olio su tela, cm 90 x 190
Firmato in basso a destra (stampigliatura): *A. Mauve*

Provenienza: Wassenaar, Jhr. J. A. Sandberg; L'Aia, Gemeentemuseum Den Haag (inv. S9-1945).
Bibliografia: H. P. Baard, *Anton Mauve*, Amsterdam 1947, p. 57; E. P. Engel, *Anton Mauve*, Utrecht 1967, n. 124.
Esposizioni: L'Aia, Gemeentemuseum, 1938-1939, *Mauve-tentoonstelling*, n. 21; Mannheim, Kunsthalle, 1987, *Die Haager Schule. Meisterwerke der holländischen Malerei aus dem Haags Gemeentemuseum*, n. 55; Monaco, Neue Pinakothek, *Meisterwerke der holländischen malerei aus dem Haags Gemeentemuseum un den Bayerischen Staatsgemäldesammlung*, n. 55; Budapest, MagyarNemzeti Galéria Budapest, 1995, *A hagái iskola. A 19. Századi holland festészet mesterművei a Haags Gemeentemuseum Gyüjteményéböl*, n. 41; Vienna, Bank Austria Kunstforum, 1996, *Van Gogh und die Haager Schule*, n. 126.

Quando nel 1888 Anton Mauve muore, non ancora cinquantenne, sul suo cavalletto c'è questa tela; a quanto sembra, non era ancor finita. L'incredibile, possente pennellata evidente nel dipinto non è tipica di questa che si rilevò essere la fase ultima della carriera artistica del pittore. Nel villaggio rurale di Laren, vicino ad Amsterdam, dove si era fatto costruire una villa con studio, Mauve stava cercando di giungere a una maggiore definizione nelle forme e nella composizione, stimolato in ciò da alcune foto delle opere di Millet, per il quale nutriva grande ammirazione. Tuttavia ciò da cui l'artista derivava la principale ispirazione era il suo intenso studio della natura. «Per lui il concetto stesso di arte si identificava con il concetto di natura», affermava uno dei suoi giovani colleghi. Ogni giorno Mauve esce all'aperto insieme alla moglie per eseguire schizzi o dipingere; né la pioggia, né il vento, né la neve lo fermano. «Con indomito coraggio camminavamo ogni giorno nella neve, armati della scatola dei colori, che raramente rimaneva inutilizzata», scrive la moglie del pittore a un amico.

Come artista, Mauve si forma all'interno della tradizione della scuola romantica olandese specializzandosi nella raffigurazione di bovini. Un momento decisivo per la sua carriera è la visita, nel 1858, al villaggio rurale di Oosterbeek, soprannominato «la Barbizon olandese». Lì non soltanto viene a contatto e stringe amicizia con molti pittori che poco dopo il 1870 avrebbero dato vita alla Scuola dell'Aia, ma viene anche incoraggiato ad abbozzare i suoi soggetti direttamente e liberamente dal vero. Nel 1871 si stabilisce all'Aia, dove riveste un ruolo centrale nella vita artistica della città. La sua fama di pittore aumenta progressivamente e le sue opere sono vendute in Inghilterra, in Scozia e negli Stati Uniti, tramite la casa d'arte Goupil. Nel 1885 si trasferisce a Laren, perché la città dell'Aia, nella sua continua espansione, aveva perso la maggior parte dei luoghi naturali dai quali traeva ispirazione.

Mauve sviluppa uno stile molto personale, riconoscibile, basato sulla smorzatura del colore locale. Molti dei suoi dipinti sono pervasi da un tono grigio-argento che traduce perfettamente la preferenza del pittore per un'atmosfera nebbiosa e umida. Pur nella sua incompletezza, *Pecore nella neve* attesta la sensibilità tonale tipica di quest'artista. Sulla neve grigio-bianca, realizzata con vivide pennellate, le pecore, accalcate insieme, appaiono come un'unica forma scura di colore bruno-grigio. Le figure umane di Mauve non sono mai espressive se non in virtù del loro atteggiamento, poiché qualsiasi retorica soggettiva disturberebbe l'umore oggettivo che pervade l'opera.

61. Floris Verster
(Leida 1861-1927)
Neve, 1895
olio su tela, 30 x 50,5 cm
Firmato e datato in basso a destra:
Floris Verster 95

Provenienza: Voorburg, Collezione L. C. Enthoven; acquistato da H. Kröller-Müller alla vendita all'asta della collezione Entoven (Frederik Muller & Cie.), Amsterdam 18-5-1920, n. 267, *Tramonto in un paesaggio innevato*; Otterlo, Kröller-Müller Museum (inv. KM 111.437).
Bibliografia: A. Plasschaert, *Floris Verster*, in «Onze Kunst», I (1902), n. 1, p. 120; H. P. Bremmer, *Moderne Kunstwerken*, II (1904), n. 79; W. Scherjon (a cura di), *Floris Verster. Volledige geïllustreerde catalogus van zijn schilderijen, waskrijt-en waterverven, en grafisch werk*, Utrecht 1928, n. 96; A. M. Hammacher, *Amsterdamse Impressionisten en hun kring*, Amsterdam 1941, p. 95; J. M. Joosten (a cura di), *De Brieven van Johan Thorn Prikker aan Henri Borel en anderen 1892-1904*, Nieuwkoop 1980, p. 226, n. 37; *The Age of Van Gogh*, catalogo della mostra, Glasgow, 1990-1991, p. 240; *Floris Verster*, catalogo della mostra, Stedelijk Museum de Lakenhal, Leida 2002-2003, p. 72.
Esposizioni: (Rotterdamse?) Kunstkring, agosto 1895; Rotterdamse Kunstkring, marzo-aprile 1904, n. 82; Leida, Stedelijk Museum De Lakenhal, 1927, *Floris Verster*, n. 47; Düsseldorf, Kunsthalle, *Augewählte Kunstwerke aus der Sammlung der Frau H. Kröller-Müller*, n. 526; Amsterdam, Kunsthandel Huinck en Scherjon, 1937, *Floris Verster*, n. 10; Gouda, Stedelijk Museum, 1948; Leida, Stedelijk Museum de Lakenhal, *Floris Verster*; Amsterdam, Stedelijk Museum, 1952; Municipal Art Gallery, Johannesburg, *Breitner, Israels, Robertson, Verster*; Città del Capo, South African National Gallery, 1956-1957, n. 49; Glasgow, Burrell Collection, 1990-1991, *The Age of Van Gogh*, n. 98; Amsterdam, Van Gogh Museum, 1991, *De Schilders van Tachtig*, n. 155; Leida, Stedelijk Museum de Lakenhal, 2002-2003, *Floris Verster*, n. 36.

Il pittore, nato da una famiglia aristocratica e benestante, rivela doti artistiche fin da ragazzo, e viene perciò iscritto all'importante Accademia "Ars Aemula Naturae" della sua città natale, dopo aver prematuramente abbandonato gli studi secondari. All'Accademia segue le lezioni di prospettiva dal giovane Breitner e si inserisce nella sua cerchia, ma prova ammirazione anche per Mauve e J. H. Weissenbruch, celebri maestri della Scuola dell'Aia. Nel 1879 si iscrive all'Accademia di Belle Arti dell'Aia insieme a Breitner. Dopo aver completato gli studi nel 1883, Verster diviene più o meno uno specialista di nature morte caratterizzate da colori luminosi ma delicati e da una notevole qualità decorativa. Ciò gli fa ottenere un posto nell'avanguardia olandese degli anni ottanta. La sua pennellata appassionata e i suoi colori insoliti attirano l'attenzione degli organizzatori dei *Salon* progressisti di "Les Vingt" a Bruxelles, dove l'artista espone nel 1891. Intorno al 1895 Verster si invaghisce dello stile lineare di Toorop, ma infine si concentra su incisive nature morte lineari contraddistinte da notevole freschezza e da una qualità meditativa.

Quando questo irradiante studio viene esposto per la prima volta nel 1895, l'artista simbolista Johan ne rimane estasiato. A un amico scrive che l'opera usciva vincitrice in un confronto con l'«incredibile schifezza» che decorava le pareti, intendendo con ciò «i Breitner color merda» e le altre tele scure della Scuola dell'Aia. Thorn-Prikker è profondamente colpito dalla «purezza» di Verster, che definisce «un individuo serio, pieno d'amore»: è stupito dal suo magnifico cromatismo, dai riflessi di un basso sole invernale arancione che risaltano sulla neve azzurrina. E il suo stupore è anche il nostro. In modo sorprendente, Verster ha ridotto la scena all'essenziale, senza sacrificare la rappresentazione.

La tela, probabilmente, è dipinta dal vero e costituisce lo studio preparatorio per una più grande e dettagliata versione a matita (collezione privata). Verster esegue dapprima un disegno lineare per definire l'effetto spaziale della scena (Museum Kröller-Müller, Otterlo), poi possiamo immaginare che l'artista si sia basato su tale pregevole schizzo a olio per buttar giù i sorprendenti colori di questa veduta che raffigura una strada di campagna non lontano da Leida, città natale del pittore. È l'appassionata immediatezza del dipinto che deve aver attirato l'attenzione di L.C. Enthoven, il collezionista che possedeva 48 quadri di Van Gogh, fra i quali *Caffè di notte*.

62. Guillaume Vogels
(Bruxelles 1836 - 1896)
Recinto a Groenendael, neve
1879 circa
olio su tela, cm 60 x 41
Firmato in basso a destra: *G. Vogels*

Provenienza: lascito Neury, 1908; Bruxelles, Musée d'Ixelles (inv. CC521).
Bibliografia: C. Ekonomidès, *Guillaume Vogels (1836-1896)*, Gand 2000, p. 183 (con bibliografia).
Esposizioni: Amsterdam, Stedelijk Museum, 1935, *Exposition d'art belge moderne*, n. 85; Bruxelles, Palais des Beaux-Arts, 1936, *Rétrospective Guillaume Vogels*, n. 92; Knokke, Kurzaal, 1955, *L'impressionnisme avant 1914*; Charleroi, Circle artistique et littéraire, 1959, *Trente ans de peinture belge*; Bruxelles, Musée d'Ixelles, 1968, *Vogels*, n. 48; Bruxelles, Palais des Académies, 1979, *Bruxelles, 1000 ans de rayonnement de la culture française*; Bruxelles, Musée d'Ixelles, 1990, *L'impresionnisme et le fauvisme en Belgique*, n. 29; Bruxelles, Musée Charlier, 2000, *Guillaume Vogels (1836-1896)*, n. 104; Tokyo, Mercian Kariuzawa Art Museum, 2002, *Belgique-France, un siècle d'échanges*, n. 10.

Soltanto nel 1873, dopo aver lavorato come imbianchino, Guillaume Vogels, dopo aver completato sommari studi all'Accademia, inizia a dedicarsi alla pittura. La sua ditta aveva commissionato lavoro a Pericles Pantazis, un pittore greco stabilitosi a Bruxelles, che ammirava Courbet e amava lavorare con la spatola. Pantazis e Vogels espongono insieme, e nel 1877 diventano membri del gruppo "La Chrysalide". James Ensor, anche lui membro dello stesso gruppo, rimane molto colpito da Vogels, e nel

1883, Vogels e Ensor fanno parte entrambi dei tredici co-fondatori della famosa associazione artistica "Les Vingt". Dopo lo scioglimento di "Les Vingt", Vogels espone varie volte ai *Salon de la Libre Esthétique*, e viene ammirato per la libertà del suo stile pittorico, che viene presto visto come l'alternativa belga all'impressionismo.

Il paesaggio innevato dipinto a Groenendael, una località nei pressi di Bruxelles, risale all'epoca in cui Vogels lavorava insieme a Pantazis. Vi è anzi una piccola tela analoga in cui egli raffigura Pantazis, che, davanti al suo cavalletto, sta dipingendo nella neve (Guillaume Vogels, *Pantazis che dipinge nella neve*, 1881 circa, 50 x 35 cm, collezione J. E. Hartog).

Recinto a Groenendael, neve è un pregevole studio in cui alla pennellata l'artista unisce un uso controllato della spatola. Mantenendo il primo piano in ombra e scegliendo una luce grigia per il cielo, riesce a suggerire la luminosità del sole mediante l'applicazione di tocchi più chiari nel secondo piano e sulla parte destra dello steccato. In studi successivi, Vogels si lascia spesso trasportare da un uso eccessivo della spatola, pervenendo a una quasi astrazione. Ben presto questo stile audace verrà definito «tachisme», ed Ensor ne rimarrà molto affascinato. Vogels è uno specialista del paesaggio innevato; la preferenza per questo tipo di scenario potrebbe essergli stata ispirata da Courbet.

63. Hendrik Willem Mesdag
(Groningen 1831 - L'Aia 1915)
Inverno sulla spiaggia, 1880 circa
olio su tela, cm 95 x 156
Firmato in basso a sinistra: *HW Mesdag*

Provenienza: Budapest, Szépműveszti Múzeum (inv. 136 B).
Bibliografia: J. Poort, *Hendrik Willem Mesdag, 1813-1915, Oeuvrecatalogus*, Wassenaar 1989, p. 213, n. 1880.2; N. Bakker, *Parijse Salons en internationale tentoonstellinge*, in *Johan Poort, Hendrik Willem Mesdag, 1831-1915, De Schilder van de Noordzee*, Wassenaar 2001, p. 62.
Esposizioni: Parigi, Salon, 1880, *Hiver à la plage*, n. 2599; Budapest, MagyarNemzeti Galéria, 1995, *A hagái iskola. A 19. Századi holland festészet mestermüvei a Haags Gemeentemuseum Gyüjteményéböl*, n. 84; Vienna, Bank Austria Kunstforum, 1996, *Van Gogh und die Haager Schule*, n. 115.

Quando Mesdag invia questa pregevole veduta della spiaggia di Scheveningen al *Salon* di Parigi del 1880, gode già di una fama internazionale come pittore di paesaggi marini. Nato da una famiglia di banchieri e mercanti di granaglie, Mesnag sembrava destinato a una carriera in campo bancario. Nel 1886, un'eredità della moglie gli permette di dedicarsi interamente all'arte. Studia a Bruxelles, dove si immerge nell'ambiente dell'arte realista. Dopo un soggiorno sulla costa del Mare del Nord, sceglie di specializzarsi come pittore di marine. L'anno successivo si trasferisce all'Aia. Considerato un dilettante, non viene preso sul serio fino al 1870, anno in cui ottiene la medaglia d'oro al *Salon* di Parigi con l'opera *Frangenti del Mare del Nord* (Van Gogh Museum, Amsterdam). In quell'occasione la giuria preferisce le onde di Mesdag a quelle di Courbet presentatosi con *Mare in tempesta (L'onda)* (1870, Musée d'Orsay, Parigi). Essendo un abile uomo d'affari oltre che un pittore, Mesdag riesce a creare un mercato internazionale per le proprie vedute realiste in cui raffigura la vita dei pescatori di Scheveningen. Nel 1881 il suo approccio concreto alla realtà culmina nel famoso *Panorama Mesdag*, una veduta circolare, accuratamente realistica, di 1600 metri quadrati, osservata da una duna, tuttora esistente, vicino alla spiaggia di Scheveningen.

Inverno sulla spiaggia raffigura una spiaggia coperta di neve; nel dipinto sono presenti alcuni pescherecci («bomschuiten») arenati – di proposito, come in altri quadri dell'artista, poiché Scheveningen non aveva un porto. Nonostante il freddo, un carro trainato da un cavallo sta portando le reti a una delle barche, che sembra sul punto di prendere il largo per la pesca. Tutta la scena si basa probabilmente su circostanze reali, in quanto l'inverno tra il 1879 e il 1880 fu uno dei più freddi del secolo.

Il modo esplicito in cui Mesdag rende il suo soggetto conferisce alla scena un valore quasi documentario. L'artista colloca il carro giusto nel mezzo, mentre i pescatori proseguono il loro lavoro in silenzio, senza alcun affanno. La pennellata è vigorosa e sommaria; il cielo, con le sue esitanti chiazze di azzurro, rivela le pregevoli qualità di Mesdag come fine colorista.

64. Willem Witsen
(Amsterdam 1860 - 1923)
Paesaggio invernale, 1895 circa
olio su tela, cm 45 x 52
Firmato in basso a destra: *Witsen*

Provenienza: lascito A. van Wezel, 1922; Amsterdam, Rijksmuseum (inv. Sk-A-2593).
Bibliografia: *Alle schilderijen van het Rijksmuseum te Amsterdam*, Amsterdam 1976, p. 610; W. Loos, G. Jansen, *Breitner en zijn tijd. Schilderijen uit de collectie van het Rijksmuseum, 1880-1900*, pp. 86-87; *Langs velden en wegen*, catalogo della mostra, Rijksmuseum, Amsterdam 1997, pp. 324-325; I. M. de Groot et al., *Willem Witsen. Schilderijen, tekeningen, prenten, foto's, 1860-1923*, Bussum 2003, pp. 91-93.
Esposizioni: *Langs velden en wegen*, Rijksmuseum, Amsterdam 1997, n. 100.

Negli anni in cui frequenta l'Accademia statale di Amsterdam, Willem Witsen partecipa attivamente all'avanguardia artistica e letteraria olandese, i cui membri avevano assunto il nome di «Tachtigers» («Uomini degli anni ottanta») e avevano fondato la rivista «De Nieuwe Gids» ("La Nuova Guida"). Sarà Witsen, che veniva da una ricca famiglia aristocratica di Amsterdam, a sostenere l'onere finanziario della pubblicazione. Oltre che pittore, Witsen è anche un abile e fecondo artista grafico, e fotografo. Molti dei suoi dipinti e dei suoi lavori grafici, se non apertamente basati su foto, presentano comunque una forte qualità fotografica.

Witsen eccelle in vedute urbane di Londra e di Amsterdam cariche di silenzio, di oscurità e di stato d'animo. Ammiratore di Jean-François Millet e amico di Anton Mauve, risentirà di entrambi nella rappresentazioni di scene rurali. Dopo aver lavorato inizialmente a Ewijkshoeve, una proprietà nei pressi di Amsterdam che aveva ereditato dalla madre, nel 1890 si trasferisce a Ede, nell'agreste Gelderland. In questo periodo il suo principale soggetto è la vita rurale; tuttavia, dopo il successo di un'esposizione del 1895 in cui aveva presentato paesaggi invernali, le scene con boschi, fattorie e campi innevati divengono una delle sue specialità. *Paesaggio invernale* risale a questo periodo. Dietro un accecante campo bianco di neve, sotto un cielo plumbeo e una trina di alberi marrone cupo, appare un gruppo di fattorie dai tetti di paglia. Il colore scuro delle aie, degli alberi e di alcune chiazze nei campi suggerisce l'inizio del periodo del disgelo. Questa situazione consente a Witsen di pensare in termini di chiaroscuro. Nella sua concisa semplicità, il dipinto riesce magnificamente a dare l'impressione della serenità tipica della vita rurale in inverno.

351

Gran Bretagna

a cura di Francis Fowle

65. Joseph Farquharson
(Edimburgo 1846 - 1935)
Mattino d'inverno
olio su tela, cm 101,5 x 152,5

Provenienza: Fine Art Society, 1973; Londran The Fleming-Wyfold Art Foundation.
Bibliografia: B. Smith, *A Picture of Fleming's. A Selection of Scottish Paintings from the Collection of Robert Fleming Holdings Limited*, vol. 3, Londra 1995, p. 29 [ristampa].

Appartenente a un'antica famiglia della contea di Aberdeen, Joseph Farquharson viene incoraggiato a interessarsi all'arte dal padre, che, oltre ad esercitare la professione di medico, è un pittore dilettante. Joseph s'iscrive alla Trustees' Academy di Edimburgo; frequenta il corso di pittura dal vero presso la *Royal Scottish Academy*, ed espone il suo primo quadro alla RSA (*Royal Society of Arts*) all'età di quindici anni. Dopo aver trascorso molti inverni a Parigi, tra il 1878 e il 1916 vive per lo più a Londra e, durante i mesi invernali, generalmente in Scozia, a Finzean, luogo che diviene scenario per molti dei suoi paesaggi.
Per dipingere *en plein air* con qualsiasi condizione atmosferica Farquharson si fa costruire un *atelier* mobile: una capanna su ruote, trasferibile nel luogo desiderato; in questo modo, scaldato da un braciere, riesce a lavorare all'aperto anche nei giorni più freddi. L'impressionista inglese Walter Sickert provava una grande ammirazione per l'opera di Farquharson e paragonava le sue vedute scozzesi alle scene innevate di Gustave Courbet. Soprattutto lodava il connazionale per la sua chiarezza e sincerità: «Non c'è alcun brusco sobbalzo. L'artista fa entrare l'osservatore nel soggetto, in parte perché non ne distrae l'attenzione con arcaismi o neologismi tecnici.»[1]
Nonostante tutto ciò, Farquharson non è un impressionista; egli dipinge sempre le sue scene innevate con una tavolozza convenzionale e una grande attenzione per i particolari.

Diviene famoso soprattutto per i suoi paesaggi con pecore che lottano per sopravvivere nella campagna immersa nella neve; per questo sarà soprannominato «Farquharson, il montone gelato». In *Mattino d'inverno* l'artista rappresenta la desolazione di una gelida giornata invernale. I rami spogli degli alberi si stagliano contro un cielo giallo che spande una luce opaca sull'intero quadro; alcuni corvi sono alla ricerca di cibo nei fangosi solchi lasciati dal passaggio di un carro di contadini. La rivista «The Art Annual» del 1912 commenta in questo modo i paesaggi innevati di Farquharson: «Non vi è un solo paesaggio pastorale di Farquharson che non sia trattato dal punto di vista contemplativo o poetico: la poesia della neve vive nel suggerire la desolazione o la sopportazione della vita contadina, così come nella rara bellezza delle splendide tinte prodotte dal sole o dalla luna sulle superfici innevate, percepite attraverso gli alberi spogli.»[2]

[1] W. Sickert, *Farquharson & Courbet, Snow Piece and Palette-Knife*, in «The Daily Telegraph», 7 aprile 1926.
[2] W. Donald Sinclair, *The Art of Joseph Farquharson, A. R. A.*, in «The Art Annual», dicembre 1912, pp.1-2.

66. Charles Lees
(Pupar, Scozia, 1800 - 1880)
Pattinatori sul Duddingston Loch al chiaro di luna, 1857
olio su tela, cm 50,8 x 74,9

Provenienza: Philips (Scozia), 4 luglio 1980 (110); Fine Art Society; Londra, The Fleming-Wyfold Art Foundation.
Bibliografia: M. Cambell, H. Smailes, *Hidden Assets, National Gallery of Scotland*, Edimburgo 1995, p. 36 p. 37 [ristampa]; S. Skipwith, B. Smith, *A History of Scottish Art: The Fleming Collection*, Londra 2003, p. 39 [ristampa].
Esposizioni: Royal Scottish Academy 1857 (111); *Art in Scotland 1880-1920*, Fine Art Society, E-

dimburgo 1980; Hidden Assets, National Gallery of Scotland, Edimburgo 1995 (11); *Sir David Wilkie and his Circle*, The Fleming Collection, Londra 2002.

Insegnante di disegno a Edimburgo, Charles Lees decide poi di proseguire la carriera come pittore di ritratti ed è possibile che abbia ricevuto alcuni insegnamenti dal grande ritrattista scozzese Henry Raeburn. Realizza alcuni dipinti storici, e nel 1834 si reca in Italia, dove trascorre alcuni mesi visitando Roma e Venezia. Amante degli sport all'aperto, è noto soprattutto per i quadri con scene sportive, che comincia a dipingere negli anni tra il 1840 e il 1850. I suoi soggetti incentrati sullo sport, per esempio *I giocatori di golf* (Scottish National Portrait Gallery, Edimburgo) e i dipinti con pattinatori sul Duddingston Loch, un lago vicino a Edimburgo, gli consentono di approfondire il suo interesse per il paesaggio e per la pittura di figure, forse incoraggiato anche da Sir George Harvey, che nel 1835 aveva ottenuto un successo di critica con *I giocatori di curling*, un dipinto che fu ampiamente riprodotto.
L'*Edinburgh Skating Club* (Circolo di Pattinaggio di Edimburgo) si riuniva a Lochend o a Duddingston ed era il primo circolo di tal genere in Gran Bretagna. Come mostra il dipinto di Lees, il circolo attribuiva particolare importanza al pattinaggio artistico, che Lord Cockburn definiva «la poesia del movimento». In primo piano spiccano, evidenti, alcune attrezzature di salvataggio, che ci rammentano drammaticamente il rischio di annegare nelle gelide acque del Duddingston Loch. Anche se Lees è chiaramente attento al particolare, è altrettanto interessato a catturare l'effetto della luna che splende su un laghetto ghiacciato. La luna piena mette in risalto il netto profilo delle figure e degli alberi in lontananza, trasformando la caotica e allegra scena di vita moderna in un qualcosa di più suggestivo e misterioso. Lees risente chiaramente delle scene di pattinaggio dipinte nel XVII secolo da artisti olandesi come Aert van der Neer e Hendrick Avercamp, più che note in Scozia attraverso sia gli originali, sia le incisioni, e potrebbe anche esser stato influenzato dall'iconico dipinto settecentesco di Raeburn *Il reverendo Robert Walker che pattina sul Duddingston Loch* (National

Gallery of Scotland, Edimburgo). Nel 1854, Lees espone una scena diurna di pattinatori sul Duddington Loch straordinariamente simile nella composizione alla tela di Raeburn, compresa la vista del castello di Edimburgo in lontananza.

67. William McTaggart
(Scozia, costa occidentale 1835 - 1910)
Neve in aprile, 1892
olio su tavola, cm 19,7 x 28,6
Firmato: *W McTaggart*

Provenienza: dato a Sir James L. Caw, genero del pittore; Edimburgo, National Gallery of Scotland (lascito di Sir James Lewis Caw, 1951).
Bibliografia: J. L. Caw, *William McTaggart R.S.A.*, Glasgow 1917, p. 265.
Esposizioni: Edimburgo, 1989, *William McTaggart, RSA*, n. 93; Londra, The Fleming Collection, 2004, *A Picturesque Pursuit*.

Trasferitosi a Edimburgo nel 1852 per studiare presso la Trustees' Academy, William McTaggart si dedica inizialmente a soggetti di carattere aneddotico, che spesso includevano la presenza di bambini; gradualmente, tuttavia, il mare e il cielo divengono i temi principali nei suoi dipinti e l'artista sviluppa un interesse crescente per la luce e per gli effetti atmosferici. Se confrontati con le scene invernali di Joseph Farquharson, i quadri di McTaggart rivelano un'esecuzione più impressionista. Come nota Lindsay Errington «La texture è quella del colore più che degli oggetti dipinti e tutta la superficie sembra emanare luce ed energia.»[1] McTaggart sceglie, però, un approccio più intuitivo rispetto agli impressionisti, e l'influsso di Turner e, soprattutto, di Constable è di grande importanza per il suo lavoro. Dal 1890 l'artista si trasferisce a Broomieknowe, un villaggio nel Midlothian (Scozia), dove trascorrerà gli ultimi vent'anni della sua vita. Qui, s'interessa sempre più ai paesaggi, e durante questo periodo produce la sua serie di

scenari innevati. Questo schizzo a olio, esempio di fresca pittura *en plein air*, è dipinto a Dean Park, la residenza di McTaggart a Broomieknowe. È uno studio preparatorio per il quadro *Neve d'aprile* (collezione privata), che James Caw, genero di McTaggart, definisce «forse […] il più bello di tutti i suoi paesaggi innevati […] dipinto proprio nel momento in cui l'inverno stava cedendo il passo alla primavera.»[2] Lo schizzo viene eseguito nell'aprile del 1892 dopo un'improvvisa nevicata fuori stagione; sebbene realizzata all'aperto, l'opera finita si basa su una sorta di interpretazione poetica, soprattutto nell'immagine della fanciulla che scopre il primo fiore primaverile, che spunta tra la neve. Dell'opera finita, cui il suo quadro tanto somiglia, ci lascia una mirabile descrizione: «*Neve d'aprile* non ci mostra il sole vero e proprio, ma soltanto il suo splendore delicatamente velato. Sotto un bel cielo calmo con lucenti nuvole argentee, attraverso la cui serica consistenza emerge delicatamente l'azzurro, il paesaggio giace calmo e silenzioso, coperto da un manto nevoso che avvolge e ammorbidisce le forme e, mescolando tocchi di argento, grigio e azzurro con il suo immacolato biancore, fonde la terra e il cielo in un'intensa armonia di colori delicati e di luce sublime. La striscia di alberi che delimita il pascolo del primo piano e che, tutta, prende colore dall'ascendente linfa della nuova vita e il tetto di paglia di color marrone-oro che traspare lungo le gronde e nei frontoni delle casette innevate visibili a media distanza immettono note tenuemente gorgoglianti di un tono più caldo, e queste, a loro volta, divengono accordi suonati più fortemente nei passaggi al colore puro che, ravvivando il primo piano con le figure, contribuiscono a evidenziare e arricchire l'ambiente circostante. Ma i bambini rispondono anche a un altro scopo. Graziosi sia in sé sia come note nell'insieme, il loro interesse per gli agnelli, tremanti nell'insolito freddo, accresce l'impressione, già creata dal colore, che qui l'inverno si sia ben radicato per un momento, che tuttavia rimane passeggero, nel grembo della primavera.»[3]

[1] L. Errington, *William McTaggart, R.S.A*, Edimburgo 1989, p. 116.
[2] J. L. Caw, *William McTaggart R.S.A.*, Glasgow 1917, p. 162.
[3] Caw, *William McTaggart* cit., p. 162.

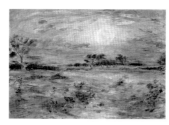

68. William McTaggart
(Scozia, costa occidentale 1835 - 1910)
Inverno, Broomieknowe, 1896
olio su tela, cm 99,1 x 147,3

Provenienza: Scozia, Perth Museum & Art Gallery (donato da Miss McTaggart, Dean Park, Midlothian, 1957).
Bibliografia: J. Caw, *William McTaggart RSA, A Biography and an Appreciation*, Glasgow 1917, pp. 162, 270; L. Errington, *William McTaggart*, Edimburgo 1989, p. 118 (ristampa, p. 119).
Esposizioni: Edimburgo, Royal Scottish Academy, *William McTaggart, Edimburgo* (102).

Anche questo quadro viene dipinto dopo il trasferimento dell'artista a Broomieknowe, nel Midlothian, nel 1890, insieme a una serie di paesaggi innevati di grandi dimensioni, molti dei quali erano elaborazioni di più piccoli schizzi a olio su tavola. In queste ultime opere (Caw assegna al dipinto *Inverno, Broomieknowe* la data del 1896), le figure sono frammentate e sembrano dissolversi nel paesaggio.
In *Inverno, Broomieknowe* McTaggart ritrae i propri figli, ancora bambini, mentre giocano a cavalluccio e si lanciano palle di neve. Ma l'anima del dipinto non è tanto la gioiosa attività invernale quanto il paesaggio innevato e, soprattutto, la misteriosa forza del sole d'inverno: «Scuro per il proprio eccesso di fulgore (come accade quando si guarda il sole direttamente per un attimo), l'infuocato globo sembra ancor più scuro degli abbaglianti raggi tra i quali fluttua in un cielo che, di un bianco diafano e di un bell'azzurro terso nella parte alta, divene d'un luccicante colore grigio-avorio man mano che si scende verso il gruppo di piccole case fra gli alberi, spruzzate di neve, che sono raffigurate in secondo piano, oltre la distesa d'un bianco modulato e grigio argenteo che riempie il primo piano.»[1]
Caw definisce *Inverno, Broomieknowe* una «sublime rappresentazione

della bellezza magica di una neve appena caduta.»[2] L'esecuzione è estremamente abbozzata; una grande parte del dipinto è realizzata trascinando sulla tela un colore piuttosto secco. La tela ha poi una mestica grigio-panna che traspare su tutta la superficie. Come ha osservato Lindsay Errington, «Il sole al centro è dipinto, in modo materico e sorprendente, con un colore azzurro pallido che diventa bianco pesante e giallo limone intorno al bordo. Le ombre sono azzurre e malva, le figure abbozzate molto leggermente con colore nero sopra la parte alta del paesaggio.»[3]

[1] J. Caw, *William McTaggart RSA, A Biography and an Appreciation*, Glasgow 1917, p. 162.
[2] Ibid.
[3] L. Errington, *William McTaggart*, Edimburgo 1989, p. 118.

69. William McTaggart
(Scozia, costa occidentale 1835 - 1910)
Giorno di Natale, 1898
olio su tela, cm 98 x 142,5
Firmato e datato: *W. McTaggart 1898*

Provenienza: John Waldegrave Blyth, Wilby House, Kirkcaldy; Fife Council Museums, Kirkcaldy Museum and Art Gallery.
Bibliografia: J. Caw, *William McTaggart RSA, VPRSW. A Biography and an Appreciation*, Edimburgo 1917, pp. 161-163, 272; L. Errington, *William McTaggart 1835-1910*, Edimburgo 1989, p. 118; D. Macmillan, *Scottish Art 1460-1990*, Edimburgo 1991, tav. 251, riprodotta a p. 251.
Esposizioni: Edimburgo, Royal Scottish Academy, 1989, *William McTaggart 1835-1910*, (104).

Come Monet, anche McTaggart ritorna spesso sul medesimo soggetto, dipingendo la stessa distesa di campi, di colline, di cielo. Quando non dipinge, trascorre il tempo con la sua famiglia sempre più numerosa oppure in compagnia degli amici più intimi. Si era sposato due volte e i figli avuti dal secondo matrimonio lo consideravano un nonno piuttosto che un padre. Nutriva un affetto sincero per i bambini, che spesso chiamava nel suo studio a volte per rimproverarli, altre volte per consigliarli, più spesso per chieder loro di posare per un quadro.

Giorno di Natale è eseguito nel dicembre del 1898. Gruppi di bimbi giocano e ruzzolano nella neve o guardano i loro amici che si inseguono lanciandosi palle di neve. Il dipinto è, comunque, di difficile lettura, in quanto le figure sono frammentate e sembrano dissolversi nel paesaggio. L'aspetto abbozzato e il dissolvimento degli elementi, come pure le grandi dimensioni dell'opera, si richiamano a Turner più che a Monet, ma la tavolozza luminosa, la pennellata rapida e il senso di immediatezza sono autentico impressionismo. Al pari degli impressionisti, McTaggart sceglie spesso uno sfondo tenue, tuttavia mai d'un bianco puro. Eccezionalmente, *Giorno di Natale*, che è eseguito su una tela molto grezza, ha uno sfondo bianco. Come osserva Lindsay Errington, «Le ombre sono di un azzurro lucente, probabilmente oltremare o cobalto, e il sole, dipinto anche in questo caso molto pesantemente, è bianco.»[1]

Secondo Caw, *Giorno di Natale* è una delle «opere più mirabili» di McTaggart e una delle sue «più trionfanti rese della luce solare». «Guardare questo quadro» scrive «significa avere un'accelerazione del battito cardiaco e un formicolio nel sangue. La magica chiarezza del suo colore e la sfolgorante radiosità della sua luce danno gioia come una coppa di champagne. La luce che emana da un sole mattutino contornato da un pallido alone, nell'attraversare la scena obliquamente, fa risaltare il campanile della chiesa e le case di un villaggio contro un cielo risplendente d'un luminoso oro pallido, disseminato di balenanti tocchi d'un turchese delicato e, dopo aver prodotto luccicanti e trasparenti ombre azzurro-viola, gettate dalla vicina sequenza di siepi brune e di esili alberi spogli, splende nel rilucente primo piano occupato da un campo di neve e da un laghetto gelato. Riecheggiando il cielo e brillando nella luce solare, la neve è trasformata, mediante passaggi di oro e azzurro e grigio-rosa delicatamente intessuti, in una vibrante melodia di un pallido colore baluginante basato sul bianco; su

questo sfondo i volti sbarazzini dei bimbi, che scivolano sul ghiaccio o lottano nella neve fresca e farinosa, giungono piacevolmente come note più calde all'interno dello schema cromatico e come accordi di un felice sentimento umano entro l'insieme emotivo.»[2]

[1] L. Errington, *William McTaggart 1835-1910*, Edimburgo 1989, p. 118.
[2] J. Caw, *William McTaggart RSA, VPRSW. A Biography and an Appreciation*, Edimburgo 1917, pp. 161-162.

70. William Stott of Oldham
(Oldham 1857 - ? 1900)
La montagna bianca, 1888
olio su tela, cm 94,6 x 145
Firmato: *William Stott of Oldham*

Provenienza: acquistato nel 1902 dall'Oldham Corporation alla William Stott Memorial Exhibition, Manchester; Gallery Oldham.
Bibliografia: R. Brown, *William Stott of Oldham 1857-1900: "A Comet rushing to the Sun"*, Oldham 2004, pp. 102-103.
Esposizioni: Bruxelles, primavera 1889, *Exposition des XX*; Parigi, *Salon*, 1898 (1187); Manchester, 1902, *William Stott Memorial Exhibition*; Gallery Oldham, 2004, *William Stott of Oldham* (59).

Dopo aver frequentato l'*Oldham School of Art*, nel 1872, e aver trascorso quattro mesi a Pont-Aven, in Bretagna, nel 1878, Stott si trasferisce a Parigi, dove è allievo di J. L. Gérome e Léon Bonnat, quest'ultimo un convinto realista. È uno dei primi ammiratori del realista francese Jules Bastien-Lepage, il cui influsso è evidente nei dipinti che l'artista inglese realizzò a Grez-sur-Loing, dove giunse nel 1879. Per diversi anni è uno dei giovani pittori britannici più promettenti in Francia e esercita un particolare influsso sui suoi contemporanei. Il suo capolavoro, *Il traghetto* (1881), dipinto a Grez-sur-Loing, viene acquistato da John Forbes White, col-

lezionista di Aberdeen, ed è una fonte di ispirazione per gli artisti dell'emergente *Glasgow School*, quali James Guthrie e John Lavery. Di ritorno in Inghilterra, il pittore si stabilisce a Ravenglass, nel Cumberland, dove dipinge la maggior parte delle sue opere.

La montagna bianca, un'opera basata su un piccolo schizzo eseguito direttamente dinanzi al soggetto, fa parte di una serie di vedute alpine che un contemporaneo di Stott aveva definito «intrisa di una sorta di panteismo». Non vi è alcun sentiero a guidare l'osservatore dentro al paesaggio: ci si trova immediatamente davanti alla vasta distesa di neve, alle rocce e alle irregolari masse di ghiaccio azzurro-turchese, che indicano il corso di un enorme, infido ghiacciaio. Imitando J. M. W. Turner, Stott dipinge il suo scenario sublime non osservandolo da un prato lontano, bensì recandosi all'interno del paesaggio stesso, malgrado il freddo.

Nel commentare l'evoluzione di Stott dal realismo a un'interpretazione più simbolista del paesaggio, il critico R. A. M. Stevenson scrive in «The Studio» nel 1894: «Queste immagini non sono per lo scalatore di vette alpine che desidera ripercorrere la sua pericolosa via. Mr Stott ha scelto di darci a qualunque prezzo alcune delle splendide qualità delle alture, e ci immette in sognanti visioni dal colore delicato e dalla definizione squisitamente morbida.»[1]

Il dipinto viene acquistato dalla Oldham Corporation alla *Memorial Exhibition* allestita a Manchester nel 1902 in ricordo dell'artista. Il giornale «The Oldham Chronicle» così commenta: «Ci si deve congratulare con il comitato per la scelta della *Montagna bianca*, un bell'esempio dell'abilità dell'artista nel rendere il paesaggio alpestre e la sua atmosfera [...]. Il fascino del quadro e il suo valore intrinseco sono fuor di dubbio: è una delle migliori opere di questo pittore.»[2]

Al contrario, altri commentatori dell'epoca trovarono «orrendi» i paesaggi quasi simbolisti di Stott e li definirono «null'altro che croste.»[3]

[1] «The Studio», ottobre 1894, p. 15.
[2] «The Oldham Chronicle», 29 gennaio 1902, citato in R. Brown, *William Stott of Oldham*, Oldham 2003, p. 103.
[3] George Moore riferisce questa reazione della giunta comunale di Li-

verpool al dipinto di Stott *Alpi di notte* in «The Speaker», 22 ottobre 1892, p. 497.

71. William Stott of Oldham
(Oldham 1857 - ? 1900)
Nuvola color ametista.
La Jungfrau, 1888
olio su tela, cm 94 x 150
Firmato: *William Stott of Oldham*

Provenienza: donato dalla vedova di Stott a Thomas Millie Dow; Florence Dow, la quale ne fece poi dono alla Kirkcaldy Art Gallery, 1925; Fife Council Museums, Kirkcaldy Museum and Art Gallery.
Bibliografia: R. Brown, *William Stott of Oldham 1857-1900: "A Comet rushing to the Sun"*, Oldham 2004, pp. 100-101.
Esposizioni: Manchester Academy of Arts, 1889; *Salon* di Parigi, 1893; Gallery Oldham, 2004, *William Stott of Oldham*, (56).

La natura essenzialmente poetica di Stott lo porta a mettere in discussione l'approccio realista che aveva in precedenza privilegiato; inizia allora a sperimentare le armonie tonali di Whistler, e a utilizzare il pastello, forse come conseguenza di un crescente interesse per l'arte di Degas. Tra il 1890 e il 1900 introduce nelle sue opere, soggetti di carattere medievale e letterario; questo è anche il periodo in cui produce una serie di scenari alpini immersi in un'atmosfera da sogno.

È forse *Modern Painters* di John Ruskin a sollecitare Stott a intraprendere un viaggio in Svizzera e avere un'esperienza diretta della bellezza del paesaggio alpestre. Nell'arco di circa quattro mesi, tra l'estate e l'autunno del 1888, completa più di trenta pastelli e schizzi a olio su tavola incentrati sullo spettacolare scenario montuoso. Arriva persino ad accamparsi tutta una notte sul pendio ghiacciato della Jungfrau per avere un'impressione diretta della montagna al chiaro di luna. In quel mese di ottobre, mentre soggiornava nel villaggio di Wengen, annota nei suoi appunti di aver completato un pastello della Jungfrau e aggiunge che era «quasi uguale a *Nuvola ametistina*.» Al suo ritorno a Ravenglass comincia a lavorare ad alcuni dipinti di grandi dimensioni, dei quali quei piccoli schizzi eseguiti *en plein air* costituiscono il punto di partenza. Comincia a dipingere *Nuvola color ametista. La Jungfrau* il 13 dicembre e completa l'opera dopo soli otto giorni, il 21 dicembre. La tela, priva di qualsiasi presenza umana, trasmette l'autentica asprezza e distanza di quegli scenari, e la bellezza sublime della montagna.

Stott presenta l'opera all'esposizione primaverile della *Manchester Academy of Arts* nel 1889; in seguito la presenta a Monaco di Baviera, a Praga, a Stoccolma e al *Salon* di Parigi del 1893. Nel 1894 il critico R. A. M. Stevenson osserva a proposito degli scenari montuosi di Stott: «Conosco poche immagini più acute delle grandi, delicate e luminose vedute di Mr Stott con picchi rocciosi e bianchi ghiacciai irreali. Di schizzi, disegni, seri studi e splendide fotografie con soggetti alpestri ne abbiamo visti a profusione, ma […] le tele di Mr Stott sono probabilmente i più riusciti fra tutti i tentativi attuati fino ad ora.»[1]

Dopo la morte di Stott, il quadro viene donato dalla vedova a un caro amico del pittore, l'artista Thomas Millie Dow, che aveva trascorso qualche tempo con Stott in Svizzera durante l'estate del 1888.

[1] «The Studio», ottobre 1894, p. 15.

Nord Europa

a cura di Eivind Torkjelsson

Danimarca

72. Albert Gottschalk
(Stege 1866 - Copenaghen 1906)
Giornata d'inverno vicino Utterslev, 1887
olio su tela, cm 33 x 48,5

Provenienza: donazione di Agnes Hartvigson, sorella del pittore, al museo (1911); Copenaghen, Statens Museum for Kunst.
Bibliografia: T. Andersen, *Albert Gottschalk*, Copenaghen 1977; H. E. Norregaard-Nielsen, *Dansk Kunst*, vol. 1, Copenaghen 1983, pp. 296-299; T. Andersen, *Albert Gottschalk*, in *Dansk Kunstnerleksikon*, vol. 2, Copenaghen 1994, pp. 483-484; T. Andersen, *Albert Gottschalk*, in *The Dictionary of Art*, vol. 13, Londra 1996, p. 216.
Esposizioni: Copenaghen, Kunstforeningen, novembre-dicembre 1906, n. 30; Copenaghen, gennaio 1908, *Jødisk Udstilling*, n. 896 o 907; Copenaghen, Kunstforeningen, 18 ottobre - 16 novembre 1958, n. 11; Copenaghen, Statens Museum for Kunst, 31 giugno - 31 agosto 1959, *Fra Hans Smidth til Johannes Larsen*, s. n.; Lyngby (Danimarca), Sophienholm, 15 dicembre 1988 - 15 gennaio 1989, n. 10; Stoccolma, Nationalmuseum, 25 settembre 2002 - 19 gennaio 2003, *Impressionismen och Norden*, n. 104; Copenaghen, Statens Museum for Kunst, 22 febbraio - 25 maggio 2003, *Impressionismen og Norden*, n. 57.

Nato in una famiglia di commercianti originari di Stege (nell'isola di Seeland), Gottschalk si trasferisce presto a Copenaghen con tutta la famiglia. Qui, nel 1882, si iscrive all'Accademia, per frequentare poi la più innovativa Scuola artistica, dove diventerà allievo di pittori come il naturalista P. S. Krøyer.

Gottschalk si indirizza presto verso una pittura *en plein air*. Malgrado risenta dell'influenza dall'impressionismo francese, da un punto di vista cromatico la sua pittura rimane dominata da una sobria scala di grigi. La pennellata è espressiva per rendere l'interpretazione individuale del motivo. Gottschalk privilegia scorci di periferia, case basse con cortili raccolti e intimi che trova nei paesi intorno alla capitale. I pochi schizzi realizzati dal vero raramente vengono rielaborati in composizioni di dimensioni più grandi per non compromettere l'immediatezza che li caratterizza.

Gottschalck è solito girare in bicicletta alla ricerca di nuovi motivi paesaggistici da rappresentare. A volte si allontana dalla città, altre volte trova i suoi soggetti proprio alle porte di Copenaghen come in questo caso. Anche se impiega molto tempo nella ricerca del luogo e del taglio adatti per un quadro, una volta individuati li esegue rapidamente applicando una pennellata ampia e sciolta.

Il paesaggio del quadro è tipicamente danese. Sotto un cielo denso e grigio si stendono campi pianeggianti attraversati da una stradina di campagna. L'artista, che predilige la stagione più fredda, adotta delle tonalità smorzate di grigi e bruni; nei campi compare qualche chiazza di neve, ma non è chiaro se l'inverno sia alle porte o se stia finendo. Questo interesse per la natura, colta nel momento di passaggio tra una stagione all'altra, accomuna l'opera di Gottschalk con quella di L. A. Ring.

Il paesaggio invernale è reso con un'immediatezza che richiama la pennellata pastosa degli impressionisti. Si tratta indubbiamente di un'opera eseguita all'aperto, ma il modo di rappresentare la stagione, con le sue caratteristiche luministiche e climatiche, non si limita a un rapida registrazione dal vero. Gottschalk adotta una modalità del tutto personale per rappresentare la natura, visibile soprattutto nel modo di dipingere i rami del salice. La sua arte affonda le radici nel realismo europeo degli anni settanta, e nel quadro in questione unisce lo studio realistico della natura a elementi espressivi.

73. Laurits Andersen Ring
(Ring 1854 - St. Jørgensbjerget Roskilde 1933)
Disgelo, 1901
olio su tela, cm 40 x 61

Provenienza: acquistato all'asta (n. 455) al Kunsthallen, Copenaghen (6 settembre 1995); Copenaghen, Statens Museum for Kunst.
Bibliografia: N. Nørregård, E. Hans, *Dansk kunst*, vol. 1, Copenaghen 1983, pp. 290-295; J.-P. Munk, *L. A. Ring*, in *The Dictionary of Art*, vol. 26, Londra 1996, pp. 407-407; H. Wivel, *L. A. Ring*, Copenaghen 1997; M. Wivel, *L. A. Ring*, in *Dansk kunstnerleksikon*, vol. 7, Copenaghen 1998, pp. 119-121; P. Nørrgaard Larsen, *Sjælebillede - symbolismen i dansk og europeisk maleri 1879-1910*, catalogo della mostra, Copenaghen 2000, pp. 79-80, 293, 320; M. I. Lange, *Nordiske stemninger*, catalogo della mostra, Modum 2003, p. 56.
Esposizioni: Copenaghen, Statens Museum for Kunst, 29 ottobre 2000 -14 gennaio 2001, *Sjælebilleder, symbolismen i dansk og europæisk maleri 1870-1910*, n. 38; Norvegia, Blaafarveværket, 24 maggio-28 settembre 2003, *Nordiske stemninger: Harald Solberg og L. A. Ring*, n. 31.

Figlio di un semplice agricoltore e artigiano del villaggio di Ring, L. A. Ring inizia l'apprendistato come imbianchino a quindici anni, ma il desiderio di diventare artista lo conduce a Copenaghen dove studia presso l'Accademia di Belle Arti.
Nel 1889 compie un breve viaggio a Parigi, dove si lascia sedurre dalle opere dei realisti francesi Jean-Francois Millet e Jules Bastien-Lepage. Ma ancora più rilevante è l'influsso di Jean-François Raffaëlli, la cui rappresentazione cruda e diretta della vita dei contadini lascia tracce evidenti nella sua opera. Ring non cede alla tentazione di introdurre accenti sentimentali o aneddotici nella rappresentazione dei contadini, li dipinge con una naturale solidarietà, in maniera talmente diretta e sincera da essere soprannominato l'«Apostolo del Brutto» da alcuni

critici. Durante un soggiorno in Italia, dal 1893 al 1895, esegue alcuni paesaggi luminosi, ma la sua inclinazione verso le atmosfere tetre continuerà a prevalere.
La sua produzione pittorica si può suddividere in due generi principali: il paesaggio e la pittura di figura, entrambi connotati da un senso di sommessa rassegnazione. Nei quadri di figura si incontrano contadini semplici e poveri, spesso colti negli ultimi anni della loro vita. La dignità con cui sono rappresentati testimonia lo stretto legame dell'artista con il suo umile ambiente di origine.
Il motivo del disgelo è tratto da Frederiksværk nella parte settentrionale di Seeland dove l'artista vive dal 1898 al 1902.
Ring ha colto l'atmosfera dell'inizio della primavera sulla costa. La natura sta per liberarsi dall'inverno. Sebbene il paesaggio sia ancora pervaso dal freddo umido caratteristico della stagione, il ghiaccio sta scomparendo. Uno steccato scuro, grezzamente lavorato e posizionato in linea diagonale domina il primo piano, contribuendo ad aumentare l'effetto drammatico dell'immagine. Proprio questo genere di motivo offre all'artista un pretesto per applicare la gamma di colori cupi che tanto lo affascina. In *Disgelo* le tonalità grigio-bianche, brune e gialle sono trattate in maniera magistrale. Non si tratta di un saluto gioioso di benvenuto alla primavera, bensì dell'espressione di qualcosa di malinconico e sconsolato come spesso accade nell'arte di Ring. Ciò appare chiaramente in una lettera del 1890 a un'amica: «Dovunque mi giri trovo motivi in abbondanza, ma anche il tempo è splendido, proprio come piace a me, tutto grigio con pochi colori gialli e bruni; è magnifico.»

74. Frits Syberg
(Fåborgn 1862 - Kerteminde 1939)
Strada di campagna al sole d'inverno, 1895
olio su tela, cm 62,5 x 82

Provenienza: donazione del Kon-

torchef V. Jersild og Hustrus Legat (The Foundation of Departmental Manager V. Jersild e signora), che lo acquistarono dall'ingegnere Ammentorp (settembre 1931); Copenaghen, Statens Museum for Kunst.
Bibliografia: AA.VV., *Fritz Syberg*, catalogo della mostra, Faaborg, 1992; C. Stengaard Nielsen, *Fritz Syberg*, in *The Dictionary of Art*, vol. 30, Londra 1996, pp. 157-158; V. Rasmussen, *Fritz Syberg*, in *Dansk kunsnterleksikon*, vol. 8, Copenaghen 1998, pp. 153-154.
Esposizioni: Copenaghen, 1910, *Den Frie Udstilling*, n. 214; Charlottenborg, Copenaghen, 1928, n. 36; Copenaghen, 1895, *Den Frie Udstilling*, n. 91; Faaborg Museum, 12 ottobre-12 dicembre 1997, *Fynboernes steder*, n. 33.

Nato in una famiglia di condizioni modeste, Frits Syberg rimane presto orfano del padre e trascorre un'infanzia difficile. All'età di quattordici anni inizia l'apprendistato artistico presso un pittore di Fåborg, sull'isola di Fyn. Dal 1883 al 1884 studia all'Accademia di Belle Arti di Copenaghen ma l'anno successivo passa alla più radicale Scuola di Kristian Zahrtmann il cui insegnamento si rivelerà determinante per la sua evoluzione artistica.
Specializzatosi nel genere del paesaggio, Syberg predilige scorci di natura incontaminata e gli effetti del mutare delle stagioni. I quadri eseguiti negli anni ottanta sono caratterizzati da un realismo semplificato in cui il trattamento del colore è ridotto all'essenziale. Nel corso del decennio successivo, si lascia sedurre in parte dalla corrente impressionista ma rimane legato a un linguaggio realista, non esente da elementi simbolisti. Il motivo del dipinto in esame è tratto da Svanninge, nella parte meridionale dell'isola di Fyn, luogo d'origine dell'artista che vi si stabilisce con la moglie, la pittrice Anna Syberg. In questa zona, caratterizzata da un paesaggio collinare con poche fattorie disseminate tra prati e campi, Syberg ambienta molti suoi paesaggi sia invernali che estivi.
Una semplice strada di campagna riempie il primo piano del dipinto e conduce lo sguardo dello spettatore verso lo sfondo, fino al punto in cui essa scompare dietro l'orizzonte. Il paesaggio è ritratto in pieno inverno, i raggi del sole basso a destra provocano le lunghe e sottili ombre lasciate dagli alberi spogli, il cui

colore scuro – quasi nero – contrasta violentemente con il candore della neve fresca e con il celeste del cielo. Mediante un tocco ampio e pastoso la natura viene rappresentata in maniera semplificata.
In occasione di una mostra tenutasi a Copenaghen un paio di anni prima, Syberg ha modo di ammirare opere di Paul Gauguin e di Vincent Van Gogh il cui influsso si riscontra soprattutto nella resa degli alberi. L'atmosfera di armoniosa calma è sostenuta da una composizione ben equilibrata e dalla semplicità del motivo, ma dietro l'atmosfera apparentemente serena sembra celarsi qualcosa di inquietante.

Finlandia

75. Helmi Biese [nata Ahlman]
(Helsingfors 1869 - 1933)
Veduta invernale di Pyynikki
1900
olio su tela, cm 91 x 115
Firmato in basso a sinistra: *H. Biese*

Provenienza: acquistato nel 1900; Helsinki, Ateneum Art Museum.
Bibliografia: K. Koroma, *Helmi Biese in Suomen kurvataiteilijat*, Porvoo 1962, p. 19; P. Rönökkö, *Helmi Biese in Allgemeines Künstlerlexikon*, vol. 10, Monaco 1995, pp. 584-585; W. Söderström, *Helmi Biese in Suomen taiteen klassikot*, Porvoo 1995, pp. 360; A. Pelin, *Helmi Biese. Maisemamaalari Jumalan armosta. Sammon takojattaret. Helmi Biese, Anna Sahlstén ja Venny Soldan-Brofelt*, catalogo della mostra, Hämeenlinnan Taidemuseo, Hämeenlinna 2004, pp. 54, 58.
Esposizioni: Helsinki, Ateneum, 1900, *Finska Konstföreningens vårexposition i Ateneum 1900*, n. 5; Tampere, Tampereen taidemuseo, 1979, *Häme taiteilijoiden kuvaamana 1818-1940*, n. 1; Salo, Salon kaupungin taidemuseo, 1999, *Pohjoinen maisema, Suomalaisen maiseman 200 vuotta, Veturitalli*; Häm-

eenlinna, Hämeenlinnan Taidemuseo, 2004, *Sammon takojattaret. Helmi Biese, Anna Sahlstén ja Venny Soldan-Brofelt*, n. 13.

Tra le pochissime pittrici finlandesi attive intorno al volgere del secolo, Helmi Biese non avrà modo di dedicarsi esclusivamente alla sua arte. Intraprende gli studi artistici nel 1884 presso la scuola di disegno del Circolo Artistico e tre anni dopo consegue il diploma di insegnante di disegno. Non riceverà altri insegnamenti e il suo debutto avviene soltanto nel 1893. Biese è insegnante di disegno presso il Liceo di Borgå dal 1892 al 1895, e dopo il matrimonio nel 1896 dovrà dedicarsi alla famiglia oltre che alla sua attività artistica. A causa delle frequenti crisi depressive, Biese alterna periodi lunghi in cui non dipinge, a periodi di grande attività. Dipinge con intensità giardini fioriti, suggestivi laghi e marine in tempesta. Motivi costieri con pescherecci e reti da pesca occupano una parte rilevante del suo repertorio, ma la pittrice raggiunge una certa popolarità soprattutto grazie alle numerose riproduzioni dei suoi paesaggi invernali.

Oggetto del dipinto è una veduta panoramica di una foresta di pini con uno dei tanti laghi ghiacciati finlandesi sullo sfondo. Il paesaggio è illuminato dal sole che sta tramontando e i pini gettano lunghe ombre sulla neve. La veduta è rappresentata a volo d'uccello, prospettiva che permette una vista panoramica del paesaggio e allo stesso tempo conferisce un'impronta maestosa al motivo.

Il trattamento del colore è brioso, i pini in primo piano sono descritti in maniera piuttosto dettagliata, e il colore rosso-bruno dei tronchi contrasta con la vivacità delle sfumature di verde. Vicino alla linea alta dell'orizzonte, dominano le note bianche e azzurre del lago, disseminato di isole e penisole di color grigio-blu. L'orizzonte alto lascia intuire il carattere particolare del paesaggio finlandese che si estende come un intreccio di laghi e di foreste.

Intorno al volgere del secolo gli artisti finlandesi privilegiano la rappresentazione della natura del loro paese. Al generale interesse verso tutto ciò che è tipicamente nazionale, si aggiunge il fatto che la Finlandia è ancora un granducato governato dallo zar russo, e nel paese si diffonde un desiderio di autonomia. In questo contesto la pittura di

paesaggio assume un significato che va oltre la mera rappresentazione della natura per rientrare in un progetto nazionalista. Sebbene molte sue opere siano pervase da un certo *pathos* nazionalista, la Biese resterà fedele a un sentimento di intima vicinanza con la natura e una vivace freschezza nel rappresentare i paesaggi, molto apprezzati dal pubblico finlandese.

76. Fanny Churberg
(Vasa 1845 - Helsingfors 1892)
Paesaggio invernale, 1880
olio su tela, cm 38 x 56

Provenienza: donazione Eero Järnefelt; Arvid Sourander, 1940; Helsinki, Ateneum Art Museum.
Bibliografia: A. Lindström, *Fanny Churberg, Elämä ja teokset*, Porvoo 1938, n. 107; S. Ringbom, *Konsten i Finland*, Helsingfors 1978, pp. 190-191; L. Lindqvist, Olli Valkonen, *Finsk malerkunst*, catalogo della mostra, Oslo 1980, p. 33; R. Konttinen, *Fanny Churberg*, Helsinki 1994, pp. 112, 114; L. Ahtola-Moorhouse, *Fanny Churberg*, in *The Dictionary of Art*, vol. 7, Londra 1996, p. 251.
Esposizioni: Helsinki, 1937, *Fanny Churberg*, n. 102; Helsinki, Ateneum, 1960, *Sata vuotta sitten. För hundra år sedan*, n. 24; New York, The Gallery of Modern Art, Columbus Circle, 1965, *Finnish Paintings*; Stoccolma, Prins Eugens Waldemarsudde; Helsinki, Ateneum, 1974, *Fanny Churberg*, n. 21; Oslo, Nasjonalgalleriet, 1980, *Finsk malerkunst*, n. 25; Stoccolma, Nationalmuseum, 1981, *Målarinnor från Finland*, n. 8; Helsinki, Ateneum, 1981; Tampere Art Museum, 1981-1982; Turku Art Museum, 1982, *Taiteilijattaria / Målarinnor*; Copenaghen, Statens Museum for Kunst, 1983, *Malerinder fra Finland*, n. 11; Amburgo, Kunsthalle, *Sieben finnische Malerinnen*, n. 11; Colonia, Wallraf-Richartz-Museum, 1990; Zurigo, Kunsthaus, 1990, *Landschaft im Licht, Impressionistiche Malerei in Europa una Nordamerika, 1870-1910*, n. 93; Madrid,

Museo Nacional Centro de Arte Reina Sofia; Barcellona, Museu d'Art Modern del MNAC, 1995, *Luz del Norte*, n. 10; Rekiavik, Listasafn Íslands, 1995, *Ljós úr Nordri, Norraen aldamótalist*, n. 8; Stoccolma, Nationalmuseum, 1995-1996, *Nordiskt sekelskifte*, n. 10; Helsinki, Ateneum, 1997, *Naisten huoneet (Women's Rooms)*; Stoccolma, Nationalmuseum, 2002-2003, *Impressionismen och Norden. Det sena 1800-talets franska avantgardekonst och konsten i norden 1870-1920*, n. 33.

Figlia di un medico condotto, Fanny Churberg trascorre l'infanzia a Vasa, nella Finlandia occidentale prima di trasferirsi a Helsingfors all'età di diciannove anni. Qui nel 1865-1866 intraprende gli studi artistici sotto la guida di pittori come Berndt Lindholm, paesaggista formatosi a Düsseldorf. In seguito, la stessa Churberg si reca a Düsseldorf dove soggiorna tra il 1867-1868 e ancora dal 1871 al 1874. Ma, come molti suoi contemporanei, la pittrice preferisce poi trasferirsi a Parigi. Dopo una prima breve visita nel 1876, a distanza di due anni torna nella capitale francese per restarvi per un periodo più lungo. Churberg è molto legata alla natura finlandese e ogni estate fa ritorno in patria dove dipinge *en plein air* lasciandosi sedurre dalla qualità particolare della luce nordica.

Nei suoi primi dipinti, dove vengono messe in risalto le potenzialità drammatiche del motivo paesaggistico, è evidente il legame con le convenzioni della pittura romantica di Düsseldorf. Tuttavia, il tratto distintivo è nella tecnica pittorica e nel trattamento del colore, che conferiscono particolare espressività alle sue opere. La pittrice sa cogliere la tensione di cui l'aria è pregna poco prima dell'arrivo di un temporale o l'aura di mistero che pervade le profonde foreste paludose della sua patria.

Il dipinto risale agli ultimi anni della sua attività artistica. Dal primo piano, lo sguardo segue una stradina che conduce verso l'interno del paesaggio. Lo spazio pittorico non è chiaramente definito, sono visibili due figure, ma solo in alcune parti del paesaggio si intuiscono i contorni di forme riconoscibili come alberi o case. Questo paesaggio invernale si distingue per un tocco quasi esplosivo, le tonalità grigio-blu sono applicate sulla tela

con una pennellata grezza e corposa. Il motivo è tratto dalla Finlandia settentrionale dove, durante i mesi invernali, albeggia appena per poche ore al giorno, e il sole non si alza mai sull'orizzonte. Tale fenomeno, per cui in inverno il sole non compare mai e in estate non è mai notte, si verifica solo a nord del circolo polare artico. Tutti i colori tendono a fondersi in un effetto monocromatico in questa che è la rappresentazione di una violenta bufera di neve. Il paesaggio è dominato da toni grigio-blu, neri e bianchi, con qualche inserto di marrone. Due persone stanno sfidando le forze della natura per raggiungere le case nella parte sinistra della tela, e i colori accesi dei loro abiti animano il paesaggio quasi monocromo.

Molte opere di Churberg anticipano gli esiti della pittura espressionista, in modo particolare i suoi schizzi. Non ci è noto il motivo per cui abbandona la pittura proprio quando il suo sviluppo artistico sembra raggiungere l'apice. Ma nonostante questa interruzione prematura della carriera e una produzione quantitativamente limitata, la pittrice occupa una posizione di rilievo nel panorama artistico finlandese.

77. Akseli Gallen-Kallela
(Björneborg 1865 - Stoccolma 1931)
Paesaggio invernale, 1900
olio su tela, cm 55,5 x 30,5
Firmato e datato in basso a sinistra: *Gallén-Kallela. / 1900*

Provenienza: collezione Salomo Wuorio; lascito del figlio Gunnar Wuorio, 1965; Helsinki, Ateneum Art Museum.

Bibliografia: Okkonen Onni, A. Gallen-Kallela, *Elämä ja taide. Toinen painos*, Porvoo 1961, p. 482; Valkonen Olli, Lindqvist Lina, *Finsk malerkunst*, catalogo della mostra, Oslo 1980, pp. 45-49; Akseli Gallen-Kallela, *The Finnish National Gallery Ateneum, 1996*, Helsinki, Leena Ahtola-Moorhouse, 1996, pp. 238-239, 351, n. 208; Ringbom Sixten, *Arseli Gallen-Kallela*, in *The Dictionary of Art*, vol. 112, Londra 1996, pp. 19-21; L. Staarup-Hansen, *Sjaellebilede. Symbolismen I dansk og europeisk maleri 1879-1910*, catalogo della mostra, Copenaghen 2000, p. 314.

Esposizioni: Turku Art Museum, 20 maggio-4 settembre 1994, *Japanismi Suomen vuosisadan vaihteen taiteessa (Japonisme in Finnish Art at the Turn of the Century)*, n. 28; Helsinki, Ateneum, 16 febbraio-26 maggio 1996; Turku Art Museum, 26 giugno-1 settembre 1996, *Akseli Gallen-Kallela*, n. 208.

Di famiglia borghese, Akseli Gallen-Kallela compie i primi studi alla scuola del Circolo artistico finlandese, frequenta l'Accademia privata di Adolf von Becker e viene seguito dal pittore Albert Edelfeldt. A Parigi nel 1884-1886 e ancora nel 1887-1889 entra all'*Académie Julian* e studia nell'*atelier* di Fernand Cormon. Nel corso dei suoi soggiorni parigini si lascia influenzare anche dalle opere di artisti come Jean-Françoise Millet e da Julien Bastien Lepage. La produzione di questi anni è caratterizzata da composizioni semplici, spesso con una sola figura, eseguite in uno stile fedele ai canoni della pittura realista.

Dopo aver frequentato l'ambiente artistico internazionale e *bohémienne* di Parigi, una volta rientrato in patria, Gallen-Kallela si orienta verso il movimento romantico e nazionalista. L'*epos* nazionale – il *Kalevala* – raccolto in un'unica opera da Elias Lonnrot, e pubblicato nel 1849, costituisce una fonte d'ispirazione importante per gli artisti finlandesi che a partire dagli anni cinquanta prediligono la rappresentazione di temi tratti dalla mitologia finnica. Gallen-Kallela segue questa tradizione con le proprie opere appartenenti al realismo. Spinto da queste motivazioni, nel 1890 e nel 1892, si reca nella Finlandia orientale e in Carelia, regioni nelle quali era stata raccolta gran parte dei testi del *Kalevala*.

Compie due viaggi in Europa negli anni 1892-1894 e nel 1895, entrando in contatto con correnti artistiche di fine secolo come il simbolismo, il sintetismo e il *Jugendstil*. Il sintetismo, con la sua accentuazione della linea e dell'effetto decorativo dato dal prevalere della superficie, offre una soluzione alla sua ricerca di un linguaggio semplificato e decorativo per dare forma ai miti finnici.

Adottando una pennellata ampia, Gallen-Kallela dipinge uno studio intimo della natura scegliendo come motivo un tratto di bosco ricoperto di neve. Ciò che a prima vista appare come uno studio diretto e immediato della natura, con parti della tela lasciate scoperte, è in realtà una composizione molto accurata. Limitandosi a una scala di colori essenziale di bruni, grigi e bianchi, l'artista sfrutta al massimo le potenzialità decorative del motivo stesso. L'effetto del tronco di pino posto al lato destro del dipinto crea un movimento diagonale che richiama l'arte giapponese. Tronchi e rami sono rappresentati con un senso delicato della forma, attribuibile non tanto a studi diretti della natura, quanto all'intento dell'artista di valorizzare le qualità decorative delle linee per creare un effetto di superficie. L'opera costituisce una sintesi dei molteplici modelli a cui si ispira Gallen-Kallela uniti a una grande ammirazione e amore per la natura finlandese.

78. Pekka Halonen
(Lapinlaks 1865 - Tusby 1933)
Carico di fieno, 1899
olio su tela, cm 32 x 40
Firmato e datato in basso a sinistra:
P. Halonen / 1899

Provenienza: Helsinki, G. Sidorow; W. G. Palmqvist (acquistato nel 1920); Helsinki, Kai Palmqvist (suo figlio, 1995); Helsinki, Bukowskis; Helsinki, Ateneum Art Museum.

Bibliografia: O. Okkonen, *Finsk konst*, Stoccolma 1944; A. Lindström, *Pekka Halonen, Elämä ja teokset*, Porvoo 1957, p. 145, n. 188; S[oili] S[inisalo], *Pekka Halonen Heinäkuormia 1899 / Hölass 1899. Uutta Ateneumissa 1993-1995 / Nytt i Ateneum 1993-1995*, Helsinki 1996, p. 16; J. Hvas, *L'horizon inconnu. L'art en Finlande 1870-1920*, catalogo della mostra, Helsinki 1999, pp. 133, 211.

Esposizioni: Helsinki, Konsthallen, 1936, *14 Yksityiskokoelmaa uudempaa kotimaista taidetta / 14 Privatsamlingar av nyare inhemsk konst, Taidehalli*, n. 164; Helsinki, Muistonäyttely Ateneumissa / Minnesutställning i Ateneum, 1937, *Pekka Halonen*, n. 43; Stoccolma, i Kungl. Akademien för de fria konsterna, 1938, *Sveriges Allmänna Konstförening, Alvar Cawén och Pekka Halonen utställning*, n. 19; Helsinki, Ateneum, *Ateneumin taidemuseo 100 vuotta juhlanäyttely / Konstmuseet i Ateneum 100 år jubileumsutställning*, n. 128.

Pekka Halonen frequenta inizialmente la Scuola del Circolo artistico, e i suoi primi motivi sono paesaggi con scene di folclore resi in uno stile realista; in seguito, si orienterà verso i paesaggi puri che occupano la maggior parte della sua produzione.

Dopo quattro anni a Helsingfors, una borsa di studio gli permette di proseguire gli studi a Parigi. Frequenta per due anni l'*Académie Julian* e con il tempo acquisisce una notevole abilità tecnica. Durante il soggiorno parigino, Halonen è allievo di Gauguin e nutre anche una grande ammirazione per Puvis de Chavannes. L'interesse dell'artista finlandese verso il simbolismo avrà una durata breve e tra i modelli determinanti per la sua arte si annoverano il sintetismo di Paul Gauguin e le soluzioni stilistiche delle xilografie giapponesi. Al ritorno dalla Francia nel 1894, Halonen aderisce al movimento romantico nazionalista che prende le mosse dalla situazione politica in Finlandia, ancora sotto il dominio dello zar russo come granducato. Come la maggior parte degli artisti finlandesi attivi in questi anni, Halonen predilige motivi tratti dall'*epos* nazionale finlandese il *Kalevala*. Effettua un viaggio a Firenze nel 1896-1897, prima di trovare finalmente un terreno adatto alla costruzione di un *atelier* nella Finlandia meridionale.

Le opere che si distinguono come tipiche dell'arte di Halonen sono i paesaggi che hanno come motivo l'inverno e l'estate. Se quest'ultime sono sature di luce e di aria, anche i paesaggi invernali possiedono una seducente freschezza, e sono il suo contributo maggiore all'arte finlandese.

Sul lato sinistro della tela in esame, il sole sta già tramontando – in pieno inverno il sole compare solo per poche ore al giorno in Finlandia – e la giornata di lavoro sta volgendo al termine per i contadini che trasportano fieno. Un senso di quiete raccolta domina il modo in cui il pittore ha rappresentato i loro gesti, così come la muta collaborazione tra uomini e cavalli. Le poche case sono relegate sullo sfondo, e l'ampia distesa del campo innevato domina il quadro. Il talento di Halonen va individuato non tanto in una descrizione dettagliata del carattere particolare del motivo che ha davanti a sé, ma piuttosto nella costruzione armoniosa della rappresentazione, e nell'accentuazione del suo carattere decorativo. L'apparente realismo della rappresentazione – un villaggio bianco di neve – è accentuato dalla semplificazione marcata delle forme. L'andamento sobrio delle linee fa apparire gli edifici non come case ben definite, ma come semplici volumi e forme collocate fra il campo innevato e il cielo brumoso del crepuscolo. Allo stesso tempo, il gioco ritmico delle linee mette in risalto il contenuto del quadro; non soltanto l'andamento ciclico del giorno ma anche il ritmo infinito e pacato che caratterizza il lavoro dei contadini finlandesi. I colori sono caratterizzati da una dominanza cromatica di bianchi e grigi, e da una luce evanescente.

Norvegia

79. Frederik Collett
(Christiania 1839 - Lillehammer 1914)
Alle foci del Mesna, 1891
olio su tela, cm 101 x 150

Provenienza: acquistato nel 1904; O-slo, Nasjonalmuseet for kunst, arkitektur og design, Nasjonalgalleriet.
Esposizioni: Atlanta, The Fernbank Museum of Natural History; Tokio, The National Museum of Western Art; Barcellona, Fundacia "La Cai-xa"; Monaco, Kunsthalle der Hypo-Kulturstiftung; Lillehammer, Kunst-museum,1993-1994, *Winterland. Norwegian Visions of Winter.*

Nato in una famiglia agiata, Frederik Collett, terminata la formazione militare, e dopo una breve carriera nel campo del commercio estero, può seguire liberamente la propria vocazione artistica. Si iscrive all'Accademia di Düsseldorf, dove è allievo del paesaggista Hans Gude, illustre esponente della pittura romantica norvegese.
Durante un soggiorno a Copenaghen, dal 1870 al 1872, l'artista entra in contatto con Frits Thaulow con il quale condivide il forte interesse verso la pittura di paesaggio francese. Risale al 1873 la prima visita di Collett a Parigi, dove ha occasione di ammirare i maestri anziani della scuola di Barbizon come Camille Corot e Charles Daubigny, nonché Emil Breton, specializzato nel rappresentare paesaggi invernali. I primi paesaggi invernali di Collett sono piuttosto incerti nell'esecuzione, ma in seguito le composizioni acquistano maggiore fermezza. Influenzato dalla pittura impressionista, Collett si dedicherà esclusivamente alla pittura *en plein air* prendendo le distanze dalla pittura della Scuola di Düsseldorf. Sarà negli anni novanta che Collett maturerà una propria espressione pittorica, diversa dall'impressionismo, per quanto riguarda la gamma cromatica e la tecnica pittorica; uno stile che rimarrà pressoché immutato negli anni a venire.

Verso la fine degli anni ottanta scopre il fiume Mesna presso Lillehammer che diventerà il suo motivo prediletto. Il dipinto rappresenta la foce del fiume ghiacciato in un paesaggio rischiarato da un pallido sole che preannuncia l'arrivo della primavera, nonostante la natura sia ancora nella morsa del gelo. Il motivo è essenziale; senza aggiungere né sottrarre nulla l'artista lo elabora sapientemente per ottenere un sottile equilibrio sia nelle linee che nella distribuzione di zone scure e chiare. La composizione è pervasa da una calma di carattere classico. Senza interruzioni, lo sguardo dell'osservatore è condotto lungo il corso del fiume verso lo sfondo dove convergono le linee principali del paesaggio. Il trattamento del colore è ugualmente pacato e armonioso, con i bagliori rossicci sulla neve e le ombre viola gettate dagli alberi. La composizione è giocata sui contrasti tra le zone bianche ricoperte di ghiaccio e le zone scure lasciate libere dalla corrente del fiume.
Sia sul piano tematico che per tecnica pittorica, il quadro costituisce un esempio tipico dell'arte di Collett. A prima vista potrebbe sembrare che il pittore *en plein air* abbia fissato sulla tela una sezione di natura scelta a caso. Sappiamo invece che Collett torna sulla tela a più riprese, sovrapponendo più strati di pittura e lavorandoci per molte stagioni. Fra uno strato di pittura e l'altro, leviga la superficie della tela in modo da lasciare soltanto gli elementi principali. Non siamo quindi di fronte all'esperienza della natura colta nell'impressione di un attimo, ma di un'esperienza visiva rielaborata e maturata nel tempo.

80. Frederik Collett
(Christiania 1839 - Lillehammer 1914)
Neve fresca, 1892
olio su tela, cm 66 x 87, 5

Provenienza: acquistato nel 1892; Oslo, Nasjonalmuseet for Kunst, arkitektur og design, Nasjonalgalleriet.
Bibliografia: A. Stenseng, *Frederik*

Collett, Oslo 1947; Alsvik Henning, Leif Østby, *Norges billedkunst*, vol 1, Oslo 1951, pp. 251-254; Poulsson Vidar, *Frederik Collett*, in *Norsk kunstnerleksikon*, vol 1, Oslo 1981, pp. 420-422; K. Berg, in *Norges malerkunst*, vol. 1, 1993, pp. 392-39; Boym Per Bjarne, *Frederik Collett. Ved Mesnas utløp*, in *Vinterland*, catalogo della mostra, Oslo 1993, p. 66.
Esposizioni: Lillehammer Kunst-museum, 1997, *Frederik Collett.*

Anche in questo caso il motivo è tratto dal fiume Mesna presso Lillehammer. Proprio questo scorcio del fiume compare in una serie di tele del 1892-1893 in cui l'artista studia gli effetti del disgelo sulla natura nel momento di passaggio in cui il freddo dell'inverno sta cedendo al tepore del sole di primavera.
Il fiume scorre verso lo spettatore, la breve giornata invernale nordica sta finendo, e la neve fresca riflette la luce evanescente dell'imbrunire, prima che l'oscurità della notte cali sul paesaggio. Le sponde del fiume sono costeggiate da alberi spogli e l'edificio sulla sinistra è visibile attraverso una sottile rete di rami. L'atmosfera è pacata, il fiume con la sua forza impetuosa domata dal gelo giace quasi in letargo. Collett si avvale sapientemente delle potenzialità del tratto pittorico, le pennellate pastose applicate per rendere le increspature sulla superficie dell'acqua gelida diventano segni di crespatura sulla tela stessa. L'osservatore più attento noterà un piccolo uccello dalle piume nere e bianche sulla riva sinistra, un merlo acquaiuolo. Questo piccolo uccello caparbio che si può osservare soltanto nei pressi d'acqua corrente è oggi un simbolo nazionale norvegese.
Da un punto di vista coloristico, dominano i toni smorzati dei grigi, bianchi e bruni con qualche nota di blu. Le tonalità grigie del fiume unite a quelle più delicate dell'aria possiedono un timbro caldo. Pur in assenza di grandi contrasti, la ridotta gamma cromatica è ricca di sfumature.
Nonostante la sua posizione decisamente realista, Collett ha una visione romantica della natura. Guarda con grande disappunto gli sconvolgimenti che l'avanzare dell'industrializzazione provoca nel paesaggio. Per poter dipingere *en plein air* in pieno inverno l'artista si fa costruire delle piccole capanne trasportabili, con l'aiuto di una slitta le fa spostare sulla neve fino al luo-

go prescelto. E la morte lo sorprenderà proprio davanti al suo amato motivo, sulle sponde del fiume Mesna, in una giornata primaverile del 1914.

81. Jørgen Sørensen
(Christiania 1861 - Askim 1894)
Inverno, 1888
olio su tela, cm 68,5 x 90

Provenienza: acquistato nel 1905; Oslo, Nasjonalmuseet for kunst, arkitektur og design, Nasjonalgalleriet.
Bibliografia: A. Brenna, *Det etruskiske tempel på Bolteløkken*, in *Kunst og Kultur*, Oslo 1980, pp. 65-80; K. Berg, in *Norges malerkunst*, vol. 1, Oslo 1993, p. 448; Boym Per Bjarne, *Jørgen Sørensen - februar 2 gr kulde*, in *Vinterland*, catalogo della mostra, Oslo, 1993, p. 86; L. Østby, *Jørgen Sørensen*, in *Norsk kunstnerleksikon*, vol. 4, Oslo 1998, pp. 166-169.

Jørgen Sørensen comincia a prendere lezioni di disegno grazie all'interessamento del fratello maggiore nel 1877, all'età di sedici anni. Determinante in questi primi anni sarà il legame con il parente Edvard Munch, con il quale dipinge dal vero nei pressi della capitale durante l'inverno del 1881. Come Munch, anche Sørensen è seguito dal pittore realista Christian Krohg (nel periodo 1882-1883) e nello stesso anno frequenta l'accademia di pittura *en plein air* tenuta da Frits Thaulow a Modum, vicino a Christiania. Nel 1884, Sørensen effettua un primo viaggio a Parigi, dove si lascia influenzare dall'impressionismo nella rappresentazione di alcuni luminosi paesaggi estivi.
Numerosi motivi paesaggistici di Jørgen Sørensen sono tratti dalle zone intorno al fiordo di Christiania, rappresentati spesso in piovose giornate autunnali e resi con un'espressione delicata e fragile. Sørensen è un tipico naturalista e nella scelta del motivo si orienta sempre verso soluzioni semplici e senza pretese, persino quando si trova di

fronte a paesaggi di carattere più imponente. Nonostante la brevità della sua vita, lascia una produzione quantitativamente vasta anche se disomogenea. Le sue opere migliori si distinguono per la semplicità del motivo che non esclude però una ricca varietà di dettagli pittorici.

Attivo in primo luogo come paesaggista, Sørensen ambienta i suoi motivi a Christiania e nei dintorni, in particolar modo nella parte della città in cui è cresciuto.

In un giardino norvegese è situato un tempietto etrusco, e sia il frutteto che il piccolo padiglione, sono come immersi in un letargo invernale sotto la neve, in attesa dell'estate. Il violento contrasto tra la costruzione classica e il freddo inverno norvegese dimostra la vena originale di Sørensen. Il disgelo non è lontano e i forti raggi del sole colpiscono il manto di neve che riflette la luce intensa sull'edificio color giallo e bianco. La tensione tra la nota calda del giallo e le ombre azzurre della neve è attenuata dalla rete color bruno dorato dei fusti e dei rami spogli degli alberi da frutta.

Il dipinto mette in evidenza le doti principali di questo pittore: la sensibilità per i delicati effetti di luce, una tavolozza smorzata e tenue, uno spiccato senso per il dettaglio senza però perdere di vista l'insieme. In questa tela, Sørensen, sulla scia degli impressionisti, non trascura nessuna delle tonalità cromatiche offerte dal motivo della neve. La neve non è bianca ma appare come una tela che cattura le leggere sfumature rosa della luce del sole e le più delicate note celesti delle ombre. Ciò nonostante l'artista mantiene una certa saldezza nelle forme e non può essere definito un impressionista puro. Connotato da un sobrio realismo e senso della natura, *Inverno* si distingue come un'opera di rilievo nella pittura di paesaggio norvegese degli anni ottanta.

82. Frits Thaulow
(Christiania 1847 - Volendam, Olanda 1906)
Inverno, 1886
olio su tela, cm 62 x 100

Provenienza: acquistato nel 1977; Oslo, Nasjonalmuseet for kunst, arkitektur og design, Nasjonalgalleriet.
Esposizioni: Lillehammer, Kunstmuseum, 13 giugno-13 settembre 1998, *Erik Werenskiold og Frits Thaulow*; Bruxelles, Palais des Beaux-Arts, 8 settembre-5 novembre 2000, *Bruxelle, carrefour de cultures*.

Cresciuto in una famiglia agiata e liberale, Thaulow frequenta l'Accademia di Belle Arti a Copenaghen dal 1870 al 1873, e diventa allievo di Hans Gude a Karlsruhe. Studia sotto la guida del paesaggista romantico norvegese per due anni e successivamente, nel periodo 1876-1879, soggiorna più volte a Parigi. In seguito, l'influsso di Gude cede il posto alla moderna pittura *en plein air* francese verso la quale Thaulow si orienterà.

Rientrato in Norvegia negli anni tra il 1886 e il 1888, Thaulow soggiornerà quasi esclusivamente fuori dai confini della sua patria. Come pittore rimane ancorato alla tradizione realista, sostenendo la necessità di rimanere fedeli alla natura, seppure interpretandola in modo soggettivo. Dato il suo legame con il realismo, Thaulow sente di dover prendere le distanze dalle correnti simboliste e decorative degli anni novanta, anche se le segue con grande interesse. Va ricordata inoltre l'attività di insegnamento svolta da Thaulow, soprattutto la cosiddetta Accademia *en plein air* di Modum che attira numerosi allievi dal 1881 al 1883, pur non essendo una vera e propria scuola.

Thaulow è il primo dei giovani pittori *en plein air* di stampo francese a rientrare in Norvegia per un breve periodo, e negli anni ottanta si dedica soprattutto ai paesaggi invernali. anche se era specializzato nel dipingere paesaggi di mare. In entrambi i generi la sfida è costituita dalla rappresentazione dei riflessi e del riverbero della luce su una superficie uniforme, sia che si tratti di acqua, come invece di neve.

Il quadro in esame raffigura un campo imbiancato dalla neve e inondato di sole in una tersa giornata di pieno inverno. Il primo piano del dipinto è occupato da un ondeggiante paesaggio di neve, interrotto soltanto dalle lunghe ombre gettate dagli alberi. Le stesse ombre formano una sottile trama che si fonde con le tracce di sci che si diramano in tutte le direzioni, inoltrandosi verso il fondo del dipinto.

Il motivo della neve esercita una forte attrazione su Thaulow che predilige sempre tonalità dimesse. Le trova – come in questo caso – negli effetti di luce sulla neve e nelle varie sfumature delle ombre color blu-violetto. Ciò che l'artista coglie è l'atmosfera stessa dell'inverno in tutta la sua particolare ricchezza di luce, di effetti atmosferici e di scala di colori. Sulla sinistra della tela, una densa foschia invernale si diffonde in lembi scuri, minacciando di oscurare il sole che getta ancora un bagliore giallo sul manto di neve.

Negli anni ottanta, la generazione dei realisti si dedica quasi esclusivamente alla rappresentazione del caratteristico paesaggio nazionale e la grande popolarità raggiunta da questi temi si deve anche al contributo di Thaulow.

83. Frits Thaulow
(Christiania 1847 - Volendam, Olanda 1906)
La vecchia fabbrica sul fiume Akerselva, 1901
olio su tela, cm 82 x 100

Provenienza: Former Collection Oscar Johannessen; Lillehammer Bys Malerisamling, Lillehammer; Lillehammer Art Museum.
Bibliografia: E. Østvedt, *Frits Thaulow. Mannen og verket*, Oslo 1951; V. Poulsson, *Frits Thaulow (1847-1906)*, Oslo, 1992; K. Berg, in *Norges Malerkunst*, vol. 1, Oslo, 1993, pp. 425-429; *Frits Thaulow*, in *The Dictionary of Art*, vol. 30, Londra, 1996, p. 647; V. Poulsson, *Frits Thaulow Erik Werenskiold*, catalogo della mostra, Lillehammer, 1998, p. 67; id., *Frits Thaulow*, in *Norsk kunstnerleksikon*, vol. 4, Oslo, 1998, pp. 196-207.
Esposizioni: Atlanta, The Fernbank Museum of Natural History; Tokio, The National Museum of Western Art; Barcellona, Fundacia "La Caixa": Monaco, Kunsthalle der Hypo-Kulturstiftung; Lillehammer, Lillehammer Kunstmuseum, 1993-1994, *Winterland. Norwegian Visions of Winter.*

Risale all'inizio degli anni ottanta la serie di dipinti in cui Thaulow studia le potenzialità pittoriche offerte dal motivo dell'acqua che scorre lentamente, tema di cui quest'opera, datata 1901, costituisce uno degli esempi più elevati.

Raffigura il corso di un fiume costeggiato da edifici; protagonista del primo piano è il tratto del fiume libero su cui riverbera la luce del sole al tramonto. Il ghiaccio sulla destra e la neve che ricopre il paesaggio indicano che la scena è ambientata in pieno inverno. Sono rappresentate delle case di legno poste in ombra sul lato sinistro del fiume e sulla destra, verso lo sfondo, degli edifici in mattoni rossi inondati dalla luce radente del sole pomeridiano.

Dominato dal placido corso del fiume, il motivo è caratteristico del periodo intorno al volgere del secolo, periodo in cui l'artista si specializza nella resa dello scorrere lento delle superfici d'acqua. Spesso questi motivi fluviali – il cui scopo precipuo non è certo la registrazione esatta della natura – sono caratterizzati dal rosso degli edifici, dal bianco della neve e dal nero del fiume. Thaulow è particolarmente affascinato dall'accostamento di questi tre colori, convinto che, in estate, l'assenza della neve bianca renda monotoni e smorti gli edifici in mattone. Scegliendo di privilegiare il motivo dell'acqua a scapito del paesaggio circostante, l'artista si concentra su uno dei temi più cari alla ricerca impressionista: registrare il modo in cui l'illuminazione dissolve i colori.

L'Akerselva – il fiume che taglia in due l'antica Christiania come una linea vitale di comunicazione – attraversa qui una zona di fabbriche prima di raggiungere il mare. Fino a tempi molto recenti, questo fiume ha diviso la capitale norvegese in due parti (est e ovest), con tutte le implicazioni di carattere sociale che una simile divisione comporta, separando fisicamente gli abitanti poveri da quelli ricchi. Tuttavia questo dipinto è privo di qualsiasi allusione a temi sociali. La zona industriale è stata scelta per le sue qualità pittoriche senza considerare le possibili connotazioni sociali. Secondo quanto afferma l'artista stesso, il suo obiettivo è la resa del rapporto tonale tra il rosso delle pareti in mattone, il verde scuro dell'acqua e le note bianco-grigie delle rive del fiume.

84. Gustav Wentzel
(Christiania 1859 - Lilleahmmer 1927)
Gara di sci a Fjelkenbakken
1898 olio su tela, cm 140 x 270

Provenienza: Oslo, H. Aschehoug & Co.
Bibliografia: K. Wentzel, *Gustav Wentzel*, Oslo 1956; L. Østbye, *Gustav Wentzel*, in *Norsk kunstnerleksikon*, vol. 4, Oslo 1986, pp. 448-451; K. Berg, *Norges malerkunst*, vol. 1, Oslo 1993, pp. 445-448; I. Ydstie, *Gustav Wentzel. Skirenn i Fjelkenbakken*, in *Vinterland*, catalogo della mostra, Oslo 1993, p. 92.

Figlio di un artigiano, Wentzel cresce a Christiania, dove si iscrive alla Scuola Reale di Disegno nel 1871, dopo aver rinunciato all'idea di diventare architetto. Un grande interno datato 1881 mette in evidenza il suo spiccato senso del dettaglio e della resa ottica degli oggetti. Nel 1883 visita Parigi per la prima volta e l'incontro con l'arte francese si rivela subito determinante. La resa uniforme dei particolari verrà sostituita da una percezione più libera delle forme, adottando una pennellata più generosa e colori più luminosi. Nell'autunno dello stesso anno Wentzel segue l'insegnamento di Frits Thaulow che pratica la pittura *en plein air* a Modum, nei pressi della capitale.
Nella sua pittura, Wentzel si allontana progressivamente dal realismo della vita quotidiana in favore di un'atmosfera più romantica, in perfetta sintonia con il clima predomi-

nante della pittura norvegese di fine secolo. L'artista che in questi anni si reca spesso in campagna alla ricerca di nuovi motivi – sia paesaggistici sia d'interni –, dipinge tramonti intensi, oniriche scene notturne e numerosi paesaggi di neve.
Dal 1892 al 1901 Gustav Wentzel vive ad Asker, nelle vicinanze di Christiania, e molti suoi paesaggi invernali risalgono a questi anni, come la tela in questione che si annovera tra le opere migliori eseguite in quel periodo.
È la domenica del 31 gennaio 1897: centinaia di persone si sono radunate con aria festosa intorno al trampolino. Molti hanno messo gli sci per raggiungere il campo dove si svolge questa gara annuale che rappresenta uno degli eventi principali del villaggio. L'attenzione della folla è rivolta alla pista sotto il trampolino, e soltanto i due signori impellicciati, intenti a scaldarsi con un bicchierino presso la piccola capanna, sembrano del tutto disinteressati alle prestazioni degli atleti. La luce intensa del sole imprime al quadro un timbro di bianchi freddi che si accordano con note verdi più calde. Wentzel impiegherà più di un anno per eseguire questa tela di dimensioni notevoli. Il primo bozzetto risale alla gara di sci a cui Wentzel assiste realizzando una serie di schizzi. Ma solo a distanza di un anno, e dopo aver assistito a un'altra gara, l'artista porterà a termine l'opera. Nel frattempo i suoi familiari – persino il poliziotto del villaggio – fanno da modelli per le figure più grandi collocate in primo piano. Con la sua descrizione dettagliata degli abiti e della cultura popolare, il dipinto riveste anche un notevole interesse storico-culturale, come testimonianza dei costumi popolari di fine secolo.

Svezia

85. Gustav Fjæstad
(Stoccolma 1868 - Arvika 1948)
Crepuscolo invernale, 1894
olio su tela, 59 x 75 cm
Firmato e datato: *G. Fjæstad Vermland 94*

Provenienza: acquistato nel 1904; Stoccolma, Nationalmuseum.
Bibliografia: S. Sandström, *Gustav Fjæstad*, in *Svenskt konstnärleksikon*, vol. 2, Malmö 1953, pp. 201-203; T. Gunnarson, *Gustav Fjæstad*, in *The Dictionary of Art*, vol. 11, Londra 1996, p. 142; M. Holkers, *Rackstadgruppen*, in *Den svenska målarkonstens historia*, Stoccolma, 2001, p. 210; C. Wistman, *Gustav Fjæstad* in *Svenska klassiker*, catalogo della mostra, Stoccolma 2001, pp. 114-117.

Nato da umile famiglia, Gustav Fjæstad si iscrive all'Accademia di Stoccolma nel 1891, ma dopo un paio d'anni assiste Bruno Liljefors nell'esecuzione di una serie di rappresentazioni del paesaggio svedese realizzati per il Museo di Biologia nel 1893. Nel 1896, fa da assistente a Carl Larsson nell'esecuzione degli affreschi monumentali dello scalone del Nasjonalmuseum. A parte l'influsso di questi due maestri, Fjæstad trae impulsi dalla pittura di atmosfera che predomina la scena artistica scandinava di quegli anni.
Ambienta i suoi paesaggi nella regione di Värmland, nella Svezia meridionale, dove si stabilirà definitivamente. Le sue prime opere sono di fattura realista, seppure permeate da un'atmosfera romantica, ma verso il volgere del secolo il suo linguaggio si andrà semplificando orientandosi verso una maggiore stilizzazione. Fjæstad trae ispirazione sia dai ritmi caratteristici del *Jugendstil* che dall'arte giapponese che unisce una descrizione dettagliata della natura a una spiccata impronta ornamentale.
Gustav Fjæstad è uno dei principali paesaggisti nell'arte svedese. Torna

continuamente sul motivo del paesaggio invernale e sceglie spesso, come in questo caso, il lago di Rackstad, nella regione di Värmland nella Svezia meridionale, come ambientazione dei suoi quadri. Tre anni dopo l'esecuzione di questo dipinto, il pittore si stabilisce in questa regione, dove può vivere a contatto diretto con una natura incontaminata.
Alla fine della breve giornata invernale, l'oscurità sta per calare sul paesaggio. Nel placido specchio del lago si riflettono gli ultimi bagliori di una luce evanescente. Fjæstad non vuole rendere il gelo dell'inverno, anche se il paesaggio è ricoperto dalla neve. Motivo principale del dipinto è lo specchio riflettente dell'acqua dominato da sfumature calde, e dall'effetto decorativo prodotto dalla lieve increspatura della superficie. In seguito Fjæstad dipingerà paesaggi più intimi e raccolti, spesso dominati da uno specchio d'acqua sul quale le increspature dell'acqua vengono stilizzate in linee che richiamano stile *Jugend*. Le sue opere con paesaggi invernali – delle quali vengono fatte numerose riproduzioni – riscuotono un notevole successo presso il grande pubblico.

86. Carl Larsson
(Stoccolma 1853 - Falun 1919)
Il pittore en plein air. Motivo invernale da Åsögatan, 1886
olio su tela, cm 119 x 209
Firmato e datato: *C. Larsson Stockholm 1886*

Provenienza: donato da "Gli amici del Museo" nel 1926; Stoccolma, Nationalmuseum.
Bibliografia: B. Knyphause, *Carl Larsson*, in *Svensk konstnärleksikon*, vol. 3, Malmö 1957, pp. 465-472; *Grate, Pontus: 1880-årene i nordisk maleri*, catalogo della mostra, Oslo 1985, p. 186; G. Cavalli-Björkman, *Friluftsmålaren*, in *Carl Larsson*, catalogo della mostra, Stoccolma 1992; B. Linde, *Carl Larsson* in *The Dictionary of Art*, vol. 18, Londra, pp. 801-803.
Esposizioni: Reykjavik, Listasafn ASI, 12 agosto-24 settembre 1995, *Luz del Norte. Nordiskt sekelskifte*,

Barcellona, Museu Nacional d'Art de Catalunya, 31 maggio-16 luglio 1995, *Luz del Norte. Nordiskt sekelskifte*; Madrid, Nacional Centro de Arte Reina Sofía, 30 marzo-15 maggio 1995, *Luz del Norte. Nordiskt sekelskifte*; Sapporo, Hokkaido Museum of Modern Art, 18 aprile-2 giugno, *Nordiskt sekelskifte*; Stoccolma, Nationalmuseum, 20 ottobre 1995-7 gennaio 1996, *Nordiskt sekelskifte*; Hiroshima, Museum of Art, 8 giugno-21 luglio 2002, *Nineteenth Century Scandinavian Landscape Painting*; Tokio, Station Gallery, 21 settembre-10 novembre 2002, *Nineteenth Century Scandinavian Landscape Painting*; Akita, Prefectural Museum of Art, 27 luglio-31 agosto 2002, *Nineteenth Century Scandinavian Landscape Painting*; Stoccolma, Nationalmuseum, 4 settembre 2003-11 gennaio 2004, *Människa, myt och landskap. Svensk konst från 1800-talet*.

Nato in una famiglia umile, Carl Larsson è costretto a mantenersi da solo quando, all'età di tredici anni, si iscrive all'Accademia di Belle Arti di Stoccolma, dove studia dal 1866 al 1876. Fortemente ancorato alla cultura svedese, Larsson instaura uno stretto rapporto anche con la Francia, dove soggiornerà più volte a partire dal 1877. Trascorre gli anni 1880-1885 prima a Parigi e poi a Grez-sur-Loing, località a 70 km dalla capitale. Questa cittadina ospita una piccola colonia di artisti scandinavi, e l'incontro con altri pittori si rivelerà decisivo per Larsson, che svilupperà una pittura intima e realista, chiaramente riconducibile a Jules Bastien-Lepage. Tornato dalla Francia, dal 1886 al 1892, Larsson insegna presso la scuola di pittura di Valands Konsthall a Gotenborg.

Nell'autunno del 1886 la famiglia Larsson si trasferisce a Åsögatan, nel quartiere Södermalm a Stoccolma, prendendo in affitto una casa circondata da un grande giardino, da cui è tratto il motivo di questa tela.

La scena è ambientata in pieno inverno, nel giardino ricoperto di neve. Il pittore è seduto davanti al suo cavalletto e, per proteggersi dal freddo, indossa una pelliccia e delle caratteristiche calzature di paglia. L'artista ritrae se stesso nell'atto di dipingere il motivo prescelto; un cavallo e una slitta situati nella parte destra della tela. Una folla di curiosi si è riunita intorno al pittore, distraendolo dal lavoro. Sebbene ciò che interessa, nel quadro, siano l'artista e il suo motivo, il giardino innevato costituisce un elemento predominante che riempie la maggior parte della tela, reso con una gamma cromatica dominata dai colori che la neve cattura, con variazioni dal bianco alle sfumature azzurro-grigie.

Datato 1886, il dipinto è realizzato a distanza di un anno dal rientro in Svezia, dopo cinque anni trascorsi in Francia. Può darsi che, con questo dipinto, Larsson voglia raffigurare le fatiche affrontate da un pittore *en plein air* alle prese con il gelido clima invernale del nord. L'atmosfera soave dell'estate francese, i campi verdeggianti e i placidi fiumi cedono ora il posto a un fitto manto di neve che ricopre il paesaggio, e mette l'artista di fronte a ben altri problemi: non solo nel trattamento del colore ma anche nella sfida alle avversità create da un clima poco ospitale.

Italia

a cura di Nadia Marchioni

87. Ippolito Caffi
(Belluno 1809 - Lissa 1866)
Il Canal Grande e la Salute dopo una nevicata, 1841
olio su tela, cm 56,4 x 77
Iscrizione sul retro del telaio: *Ippolito Caffi fece 1841*

Provenienza: commissionato nel 1841, insieme a *Festa notturna a San Pietro di Castello*, dalla famiglia bellunese Agosti; Belluno, Museo Civico.
Bibliografia: *Guida provvisoria del Museo Civico di Belluno*, Belluno 1910, p. 20; F. Valcanover, *Indice fotografico delle opere d'arte della città e provincia di Belluno*, Venezia 1960, p. 18; M. Pittaluga, *Dipinti del Caffi nel Museo Civico di Belluno*, in «Arte Lombarda», 1965, p. 199; Ead., *Il pittore Ippolito Caffi*, Vicenza 1971, pp. 47, 85; G. Dalla Vestra, R. De Toffol, *Museo Civico di Belluno. Breve guida*, Belluno 1980, p. 43; M. Lucco, *Catalogo del Museo Civico di Belluno, 1. I Dipinti*, Venezia 1983, pp. 47-48, n. 102, tav. 8 (con bibliografia precedente); M. De Grossi, *Belluno*, in *La pittura nel Veneto. L'Ottocento*, a cura di G. Pavanello, vol. I, Milano 2002, p. 233 fig. 290; vol. II, Milano 2003, p. 670.
Esposizioni: Belluno 1949, *Mostra di arte figurativa degli artisti bellunesi dell'Ottocento* (a cura di V. Doglioni), p. 41, n. 31.

Il vedutista bellunese, la cui formazione veneziana, compiuta sulle prospettive canalettiane, emergerà fin nelle opere più tarde, comprese ben presto il proprio destino quando, trasferitosi a Roma nel 1832, prese a dipingere scorci cittadini e della campagna romana dal vero, concentrandosi sulla resa atmosferica e sugli effetti di luce nel paesaggio. L'artista, noto soprattutto per i suoi dipinti di feste cittadine e per i paesaggi sottoposti a particolari condizioni luminose (dipinse dal vero, recandosi l'8 luglio 1842 di buon mattino alle Fondamenta Nuove, l'*Eclissi di sole*, oggi a Belluno, collezione Bertoldi), non poteva farsi sfuggire l'occasione di ritrarre Venezia mutata d'aspetto grazie allo straordinario evento meteorologico della neve, forse anche stimolato dalle Venezie innevate dipinte nei primi anni trenta dal friulano Giuseppe Borsato. Il fascino per l'insolito che seduceva Caffi, testimoniato anche dagli avventurosi viaggi e dai fiabeschi dipinti orientalisti, stimola all'artista, presente a più riprese a Venezia dalla fine degli anni trenta fino a tutto il decennio successivo, alcune vedute di Venezia innevata, fra cui *Il Canal Grande e la Salute dopo una nevicata* (un dipinto di cui, oltre alla versione bellunese, esistono altre due redazioni: una nella collezione Avon Caffi, l'altra al Civico Museo Revoltella di Trieste, mentre alla Galleria d'Arte Moderna di Ca' Pesaro è conservata una variante: *Neve e nebbia in Canal Grande*[1]), opera in cui alla ricercatezza del motivo si unisce un'indagine atmosferica di rara raffinatezza. In una cupa giornata invernale, le cui brume si distendono ancora a coprire gli evanescenti profili dei palazzi all'orizzonte, l'artista attende l'ora in cui, sul Canal Grande, le nubi si sfaldano per fare spazio a ampi squarci di azzurro, da cui un pallido sole allunga timidamente i suoi raggi riuscendo a liberare dal lieve manto nevoso l'emisfero destro delle due cupole della Salute. La pallida luce solare bagna anche le facciate dei palazzi sulla sinistra e buona parte delle stagnanti acque del canale per ritrarsi, favorendo l'allungarsi di una scura ombra, forse di bellottiana memoria, nel primo piano, dove alcuni uomini, in piedi su barconi da trasporto, sembrano guardarsi attorno come nel tentativo di indovinare gli eventi meteorologici che dovranno fronteggiare.

[1] G. Perocco, *Ippolito Caffi, 1809-1866*, Venezia 1979, p. 12; G. Pavanello, in *Venezia nell'Ottocento*, catalogo della mostra, Venezia, 1983, Milano 1983, pp. 6-67; M. De Grossi, *Belluno*, in *La pittura nel veneto. L'Ottocento*, a cura di G. Pavanello, vol. I, Milano 2002, p. 258 n. 208.

88. Giovanni Boldini
(Ferrara 1842 - Parigi 1931)
Uscita da un ballo mascherato a Montmartre, 1874-1875 circa
olio su tela, cm 33 x 46,5

Provenienza: L'opera, rimasta nell'*atelier* di Boldini e poi appartenuta alla vedova, è stata ceduta dagli eredi nel 1979 al Museo Giovanni Boldini di Ferrara; Ferrara, Museo Giovanni Boldini (inv. 1997, n. 1359).

Bibliografia: *L'opera completa di Boldini*, a cura di E. Camesasca, Milano 1970, p. 94 n. 39, tav. XV; *Museo Giovanni Boldini. Catalogo generale completamente illustrato*, a cura di A. Buzzoni e M. Toffanello, Ferrara 1997, p. 144; B. Doria, *Giovanni Boldini. Catalogo generale dagli archivi Boldini*, Milano 2000, n. 88; P. e F. Dini, *Boldini. Catalogo ragionato, volume III. Catalogo ragionato della pittura a olio con un'ampia selezione di pastelli, acquerelli e disegni, tomo primo, 1-666*, Torino-Londra-Venezia 2002, pp. 128-129, n. 216 (con bibliografia precedente).

Esposizioni: Firenze, Galleria Bellini, 1937, *Opere di Giovanni Boldini*, n. 85; New York, Newhouse Galleries, 1938, *Works by Giovanni Boldini* (a cura di M. Vaughan), n. 2; Parigi, Musée Jacquemart-André, 1963, *Boldini* (a cura di E. Cardona, E. Piceni), p. 41, n. 132; Ferrara, Casa Romei, 1963, *Mostra di Boldini* (a cura di E. Cardona Boldini, G. Gelli, E. Piceni), p. 51, n. 121, fig. 53; Bologna, Galleria Marescalchi, 1977, *Giovanni Boldini. Genio e ironia nel boudoir di Parigi* (a cura di G. Ruggeri), p. 27; Bucarest, Muzeu de Arta al Republicii Socialiste Romania, 1981, *Giovanni Boldini* (a cura di M. Dragu), p. 20, n. 8; Milano, Palazzo della Permanente, 1989, *Boldini* (a cura di E. Camesasca, A. Borgogelli), pp. 93, 318, n. 28; Parigi, Musée Marmottan, 1991, *Giovanni Boldini* (a cura di A. Borgogelli, A. Buzzoni, E. Spalletti), pp. 89-90, n. 20; Trento, Museo di Arte Moderna e Contemporanea di Trento e Rovereto, 2001, *Boldini, De Nittis, Zan-*

domeneghi. Mondanità e costume nella Parigi di fin de siècle (a cura di G. Belli), pp. 74-75, 172, n. 9; Torino, Galleria Civica d'Arte Moderna e Contemporanea, 2002, *Giuseppe De Nittis e la pittura della vita moderna in Europa* (a cura di P. G. Castagnoli), p. 66.

Non stupisce che Boldini fosse poco attratto dal motivo della neve: l'uniformità alla quale essa riconduce le emergenze della realtà, l'ovattato silenzio con cui avvolge anche i rumori della città, per cui, nella Parigi del secondo Ottocento, il passaggio di una carrozza sarà stato percepito solo attraverso il fruscio delle ruote fendenti il soffice manto, non erano certo caratteristiche che potevano stimolare la compulsiva vitalistica visione urbana dell'artista ferrarese. Giunto a Parigi nell'ottobre del 1871, dopo aver lasciato la nativa Ferrara per la Firenze dei macchiaioli e dopo un soggiorno a Londra nel 1870, l'artista era già sufficientemente maturo per conquistare il mercato della capitale francese, sotto gli auspici del mercante Goupil, e per affermare il proprio talento con due dipinti esposti al *Salon* del 1874. Alla celebrata attività di ritrattista dell'aristocrazia parigina, Boldini affianca un più intimo commento sugli scorci cittadini e su figure colte dal vero, mostrandosi sensibile osservatore della realtà che lo circondava anche al di fuori dello studio di posa. *Uscita da un ballo mascherato a Montmartre* fa parte di questa produzione più privata e si colloca cronologicamente alla metà degli anni settanta (probabilmente nell'inverno del 1874-1875, quando alcune nevicate davvero eccezionali su Parigi stimoleranno anche gli "effetti di neve" di Monet e di De Nittis), proprio nel momento in cui nel bel mondo parigino cominciava a diffondersi il desiderio di farsi ritrarre dall'artista italiano. L'occasione mondana di un ballo mascherato, con il consueto andirivieni di carrozze e l'affrettarsi dei partecipanti verso le vetture, stimola all'artista la pulsante visione di questo dipinto, in cui la virtuosistica compendiarietà delle pennellate, già divenuta per il suo elegante pubblico sigla riconoscibile, annota velocemente il ritmo concitato della folla, che sembra riflettersi nella bianca fanghiglia provocata dal discogliersi della neve, nei cavalli in sosta in primo piano e nei palazzi

sullo sfondo. Il brivido vitalistico della mano boldiniana, che sfalda le pennellate degli amici impressionisti in linee direzionali di ritmo e velocità, investe nel dipinto tutta la realtà osservata, non risparmiando neppure il cielo, gravido di nubi, che come una morsa d'acciaio stringe i palazzi sullo sfondo, i quali sembrano piegarsi sotto la sua spinta.

89. Giovanni Boldini
(Ferrara 1842 - Parigi 1931)
Boulevard Berthier sotto la neve
1889 circa
olio su tavola, cm 27 x 35

Provenienza: *atelier* Boldini, dove era inventariato con il numero 193B; Milano, collezione privata, courtesy Bottegantica, Bologna.

Bibliografia: *L'opera completa di Boldini*, a cura di E. Camesasca, Milano 1970, p. 104, n. 168; B. Doria, *Giovanni Boldini. Catalogo generale dagli archivi Boldini*, Milano 2000, n. 452; P. e F. Dini, *Boldini. Catalogo ragionato, volume III. Catalogo ragionato della pittura a olio con un'ampia selezione di pastelli, acquerelli e disegni, tomo I, 1-666*, Torino-Londra-Venezia 2002, p. 300 n. 545 (con bibliografia precedente).

Esposizioni: Milano, Palazzo della Permanente, 1989, *Boldini* (a cura di E. Camesasca e A. Borgogelli), pp. 150 e 319 n. 68; Bologna, Galleria d'arte Bottegantica, 1999, *Giovanni Boldini. Il dinamismo straordinario delle linee* (a cura di E. Savoia), pp. 128-129; Trento, Museo di Arte Moderna e Contemporanea di Trento e Rovereto, 2001, *Boldini, De Nittis, Zandomeneghi. Mondanità e costume nella Parigi di fin de siècle* (a cura di G. Belli), pp. 85, 174 n. 28; Modena, Modena Antiquaria, 2001, *Le magiche atmosfere di Giovanni Boldini*; Brescia, Palazzo Tosio Martinengo, 2002, *Impressionismo italiano* (a cura di R. Barilli), pp. 227, 239 n. 149.

La piccola tavola di neve rappresenta una veduta del parigino *Boulevard* Berthier, dove Boldini aveva preso in affitto nel 1886, subentrando all'amico John Sargent, la "villetta rossa" al n. 41, installandovi il suo celebre e frequentatissimo *atelier*. Questo dipinto, databile intorno al 1889 insieme a altri due rari "effetti di neve",[1] conserva l'immediatezza dello studio eseguito dal vero grazie alla consueta rapidità di tocco boldiniana e a una noncurante pennellata che non ambisce a campire l'intera superficie della tavola, ma ne lascia a vista alcune porzioni. Tuttavia, l'attenzione che l'artista ha riposto nella composizione della scena è dimostrata dall'elaborazione di una griglia strutturale di intensa suggestione. Sotto gli occhi del pittore, infatti, il paesaggio semideserto dell'innevato *Boulevard* si anima di un inquietante movimento interno al selciato ricoperto dalla neve, ai grovigli di materia cromatica scura che alludono a chissà quale presenza furtiva, agli spettrali alberi che indicano, in scomposta teoria, una trasversale direttrice prospettica; proprio il ripetuto intrecciarsi di diagonali, a partire dalla linea scura che attraversa il dipinto dall'angolo inferiore destro fino a rifluire nella metà sinistra del quadro in un più corposo "fiume" nero che taglia a sua volta l'immagine in opposta direzione, caratterizza la ritmica morfologia dello scorcio urbano, individuando il suo fulcro nell'albero in primo piano, evocato con pennellata morbida e leggera di corottiana memoria, che, inclinato verso destra, sembra trovare un precario equilibrio grazie alle propaggini dei rami del tronco successivo, piegato, invece, verso sinistra, a creare con il compagno un muto dialogo. I segni di matita che emergono dalla magra pittura o dalle zone da essa lasciate intonse, quasi l'artista desiderasse, ormai maturo, riaffermare le radici macchiaiole della propria carriera artistica, sembrano indicare un'originaria inquadratura dell'immagine con la linea dell'orizzonte leggermente rialzata rispetto alla stesura definitiva del dipinto, in cui essa si abbassa per dar spazio a una più vasta porzione di cielo.

[1] P. e F. Dini, *Boldini. Catalogo ragionato, volume III. Catalogo ragionato della pittura a olio con un'ampia selezione di pastelli, acquerelli e disegni*, tomi I, 1-666, Torino-Londra-Venezia 2002, p. 294, nn. 535-536.

90. Stefano Bruzzi
(Piacenza 1835 - 1911)
Ritorno dal mercato dopo la nevicata, ante 1887
olio su tela, cm 47 x 82
Firmato in basso a sinistra: *S Bruzzi* (iniziali intrecciate)

Provenienza: Piacenza, Galleria d'Arte Moderna Ricci Oddi (donato il 2 ottobre 1934 dall'avv. Salvatore Bruzzi).
Bibliografia: N. N. [B. Pollinari], *Dipinti di S. Bruzzi (Piccola pecoraia, Il pasto delle pecore, Casa di Roncolo, Ultimo raggio di sole, Nevicata)*, in «Libertà», 28 giugno e 12 settembre 1887; F. Arisi, *La galleria d'Arte Moderna Ricci Oddi*, Piacenza 1967, p. 102; Id., *Galleria d'Arte Moderna Ricci Oddi di Piacenza*, Piacenza 1988, p. 202, n. 475, fig. 46; *Stefano Bruzzi 1835-1911. Catalogo ragionato*, a cura di F. Arisi e A. Baboni, Piacenza 2000, pp. 76, 339, n. 223, tav. 99 (con bibliografia precedente); *La pittura di paesaggio in Italia. L'Ottocento*, a cura di C. Sisi, Milano 2003, fig. a p. 41.
Esposizioni: Parma 1913, *Catalogo illustrato [della] mostra retrospettiva d'arte emiliana*, n. 2; Piacenza 1932, *Catalogo della VII mostra d'arte e del pittore S. Bruzzi*, n. 15.

La giovanile frequentazione dell'ambiente artistico romano, a fianco prima di Alessandro Castelli e poi, dal 1855 al 1857, di Nino Costa, fornì precocemente all'artista piacentino l'abitudine a confrontarsi dal vero col dato naturale, attitudine che doveva caratterizzare l'intera sua produzione dedicata in buona parte al paesaggio dell'Appennino tosco-emiliano, dove frequentava per lunghi periodi la casa paterna a Roncolo di Groppallo, anche dopo aver ripreso residenza a Firenze nel 1875. Frutto di questi soggiorni sulle montagne è anche *Ritorno dal mercato dopo la nevicata*, opera databile prima del 1887 grazie a un articolo in cui il dipinto è accuratamente descritto[1] e tipica della produzione matura dell'artista, in cui a un'attenta disamina del dato naturale si associa l'interesse per gli effetti luminosi provocati

dalla neve e la fondamentale presenza di pastori e animali, ritratti anch'essi con distaccato piglio descrittivo. Il mesto atteggiamento del giovane in primo piano, che, con lo sguardo abbassato, riporta verso la stalla l'armento rimasto invenduto, sembra riflettersi nel passo stanco degli animali che lo seguono placidamente sul sentiero dalla neve già battuta; il dato sentimentale non emerge, tuttavia, come preponderante nella totalità del dipinto, che è piuttosto investito da un forte scandaglio realista, per cui grazie all'esperta mano del pittore emergono in primo piano arbusti piegati dalla neve, individuati con minuzia lenticolare forse ancora debitrice agli studi di natura del Costa, a cui sembrano riferirsi anche le cortecce dei possenti faggi sulla destra, attaccate in basso da umidi muschi e ferite da brevi squarci.

[1] B. Pollinari, in «Libertà», 28 giugno 1887, descrive l'immagine di una *Nevicata* in proprietà della famiglia Bruzzi, «lunga fila di pecore di ritorno dal mercato, precedute da un famiglio mezzo assiderato dal freddo, che trascinando con una corda il bue sparigliato ed invenduto lo riconduce mestamente a casa.»

91. Eugenio Spreafico
(Monza 1856 - Magreglio 1919)
Palle di neve, 1885-1890
olio su tela, cm 81,5 x 130

Provenienza: Eugenio Spreafico, 1932; Vedano, Beniamino Corno, 1969; collezione privata, courtesy Montrasio Arte, Monza e Milano.
Bibliografia: M. A. Previtera, in *Eugenio Spreafico 1856-1919*, catalogo della mostra, Monza, 1989, a cura di P. Biscottini, Milano 1989, p. 50, n. 15.
Esposizioni: Arengario, Monza, 1932, *Esposizione delle opere di Eugenio Spreafico*, p. 30 n. 101, tav. XXVIII; Monza, Galleria Civica, 1969, *Eugenio Spreafico*, p. s. n., n. 6.

Questo dipinto nasce nel periodo in cui il trentenne artista monzese, avendo ormai diluito i principi accademici appresi da Hayez e Bertini

a Brera con un personale studio della pittura meridionale di ascendenza michettiana, si dedica all'interpretazione "dal vero" di brani di paesaggio della campagna di Mareglio, sul lago di Como, dove inizia a soggiornare dal 1885. L'interesse per l'aneddoto che caratterizza la pittura di Spreafico, nella volontà di indagare i costumi contadini del territorio lombardo, focalizza al centro del dipinto la dinamica immagine dei bambini che giocano con la neve, attirando lo sguardo dell'osservatore con lo squillante contrasto cromatico del rosso e del blu degli abiti delle figure in primo piano (un motivo che sarà ripetuto anche in altre tele di formato minore).[1] Questa giocosa scena è posta dall'artista al centro di un cono prospettico prepotentemente suggerito dall'ampio sentiero campestre che, concedendo al fondo sterrato il privilegio del primo piano, investe di colore bruno la parte bassa del dipinto, allungandosi in una repentina fuga che piega leggermente verso sinistra dividendo a metà il quadro, per poi perdersi in una vaporosa bruma invernale. Servendosi di questo suggestivo taglio dell'immagine di natura fotografica per mitigare l'importanza della scena di genere e riequilibrare il rapporto figura-paesaggio nel dipinto, Spreafico sembra riconfermare la propria attenzione alla pittura meridionale, riprendendo, con minore enfasi, la vuota spianata gelata de *Il passaggio degli Appennini* di Giuseppe De Nittis, che riscosse un immediato successo fin dalla sua prima apparizione pubblica alla Promotrice fiorentina del 1867.
I diversi elementi del dipinto sono legati dall'intensa riflessione atmosferica dell'artista, che, partendo dall'osservazione di un episodio quotidiano, allarga la propria visione al paesaggio innevato, indulgendo a una malinconica e trasognata interpretazione del riposo della natura durante un rigido inverno; individuando con finezza di tocco il manto nevoso adagiato sui campi, gli scheletrici fantasmi di un vigneto e i tetti di un borgo in lontananza attraverso il filtro della densa nebbia distesa sulla campagna, che trattiene la luce di un pallido sole, l'artista concede il suo tributo alla grande tradizione lombarda della veduta atmosferica.

[1] M. A. Previtera, in *Eugenio Spreafico 1856-1919*, catalogo della

mostra, Monza, 1989, a cura di P. Biscottini, Milano 1989, p. 50, n. 15 (*Palle di neve*, cm. 57,3 x 99,8).

92. Giuseppe De Nittis
(Barletta 1846 - Saint-Germain-en-Laye 1884)
Giornata invernale, 1875 circa
olio su tela applicata su cartone
cm 26,5 x 37
Firmato in basso a destra: *De Nittis*

Provenienza: Parigi, Angelo Sommaruga; Monza, Aldo Annoni; Milano, Giuseppe Cambiaghi; Milano, collezione privata.
Bibliografia: L. Bénédite, *De Nittis*, Parigi 1926, p. 44; E. Piceni, *De Nittis*, Milano 1955, p. 176 ; M. Pittaluga, E. Piceni, *De Nittis*, Milano 1963, n. 509, fig. 509; A. M. Comanducci, *Dizionario illustrato dei pittori, disegnatori e incisori italiani moderni e contemporanei*, Milano 1971, vol. II, p. 1015; L. Bénédite, *De Nittis*, Barletta 1983, p. 59; P. Dini, G. L. Marini, *De Nittis. La vita, i documenti, le opere dipinte*, Torino 1990, vol. I, p. 411, n. 835, vol. II, fig. 835; *Pittori & pittura dell'Ottocento italiano*, a cura di G. Matteucci, Novara 1997-1998, vol. IV, n. 63, p. 33 (ill. a col.).
Esposizioni: Milano, Galleria S. Ambrogio, 1970, *Il paesaggio nell'arte del nostro Ottocento pittorico*, n. 23, tav. XXV; Firenze, Casa d'Aste Pitti, 1987, *I Macchiaioli nella cultura europea dell'ottocento*, n. 20; Milano, Palazzo della Permanente, XXV Mostra Mercato Antiquari Milanesi, 1987, *Disegni di artisti de "Il Novecento". I Macchiaioli*, n. 10; Milano, Palazzo della Permanente, 1990, Bari, Pinacoteca Provinciale, 1990, *Giuseppe De Nittis*, p. 163 n. 86; Milano, Palazzo della Permanente, 1998-1999, *Una stanza a Montmartre*, p. 32.

De Nittis immortala, in una pagina del suo "diario" (inverno 1875), il ricordo di una passeggiata nella neve che può leggersi d'un fiato con questa *Giornata invernale*, intensa riflessione sulla natura da parte di

un artista che subiva il fascino della "bianca coltre" con la gioia dell'uomo mediterraneo, per cui essa resta, in fondo, sempre un meraviglioso, insolito accidente.[1] La sorpresa alla vista del paesaggio innevato è rafforzata, nel suo racconto, dall'insolito incontro con un giapponese, che permette all'artista di diffondersi sull'empatica condivisione di un medesimo sentimento della natura. Com'è noto l'artista pugliese fu sensibilmente attratto dalle suggestioni offerte dalle xilografie giapponesi: il loro linguaggio bidimensionale e i tagli compositivi, inediti per l'occhio di un occidentale, informarono precocemente il suo fare pittorico e i loro colori puri e brillanti lo conquistarono ad una cultura figurativa che si mostrava capace di guidarlo, con fresca originalità, nell'osservazione della natura. Il riferimento alle stampe e alle altre opere d'arte giapponesi, collezionate in buon numero dall'artista, non sembra però in questa tela giustificarsi altrimenti che con la spontanea felicità del ritrarre la natura, sottoposta agli eventi atmosferici che ne mutano periodicamente l'aspetto: abolita la presenza della figura umana, De Nittis sfrutta in questo dipinto la candida uniformità di cui la neve ha rivestito il paesaggio per sfoggiare le sue doti di raffinato colorista, modulando sapientemente i toni del bianco, del marrone, dell'azzurro e del violetto, fino a raggiungere una vaporosa sinfonia cromatica. Gli effetti della luce sulla bianca superficie della spianata in primo piano rappresentano l'attrattiva maggiore per l'artista, che si dilunga a rilevarne i variegati cangiantismi e a suggerire trepidanti ombre azzurre che si allungano dai rami degli alberi, del tutto dimentico, in questo sogno ovattato, della realtà degli uomini. De Nittis non dipingerà quasi mai, infatti, scorci urbani innevati, soggetto prediletto, ad esempio, dall'amico Caillebotte:[2] la neve resterà, per il pittore delle donne e della metropoli, un invito a riconciliarsi con la natura, dove amava ambientare i suoi ritratti "innevati", lontano dai salotti e dalle vie cittadine.

[1] Il brano (G. de Nittis, *Notes et souvenirs. Diario 1870-1884*, prefazione di E. Cecchi, Fasano [BR] 1990, p. 115) è riportato per esteso nel saggio di Vincenzo Farinella in questo catalogo, pp. 199-224.
[2] *Impressionists in Winter. Effets de Neige*, catalogo della mostra Was-

hington-San Francisco-New York 1998-1999, a cura di C. S. Moffet, E. E. Rathbone, K. Rothkopf e J. Isaacson, Londra 1998, pp. 191-197, nn. 58-60.

93. Giuseppe De Nittis
(Barletta 1846 - Saint-Germain-en-Laye 1884)
Giornata di neve, 1880 circa
olio su tela, cm 90 x 70

Provenienza: Barletta, Museo Pinacoteca Comunale "G. De Nittis" (inv. 932, donazione di Léontine Gruvelle De Nittis nel 1913).
Bibliografia: V. Pica, *Giuseppe De Nittis. L'uomo e l'artista*, Milano 1914, p. 152; E. Piceni, *De Nittis*, Milano 1955, p. 184; M. Pittaluga, E. Piceni, *De Nittis*, Milano 1963, n. 612; E. Piceni, M. Monteverdi, *I De Nittis di Barletta*, Barletta 1971, n. 81; P. Dini, G. L. Marini, *De Nittis. La vita, i documenti, le opere dipinte*, Torino 1990, vol. I, p. 411, n. 831; vol. II, fig. 831; R. Mascolo, *La collezione De Nittis del Museo Civico di Barletta*, Torino 1992, pp. 111, 140, n. 100.
Esposizioni: Mamiano di Traversetolo (Parma) 1998, *Giuseppe De Nittis. I dipinti del Museo Civico di Barletta alla Fondazione Magnani Rocca* (a cura di L. Fornari Schianchi, R. Montenegro, S. Tosini Pizzetti), pp. 115, 150-151, n. 82; Torino, Galleria Civica d'Arte Moderna e Contemporanea, 2002, *Giuseppe De Nittis e la pittura della vita moderna in Europa* (a cura di P. Castagnoli), p. 142; Mozzecane (Verona), Villa Vecelli Cavriani, 2004, *De Nittis. A Léontine. Il fascino femminile tra arte e moda al tempo degli Impressionisti* (a cura di I. Chignola, P. Bertelli), p. 126, n. 30, pp. 186-188.

Questo ritratto eseguito dall'artista pugliese, a queste date celebrato a

Parigi come una gloria nazionale francese, fa parte di una serie di dipinti dedicati alle nevicate che ricoprirono la città nell'inverno 1879-1880. De Nittis rimase letteralmente affascinato dalle suggestioni che la visione di Parigi innevata offriva al suo pennello: accanto a vaste vedute di parchi animati da figurine lontane che pattinano o corrono in slitta e a vedute di prati e alberi da cui la figura umana è rigorosamente esclusa, quasi a evocare le silenziose solitudini delle montagne innevate, De Nittis esegue anche una serie di ritratti femminili di grande intensità. Fra questi, due dipinti, *Giornata di neve* e *Donna con la veletta*,[1] fanno *pendant* per l'identica impostazione compositiva (con la modella ritratta a mezzo busto contro il candido sfondo), per la stesura pittorica, in entrambi i casi rapida e corsiva, per le identiche dimensioni della tela e per le distanti notazioni paesaggistiche, relegate nella sommità superiore del quadro. Ai due dipinti si lega *Presso il lago (Ritratto di donna)*,[2] dove alla stessa giovane modella è dedicato un primo piano ravvicinatissimo, mentre la pittura tende a più stringenti rapporti mimetici col reale, grazie a una stesura elegante e forbita, e il paesaggio si fa più prossimo alla figura e più dettagliatamente individuato. Delle tre tele della serie, quasi successive istantanee di un medesimo apparecchio fotografico, *Giornata di neve* risulta essere la più spontanea e intensa, essendo la modella come rapita per un attimo al suo ruolo da un avvenimento che si svolge lontano dal nostro sguardo, ma al quale la giovane presta attenzione, volgendo distrattamente gli occhi e il volto verso destra e schiudendo appena le labbra; solo in questo istante, sapientemente catturato dal *peintre de la vie moderne* parigina, svaniscono dal volto della ragazza la fissità dello sguardo frontale e lo stereotipato sorriso di *Donna con la veletta* e la mesta compostezza di *Presso il lago (Ritratto di donna)*, per lasciare posto a un subitaneo bagliore che anima il suo profilo, assumendo, assieme alla sagoma della sua figura furiosamente campita per metà e per metà bagnata soltanto dalla preparazione della tela, la valenza di un'inquietudine di squisita modernità.

[1] P. Dini, G. L. Marini, *De Nittis. La Vita, i documenti, le opere dipinte*, Torino 1990, vol. I, p. 411, n. 832.
[2] Ibid., n. 833.

365

94. Niccolò Cannicci
(Firenze 1846 - 1906)
Pallate di neve, 1883
olio su tela, cm 48 x 29,5
Firmato e datato in basso a sinistra:
N Cannicci 1883

Provenienza: Milano, Enrico Gallerie d'Arte.
Bibliografia: G. L. Marini, *Il valore dei dipinti dell'Ottocento* (2ª ed.) Torino 1984-1985, p. 53; L. Lombardi, *Niccolò Cannicci*, Soncino (Cremona) 1995, pp. 58-59.
Esposizioni: Milano, Galleria Carini, 1953, *Mostra di dipinti dell'800*, n. 36, tav. 2.

Artista sensibile e ritroso, Cannicci si ritira a San Gimignano dal 1868, quando abbandona Firenze e l'insegnamento di Antonio Ciseri, per ritemprare la propria salute e i propri nervi nel tranquillo paesaggio collinare. L'instabile equilibrio emotivo che caratterizzerà la sua esistenza, indirizzando la sua opera all'osservazione della quieta e dimessa realtà contadina, in una costante ricerca di solitudine e serenità, non impedirà all'artista di mantenere contatti strettissimi con Firenze, soprattutto con l'amico Diego Martelli, e di compiere nel 1875 accanto a Giovanni Fattori, Francesco Gioli e Egisto Ferroni un viaggio a Parigi, dove si aggiornerà sugli ultimi sviluppi del Naturalismo agreste.
Attento osservatore delle scene più suggestive della vita dei campi, in *Pallate di neve* Cannicci ferma un gioioso momento di gioco fra bambini, selezionando con taglio fotografico, a includere una vasta porzione di terreno innevato in primo piano, ma escludendo una metà

dell'ombrello abbandonato sul terreno, una inquadratura dal basso della salita sulla quale i ragazzi sono scalati prospetticamente. Forse proprio la natura collinare del paesaggio di San Gimignano e il continuo sali-scendi delle vie del paese potrebbero aver suggerito all'artista il punto di vista ribassato dal quale egli sovente osservava i soggetti, collocati in alto su un piano di posa fortemente inclinato e minuziosamente indagato dal suo pennello; a questa caratteristica compositiva si deve anche, probabilmente, il formato verticale di molte tele, che permetteva all'artista una più efficace scansione prospettica dei soggetti ritratti lungo l'asse verticale.
Il tema delle figure ambientate nel paesaggio di neve, che ispirò a Cannicci anche almeno altri tre dipinti,[1] è in *Pallate di neve* il pretesto per un vivace racconto pittorico in cui l'artista, nel rievocare la tersa atmosfera di una gelida giornata d'inverno, si esercita nella resa delle ombre mobili dei bambini sulla neve macerata dai loro passi, per abbandonarsi a una festosa composizione dal brillante cromatismo dominata dall'ingenuo gioco di fanciulli di genuino sapore contadino.

[1] In particolare, per le chiare analogie compositive con l'opera in mostra, cfr. *Sotto la neve* del 1888, riprodotto in L. Lombardi, *Niccolò Cannicci*, Soncino (CR) 1995, p. 58, fig. 30.

95. Giovanni Fattori
(Livorno 1825 - Firenze 1908)
Buttero sulla neve
1880-1885 circa
olio su tavola, cm 18 x 31,2
Firmato in basso a destra: *G. Fattori*

Provenienza: Firenze,Ottavio De Piccolellis; Firenze, Della Gherardesca; Palermo, Mario Giardini; Milano, courtesy Studio Paul Nicholls.
Bibliografia: M. Borgiotti, *Poesia dei Macchiaioli*, Milano 1958, p. 81, tav. LV; G. Malesci, *Catalogazione illustrata della pittura a olio di Giovanni Fattori*, Novara 1961, pp. 322, 416, n. 761 (*Paesaggio nevoso e*

buttero); M. Valsecchi, *Fattori*, Milano 1964, p. 36, tav. XIV; M. Borgiotti, P. Nicholls, *La lezione pittorica di Fattori*, Milano 1968, tav. 25; *L'opera completa di Fattori*, a cura di B. Della Chiesa, Milano 1970, p. 113, n. 642 (*Buttero a cavallo nella neve*).
Esposizioni: Montecatini, Palazzo del Turismo, 1963, *Macchiaioli Toscani d'Europa*, ripr. fra pp. 156-157; New York, 1963, *The Macchiaioli. The first Europeans in Tuscany* (a cura di E. Cecchi), ripr. fra pp. 160-161; Milano, Galleria Sant'Ambrogio, 1968, *In cammino con l'ottocento italiano*, n. 22, tav. 22; Milano, Galleria Sant'Ambrogio, 1968, *Mostra commemorativa del 60° anniversario della morte di Giovanni Fattori*, tav. 25; Bologna, Galleria d'arte Forni, 1970, *Giovanni Fattori*, n. 20; Firenze, Casa d'Aste Pitti, 1987, *I Macchiaioli nella cultura europea dell'Ottocento*, n. 28; Milano, Palazzo della Permanente, XXV Mostra Mercato Antiquari Milanesi, 1987, *Disegni di artisti de "Il Novecento". I Macchiaioli* (a cura di P. Nicholls), n. 11; Studio Paul Nicholls, Milano, Fiera di Milano (Milano Internazionale Antiquariato, XIX edizione), 2004, *Vita dei Campi*.

Questa piccola tavola rappresenta uno dei rari tentativi di Fattori di misurarsi con il motivo della neve, che ricorre nel suo catalogo solo in altri due dipinti di ridotte dimensioni: *Somarello sulla neve* (collezione privata) e *Carabiniere in un viale nevoso* (Firenze, Galleria d'Arte Moderna di Palazzo Pitti).[1] A quest'ultima opera il *Buttero sulla neve* si avvicina per l'idea compositiva che inquadra la figura e la sua cavalcatura di tre quarti, da tergo, contro una densa e mossa superficie bianca che colloca la linea dell'orizzonte al limite della testa del cavaliere; le diverse proporzioni delle due tavole fanno sì che, mentre il carabiniere sosta in mezzo a due file di alberi che quasi lo costringono a posizionarsi appena più a destra rispetto alla linea che divide la tavola in verticale, il buttero possa invece arrestarsi in un paesaggio più aperto e ampio, ma risultando anch'egli leggermente decentrato verso la metà destra del supporto. La lettura delle due opere come frutto di uno stesso momento creativo permette di precisare la datazione proposta da Malesci dell'opera presente in mostra (1890-1900), grazie a una dedica

autografa del giugno 1892 apposta dall'artista sul retro della tavola con il *Carabiniere in un viale nevoso* («Alla cara Lalla Biondi per il suo felice matrimonio che auguro d'essere eternamente tale. Gio. Fattori, 11 giugno 1892»), da considerarsi come termine *ante quem* per entrambi i dipinti. D'altronde lo stesso motivo del buttero di spalle, avvolto in un ampio mantello a cavallo di un mulo, ricompare in altre opere fattoriane dei primi anni ottanta: in un dipinto proveniente dalla raccolta di Mario Galli, *Sosta nella campagna romana* (Malesci n. 733; Della Chiesa n. 510), databile intorno al 1880, e nella litografia *Paesaggio con buttero a cavallo e bove*, uno dei *20 ricordi dal vero di Giovanni Fattori* pubblicati nel 1884:[2] fatto che rende verosimile, anche per il *Buttero sulla neve*, una datazione intorno al 1880-1885.
La renitenza dell'artista nel trattare il motivo della neve, di fatto in quest'opera ampiamente superata nella convincente resa pittorica delle asperità del terreno, sapientemente evidenziate attraverso il palpitante cromatismo del manto nevoso, sembra tuttavia essere penetrata nell'atteggiamento del buttero, arrestatosi forse per valutare l'opportunità di valicare un fosso di cui la neve potrebbe celare insidiose profondità. I toni abbassati della tavolozza, il ritratto negato del cavaliere, la desolante solitudine del vasto paesaggio, contribuiscono a comunicare all'osservatore una sensazione di disagio e di malinconica rassegnazione di fronte a un cammino reso più faticoso e duro dagli accidenti di un rigido inverno.

[1] G. Malesci, *Catalogazione illustrata della pittura a olio di Giovanni Fattori*, Novara 1961, p. 165, n. 320 e p. 261, n. 624; *L'opera completa di Fattori*, a cura di B. Della Chiesa, Milano 1970, p. 109, n. 541 e p. 114, n. 661.
[2] D. Durbé, *Giovanni Fattori e i suoi 20 ricordi dal vero*, Roma 1981, pp. 52-55; A. Allegranza Malesci, A. Baboni, *Giovanni Fattori. L'opera incisa*, Milano 1983, vol. II, pp. 432-433, 567, tav. CCIII.

96. Giovanni Segantini
(Arco, Trento 1858 - Schafberg 1899)
Il Naviglio sotto la neve
1882 circa
olio su tela, cm 46 x 70
Firmato in basso a destra: *G Segantini*

Provenienza: Intra, collezione Caramora; collezione privata.
Bibliografia: A.-P. Quinsac, *Giovanni Segantini trentino e senza patria: chiave di lettura per una mostra antologica*, in *Segantini*, catalogo della mostra, Trento 1987, a cura di G. Belli, Milano 1987, p. 16; R. Tassi, *Segantini (1987)*, in *L'atelier di Monet. Arte e natura: il paesaggio nell'Ottocento e nel Novecento*, Milano 1989, p. 136; V. Sgarbi, *Giovanni Segantini. I capolavori*, Trento 1989, pp. 38-39 tav. II.
Esposizioni: Daverio (Varese), Galleria Silbernagl, 1986, *Per un'importante collezione di pittura italiana dell'800*, tav. XXII; Trento, Palazzo delle Albere, 1987, *Segantini* (a cura di G. Belli), pp. 78-79, n. 12; Zurigo, Kunsthaus, 1990-1991, *Giovanni Segantini 1858-1899*, pp. 70-71, n. 7.

Questo dipinto testimonia una delle più precoci riflessioni di Segantini sul motivo della neve: l'artista poco più che ventenne, aggiornato sul linguaggio del verismo lombardo, si sofferma a cogliere un momento di vita quotidiana, avvolgendo in un'insolita cornice nevosa questa scena, che si inserisce in una serie di vedute dei Navigli milanesi databili intorno al 1880. In questi anni Segantini, appena terminati gli studi di pittura a Brera, era ancora alla ricerca di un personale linguaggio figurativo e oppresso dalle difficoltà economiche, tanto da indulgere, nelle sue vedute urbane, a più o meno espliciti ammiccamenti alla pittura di genere o "alla moda". Frutto di questa momentanea attitudine dell'artista sono le due sorridenti fanciulle del dipinto *Due signore sull'alzaia del Naviglio sotto la neve*,[1] opera il cui evidente rapporto con *Il Naviglio sotto la neve* conferma il fascino esercitato da questo motivo su Segantini, che

proprio nel 1881-1882 stava progettando un grande quadro di neve da proporre al *Salon* parigino;[2] inoltre, in occasione della mostra segantiniana del 1987, è stato ricordato, in merito al nostro dipinto, che «un'opera a soggetto analogo, forse questa, fu direttamente comprata alla Permanente di Milano e data in sorteggio nel 1885.»[3]

Il Naviglio sotto la neve, nonostante l'esibito taglio fotografico, appare come l'esito di una meditata scelta compositiva, evidente nell'equilibrio formale sapientemente ottenuto dall'artista attraverso l'alternarsi di fasce sovrapposte, dense di profondi e caldi colori bruni per evocare l'immobile acqua del Naviglio e le umide facciate delle case, e vaporosamente candide a imbiancare la strada e i tetti innevati. Grazie a questa severa partizione compositiva, che cede il primo piano a un'ampia ricognizione delle acque stagnanti, il motivo di genere dei gruppi di figurine in posa e sorridenti a favore dell'osservatore viene relegato sullo sfondo, e in parte coperto dalla griglia geometrica creata dai profili dei barconi sul Naviglio, evidenziati dalla coltre bianca che li ricopre. La ricercata invenzione delle due imbarcazioni ormeggiate lungo il canale e soprattutto lo slancio diagonale del remo, che incuratamente taglia a metà le figure contro le quali si staglia netto, assieme a una intensa resa atmosferica, derivante da profonde meditazioni sulla pittura lombarda ottocentesca, dimostrano quanto l'artista fosse ormai in grado di far proprio, attraverso invenzioni e interpretazioni meditate e partecipi, anche un soggetto tanto frequentato e convenzionale (tipico, ad esempio, a metà secolo, della pittura del milanese Angelo Inganni).

[1] A.-P. Quinsac, *Segantini. Catalogo generale*, Milano 1982, vol. I, p. 98, n. 125.
[2] Si vedano le lettere citate nel saggio di Farinella in catalogo (p. 222, n. 72).
[3] *Segantini*, catalogo della mostra Trento 1987, a cura di G. Belli, Milano 1987, p. 78.

97. Giovanni Segantini
(Arco, Trento 1858 - Schafberg 1899)
Paesaggio con pecore, 1882 circa
olio su tela, cm 75 x 44
Firmato e datato in basso a destra: *G Segantini* (la data, poco leggibile, va probabilmente intesa come *82*)

Provenienza: Spartaco Vela, figlio dello scultore Vincenzo Vela; Ligornetto, Museo Vela (proprietà della Confederazione svizzera).
Bibliografia: A.-P. Quinsac, *Segantini. Catalogo generale*, Milano 1982, vol. I, p. 242 n. 312; B. Stutzer, R. Wäspe (a cura di), *Giovanni Segantini*, Verlag Gerd Hatje, Ostfildern, 1999, tav. 5; A. Gianna, M. Zeni (a cura di), *Museo Vela, le collezioni, Corner Banca*, Lugano 2002, ill. p. 175.
Esposizioni: Zurigo, Kunsthaus, 1990-1991, *Giovanni Segantini 1858-1899*, p. 86 n. 20; San Gallo, Kunstmuseum, 13 marzo 1999-12 giugno 1999, *Armonia della vita. Armonia della morte, Giovanni Segantini. Eine Retrospektive*, n. 5, p. 41, ill.; Mantova, settembre 1999 - 16 gennaio 2000, *Arte a Mantova 1900-1950*, n. 21, p. 175.

Datato dalla Quinsac 1881-1882, ma probabilmente da fissare al 1882 (per la data, di difficile lettura, presente sotto la firma, e per l'analogia compositiva con la scena schizzata su tre fogli di taccuino che recano la dichiarazione di pugno di Vittore Grubicy: «Segni di G. Segantini 1882»[1]), il dipinto mostra l'aggiornamento in senso europeo dell'artista, dovuto principalmente all'interessamento di Grubicy; è ben noto come il mercante e mecenate milanese, che cominciò a interessar-

si a Segantini dopo il successo del *Coro di Sant'Antonio* (1879), alimentasse la cultura figurativa del proprio protetto attraverso consigli di letture e sottoponendogli riproduzioni dei maggiori maestri della pittura europea. La lezione millettiana, assorbita da Segantini attraverso le riproduzioni della monografia di Sensier (1881) sul grande artista francese, può essere vagliata fra le diverse fonti che contribuiscono a definire in senso naturalista il primo linguaggio di Segantini. Il clima del naturalismo europeo si manifesta, infatti, in questo dipinto, che sembra realizzato seguendo il suggerimento di un ardito taglio fotografico, cosicché la ribaltata superficie del terreno innevato, descritta con disinvolte pennellate, crea uno sfondo non perfettamente "a fuoco" per le pecore che avanzano in primo piano, che, per un effetto di distorsione prospettica tipico della fotografia ottocentesca, risultano nettamente più grandi rispetto al resto del gregge che le segue da presso. A questo proposito non sarà inutile ricordare il precoce incontro di Segantini con le tecniche fotografiche, nel 1873, quando il fratellastro Napoleone si propose di avviarlo alla carriera di fotografo presso il proprio *atelier* di Borgo Valsugana. Gli abbassati colori del crepuscolo, che conferiscono un tono mesto al dipinto, potrebbero suggerire un ulteriore riferimento alla fotografia se derivanti da «certi effetti tonali della dagherrotipia»,[2] ma sembra altrettanto plausibile pensare, per questo tormentato tramonto, alla conoscenza da parte di Segantini di maestri del Naturalismo nordico, quali Israels, Mauve e Mesdag, questi ultimi due personalmente frequentati da Vittore Grubicy nei suoi soggiorni all'Aia negli anni ottanta dell'Ottocento.

[1] *Segantini*, catalogo della mostra Trento 1987, a cura di G. Belli, Milano 1987, pp. 112-113, nn. 35-37.
[2] A.-P. Quinsac, *Immagine mediata in Segantini. Dal dipinto al disegno, un lento cammino verso il Simbolismo*, in *Segantini. La vita, la natura, la morte. Disegni e dipinti*, catalogo della mostra, Trento, 1999-2000, a cura di G. Belli e A.-P. Quinsac, Ginevra-Milano 1999, p. 51.

98. Giovanni Segantini
(Arco, Trento 1858 - Schafberg 1899)
Ritorno dal bosco
1890-1892 circa
carboncino e gessetto colorato
su carta, cm. 17,4 x 25,2
Siglato in basso a destra: *G S*

Provenienza: acquisito direttamente dall'artista attraverso il Governo Federale Svizzero nel 1898; Berna, proprietà della Confédération suisse, Office fédéral de la culture, Berna. Deposito in prestito di lunga durata al Kunstmuseum Bern.
Bibliografia: F. Servaes, *Giovanni Segantini. Sein Leben und sein Werk*, Vienna 1902, p. 74; *Archivi del Divisionismo*, a cura di T. Fiori, Roma 1969, vol. II, p. 34, nr. II.252; *L'opera completa di Giovanni Segantini*, a cura di M. C. Gozzoli, Milano 1973, p. 113 n. 305; A.-P. Quinsac, *Segantini. Catalogo generale*, Milano 1982, vol. II, p. 333 n. 413 (con bibliografia precedente); R. Rosenblum, *Giovanni Segantini: una prospettiva internazionale*, in *Giovanni Segantini. Luce e simbolo / Light and Symbol 1884-1899*, catalogo della mostra Biumo Superiore-Venezia 2000-2001, a cura di A.-P. Quinsac, Ginevra-Milano 2000, p. 43; D. Hardmeier, *Eine Savogniner Winterlandschaft als Sinnbild fuer den Tod. Giovanni Segantinis Rueckkehr vom Walde*, in *Blicke ins Licht. Neue Betrachtungen zum Werk von Giovanni Segantini*, a cura di B. Stutzer, St. Moritz 2004, pp. 59-69.
Esposizioni: Milano, 1894, Esposizioni riunite al Castello Sforzesco; *Omaggio a Segantini*; San Gallo Kunstmuseum, 1956, *Ausstellung Giovanni Segantini*, n. 77; San Gallo, Kunstmuseum - St. Moritz, Segantini Museum, 1999, *Giovanni Segantini Ausstellung zum 100 Todestag*, n. 52; Trento, Palazzo delle Albere, 1999-2000, *Segantini. La vita, la natura, la morte. Disegni e dipinti* (a cura di A. P. Quinsac), pp. 130, 227, n. 51.

Il rapporto di Segantini con la neve matura a Savognino, paese delle Alpi Grigionesi in cui si stabilisce,

dopo cinque anni di peregrinazioni per i borghi della Brianza, nella seconda metà del 1886. Scorrendo l'epistolario dell'artista, da questo momento in avanti si può avere un'idea piuttosto precisa di quanto la neve e le condizioni meteorologiche condizionassero in questi anni il suo lavoro e il suo equilibrio psicologico: «Caro Vittore, qui la neve continua a discendere senza volontà, or fina e striata dal vento or larga e pesante come una lunga maledizione […]. In mezzo a questo bianco che da sei mesi dura, non mi posso raccapezzare.» In questa lettera a Vittore Grubicy (Savognino, 23 aprile 1888)[1] Segantini si scusa per non aver compiuto un dipinto promesso all'amico gallerista, sostenendo che «ci vuole l'estate, una di quelle sere in cui il sole nella pienezza della sua forza si corica tranquillo e dolce» e confessando, implicitamente, il fondamentale ruolo nella sua arte della natura osservata dal vero.
Agli ineluttabili accidenti meteorologici deve dunque sottomettersi l'artista come la sua boscaiola, che nel *Ritorno dal bosco* rientra al crepuscolo al paese con il pesante carico di legname che servirà a riscaldare la sua casa nei giorni seguenti, compiendo il quotidiano tragitto segnato da un sentiero in cui il passaggio giornaliero delle slitte ha tagliato cristallini solchi ghiacciati. Nell'omonimo dipinto, di identico soggetto rispetto al nostro disegno (conservato presso il Segantini Museum di St. Moritz), la consistenza della neve sul terreno è magistralmente descritta dalle sottili fibre cromatiche tracciate dal pennello dell'artista, ormai padrone di una tecnica che può esibire con sommo virtuosismo proprio sfruttando il candore del manto innevato, declinato in questo dipinto nelle tonalità abbassate del crepuscolo attraverso fittissimi filamenti bianchi grigi e azzurri.
L'importanza riconosciuta al dipinto dall'artista è testimoniata, oltre che da questo foglio, da un altro disegno (datato 1892) che, nel replicarne il soggetto,[2] conferma una pratica consueta per Segantini, esortato già dal gallerista Vittore Grubicy, e poi dal fratello di lui Alberto, a rielaborare graficamente le proprie idee pittoriche a fini commerciali, esercizio che costituiva per il pittore la possibilità di un progressivo affinamento delle proprie invenzioni, distillata e perfezio-

nate per anni. Il motivo del *Ritorno dal bosco*, che rinnova attraverso il personale divisionismo segantiniano una tematica ancora naturalista, di lontana origine milletiana, attirerà l'interesse di Giuseppe Pellizza da Volpedo, nei giorni dell'appassionato pellegrinaggio in Engadina, durante l'estate del 1906, per visitare i luoghi di Segantini e per porre a confronto i paesaggi reali delle Alpi svizzere con la trasfigurazione operata nelle sue celebri tele: «Poi abbiamo veduto il luogo ove venne fatto l'inverno a Savognino colla slitta con sfondo di case composte e linee di montagna completamente composta [cioè rielaborata dal pittore] – molto più bassa di quel che nel vero.»[3]

[1] C. Dal Cin, *Lettere inedite di Giovanni Segantini a Vittore Grubicy e altri importanti scritti*, in *Segantini. La vita, la natura, la morte. Disegni e dipinti*, catalogo della mostra, Trento, 1999-2000, a cura di G. Belli e A.-P. Quinsac, Ginevra-Milano 1999, p. 175, n. 21.
[2] A.-P. Quinsac, *Segantini. Catalogo generale*, Milano 1982, vol. II, p. 335, n. 414.
[3] *Catalogo dei manoscritti di Giuseppe Pellizza da Volpedo provenienti dalla donazione Eredi Pellizza*, a cura di A. Scotti, Tortona 1974, p. 136.

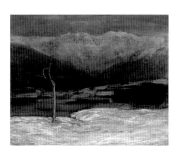

99. Giovanni Segantini
(Arco, Trento 1858 - Schafberg 1899)
Bozzetto del paesaggio di Savognino 1886
olio su tela, cm 45 x 55

Provenienza: Milano, Alberto Grubicy; Enrico Dalbesio; Milano, Collezione Setmani.
Bibliografia: A.-P. Quinsac, *Segantini. Catalogo generale*, Milano 1982, vol. I, p. 169 n. 218.
Esposizioni: Conegliano, Palazzo Sarcinelli, 1998, *Da Fattori a Burri. Roberto Tassi e i pittori. Ottocento e Novecento in Italia* (a cura di M. Goldin), p. 74.

Pubblicato per la prima volta dalla Quinsac nel 1982 e identificato come «bozzetto di Segantini rappresentante Savognino» da una scritta di Alberto Grubicy sul retro della tela (dove compare anche una dichiarazione di autenticità del figlio Gottardo), il dipinto sembra essere stato abbandonato da Segantini giusto dopo aver delineato gli elementi essenziali della composizione. La studiosa, confidando nella correttezza dell'affermazione di Grubicy, colloca cronologicamente il dipinto a ridosso dell'arrivo di Segantini nel paese delle Alpi Grigionesi (1886), anche se l'identificazione del paesaggio con Savognino risulta non facile, poiché il paese non verrà mai più ritratto dal pittore da questo inedito punto di vista, nonché per l'assenza nel dipinto della caratteristica sagoma slanciata del campanile, sempre presente nelle altre vedute del borgo svizzero di mano dell'artista; in secondo piano, come adagiate in una conca, alcune lunghe pennellate sembrerebbero indicare, infatti, soltanto la presenza di edifici che si estendono in orizzontale, rimasti comunque allo stato di primissimo abbozzo. La parte del dipinto a cui Segantini ha lavorato maggiormente è il primo piano in cui dal terreno innevato, individuato da una materia cromatica corposa e mossa, si innalza sulla sinistra un albero secco dal risentito grafismo, che sembra già presagire le contorte ramificazioni presenti nel *Ciclo del Nirvana*. La neve e l'inverno si associano spesso, nella mente dell'artista, all'idea della morte, di una natura che diventa ostile per l'uomo, che muore apparentemente essa stessa, oppressa dai ghiacci e da una livida atmosfera; l'unico superstite di questa lunga e gelida agonia è l'esile fusto di un albero la cui precaria esistenza si eleva a metafora esistenziale, aprendo la strada alle future tematiche simboliste affrontate dall'artista.

100. Enrico Reycend
(Torino 1855 - 1928)
Villaggio sotto la neve
(***Tristezza invernale***), 1899
olio su tela, cm 89 x 59
Firmato e datato in basso a destra:
Reycend E. 1899

Provenienza: Torino, Fondazione Torino Musei - Galleria d'Arte Moderna e Contemporanea (inv. P/1349, donato nel 1952 da Roberto Longhi).
Bibliografia: L. Mallé, *I dipinti della Galleria Civica d'Arte Moderna*, Torino 1968 (2ª ed. riveduta a cura di A. S. Fava, Torino 1981), p. 266; C. Thellung de Courtelary, in *Galleria Civica d'Arte Moderna e Contemporanea, Torino. L'Ottocento. Catalogo delle opere esposte*, a cura di R. Maggio Serra, Milano 1993, p. 284; *La pittura di paesaggio in Italia. L'Ottocento*, a cura di C. Sisi, Milano 2003, pp. 332-333.
Esposizioni: Torino, 1955, *Il pittore Enrico Reycend* (a cura di M. Bernardi, M. Biancale), pp. 35, 61, tav. 60; Barletta, 2002, *Un secolo di paesaggio dalle collezioni dell'800 della Galleria d'Arte Moderna di Torino* (a cura di V. Bertone, C. Dicorato), p. 72; Brescia, Palazzo Tosio Martinengo, 2002-2003, *Impressionismo italiano* (a cura di R. Barilli), pp. 205, 238, n. 127.

Dipinto dall'artista al culmine del suo successo, questo quadro di neve permette di comprenderne le complesse vicende di formazione che, da un giovanile esordio fontanesiano, lo portarono nel 1878 ad ammirare Corot all'Esposizione universale di Parigi e a distillare il suo amore per il vero, seguendo il suggerimento luministico di Filippo Carcano, in una visione del paesaggio dal delicato lirismo impressioni-

sta. Dal campione del paesaggismo piemontese sembrano infatti derivare i densi impasti dei bianchi e dei bruni nel fango misto a neve del prato in primo piano, sebbene brevi pennellate aggiungano al terreno una vibrazione francesizzante direttamente riconducibile alla matrice impressionista cui è specificamente informata la parte alta del dipinto; è, infatti, soprattutto nel cielo e nella desolata visione del villaggio innevato sullo sfondo che l'artista celebra il proprio omaggio alla visione atmosferica e attimale impressionista. L'osservazione del trascolorante effetto della luce del sole attraverso la smagliata consistenza delle nubi, resa attraverso una palpitante moltitudine di pennellate che, variando dai grigi all'azzurro al rosa, compongono i soffici cangiantismi madreperlacei del cielo, è facilmente avvicinabile alle visioni di Monet, definito laconicamente da Reycend, in una celebre conversazione con Longhi, «un bravo paesista».[1] In *Villaggio sotto la neve* emerge altresì il profondo sentimento del vero di Reycend e il suo sconfinato amore per la natura, grazie al quale nella visione dall'alto del cortile innevato l'artista fa ondeggiare davanti alle case la mobile cortina dei rami degli alberi, descritti con corottiana freschezza e vivacità.
La complessità dei riferimenti stilistici del dipinto e la sua atmosfera europea portarono il giovane Roberto Longhi, piacevolmente sorpreso dai quadretti di Reycend che ammiccavano a poco prezzo negli anni della Prima guerra «negli sporti dei "mercatini" milanesi presso la loggia degli Osii»,[2] ad acquistarlo assieme ad altre diciotto opere del pittore, componendo una scelta raccolta donata nel 1952 al Museo Civico di Torino, contestualmente alla stesura delle pagine dedicate all'artista su «Paragone» che ne decretarono la definitiva riscoperta.

[1] R. Longhi, *Ricordo di Enrico Reycend (1952)*, in *Scritti sull'Otto e Novecento 1925-1966*, Firenze, Sansoni, 1984, p. 30.
[2] Ivi, p. 30. Contrariamente a quanto sostenuto anche di recente (*Il pittore Enrico Reycend*, catalogo della mostra, Torino, 1955, a cura di M. Bernardi e M. Biancale, Torino 1955, p. 61; C. Thellung de Courtelary, in *Galleria Civica d'Arte Moderna e Contemporanea, Torino. L'Ottocento. Catalogo delle opere esposte*, a cura di R. Maggio Serra,

Milano 1993, p. 284), quest'opera non fece parte del gruppo di opere di Reycend presentate alla Biennale veneziana del 1952 (XXVI Biennale di Venezia. catalogo, Venezia 1952, pp. 41-42, nn. 60-78).

101. Filippo Carcano
(Milano 1840 - 1914)
Il ghiacciaio di Cambrena
1897 circa
olio su tela, cm 146 x 198
Firmato in basso a sinistra: *Carcano F*

Provenienza: esposto nel 1897 all'Esposizione Triennale di Belle Arti dell'Accademia di Brera; proprietà on. Baragiola (1911); collezione privata, courtesy Montrasio Arte, Monza e Milano.
Bibliografia: G. Carotti, *L'esposizione triennale di belle arti dell'Accademia di Brera*, Milano 1897, p. 12; G. Gusalli, *Artisti contemporanei: Filippo Carcano*, in «Emporium», IX, 54, 1899, pp. 407-408; N. Pensuti, *Filippo Carcano*, in «Il secolo XX», Milano febbraio 1911, p. 137; G. Marangoni, *Filippo Carcano*, in «Vita d'arte», I, 1914, p. 25; A. Ribera, *Filippo Carcano pittore*, Torino 1916, tav. 33; G. Marangoni, *Maestri contemporanei dell'arte italiana*, Bergamo 1922, p. 61; G. Cesura, *Filippo Carcano*, Milano 1986, p. 47 fig. 40 (con bibliografia precedente).
Esposizioni: Milano, Accademia di Brera, 1897; Venezia, 1910, mostra individuale; Milano, Permanente, *Mostra commemorativa del 50°*, 1934; Venezia, Biennale 1938, *Mostra internazionale del paesaggio*; Como, 1954, *Pittori lombardi del secondo Ottocento*; Milano, Fiera (Padiglione 2), 1994, *Pittura Lombarda del secondo Ottocento. Lo sguardo sulla realtà* (a cura di P. Biscottini), pp. 199, 208 n. 32; Conegliano (Treviso), Palazzo Sarcinelli, 1998, *Da Fattori a Burri, Roberto Tassi e i pittori. Ottocento e Novecento in Italia* (a cura di M. Goldin), p. 78.

Dedicatosi dalla metà degli anni settanta alla pittura di paesaggio, Carcano doveva affermarsi in que-

sto genere nel decennio successivo, ottenendo per le sue vedute di panorami lombardi successi e riconoscimenti. L'artista, instancabile sperimentatore che, partendo da un'educazione accademica, si avventurò in ricerche luministiche tanto innovative da essere definito da Vittore Grubicy divisionista *ante litteram*, si espresse nel paesaggio con una pluralità di linguaggi che confermano il costante desiderio di aggiornare la propria arte attraverso sempre nuove sperimentazioni tecniche e formali. *Il ghiacciaio di Cambrena*, appartenente alla fase matura dell'attività dell'artista (fu infatti esposto all'Esposizione Triennale di Belle Arti di Brera nel 1897) nasce in un momento in cui la sensibilità di Carcano stava avvicinandosi alla poetica simbolista, che abbraccerà con slancio nei primi anni del Novecento. La suggestione delle nevi eterne comunica all'animo dell'artista questa maestosa impressione di poderose montagne, la cui imponente massa pietrosa è resa attraverso una pittura magra e scabra, mentre il pesante manto della neve è suggerito nel suo spessore da una materia cromatica più corposa, quando non si assottiglia a formare taglienti e azzurrate lame di ghiaccio. La mano esperta dell'artista, che riesce a evocare con una diversa stesura pittorica la materia stessa di cui il paesaggio si compone, scivola con pennellata liquida a descrivere le ferme e cristalline acque di uno stagno, in primo piano, sul quale si affacciano minuscoli fiorellini bianchi indagati con lenticolare perizia; un soffice tappeto erboso interrotto dall'affiorare delle rocce sbrecciate si allunga, in una prospettiva fortemente ribassata, al di là dello specchio d'acqua, fino a stagliarsi netto contro l'imponente montagna; è forse proprio il violento contrasto fra il primo piano e lo sfondo il punto meno risolto dell'opera, che mantiene peraltro intatto un rasserenante sentimento di quiete e serenità, al quale contribuisce l'assenza della figura umana e il volo solitario di un rapace.

102. Vittore Grubicy De Dragon
(Milano, 1851 - 1920)
Neve in agosto a Schilpario, 1887
olio su tela, cm 33 x 27
Firmato in basso a sinistra: *Grubicy*

Provenienza: Bergamo, Accademia
Carrara (donato nell'autunno del
1913 da Arturo Toscanini).
Bibliografia: *Archivi del Divisionismo*, a cura di T. Fiori, Roma 1968,
vol. II, p. 10 n. I.29; F. Rossi, *Accademia Carrara Bergamo. Catalogo
dei dipinti*, Bergamo 1979, p. 425,
inv. 1211; S. Rebora, *Vittore Grubicy De Dragon pittore divisionista
(1851-1920)*, Milano-Roma 1995,
pp. 35, 222, n. 399 (tav. a col. p.
230); F. Rossi, *Accademia Carrara,
4. Catalogo dei dipinti sec. XIX*, Bergamo 1995, p. 55 inv. 1211.
Esposizioni: Roma, 1910, *Catalogo
della Esposizione Internazionale della
Società Amatori e Cultori*, p. 31 n.
179.

Questo paesaggio di neve si colloca
nei primi anni della carriera artistica di Grubicy, che affiancò il disegno e la pittura all'attività di gallerista e di critico d'arte a partire dal
1884, dietro la supervisione dell'amico Anton Mauve, celebre artista
olandese, il cui procedimento operativo in pittura dovette convincerlo definitivamente se, ancora nel
1896, ricordava: «Il grande pittore
olandese Anton Mauve dava un
giorno l'ultima passata di un quadro già quasi completo e io lo vedevo quasi a ogni impasto di pennellata, prima di toccare la tela, rivolgere lo sguardo a un foglietto d'album, gettato a terra, sul quale a dir
molto ci saranno stati trenta o quaranta tratti di matita […] ognuna
di quelle occhiate gli facilitava la
suggestione e di mantenersi sulla
scena che stava riproducendo.»[1] Le
parole di Grubicy spiegano chiaramente quello che sarà il suo rappor-

to con la natura, sempre rielaborata
in pittura sulla scorta di impressioni
colte dal vero, che lo aiutavano in
studio a rievocare le attimali suggestioni tratte dall'osservazione diretta
del paesaggio; il desiderio di approdare a una interpretazione ideale
della realtà osservata sul vero si fondeva in Grubicy con la ricerca divisionista rivolta a conquistare una
«luminosità più intensa» ed evocativa attinta, a fianco dell'amico e protetto Segantini, già nell'inverno
1886 nelle iridescenze delle nevi e
dei cieli di Savognino, durante un
soggiorno presso l'artista trentino.
La ricerca di paesaggi solitari e incontaminati, delle atmosfere terse e
limpide della montagna, portarono
Grubicy a soggiornare durante l'estate 1887 a Schilpario, quando
realizzò un piccolo gruppo di "effetti di neve" (sul retro del telaio del
dipinto all'Accademia Carrara compare, su una striscia di carta incollata, l'iscrizione autografa: «Neve in
Agosto [1887] Valle di Scalve -
Schilpario»): è da questa località
che l'artista trae l'straordinaria immagine della neve d'agosto, «una
visione interiorizzata dai toni elegiaci, […] dove la semplificazione
formale raggiunge effetti di notevole estraniamento spazio temporale.»[2] Anche questo piccolo dipinto,
donato in un momento imprecisato
ad Arturo Toscanini, rivela, come
molte altre opere giovanili di Grubicy, di essere stato a lungo ritoccato, intervenendo con ripetute, sottilissime sovrapposizioni di pennellate divise sull'originario, essenziale
impianto compositivo.

[1] V. Grubicy De Dragon, *La Suggestione nelle Arti Figurative, La Triennale*, Milano, 1896 (cit. in *La religione della natura nei disegni di Vittore Grubicy de Dragon. La donazione di Ettore Benvenuti alla Fondazione Cassa di Risparmi di Livorno*, catalogo della mostra, Livorno,
2004, a cura di R. Miracco, Pontedera 2004, p. 66).
[2] S. Rebora, *Vittore Grubicy De Dragon pittore divisionista (1851-1920)*, Milano-Roma 1995, p. 35.

103. Giuseppe Pellizza da Volpedo
(Volpedo, Alessandria 1868 - 1907)
La neve, 1906 circa
olio su tela, cm 94 x 94
Firmato in basso a destra
sulla paratoia: *Pellizza*

Provenienza: Milano, collezione Cosman (1920); Milano, collezione
Orsi Caracciolo (prima del 1937);
Valdagno (Vicenza), collezione Gaetano Marzotto; collezione privata.
Bibliografia: E. Somaré, *I Maestri
italiani dell'Ottocento nella Raccolta
Marzotto*, Milano 1937, pp. 28,
314, tav. 16; *Archivi del Divisionismo*, a cura di T. Fiori, Milano
1968, vol. II, p. 102 n. V.250, fig.
1316; A. Scotti, *Pellizza da Volpedo.
Catalogo generale*, Milano 1986, pp.
34, 488 n. 1339 (con bibliografia
precedente); M. M. Lamberti, *La
pittura del primo Novecento in Piemonte (1900-1945)*, in *La pittura
in Italia. Il Novecento / 1. 1900-
1945*, a cura di C. Pirovano, Milano 1992, vol. I, p. 53; R. Tassi,
Gaetano Marzotto e l'Ottocento italiano, in *Ottocento Italiano dalla
Raccolta Gaetano Marzotto*, catalogo
della mostra, Corte di Mamiano di
Traversetolo (Parma) 1992, a cura
di A. Baboni, M. Scolaro e S. Tosini
Pizzetti, Parma 1992, p. XVI.
Esposizioni: Venezia 1909, sala
XXIII, *VIII Esposizione Internazionale d'arte della città di Venezia*, n.
2; Milano, Galleria Pesaro, 1920,
*Mostra individuale di G. Pellizza da
Volpedo*, n. 5; Torino, Società Promotrice di Belle Arti, sala IV, 1961,
*119 Esposizione Nazionale di Belle
Arti*, n. 25; Milano, Palazzo della
Permanente, 1970, *Mostra del Divisionismo Italiano*, pp. 100-101, s.
n.; Alessandria, Palazzo Cuttica,
1980-1981, *Pellizza da Volpedo* (a
cura di A. Scotti), pp. 108-109, n.
63; Corte di Mamiano di Traversetolo (Parma), Fondazione Magnani
Rocca, 1992, *Ottocento Italiano
dalla Raccolta Gaetano Marzotto* (a
cura di A. Baboni, M. Scolaro, S.

Tosini Pizzetti), pp. 30-31 n. 15;
Torino, Galleria Civica d'Arte Moderna e Contemporanea, 1999-
2000, *Giuseppe Pellizza da Volpedo*
(a cura di A. Scotti Tosini), pp.
112, 154 n. 63.

L'amicizia che legava Giuseppe Pellizza da Volpedo a Segantini, nel comune ideale artistico di un simbolismo
divisionista basato sullo studio della
natura dal vero, può aver costituito
l'intimo motivo di ispirazione per
questo dipinto di neve, che si può
intendere come un commosso omaggio dell'artista torinese all'amico prematuramente scomparso.
In un momento cruciale della propria carriera, dopo l'esposizione del
Quarto Stato a Torino nel 1902 e
reduce dalla partecipazione a una
serie di mostre in territorio tedesco
e austriaco nelle quali aveva ricevuto confortanti conferme, Pellizza
sentì il bisogno di avvicinarsi alla
montagna, per rintracciare sulle orme dell'amico le fonti di un motivo
d'ispirazione così seducente. Il pellegrinaggio di Pellizza nei luoghi
segantiniani si svolse in due tappe:
al Majola nell'agosto del 1904, e
nell'estate del 1906, quando l'artista poté trascorrere un più lungo
periodo fra Pontresina, Schaftberg e
Savognino, dove rese omaggio all'amico facendo porre sulla sua casa
una lapide commemorativa. Il legame fra il dipinto e quest'ultimo soggiorno nei luoghi segantiniani sembra confermato dalla notizia fra gli
appunti dell'artista del novembre
1906 di un suo «*Crepuscolo invernale* (un metro circa quadrato)»,[1]
che intendeva inviare alla Biennale
veneziana del 1907; già nel gennaio
del 1906, d'altronde, in una lettera
a Giovanni Cena, parlando delle
«ultimissime pennellate» da dare ai
quadri da inviare a Milano, affermava: «Finirò un paesaggio invernale»,[2] che tutto lascia pensare
debba coincidere con *La neve* della
collezione Marzotto. La prima idea
per quest'opera potrebbe tuttavia risalire addirittura al 1900, se Pellizza
nel gennaio 1901 stava lavorando,
come si apprende da una lettera a
Morbelli,[3] a un bozzetto con neve
da presentare come quinto idillio
del ciclo *Dell'amore*, dove poi invece non trovò accoglienza. Il motivo
della chiusa si ritrova, infatti, in
quello che fu il pannello destro del
pentittico *L'amore nella vita*, raffigurante un vecchio che si scalda al
fuoco inginocchiato davanti a una
paratoia, nonché in un disegno in

tondo anch'esso riferibile al ciclo dell'*Amore* e al dipinto *La paratoia nera*, probabilmente una variante del pannello destro del pentittico.

La fondamentale importanza che viene ad assumere nel dipinto della collezione Marzotto il greto innevato del ruscello, ritmato dalle cadenzate cesure del ponticello e delle due chiuse, e l'assoluta marginalità della presenza umana, evocata dalla figura di donna che si allontana sullo sfondo, sembra giustificare l'ipotesi che *La neve* rappresenti una tarda rielaborazione di un soggetto originariamente meditato da Pellizza per il ciclo dell'*Amore*, ma ormai da esso completamente sganciato, e informato piuttosto da una profonda meditazione sul motivo prediletto da Segantini. Il comune desiderio dei due artisti di elevare con l'arte lo spirito dell'osservatore, attraverso l'emozione estetica derivata dall'osservazione della natura sul vero, avrà portato Pellizza a concepire la sinuosa serpentina del ruscello, commentata dall'iridescente campagna circostante, come un dovuto omaggio al più celebrato pittore di neve italiano.

[1] Il brano è riportato in A. Scotti, *Pellizza da Volpedo. Catalogo generale*, Milano 1986, p. 488.
[2] *Catalogo dei manoscritti di Giuseppe Pellizza da Volpedo provenienti dalla donazione Eredi Pellizza*, a cura di A. Scotti, Tortona 1974, p. 130.
[3] *Archivi del Divisionismo*, a cura di T. Fiori, Milamo 1968, vol. I, p. 227.

Francia

a cura di Dominique Lobstein

104. Gustave Courbet
(Ornans, Doubs 1819 - Tour de Peltz, Svizzera 1877)
Paesaggio innevato nello Jura con capriolo, 1866 circa
olio su tela, cm 60 x 76

Provenienza: Georges Lévy; Parigi, Hôtel Drouot, 28 novembre 1949, asta, n. 41; Parigi, Pierre et Denise Lévy; Troyes, Musée d'Art Moderne, dono di Pierre e Denise Lévy.
Bibliografia: R. Huyghe, *La relève de l'imaginaire. Romantisme. Réalisme*, Parigi 1973; R. Fernier, *La Vie et l'œuvre de Gustave Courbet*, Parigi 1978, vol. 2, n. 564; P. Courthion, *Tout l'œuvre peint de Gustave Courbet*, Parigi 1987, n. 556; *Musée d'Art Moderne, Troyes. Donation Pierre et Denise Lévy. I. Peintures*, Troyes, Musée d'Art Moderne, 1988, n. 45.
Esposizioni: Troyes, Musée d'Art Moderne, 1977, *Donazione Pierre et Denise Lévy*, n. 9; Parigi, Orangerie des Tuileries, 16 febbraio-16 aprile 1978, *Donazione Pierre Lévy*, n. 17; Treviso, Casa dei Carraresi, 2000-2001, *La nascita dell'impressionismo*, n. 88.

Negli anni quaranta – periodo in cui Courbet desidera farsi conoscere – il paesaggio, pur presente nella sua opera, non rappresenta che una preoccupazione secondaria e molto episodica (*Environs d'Ornans, le matin*, 1848, Chicago, Art Institute). In seguito, dopo il 1853-1854, la natura diverrà un tema più ricorrente. L'ipotesi più attendibile di questo cambiamento è quella che lo collega al suo incontro con il collezionista di Montpellier Alfred Bruyas. La loro collaborazione si situa in un momento in cui Courbet è conosciuto e può dunque scegliere più liberamente i soggetti della sua pittura; è un momento che segna, nell'esistenza del pittore, la certezza della sicurezza economica e insieme la scoperta di nuovi orizzonti (*In riva al mare a Palavas*, 1854, Montpellier, Musée Fabre).
All'esperienza mediterranea farà seguito un ritorno a Ornans, e la realizzazione di diverse tele su particolari paesaggistici della regione, come *Ruscello del pozzo nero, valle della Loue* (1855, Washington, National Gallery of Arts). Ma a quest'epoca solo la primavera o l'estate interessano al pittore, così come il gioco della luce che filtra attraverso le fronde e che investe il sottobosco con i suoi riflessi cangianti. Le prime rappresentazioni di paesaggi invernali sono collocabili intorno al 1856, con *Cervo che corre sulla neve*, e *Cerva braccata, effetto di neve, Jura* (entrambi appartenenti a collezioni private americane). I due quadri ricordano la regione natale dell'artista, ma il soggetto è prima di tutto l'animale; il paesaggio innevato non è che uno sfondo relativamente anodino. Tutto cambierà negli anni sessanta, quando i paesaggi invernali si faranno sempre più numerosi, in tutte le dimensioni, fino a *Hallalì del cervo* (1867 Besançon, Musée des Beaux-Arts), che misura più di tre metri e mezzo per più di cinque, e in cui la presenza della neve consente effetti cromatici e plastici del tutto singolari, lontani dalla tradizione accademica.

Il quadro in esame appartiene a un periodo posteriore rispetto a quei dipinti della metà degli anni cinquanta già ricordati, che ebbero un rapido e immenso successo di pubblico, e nei quali il paesaggio di neve funge da cornice all'evocazione della vita animale, in inverno. Occorre apprezzarvi i contrasti ampiamente sottolineati del contorno dell'animale dal pelame finemente eseguito, o quelli della natura addormentata, che si oppongono al biancore diffuso, trattato con impasti dove sono nettamente leggibili i giochi della luce.

105. Gustave Courbet
(Ornans, Doubs, 1819 - Tour de Peltz, Svizzera, 1877)
Il capriolo, 1873
olio su tela, cm 38 x 46
Firmato e datato in basso a sinistra: *G. Courbet, 73*

Provenienza: Varsavia, Muzeum Narodowe w Warszawie.

Bibliografia: *Zbiory Muzeum narodowego w Warszawie, informator*, Varsavia 1962, tav. 26; A. Chudzikowski, I. Koloszynska, I. Kulejowska, et al., *Malarstwo europejskie, katalog zbiorow*, I, Muzeum Narodowe w Warszawie, Varsavia 1967, n. 253; S. Lorentz, *Przewodnik po muzeach i zbiorach w Polsce*, Varsavia, 1971, p. 242; S. Lorentz, *Przewodnik po muzeach i zbiorach w Polsce*, Varsavia 1973, p. 295; R. Fernier, *La Vie et l'œuvre de Gustave Courbet*, Parigi 1978, vol. 2, n. 907; P. Courthion, *Tout l'œuvre peint de Gustave Courbet*, Parigi 1987, n. 896.

Esposizioni: Sopot, Musée, 1949, *Malarstwo i grafika francuska ze zbiorow Muzeum Narodowego w Warszawie*, n. 1; Lodz, Musée, 1974-1975, *Krajobraz francuski XIX wieku ze zbiorow polskich*, n. 28.

I timori che Courbet non osava far trapelare nella lettera alla sorella del giugno 1873 (cfr. Cat. n. 000) divennero presto realtà. Un nuovo processo si preparava a Parigi al fine di determinare la colpevolezza dei supposti autori della distruzione della colonna Vendôme, fra i quali compariva anche lui. Con mossa preventiva, l'artista inviava alla rivista svizzera «La Gazette de Lausanne», in data 26 ottobre 1873, la sua versione dei fatti: «La distruzione della colonna Vendôme fu decretata dalla Comune undici giorni prima della mia entrata alla Camera, ed è il Comitato di Salute pubblica, di cui non ho mai fatto parte, che ordinò la demolizione della casa Thiers [in realtà, il saccheggio dell'appartamento dell'uomo politico vilipeso dai comunardi], mentre i membri della minoranza, alla quale appartengo, avevano già rassegnato le dimissioni.» Questa difesa, nella quale Courbet insisteva anche sul ruolo da lui esercitato per proteggere musei e biblioteche, fu pubblicata il 27 ottobre dal giornale svizzero. Courbet tuttavia non aveva atteso questa data per mettersi al riparo; già da tre mesi si trovava nel territorio della Confederazione elvetica. Va ad abitare dapprima a Fleuriel, a partire dal 23 luglio, e poi a Vevey, in ottobre, dove redige l'arringa in sua difesa, e infine a La Tour-de-Peilz, a partire da dicembre, dove sarebbe poi rimasto.

Un gruppo di paesaggi invernali collocati in un ambiente quasi identico è stato dipinto da Courbet alla fine del 1873, cioè durante il secondo inverno trascorso in Svizzera. Se, in altre stagioni di questo stesso anno, i suoi ricordi gli hanno permesso di dipingere quello che l'artista chiama, ad esempio, un *Ricordo d'Ornans* (1873, Bulle, Svizzera, Musée Gruérien), non c'è nessun riferimento alla regione natale nelle sue evocazioni invernali inquadrate da molto vicino. Vi si ritrovano infatti solo uno, due o tre tronchi d'albero frammentari, radicati in primo piano, che chiudono la composizione a destra o a sinistra. Al di là, un cumulo di rami o una collina coperta di rocce e di abeti ostruisce l'orizzonte. Nell'area lasciata libera in numerosi dipinti del genere (ivi compreso il quadro del museo di Varsavia qui presente), tra il tronco, a destra, e il bordo sinistro – la cui parte inferiore è occupata da uno stagno dai riflessi scuri – sotto l'unico ramo spoglio di quercia o di faggio che esce dal tronco e si proietta verso sinistra, si stende un manto di neve. Su questa distesa nevosa dalle ricche variazioni di colore e di tessitura si può individuare, accanto all'albero, un capriolo accovacciato ma all'erta, rappresentato di profilo.

Questo tipo di strutturazione dello spazio differisce del tutto da quella che era prevalsa negli anni sessanta, quando il pittore faceva abbondante uso di diagonali e di una composizione centrata. In questo quadro, come in numerose opere coeve, primeggia la ripresa quasi sistematica e piuttosto insistita di orizzontali e di verticali. Bisogna tuttavia rilevare qualche eccezione, come nel *Cacciatore acquatico* coevo, del museo di Brooklyn, dove l'albero che chiude la composizione a sinistra è leggermente inclinato verso l'interno del paesaggio, e dove i rami si distribuiscono un po' a caso nello spazio del primo piano.

106. Gustave Courbet
(Ornans, Doubs 1819 - Tour de Peltz, Svizzera 1877)
Neve nei boschi, 1875 circa
olio su tela, cm 59,5 x 73,2
Firmato in basso a destra: *G. Courbet*

Provenienza: Parigi, marchese di Rochecouste; Parigi, Hôtel Drouot, 17 maggio 1929, vendita della collezione del marchese de Rochecouste; Amsterdam, van Wisselingh; Ottawa, H. S. Southam; Ottawa, National Gallery of Canada, dono di H. S. Southam, 1950.

Bibliografia: *National Gallery of Canada Annual Report*, Ottawa 1950-1951; *Art in Virginia*, Richmond, Virginie, vol. 12, n. 2, inverno 1971-1972, p. 21; R. Fernier, *La Vie et l'œuvre de Gustave Courbet*, Parigi 1978, vol. 2, n. 1018; P. Courthion, *Tout l'œuvre peint de Gustave Courbet*, Parigi 1987, n. 1011.

Esposizioni: Amsterdam, Galleria van Wisselingh, 10 aprile-8 maggio 1929, *Peinture française*, n. 12; Ottawa, National Gallery of Canada, 1934, *Peinture française*, n. 35.

A partire dal 1873, Courbet, che si è sempre dimostrato ipocondriaco, insiste sui primi sintomi di un'idropisia e sull'edema diffuso che gravano come un'ombra sinistra sulla sua vita quotidiana. Gli anni passano, gli attacchi della malattia si faranno sentire ogni giorno di più e ostacoleranno l'artista sia nei suoi spostamenti sia nell'esercizio della sua arte. Le persecuzioni incessanti dell'amministrazione francese di cui egli si lamenta costantemente nella corrispondenza, fanno anche parte delle sue difficoltà di ogni giorno. All'inizio del 1875, nondimeno, la sua febbre creativa non conosce sosta, ed egli inizia l'anno modellando il busto generoso e volitivo di una donna, nel quale si avverte un'eco del celebre e altrettanto volitivo Mirabeau dello scultore Claude-André Deseine (Rennes, Musée des Beaux-Arts), che intitola *La libertà o Helvétia*. Ne offrirà presto una delle tre versioni fuse in bronzo al Comune di la Tour-de-Peilz dove risiede. A queste preoccupazioni, si aggiunge alla fine di maggio del 1875, la morte della sorella Zélie «che non ha mai avuto altro piacere nella vita che quello di far piacere agli altri e di servirli.»

Tuttavia dipinge ancora molto. La produzione di paesaggi rimane importantissima e il periodo dei ritratti è quasi concluso. Infatti, nel 1874 possono solo essere annoverati i tre busti tetri e severi del padre (Parigi, Musée du Petit Palais), della sorella Juliette (Sao Paulo, Museu de Arte de Sao Paulo Assis Chateaubriand), di Henri Rochefort (Versailles, Musée national du Château), nel 1876, nuovamente quello di Rochefort (Pasadena, Norton Simon Art Museum) e quello di uno sconosciuto, forse il generale Cluseret (locazione sconosciuta). Il lavoro sui paesaggi si divide tra evocazioni di sfondi panoramici svizzeri, con numerose rappresentazioni del castello di Chillon e del mulino d'Orbe, siti in prossimità di La Tour-de-Peilz, e opere d'invenzione, dove si ritrovano puntualmente alcuni ricordi della Franca Contea, opere sempre più frequentemente prive di ogni presenza umana e animale, se si prescinde da qualche sporadica apparizione di un capriolo morto. È a quest'ultimo gruppo che appartengono la tela del museo di Ottawa e quella, un po' più tarda, del museo d'Ornans, di concezioni molto diverse. Nella versione canadese, Courbet si riallaccia alla sua opera del 1872, *Villaggio sotto la neve* (Francoforte, Städelsches Kunstinstitut), saturando la composizione con elementi diversi che non lasciano alcuno spazio a uno scorcio di cielo. Se l'insieme, nelle sue tonalità smorzate, può sembrare inesorabile e la casa con tutte le uscite chiuse fa parte di questo dramma latente –, appare tuttavia nuovamente animato grazie all'utilizzo di effetti di composizione già segnalati, in particolare per la presenza di diagonali che conducono lo sguardo dall'angolo inferiore destro fino a mezza altezza, dove incontra il fregio animato di tronchi che si sviluppa in senso inverso su due terzi della larghezza.

107. Gustave Courbet
(Ornans, Doubs 1819 - Tour de
Peltz, Svizzera 1877)
Villaggi sotto la neve, 1872
olio su tela, cm 44,5 x 54
Firmato in basso a sinistra: *G.
Courbet*

Provenienza: Francoforte, Benedikt
Goldschmidt; Francoforte, Städel-
sches Kunstinstitut (consegnato
dall'esecutore testamentario di
Benedikt Goldschmidt, 1906).
Bibliografia: R. Meier-Graefe, *Cour-
bet*, Monaco 1924, tav. 104; M.-L.
Kashnitz, *Gustave Courbet*, Baden-
Baden 1949, tav. 13; R. Fernier, *La
Vie et l'œuvre de Gustave Courbet*,
Parigi 1978, vol. 1, n. 864; *Städel-
sches Kunstinstitut und Städtische
Galleria. Verzeichnis der Gemälde*,
Francoforte 1987, p. 39 e tav. 81.

La situazione di Courbet alla fine
degli anni sessanta era assai florida. Ormai conosciuto, realizzava variazioni sulle sue più celebri composizioni. A più riprese, abbiamo ricordato il successo dei paesaggi innevá-
ti con animali fin dagli anni cinquanta, ma potremmo anche citare
le numerose *Onde* e le diverse *Scogliere d'Etretat*, successive a quelle
esposte con successo al *Salon* del
1869, dipinte in Normandia nello
stesso anno. La guerra franco-prus-
sina del 1870, e l'insurrezione parigina che ne seguì, nota con il nome
di Comune, alla quale Courbet,
presidente della Commissione delle
Arti, partecipa attivamente, avranno enormi ripercussioni sulla sua
esistenza e sulle sue creazioni.
Arrestato il 7 giugno 1871 per le
sue attività durante la Comune, e
per il ruolo che gli si attribuiva di
aver svolto nella demolizione della
colonna commemorativa di Place
Vendôme a Parigi – alla cui sommità c'era un emblema imperiale –
l'artista viene processato davanti al
consiglio di guerra insediato a Versailles il 14 agosto. Nonostante il
sostegno di numerose personalità, il
verdetto cade come un macigno il 2
settembre: è accusato «di aver pro-

vocato come membro della Comune, la distruzione della colonna» e,
per questo, è condannato a sei mesi
di prigione e a cinquecento franchi
di ammenda. Il 22 settembre è
incarcerato nella prigione di Sainte-
Pélagie. Il 2 novembre riceve una
tavolozza e pennelli, e inizia ad
abbozzare numerose nature morte e
fiori, e, soprattutto, frutta. Alla fine
di dicembre, lascia la prigione per
una clinica dove subisce un intervento, preparando allo stesso tempo
l'invio di due quadri al *Salon* del
1872, che però vengono respinti. Se
le istituzioni ufficiali, rappresentate da Jean-Louis Ernest Meissonier,
emarginano l'artista, i collezionisti
continuano a richiedere sue opere,
in particolare le sue nature morte (a
suo dire una cinquantina).
Liberato il 2 marzo, ritorna a
Ornans alla fine di maggio, dove
rimarrà tutto l'inverno, lamentan-
dosi del tempo e della salute: «Ho
perso quasi due mesi di lavoro per
un mal di fegato, poi per una pleu-
rodinia. Se aggiungete a tutto ciò
tre mesi di pioggia e assenza completa di luce, comprenderete che in
questo periodo non sono stato felice»,[1] il che ha come conseguenza:
«Mi erano stati ordinati molti dipinti, che non ho potuto fare; del
resto, ero talmente scoraggiato per
quel che accadeva, che restavo a
letto fino a mezzogiorno.»[2] Malgrado queste dichiarazioni, la sua attività appare abbondante e diversifi-
cata poiché siamo a conoscenza di
diversi ritratti e di numerosi paesaggio dipinti in quest'epoca, tra cui
una decina di rappresentazioni della
natura sotto la neve. Se la maggior
parte si situa nella tradizione delle
creazioni precedenti, ce n'è almeno
una che se ne distingue totalmente,
il quadro di Francoforte. Si tratta
dell'evocazione dell'estremità di un
villaggio, nella quale non appare nessuna figura umana o animale, preludio di molti altri dipinti dello stesso
tipo realizzati a partire dal 1875
(*Casa forestale sotto la neve*, 1875
circa, Parigi, collezione privata).
Ancora una volta, una diagonale
che parte dall'angolo inferiore sinistro attraversa un terzo della tela, e
un albero, su un lato, chiude la
composizione. Da una parte e dal-
l'altra del sentiero, più fangoso che
innevato, alcune case segnano l'e-
stremità del villaggio, al di là del
quale il sentiero scende in una valle.
Il lato opposto, prato e scogliere, si
innalza in secondo piano fino al
cielo nuvoloso, ricordando numero-

se rappresentazioni della regione
d'Ornans in ogni stagione (*Le
ragazze di campagna*, 1851, Leeds,
City Art Gallery and Temple, New-
sam House). La luce, che spiove da
destra, è propizia a illuminare le
tonalità destinate a evocare le grandi superfici di neve che ricoprono i
tetti, deposte generosamente a colpi
di spatola.

[1] Lettera del 15 dicembre 1872, a
Edouard Pasteur, pubblicata in P.
ten-Doesschate Chu, *Courbet* cit.,
p. 417.
[2] Lettera del 16 gennaio 1793, a
Zoé Reverdy, publicata in P. ten-
Doesschate Chu, *Courbet* cit., p.
420.

108. Gustave Courbet
(Ornans, Doubs 1819 - Tour de
Peltz, Svizzera 1877)
Paesaggio innevato, 1876
olio su tela, cm 50 x 61
Firmato in basso a destra: *G. Courbet*

Provenienza: Montmahoux, Jura,
colonnello Joseph Gavignet; Ornans, Musée Départemental Gustave Courbet.
Bibliografia: R. Fernier, *La Vie et
l'œuvre de Gustave Courbet*, Parigi
1978, vol. 2, n. 1028; P. Courthion, *Tout l'œuvre peint de Gustave
Courbet*, Parigi 1987, n. 1022;
Courbet, l'Amour, in *Gustave Courbet*, catalogo della mostra, Ornans,
Musée, 14 giugno-27 ottobre 1996,
p. 172.
Esposizioni: Ornans, Hôtel de Ville, 1962, *Gustave Courbet*, n. 29;
Ornans, Hôtel de Ville, 1966, *Gustave Courbet, ses élèves et ses amis*, n.
10; Parigi, Galleria Claude Aubry,
1966, *Courbet dans les collections
privées françaises*, n. 20; Ornans,
Hôtel de Ville, 1969, *Gustave
Courbet et la Franche-Comté*, n. 26;
Rochechouart, Centre Artistique et
Littéraire, 1974, *Gustave Courbet*,
n. 24; Tochigi, Musée Préfectoral
des Beaux-Arts de Tochigi, 14 apri-
le-26 maggio 2002, *Esposizione
Gustave Courbet*, n. 58.

Questo vasto paesaggio dipinto in
Svizzera si contraddistingue per
l'accesso aperto e per le forti reminiscenze della Franca Contea (ad
esempio, nella barriera rocciosa del
secondo piano, preceduta da una
scarpata, sotto il cielo nuvoloso.) La
parte bassa del quadro è riservata a
un vasto campo di neve scandito da
diversi tipi di vegetazione, dal
boschetto all'albero, i cui rami
hanno trattenuto in modo differen-
ziato la neve, creando variazioni sul
bruno scuro e il bianco che animano la superficie piuttosto austera
della tela. Sono simili opere di
invenzione a occupare Courbet nel
1876, in un periodo in cui ogni
spostamento doveva risultargli pe-
noso per motivi di salute
Questo quadro è uno degli ultimi
paesaggi di neve dipinti da Courbet, non essendo stato realizzato
nessun altro quadro del genere l'anno successivo, quello della morte.
Infatti ormai gli eventi gli lascera-
no appena il tempo di portare a termine qualche dipinto. La sentenza
definitiva di Courbet, dichiarato
comunardo e considerato un vanda-
lo, cade il 24 maggio 1877: l'artista
è condannato a versare 323.091
franchi e 68 centesimi allo Stato,
come riparazione della condanna
per partecipazione alla demolizione
della colonna Vendôme. La sentenza prevede che potrà sdebitarsi di
questa somma con rate annuali di
diecimila franchi. Nonostante questa sentenza ponga fine al procedimento, Courbet non osa rientrare
in Francia, ed è grazie all'interme-
diazione dei suoi amici rimasti a
Parigi che egli sollecita la propria
partecipazione all'Esposizione universale del 1878, in corso di preparazione. Per questa manifestazione,
inizia una nuova tela, *Grande panorama delle Alpi, il Picco del Mezzogiorno* (Cleveland, Museum of Art),
ultimo paesaggio in cui l'artista fa
tesoro della sua profonda conoscenza della rappresentazione della neve,
che non porterà a termine. La sua
domanda sembra aver sollevato
qualche protesta fra i giurati, ma è
alla fine accettata. Questa notizia
sarà l'ultima per la quale l'artista, la
cui salute va deteriorandosi e che
dovrà presto entrare in una casa di
cura della Chaux-de-Fonds, potrà
rallegrarsi. Qui apprende che il 26
novembre, all'Hôtel Drouot, a Parigi, avrà luogo l'asta dei «quadri,
mobili e oggetti d'arte» pignorati al
suo *atelier*.
Il primo dicembre 1877, ritorna a

La Tour-de-Peilz. Il suo stato è critico, l'idropisia ha raggiunto proporzioni allarmanti; il medico curante e amico di vecchia data, il dottor Blondon, chiama uno dei colleghi parigini, il dottor Collin. Ma non c'è niente da fare e l'artista muore la mattina del 31 dicembre, assistito dal padre. Scompare all'inizio di quella stagione che conosceva e che amava, e della quale aveva cantato poeticamente l'aspetto ovattato e silenzioso, senza dimenticare tuttavia di farvi scivolare talvolta un'allusione politica: il mantello invernale è rigido per i miseri.

109. Gustave Courbet
(Ornans, Doubs 1819 - Tour de Peltz, Svizzera 1877)
Alberi sotto la neve, 1865
olio su tela, cm 72 x 91,5
Firmato in basso a sinistra: *G. Courbet*

Provenienza: Parigi, Duc de Trévise; Parigi, Galleria Alfred Daber; Londra, Arthur Tooth and Sons; Edimburgo, Alexander Maitland, 1950; Edimburgo, National Gallery of Scotland, lascito Alexander Maitland, 1960; Edimburgo, National Gallery of Scotland, offerto da Sir Alexander Maitland in memoria della moglie Rosalind, 1960.
Bibliografia: R. Fernier, *La Vie et l'œuvre de Gustave Courbet*, Parigi 1978, vol. 1, n. 486; P. Courthion, *Tout l'œuvre peint de Gustave Courbet*, Parigi 1987, n. 457.
Esposizioni: Parigi, Galleria Alfred Daber, 1949, *Courbet*, n. 14; Filadelfia, Philadelphia Museum of Art, Boston, Museum of Fine Arts, 1959-1960, *Courbet*, n. 51; Berna, Kunstmuseum, 1960, *Gustave Courbet*, n. 40; Londra, D. Carritt (Artemis), giugno-luglio 1979, *Corot and Courbet*, n. 19.

Gustave Courbet nasce nel 1819, a Ornans. Questa cittadina del Dipartimento del Doubs, al confine con la Svizzera, si trova in una regione assai montuosa e boschiva. Durante l'infanzia, Courbet conobbe,

dunque, molto bene quei rigidi inverni innevati che costituiranno il tema ricorrente di numerose sue tele.
Giunto a Parigi a vent'anni per studiare giurisprudenza, frequenta l'*Académie Suisse* e trascorre molto tempo al Louvre per copiare pittori olandesi, fiamminghi, spagnoli.
Ansioso di farsi conoscere a Parigi mediante istanze ufficiali, tralascia inizialmente il tema del paesaggio, per dedicarsi invece a opere di genere più nobile o alle quali egli conferisce quella nobiltà che l'*Academie dei Beaux-Arts* fino ad allora non aveva voluto riconoscergli. Al registro accademico "superiore" appartengono i suoi numerosi ritratti ancora tutti intrisi di furore romantico, come il *Ritratto d'uomo*, detto *L'uomo ferito* (1844, Parigi, Musée d'Orsay), ma anche alcuni tentativi di pittura religiosa o storica (*Pirata prigioniero del dey di Algeri*, 1844, Ornans, Musée Gustave Courbet). In seguito, grazie a una conoscenza più approfondita della scena artistica parigina, e grazie a una più matura padronanza tecnica, rinnoverà una scena di genere, elevandola al livello di pittura di storia, dipingendo – per raccontare un avvenimento puramente locale – modelli in grandezza naturale, in *Funerale a Ornans* (1849, Parigi, Musée d'Orsay). Rinnovava così il gesto che aveva segnato la storia della pittura nel periodo di passaggio tra il XVI e il XVII secolo, quello di Michelangelo Merisi, detto il Caravaggio. Costui, infatti, pur rispettando i differenti generi, aveva introdotto nei suoi dipinti forti contrasti cromatici; i suoi modelli erano presi tra il popolo che lo circondava, piuttosto che ispirati da personaggi ideali, inventati solo per corrispondere a un'astratta nozione di bello.
Se i quadri di Courbet, rappresentanti animali in mezzo alla natura innevata sono celeberrimi, ci si dimentica troppo spesso che il pittore trattò anche il paesaggio invernale privo di qualunque essere vivente.
Il dipinto in questione appartiene a un insieme ancora relativamente limitato, che si oppone ai paesaggi puri ispirati dai luoghi della Franca Contea, molto alla moda dal 1855 in poi e molto numerosi, evocanti la primavera o l'estate, nelle diverse ore del giorno, come il crepuscolare *Ruscello coperto*. *Il pozzo nero* (Parigi, Musée d'Orsay), presentato al *Salon* del 1865. Un'altra differenza è individuabile nell'inquadratura di queste opere: in luogo della veduta

quasi panoramica, che permette agli alberi di svilupparsi ampiamente davanti alle alte scogliere dei dintorni di Ornans, ritroviamo qui inquadrature accostate in cui dalla neve emergono solo la base dei tronchi o frammenti di boschi cedui. La composizione, il cui terzo inferiore è costruito su una diagonale (che parte dall'angolo sinistro per evocare un sentiero), è limitata da ogni lato dalla rappresentazione parziale di un cespuglio, i cui rami toccano terra, appesantiti dal peso della neve che li ricopre. Al di là del sentiero e al centro, si innalza la parte inferiore del tronco di due alberi, piantati uno dietro l'altro sul ciglio del sentiero. Per evitare la staticità che la giustapposizione di fusti paralleli potrebbe produrre, il pittore dinamizza la composizione, inclinando leggermente uno dei due alberi, quello più vicino allo spettatore, i cui rami si proiettano verso l'angolo superiore destro, e nascondono in gran parte l'albero successivo. Anche il secondo piano partecipa di questa volontà dinamica, occupato com'è dalla base di un albero, al centro del terreno, che si innalza questa volta verso sinistra su uno squarcio apertosi in un cielo nuvoloso invernale in alto a destra, che sembra sfuggire alla sporgenza di una collina parallela al sentiero. Il materiale steso col pennello, ma anche con la spatola, gioca su tutte le possibilità tematiche dell'ombra. Vi si colgono facilmente i differenti blu o ocra mescolati sulla tavolozza con bianco di piombo per rendere l'aspetto cangiante della neve che raggela il paesaggio. Il trattamento punteggiato degli alberi e delle foglie che contornano il primo piano innevato (opposto ai tocchi nettamente visibili dei tronchi) è parte della stessa volontà di animazione di tutta la superficie della tela.

110. Gustave Courbet
(Ornans, Doubs 1819 - Tour de Peltz, Svizzera 1877)
Paesaggio invernale con cervo
1868, olio su tela, cm 195 x 120
Firmato in basso a destra: *Gustave Courbet*

Provenienza: Probabilmente Reverdy (Edmond Jean Eugène o Eugène Jean Charles, figlio di Zoé Courbet, una delle sorelle dell'artista); Parigi, Galleria Claude Aubry; Zurigo, Galleria Meissner; New York, collezione privata; New York, Salander-O'Reilly Galleries.
Bibliografia: R. Fernier, *La Vie et l'œuvre de Gustave Courbet*, Parigi 1978, vol. 2, p. 246, n. 24.
Esposizioni: New York, Salander O'Reilly Galleries, 4 febbraio-1 marzo 2003, *Nineteenth-Century European Paintings*, n. 12; New York, Salander O'Reilly Galleries, 28 ottobre-23 novembre 2003, *Gustave Courbet*, pp. 66-71.

Considerata un'opera a più mani da Robert Fernier, autore del catalogo ragionato, che ipotizzava l'intervento dell'artista solo nel paesaggio, questo grande dipinto, raramente esposto, è stato di recente attribuito completamente a Gustave Courbet da Sarah Faunce, autrice della nuova edizione dell'opera integrale del pittore.
Al di là delle controversie su chi abbia eseguito i due caprioli in primo piano, i due commentatori si trovano d'accordo nel riconoscere l'ambizione decorativa che denota una realizzazione del genere. Sono molte le tele che sviluppano in larghezza simili rappresentazioni, ma questa ha un carattere quasi unico in

rapporto alle sue dimensioni: una volta e mezzo più alta che larga, essa induce a ipotizzare che sia stata dipinta per essere collocata nell'arredamento di una stanza, ad esempio, in uno spazio tra due finestre. Data la superficie da ricoprire, Courbet ha dovuto reinterpretare le composizioni classiche spesso riutilizzate per quei paesaggi innevati così ricercati dai collezionisti. Al di là del primo piano innevato dove figurano i due animali, un piccolo rilievo roccioso, in particolare a sinistra, permettere di andare oltre la rappresentazione secondo la prospettiva classica, dando una forza ascendente all'insieme. Ancora oltre, quest'ultima sembra ripresentarsi, con il sentiero in diagonale fiancheggiato da alberi, così spesso utilizzato. Gli alberi, visibili su una porzione di altezza ben maggiore di quella abituale, sono nondimeno tagliati dall'orlo superiore della tela. Nella maggior parte delle tele di piccole dimensioni, Courbet si sforzava di ridurre il cielo a una porzione congrua, ostruendo l'orizzonte con grande rinforzo di fogliame. Non è il caso di questo quadro, dove al centro della composizione, uno squarcio azzurro chiaro si sviluppa su quasi metà altezza. Questa nuova insistenza sull'azzurro tende a confortare ulteriormente l'idea di un'opera concepita per essere sistemata tra due finestre e il cui centro, come la scansione, è un richiamo alle aperture laterali.

I due animali, che tanto turbavano Robert Fernier, sono – è vero – insoliti in questo genere di rappresentazione e non hanno la libertà e la grazia, ad esempio, di quelli della tela lionese, di cui Madeleine Vincent ricordava liricamente l'immagine: «Il vigore plastico e il calore animalesco della bestia al centro di tutta quella freddezza sembrano svolgere il ruolo di un focolare. Sembra che siano gli effluvi della vita provenienti da quel corpo drizzato all'erta a drenare verso di esso le linee del paesaggio, che si sparpaglierebbero se non fossero ricondotte verso quel centro architettonico e insieme descrittivo.» Ma anche qui, la collocazione (ad esempio l'altezza alla quale doveva essere appesa) riservata a questa tela decorativa può aver imposto la localizzazione, il posto e l'atteggiamento dei due caprioli.

111. Gustave Courbet
(Ornans, Doubs, 1819 - Tour de Peltz, Svizzera, 1877)
Neve, 1868
olio su tela, cm 68 x 96
Firmato e datato in basso a sinistra: *G. Courbet, 68*

Provenienza: Parigi, M. Manceaux; Parigi, Hôtel Drouot, 19 dicembre 1912, Collection de M. M***, n. 18; Parigi, Bernheim-Jeune; Londra, H. C. Coleman; Parigi-Lisbona, Calouste Gulbenkian; Lisbona, Museu Nacional de Arte Antigua, donazione Calouste Gulbenkian; Lisbona, Museu Nacional de Arte Antiga.
Bibliografia: R. Fernier, *La Vie et l'œuvre de Gustave Courbet*, Parigi 1978, vol. 2, n. 651; P. Courthion, *Tout l'œuvre peint de Gustave Courbet*, Parigi 1987, n. 627
Esposizioni: Londra, Royal Academy of Arts, 1932, *Exhibition of French Art*, n. 321.

Il successo dei paesaggi innevati in mezzo ai quali appaiono cervi o cerve non viene meno per tutti gli anni sessanta. Courbet ne moltiplica le variazioni per far fronte a una domanda, che non cessa di aumentare. Per contro, i paesaggi privi di presenza animale sono molto più rari. Se si considera il solo 1868 – anno in cui fu dipinto il quadro in esame –, è possibile trovare cinque variazioni sul tema della natura abitata, e solo due senza animali. Bisogna ammettere che una simile disparità, che del resto si ritrova applicata anche a altri soggetti, riflette un adattamento della produzione ai gusti dei collezionisti contemporanei e alle variazioni della domanda. La presenza umana o animale all'interno di un paesaggio, ha sempre esercitato più attrattiva rispetto a un frammento silenzioso di natura. Questa idea nuova e molto importante di una sorta di economia della produzione pittorica di Courbet è stato il principale oggetto di indagine dell'esposizione tenutasi a Losanna e a Stoccolma nel 1998-1999: *Courbet, artista e promotore della sua opera*.[1]
Il moltiplicarsi di paesaggi innevati,

abitati o vuoti, non significa tuttavia la ripresa di un unico schema con variazioni marginali; ogni evocazione – che è prima di tutto un arrangiamento di alberi e di rocce più o meno nascoste sotto il manto nevoso – è ogni volta diversa. Così, contrariamente al quadro di Edimburgo, che faceva ricorso a una visione ravvicinata nella quale si ordinavano frammenti di vegetazione, quest'opera del 1868 adotta una visione più panoramica. Le differenze non si fermano qui, e si deve inoltre sottolineare che alla volontà dinamica dell'opera precedente, corrisponde qui una composizione molto più statica, dominata da linee orizzontali e verticali più adatte a evocare il silenzio invernale. Il ricorso al moltiplicarsi delle verticali dipende certamente in gran parte dalla natura degli alberi riprodotti: in effetti, non ci troviamo qui di fronte alle solite querce dai rami più o meno spogli che si lanciano orizzontalmente attorno al tronco, ma ad abeti i cui rami carichi di aghi in ogni stagione si inclinano elegantemente, conferendo a ciascuno di essi una *silhouette* slanciata. Nondimeno, l'idea di profondità non è sacrificata e gli alberi, con i rami inclinati sotto il peso della neve, si succedono dal bordo destro della tela fino all'orizzonte che si innalza lentamente, fino a evocare l'atmosfera nebbiosa invernale, che dal cielo invade il centro del quadro.

[1] Il catalogo è stato pubblicato in Francia dalle edizioni Flammarion, a cura di Jörg Zutter, in collaborazione con Petra ten-Doesschate Chu. Quest'ultima, nel suo saggio (pp. 53-82), analizza i legami tra la creazione in Courbet e ciò che egli valutava nella richiesta dei collezionisti e dei mercanti.

112. Gustave Courbet
(Ornans, Doubs 1819 - Tour de Peltz, Svizzera 1877)
Caprioli nella neve, 1876
olio su tela cm 54 x 65
Firmato in basso a destra: *G. Courbet*

Provenienza: Losanna, Banque Cantonale Vaudoise.
Bibliografia: R. Fernier, *La Vie et l'œuvre de Gustave Courbet*, Parigi 1978, vol. 2, n. 1024; P. Courthion, *Tout l'œuvre peint de Gustave Courbet*, Parigi 1987, n. 1018.

All'inizio del 1876, cinque anni dopo la Comune, continuano i processi, e Courbet, sempre ansioso di discolparsi, pubblica in marzo una lettera indirizzata ai deputati e ai senatori in cui invoca riparazione dall'ingiustizia che ha dovuto subire. Ma non c'è nulla da fare; una breve scappata in Francia alla fine dell'anno per poco non finisce male: i gendarmi francesi, messi al corrente di questa visita, avvertono i colleghi svizzeri che emanano un mandato di accompagnamento nei confronti dell'ingombrante ospite. Courbet è, per forza di cose, inchiodato alla Svizzera, ed è qui che deve lavorare e trovare ispirazione. Mentre il numero dei quadri abitati da esseri umani o animali vivi diminuisce sensibilmente negli ultimi anni, questo dipinto unico, realizzato agli Essarts nel territorio del comune svizzero di Territet-Montreux, sulle rive del lago Léman – appare come un ricordo e un omaggio alle numerose tele tanto apprezzate dai collezionisti alla fine degli anni cinquanta e per tutto il decennio successivo.
Benché le dimensioni siano inferiori rispetto a quelle di numerose rappresentazioni invernali coeve, come *Paesaggio invernale* (Amburgo, Kunsthalle), questo dipinto mostra l'intatta capacità dell'autore di creare un capolavoro di composizione e cromatismo elaborati. In un paesaggio innevato di recente i cui diversi piani si articolano con evidenza (dallo spazio vergine, alla base della tela, fino ai monti che si profilano all'orizzonte), una foresta, con alberi spogli mischiati ad abeti, si dispiega in diagonale fino in lontananza, congiungendo il bordo sinistro con l'estremità opposta. Nella parte inferiore, prima di una frattura quasi orizzontale a un terzo dell'altezza del paesaggio che nasconde un ruscello, sono raffigurati diversi animali. Se il più lontano – un cervo dalle corna già imponenti – si presenta di schiena e di tre quarti, mentre cerca tranquillamente un po' d'erba al riparo di un cespuglio, i due giovani caprioli – probabilmente cerbiatti con minuscole corna – si trovano al centro della parte

inferiore quasi all'ingresso della foresta. Si girano verso lo spettatore, attenti, con una zampa leggermente sollevata, pronti a fuggire. Alla serena atmosfera che accomunava tre animali nel quadro di Lione, Courbet oppone qui una visione molto più inquieta: quella dell'esiliato, oggetto di persecuzioni, nonostante le visite regolari del padre e delle sorelle e nonostante l'*entourage* di amici e di allievi che gli stavano a fianco.

113. Adolphe Monticelli
(Marsiglia 1824 - 1886)
Neve a Saint-Paul-lès-Durance
1871-1873 circa
olio su tavola, cm 32,5 x 52
Firmato in basso a destra: *Monticelli*

Provenienza: Martin Chave; Auguste Paul; Lione, Léon e Louise Charbonnier; Lione, Musée des Beaux-Arts.
Bibliografia: M. Vincent, *Les Monticelli du legs Charbonnier*, in «Bulletin des Musées lyonnais», 1952, p. 54; M. Vincent, *Catalogue du Musée de Lyon. La Peinture des XIX et XXe siècles*, Lione 1956, n. VII-148, pp. 189-190.
Esposizioni: Marsiglia, Palais Longchamp, Musée des Beaux-Arts, 1936, *Monticelli*, n. 53; Parigi, Orangerie des Tuileries, 19 giugno-15 settembre 1953, *Monticelli et le baroque provençal*, n. 68.

Nato a Marsiglia nel 1924, vince nel 1843 un premio di disegno all'*École des Beaux-Arts* della sua città natale. Nel 1847 è a Parigi per seguire i corsi del pittore Paul Delaroche e trascorre molto tempo al Louvre dove copia gli antichi maestri, in particolare Rembrandt, Veronese e Watteau. È da questa assidua frequentazione e dal suo incontro con Narcisse Virgile de la Pena, che scaturiscono le scene galanti e campestri che sedussero l'imperatrice Eugénie e costruirono la sua reputazione a partire dal 1856 per tutto il Secondo Impero. Nel 1870, alla caduta del regime imperiale, ritorna definitivamente a Marsiglia, dove la sua vita errabonda e il suo amore per l'alcol sor-

prendono perfino i suoi colleghi. È in questo periodo che affronta nuovi soggetti: le composizioni storiche, la natura morta o il ritratto, e in tutti sviluppa una tecnica caratterizzata da ricchi impasti di toni smorzati giustapposti a tocchi di colori vivi. Artista inclassificabile, la sua opera complessa preannuncia contemporaneamente l'impressionismo, per la vibrazione del tocco e per la singolarità del colore, il postimpressionismo per il gusto degli impasti e per la giustapposizione dei toni puri, e infine il simbolismo per l'aspetto volutamente esoterico di molte rappresentazioni.
Riprendendo una data proposta dai donatori di questo piccolo pannello di mogano (che evoca probabilmente il villaggio di Saint-Paul-la-Durance), si può ritenere che sia stato dipinto poco tempo dopo il ritorno dell'artista a Marsiglia nel 1870, ma, fino ad oggi, niente né nel soggetto, né nella tecnica, permette di confermare o di invalidare questa informazione.
Madeleine Vincent che per prima ha pubblicato l'insieme delle opere di Monticelli del Musée des Beaux-Arts di Lione, ha descritto con rara precisione il soggetto e la tecnica di questa evocazione invernale senza equivalenti nell'opera dell'artista, e senza dimenticare di sottolinearne il fascino poetico: «Questo polverio di neve caduta di recente è stato ottenuto con mezzi tecnici semplici ma anche misteriosi, tanto estrema è la leggerezza di questo immateriale avvolgimento nevoso. La coltre bianca che copre cielo e terra è stata miracolosamente sparsa con uno di quei pennelli corti e duri di cui Monticelli spesso si serviva. La materia pittorica sottile, spessa e leggera, sembra aderire appena al pannello, simulando così il sollevamento dei cristalli di neve. In certi luoghi la polvere bianca è così leggera da lasciare apparire parzialmente il pannello; quest'ultimo appare addirittura completamente nel suo colore marrone per rappresentare gli oggetti non innevati e le ombre.» Questa tecnica inusuale, notevole per la sua economia, assegna un aspetto grafico all'insieme della composizione piena di rigore e di invenzione. L'ombra minacciosa dell'albero che invade la metà inferiore destra del quadro gli conferisce un aspetto volutamente esoterico, prefigurando i numerosi alberi misteriosi, spesso anche tormentati, dei pittori simbolisti europei del-

l'ultimo decennio del XIX secolo, francesi come Maurice Denis (*Paesaggio dagli alberi verdi*, 1893, Parigi, Musée d'Orsay) o Georges Lacombe (*Le età della vita*, 1894 circa, Ginevra, Musée du Petit Palais), oppure belgi, come William Degouve de Nuncques (*La casa cieca*, 1892, Otterlo, Rijksmuseum Kröller-Müller), o infine olandesi come Jan Toorop (*La giovane generazione*, 1892, Rotterdam, Museum Boymans-van Beuningen).

114. Edouard Manet
(Parigi 1832 - 1883)
Effetto di neve a Petit-Montrouge
1870
olio su tela, cm 59,7 x 49,7
Firmato e datato in basso a destra con iscrizione: *A mon ami H. Charlet, Manet, 28 Xbre 1870*.

Provenienza: probabilmente Parigi, Charlet; Cardiff, Gwendoline E. Davies, 1912; Cardiff, National Museums & Galleries of Wales.
Bibliografia: D. Rouart, D. Wildenstein, *Edouard Manet: catalogue raisonné*, Losanna-Parigi 1975, vol. 1, n. 159; M. Curtiss, *Letters of Edouard Manet and his wife during the siege of Parigi (1870-1871)*, in «Apollo», giugno 1981, p. 381; E. Lilley, *Manet's "modernity" and Effet de neige à Petit-Montrouge*, in «Gazette des Beaux-Arts», settembre 1991, pp. 107-110.
Esposizioni: Londra, National Gallery, 1983, *Manet at work*, n. 15; Parigi, Musée d'Orsay, 9 febbraio-17 maggio 1998, Washington, National Gallery of Art, 14 giugno-20 settembre 1998, *Manet, Monet, La Gare Saint-Lazare*, n. 16.

Nato in una famiglia altoborghese di diplomatici parigini, nel 1851, vincendo l'opposizione paterna, Manet entra nell'*atelier* di Couture e, nei sei anni successivi, si dedica

alle visite al Louvre, a musei italiani, olandesi, tedeschi, sviluppando, così, una grande ammirazione per l'arte classica. A questo, che sarà sempre un punto fermo della sua pittura, unirà un acuto senso della modernità parigina, grazie all'incontro con Charles Baudelaire. I suoi primi quadri (*Il bevitore d'assenzio*, 1859, *Musica alle Tuileries*, 1860, *L'Olympia*, 1865) susciteranno scandalo e, benché la critica avesse riconosciuto da subito il suo talento, Manet non godrà mai del consenso convinto da parte del pubblico. Malgrado ciò, gli anni sessanta e settanta sono anni di grande attività, in cui varia i temi, dalle marine, alle nature morte, ai ritratti, a soggetti tratti dalla storia contemporanea.
I paesaggi puri sono relativamente eccezionali nell'opera di Manet. Nella primavera del 1870, sotto l'influenza degli artisti con i quali aveva lavorato fianco a fianco nell'*atelier* di Frédéric Bazille, si era cimentato con la pittura *en plein air* e, mentre il *Salon*, dove il suo invio era stato stroncato dalla critica chiudeva le porte, l'artista tentava a sua volta di dipingere una tela all'aperto: *Al giardino* (Shelburne, Vermont, Shelburne Museum). Il pittore si accingeva a proseguire i suoi esperimenti a Boulogne-sur-Mer, località dove trascorreva i mesi estivi, quando i suoi piani furono messi in discussione dalla dichiarazione di guerra alla Prussia il 19 luglio. Con la sconfitta dell'esercito francese a Sedan il 1 settembre, l'Impero affondava e niente tratteneva ormai le truppe nemiche dalla marcia su Parigi, raggiunta il 19 settembre. Preoccupato per la situazione, Manet, che era requisito nel corpo dei cannonieri della Guardia nazionale (dove avrebbe ritrovato i suoi compagni, il pittore Edgar Degas e il collezionista Ernest Hoschedé), fece partire la famiglia alla volta di Oloron-Sainte-Marie, nei Pirenei. Il 16 settembre, chiudeva l'*atelier* e affidava i suoi quadri al critico Théodore Duret. Nello stesso periodo, numerosi erano gli artisti di ogni tendenza, da Bougereau a Monet a Pissarro, che avevano attraversato la Manica e avevano raggiunto Londra per mettersi al sicuro dalla coscrizione o dall'invasione.
Grazie alla corrispondenza successiva (che partiva in aerostato) con i suoi familiari, dal settembre 1870 al gennaio 1871, ritrovata da Tabarant e pubblicata nel 1935, sappiamo

come si svolse la vita dell'artista in questa fine d'anno. Con Degas, assegnato a un battaglione di artiglieria, presto cambia postazione e scrive a sua moglie il 7 dicembre: «Lascio l'artiglieria per entrare nello Stato Maggiore. Il primo incarico era troppo duro.» È durante questo mese, in cui la sua attività al servizio della Difesa lo occupa di meno, che l'artista abbozza le due tele rivelatrici della difficile situazione della regione parigina in stato di assedio. Entrambe evocano dei comuni poco distanti da Parigi, che ebbero un ruolo strategico importante nel corso dell'assedio: una è *Stazione ferroviaria di Sceaux* (collezione privata), l'altra è questo *Effetto di neve al Petit-Montrouge*, donato nel 1952 al Musée National du Pays de Galles da Gwendoline Davies, una delle figlie del re del carbone e delle ferrovie David Davies. Questa tela rapidamente abbozzata sul modello, evoca la desolazione di un inverno di guerra, sono assenti le figure umane, mentre è ravvisabile l'insistenza del pittore sul fango che non solo sembra voler assalire la neve, ma tenta anche di coprire i pochi tratti che figurano in secondo piano. Il primo piano, successione di onde di neve e di fango, occupa quasi la metà dell'altezza della tela, mentre il cielo, plumbeo di un grigio-azzurro con tonalità ocra, occupa quasi la stessa superficie. Tra i due piani, la chiesa di Saint-Pierre de Montrogue con il suo campanile leggermente decentrato verso sinistra, e gli edifici dalle finestre cieche, appaiono come una visione fantomatica, evocata con colori del cielo scuriti di uno o due toni.

La dedica: «à mon ami H. Charlet 28 Xbre [dicembre] 1870», indica con precisione la data nella quale il quadro fu abbozzato e il nome del destinatario, sconosciuto fino ad allora, che dovette certamente essere uno dei compagni di Manet nello Stato Maggiore. Nessun altro quadro di neve, né alcuna opera grafica o incisione realizzata di lì a poco da Manet evocherà questo momento doloroso, ed è presso un incisore di formazione, nel 1874, che bisogna andare a cercare degli omaggi alla neve del 1870. Infatti è nella raccolta di incisioni di Félix Bracquemond, *Assedio di Parigi. 1870*, che si trovano le tavole raffiguranti le due statue di neve e di ghiaccio scolpite da artisti arruolati: *La Repubblica* di Hippolyte Moulin e *La Resistenza* di Alexandre Falguière.

115. Camille Pissarro
(St.-Thomas 1830 - Parigi 1903)
Gelata bianca, 1873
olio su tela, cm 65 x 93
Firmato e datato in basso a sinistra:
C. Pissarro 1873

Provenienza: Parigi, Jean-Baptiste Faure; Parigi, Durand-Ruel, 1900; Parigi, Mme Maurice Faure; acquisto congiunto di Durand-Ruel et Georges Petit, 1919; Parigi, Georges Petit; Parigi, Dr Eduardo Mollard, 1939; Parigi, Musée du Jeu de Paume, lascito Enriqueta Aslop a nome del dott. Eduardo Mollard, 1972; Parigi, Musée d'Orsay, legato di Henriqueta Alsop a nome del Dottor Eduardo Mollard, 1972.
Bibliografia: L. Leroy, *L'Exposition des Impressionnistes*, in «Le Charivari», 25 aprile 1874, p. 79; P. Burty, *Esposizioni de la Société anonyme des artistes*, in «La République française», 25 aprile 1874; L. R. Pissarro, L. Venturi, *Camille Pissarro, son art, son œuvre*, Parigi 1939, n. 203; *Nouvelles acquisitions*, in «Gazette des Beaux-Arts», febbraio 1973, n. 1249; H. Adhémar, *Le legs du Dr Eduardo Mollard*, in «La Revue du Louvre et des Musées de France», 1973, nn. 4-5, p. 286; H. Adhémar, A. Dayez-Distel, *Musée du Louvre, Musée de l'Impressionnisme. Musée du Jeu de Paume*, Parigi 1979, p. 88, 167; R. E. Shikes, P. Harper, *Pissarro, his life and work*, New York 1980, pp. 109-110; I. Compin, G. Lacambre, A. Roquebert, *Musée d'Orsay. Catalogue illustré des peintures*, Parigi 1990, vol. 2, pp. 364-365; B. Thompson, *Impressionnism. Origins, practice, reception*, Londra 2000, pp. 125, 127; C. Lloyd, *Pissarro*, Londra-New York 2001, p. 58-59.
Esposizioni: Parigi, 35 Boulevard des Capucines, 15 aprile-15 maggio 1874, *Première Exposition [Impressionniste]*, n. 137; Parigi, Galerie Durand-Ruel, 1904, *Pissarro*, n. 24; Parigi, Galerie Durand-Ruel, 1928, *Pissarro*, n. 13; Parigi, Grand Palais, 21 settembre-24 novembre 1974, *Centenaire de l'impressionnisme*, n. 34; Londra, Hayward Gallery, 30 ottobre 1980-11 gennaio 1981, Pa-

rigi, Grand Palais, 30 gennaio-27 aprile 1981, Boston, Museum of Fine Arts, 19 maggio-9 agosto 1981, *Pissarro*, n. 26; Los Angeles, Los Angeles County Museum of Art, 28 giugno-16 settembre 1984, Chicago, The Art Institute, 23 ottobre 1984-6 gennaio 1985, Parigi, Galeries Nationales du Grand Palais, 4 febbraio-22 aprile 1985, *L'Impressionnisme et le paysage français*, n. 96; Washington, National Gallery of Art, 17 gennaio-6 aprile 1986, San Francisco, Fine Arts museum of San Francisco, M. H. de Young Memorial, 19 aprile-6 luglio 1986, *The new Painting. Impressionism: 1874-1886*, n. 15.

Nato nelle Antille danesi, dove il padre commerciava in chincaglieria, dal 1842 al 1847 studia in Francia, dove ritorna nel 1855, stabilendosi a Parigi. Ottenuto dal padre il permesso di dedicarsi alla pittura, frequenta l'*École des Beaux-Arts* e l'*Académie Suisse* e presto conosce tutti i pittori impressionisti. Come loro soggiorna per periodi anche lunghi in luoghi più appartati rispetto alla capitale, come Pontoise e Louveciennes, luoghi dove potersi dedicare allo studio della natura. Qui Pissarro rappresenta paesaggi luminosi, ben costruiti, che riflettono l'influenza che su di lui ebbe Courbet, e nei quali non manca di inserire elementi rustici, come le piccole strade che caratterizzano tanti suoi quadri.

Malgrado i numerosi spostamenti, Pissarro non perde mai i contatti con Parigi. È l'unico artista a partecipare a tutte le esposizioni impressioniste che si susseguono dal 1874 al 1886. La Prima esposizione impressionista apre il 15 aprile 1874, nel locale parigino appena lasciato dal fotografo Nadar al n. 35 del Boulevard des Capucines. Un'iniziativa di questo tipo era originale per l'entità, per la volontà di perennità (ma ancor di più, certamente, per la risonanza che avrebbe avuto in epoca successiva); aveva, tuttavia, qualche precedente meno clamoroso. Dal 1855 in poi, e in particolare dal gesto rivoluzionario di Gustave Courbet che si era fatto costruire un padiglione per presentare le sue opere a margine dell'*Exposition Universelle* del 1855, i segni di indipendenza si erano moltiplicati. A più riprese, alcuni artisti avevano trasformato i loro *atelier* in gallerie, per esporre le proprie opere o quelle dei colleghi. In tutti i casi, si tratta-

va di vendicarsi di una giuria troppo drastica e di presentare dipinti e sculture, talvolta incisioni, cui veniva rifiutato l'onore dell'ammissione. Fu, ad esempio, il caso nel 1859 del pittore François Bonvin che presentò nel suo *atelier*, al n. 189 di Rue Saint-Jacques, i quadri di Fantin-Latour, Legros, Théodule Ribot o di Whistler, che la giuria non aveva giudicato degni di figurare al *Salon*. Fin dal 16 aprile 1874, un primo commento fu pubblicato da Philippe Burty su «La République française», un giornale non di critica ma di informazione, presentando il luogo, gli attori e il fine, con questa significativa formula: «Questa Esposizione apre il 15 aprile, per sottolineare in modo adeguato che non è per nulla un rifugio per i "Refusés" dal Salon ufficiale.» Nei giorni successivi, altri giornalisti si interessarono alla manifestazione e la commentarono in modo elogiativo: il 17 aprile, Ernest d'Hervilly su «Le Rappel»: «Non si raccomanderà mai abbastanza questa impresa ardita, da tempo consigliata da tutti i critici e da tutti i collezionisti»; il 18, Léon de Lora, su «Le Gaulois»: «Abbiamo tuttavia notato un certo numero di tele che ci sembrano degne di attrarre l'attenzione del pubblico.» Ma una settimana dopo, arrivava la "doccia fredda" di Louis Leroy con una critica pubblicata su «Le Charivari» del 25 aprile, nella quale si è voluto individuare, molto tempo dopo, l'origine del termine "impressionista". Il giornale per il quale lavorava Louis Leroy aveva come solo scopo quello di intrattenere il pubblico: qualunque evento doveva dunque essere riferito in modo da provocare il riso. Fedele a questo imperativo, il giornalista – che era anche pittore paesaggista e incisore di tendenza realistica – si divertì a divertire i suoi lettori. In seguito, gli storici dell'arte hanno rivolto contro di lui quell'umorismo distruttivo, facendolo diventare un reazionario dell'arte, cosa che le sue opere e i suoi scritti successivi smentiscono formalmente.

Per sostenere il suo ruolo di giornalista di intrattenimento comico, due dipinti furono privilegiati nell'articolo, relazione immaginaria di una conversazione tra due visitatori dell'Esposizione: l'*Impression, soleil levant* di Claude Monet (Parigi, Musée Marmottan) e questo dipinto di Pissarro, che diede luogo al seguente commento: «Con la più grande ingenuità, lo condussi da-